高等学校文科教材

齐涛　主编

世界通史教程 近代卷

本卷主编　王玮　李宏图

（第五版）

山东大学出版社

图书在版编目(CIP)数据

世界通史教程:近代卷/齐涛主编;王玮,李宏图分主编.
—5版.—济南:山东大学出版社,2015.3
高等学校文科教材
ISBN 978-7-5607-2017-3

Ⅰ.世…
Ⅱ.①齐…②王…③李…
Ⅲ.①世界史:通史-教材②世界史:近代史-教材
Ⅳ.K10

中国版本图书馆 CIP 数据核字(1999)第 20621 号

山东大学出版社出版发行
(山东省济南市山大南路 27 号　邮政编码:250100)
山 东 省 新 华 书 店 经 销
山东临沂新华印刷物流集团有限责任公司印刷
720×980 毫米　1/16　24.25 印张　446 千字
2015 年 3 月第 5 版　2015 年 3 月第 12 次印刷
定价:35.00 元

五版前言

《世界通史教程》初版于1999年6月，并于当年秋季投入教学使用。与以往的通史教材相比，这套教材重在体现研究性学习与能力培养的主旨，试图做到给教师留下发挥的空间，给学生留下思考的空间，摆脱那种面面俱到、陈陈相因的固有模式。基于此，教材中的各卷均采用上、下编结构：上编立足于断代，以重大历史事件和重点制度、文化为主线，勾勒不同时代的历史进程；下编则选取贯穿不同时代的若干重大历史问题，进行比较深入的分析与讨论。为便于学生进一步的学习，每章之后均有"导读"、"思考与讨论"。

教材投入使用后，我们又组织进行了教学大纲的修订、师资的培训、教与学诸环节的改革，并举办了若干次教学研讨与教学观摩。与此同时，我们充分认识到，随着时代与学术的进步，任何教材都处在不断的落伍之中。因此，自教材使用之日起，有关的编写人员即开始了新的修订。在修订过程中，我们充分听取了任课教师和学生的意见，从体例的完备、内容的完善到新的学术成果的吸收都做了相应的努力。2001年6月，这套教材的第二版正式面世。鉴于一些院校图书资料的局限，为把研究性学习与能力培养落到实处，在第二版出版的同时，我们又组织编写了《世界通史教程教学参考》，包括学习过程中需要掌握的学术动态、基本资料以及学术范文，作为课堂讨论和课下自修用书。令人高兴的是，自教材面世至今，在编写人员与有关各校任课教师的共同努力下，我们初步达到了预期的效果。在2001年，该套教材获山东省优秀教学成果一等奖；当年5月，又获得了全国优秀教学成果二等奖。目前国内已有百余所高校陆续选用这套教材或指定为考研参考教材。

面对不断增加的使用者以及国内史学界对这套教材的日益关注，我们唯一的选择就是不断修订、不断完善，紧随时代与学术的进步。自第二版出版后，即着手组织第三版的修订。第三版修订的主旨是立足史学前沿，提升学术水准。为此，我们邀请了华东师范大学的李宏图教授、中国人民大学的李世安教授与前二版的主要主持者、山东大学的顾銮斋教授，首都师范大学的夏继果教授，山东师范大学的王玮教授，聊城大学的曹胜强教授等，分别主持了各卷的修订工作。

此次修订,全面提升了教材的学术水准,使这套教材的影响力进一步扩大。2008年,鉴于高中新课改的推进,高中历史教学发生了重大变化,为了更好地与高中历史课教学相衔接,我们又组织了第四版的修订。此次修订,增强了教材的针对性,与新课改后的高中历史教材与历史教学进行了较好的衔接。

自第四次修订至今,又是六年有余。六年来,随着我们国家经济与社会的进步,史学研究也取得了明显进展。为了充分吸收最新学术成果,我们又对这套教材进行了第五次修订。通过不断修订与不断完善,使其继续立足学术前沿,为历史学科的发展和高校历史教学做出应有的贡献。

齐　涛

2014年12月于山东大学

目 录

导　论…………………………………………………………………………（1）

上　编

第一章　世界整体化历史的启动……………………………………………（3）
一、欧洲资本主义生产的确立和地理大发现 ……………………………（4）
二、早期殖民征服及其性质 ………………………………………………（8）
三、文艺复兴的完成和人文主义时代的到来……………………………（11）
四、宗教改革对中世纪封建结构的冲击…………………………………（15）
五、欧洲的专制王权模式…………………………………………………（19）
六、尼德兰革命……………………………………………………………（22）
七、走向整体化的欧洲:威斯特发里亚体系的形成 ……………………（24）
八、在封闭中沉睡的亚洲…………………………………………………（27）
第二章　资产阶级革命风暴与资本主义制度的建立……………………（34）
一、欧洲资产阶级的胜利:17 世纪英国革命 ……………………………（35）
二、新一轮资产阶级思想解放运动:启蒙运动 …………………………（46）
三、北美独立战争和美国的独立…………………………………………（49）
四、法国革命风暴…………………………………………………………（55）
五、欧美早期资本主义国家的政治经济制度……………………………（64）
六、资本主义的横向扩张…………………………………………………（69）
七、转变时期的欧洲和世界………………………………………………（72）
第三章　工业革命与资本主义生产方式的确立 …………………………（79）
一、英国工业革命的历史背景……………………………………………（81）
二、工业革命是一场空前规模的技术革命………………………………（84）
三、工业革命是一场深刻的社会变革……………………………………（88）
四、英国早期资产阶级和无产阶级………………………………………（91）
五、马克思主义的诞生……………………………………………………（94）

六、工业革命的扩展与世界整体化的新高潮 …………………………………… (111)
第四章 世界两大政治体系的裂变……………………………………………… (121)
一、拿破仑帝国的兴亡与欧洲政治格局的重建 ……………………………… (122)
二、拉丁美洲的民族独立运动与美洲政治体系的形成 ……………………… (129)
三、欧洲的三次革命冲击和维也纳体系的动摇 ……………………………… (136)
四、德意志统一和德意志帝国的建立 ………………………………………… (146)
五、美国内战:两个世界的联结……………………………………………… (149)
六、改变日本命运的明治维新 ………………………………………………… (153)
七、亚洲的危机和非洲的"开发" …………………………………………… (162)
第五章 帝国主义时代的来临……………………………………………… (171)
一、科技和工业革命的新浪潮 ……………………………………………… (172)
二、从自由竞争到垄断:帝国主义的历史地位……………………………… (177)
三、西欧主要帝国主义国家 ………………………………………………… (181)
四、美国帝国主义的形成:美国走向世界…………………………………… (185)
五、东欧(俄国)和东亚(日本)卷入世界帝国主义旋涡 ……………………… (187)
六、资本主义世界政治、社会、思想的大变动 ……………………………… (189)
七、走向成熟的国际无产阶级运动 ………………………………………… (194)
八、全球性资本主义市场走向开放 ………………………………………… (202)
第六章 19世纪最后30年世界格局的历史性转折 ……………………… (208)
一、欧洲维也纳均势格局的终结与集团政治的形成 ……………………… (209)
二、帝国主义瓜分世界的斗争及欧洲世界中心地位的动摇 ……………… (217)
三、新殖民主义的兴起及其历史意义……………………………………… (221)
四、世界资本主义运动的边缘:亚、非、拉的现代化道路…………………… (226)
五、觉醒前的亚洲 …………………………………………………………… (230)
六、殖民主义笼罩下的非洲 ………………………………………………… (243)
七、泛美体系中的拉丁美洲 ………………………………………………… (247)
八、世界走向更高层次的"一体化"新时代 ………………………………… (250)

下 编

第一章 世界近代史的发展主线和历史分期…………………………………… (259)
一、阶级斗争史观与世界近代史的历史分期 ……………………………… (259)
二、社会经济形态史观与世界近代史的历史分期 ………………………… (261)
三、全球史观与世界近代史的历史分期 …………………………………… (264)

四、现代化的发展主线与世界近现代史的历史分期 …………………… (267)
五、世界史体系问题 …………………………………………………… (268)
第二章 东西方现代化发展道路和历史命运的比较 ………………… (274)
一、西方学术界现代化研究的发展历程 ……………………………… (274)
二、我国学者对现代化问题的研究 …………………………………… (275)
三、东西方现代化道路分析 …………………………………………… (276)
第三章 英、法、美资产阶级革命比较 ……………………………… (281)
一、保守和彻底:英、法革命性质比较 ……………………………… (281)
二、关于英、法、美革命的历史意义的讨论 ………………………… (285)
第四章 资本主义扩张问题 …………………………………………… (289)
一、资本主义扩张的历史根源 ………………………………………… (289)
二、资本主义扩张的三阶段 …………………………………………… (291)
三、资本主义扩张与世界一体化进程 ………………………………… (293)
第五章 美洲体系的历史定位 ………………………………………… (297)
一、有关美洲体系的争论 ……………………………………………… (297)
二、美洲体系原则的产生 ……………………………………………… (298)
三、美洲体系的形成和发展 …………………………………………… (300)
第六章 近代世界格局的演变 ………………………………………… (305)
一、威斯特发里亚体系的兴亡 ………………………………………… (305)
二、欧美两大体系的对峙 ……………………………………………… (307)
三、世界新格局的形成 ………………………………………………… (309)
第七章 帝国主义问题研究 …………………………………………… (313)
一、关于帝国主义的含义 ……………………………………………… (313)
二、关于资本主义向帝国主义过渡和帝国主义的特征 ……………… (314)
三、关于帝国主义时代出现的一些新现象 …………………………… (316)
四、关于帝国主义时代的社会矛盾和帝国主义的特殊性 …………… (319)
第八章 第一、二次工业革命比较 …………………………………… (322)
一、第一、二次工业革命研究概况 …………………………………… (322)
二、第一、二次工业革命特点比较 …………………………………… (323)
三、第一、二次工业革命的影响 ……………………………………… (325)
第九章 近代殖民主义问题研究 ……………………………………… (330)
一、"殖民主义"的定义问题 …………………………………………… (330)
二、如何评价殖民主义的历史作用 …………………………………… (332)
三、关于新殖民主义的讨论 …………………………………………… (335)

第十章　马克思主义和近代国际共运研究……（340）
一、围绕马克思主义形成问题的讨论……（340）
二、关于近代国际共产主义运动一些问题的讨论……（342）
第十一章　欧洲近代思想研究……（349）
一、思想史研究方法的探讨……（349）
二、自由主义思想研究……（351）
三、保守主义思想研究……（360）
四、民族主义思想研究……（365）

导 论

本书是《世界通史教程》的近代史卷。这本教材试图用新的世界史观解释和说明人类近代文明发展的历史进程。

自19世纪末以来，自然科学的新成就和新突破对社会科学产生了重大影响。在达尔文"生物进化论"的基础上，英国社会学家斯宾塞等人创立了"社会进化论"，将人类社会的发展看作是一个由简单到复杂、由低级到高级的不断进化的过程，支配这一过程的规律同生物进化的规律一样，都是优胜劣汰、适者生存的自然选择法则。"社会进化论"如同洪水猛兽一样冲击着西方的思想界。这股洪流也极大地动摇了兰克以"如实直书"为宗旨的"客观主义"史学，号称"新史学"的现代史学应运而生。值得一提的是，这种进化史观也影响着马克思主义史学的形成。俄国早期的马克思主义者普列汉诺夫在其《论一元历史观的发展》一书中，强调了社会历史不断进步的思想，将社会进步的主题注入到马克思主义史学。因此，从大的范畴来看，马克思主义史学的基础也是一元论的社会进步观。

20世纪初，"社会进化"思潮随着"西学东渐"的大潮，蜂拥进入中国，对一代学人产生了巨大影响。最早是严复于1895～1898年陆续将斯宾塞、赫胥黎等人的著作译成中文，把进化思想引入中国。继而梁启超高举"史界革命"的大旗，公开鼓吹"历史者，叙述人群进化的现象而求得其公理公例者也"。章太炎更是提出要修撰"深识进化之理"的"良史"。一时间，以"进化论"为内核的"新史学"向以考据、训诂、辨证为主旨的"乾嘉史学"发起挑战，大有冲击主流之势。新史学革命同文学革命一起，成为当时新文化运动的两大主力。新史学开一代治史新风，代表了史学史衍变的新趋势，即由客观而主观，由史料而理论，由求真而致用。

"新史学"所尊奉的"社会进化"理论，推翻了传统史学的所谓"治乱合分"的历史循环观和厚古薄今的复古论，将世界历史描述为人类文明不断发展进化的"天演"过程，在这一历史阐释框架中，历史是不断进步的，虽然历史也有反复和倒退的现象，但那是短暂的和非常态的、是反历史的，而进步才是历史的本质。这正是新史学的革命性的主要体现。但是，另一方面，进化史观实际上是一种历史主义模式的一元论史观，一元论史观对历史进程的阐释，来源于它的以时间先后为序的纵向思考为基础的史学思维范式。在这种研究范式中，历史学家主要是强调历史发展进程中的连续性，他们眼中的历史进程无非是一连串因果关系的依次产生和展现，在他们看来，史学家的任务就是追寻历史事件的来龙去脉和前因后果。这种对历史的阐释路径是单一的、线性的，对历史的选择是唯一的，对真理的界定是绝对的。其研究方法和思维逻辑也失之简单，甚至是先预设一个结果，然后再去寻找原因。近年来，越来越多的史学家们都在呼吁在历史研究中改变线性思维，同单一的历史因果论作彻底的切割，还历史以多元性质。他们不约而同地抛弃了对历史的单一解释，开始寻找历史进程中的“悖论”现象，即伴随历史进程的内在的矛盾性和同一性。

世界历史进程的多元性的内涵在于它本身所具有的内在的矛盾性，即历史的悖论。比如，历史主线除了我们一直肯定的社会生产力发展之外，还有一个社会正义的维护，而这条主线一向被我们所忽视。实际上，发展和正义恰恰是人类所追求的两大目标，是历史展现的互为悖论的两个维度。再如，历史变迁的动力和主流除了现代化社会转型这个因素之外，还有与现代化浪潮并存的反现代化运动。再如，历史进程中体现出来的“创新”与“守成”、“革命”与“保守”、“开发”与“保护”、“科技”与“人文”等等，又何尝不是各种各样的历史悖论。近年来风行史坛的“全球史观”强调了人类历史展现出来的“全球一体化”和“整体化”的趋势，然而，以“反全球化”和“碎裂化”的面目出现的争取世界秩序和运行规则的合理化运动作为“一体化”和“整体化”的悖论，一直在对“全球一体化”趋势发挥着制衡作用。这种历史悖论观正是本书对世界历史的阐释体系和理论框架。

建国以后，新中国的世界史学(包括世界近代史学)的发展大体经历了两个世代。第一代世界史学以阶级斗争和政治兴替作为历史发展主线来解释世界历史，其论据是：(1)自阶级社会出现以来，一切社会的历史都是阶级斗争的历史；(2)阶级斗争是历史发展的直接动力，而政治兴替则是阶级斗争所导致的重大后果，也是历史前进的里程碑；(3)政治、思想、文化等都是阶级斗争和政治兴替的表现和反映；(4)具有世界意义的体现阶级斗争内容的重大政治事件(如1640年英国资产阶级革命、1871年巴黎公社以及1917年俄国十月革命等)是历史分期断限的标志。阶级斗争史观指导下的世界史学是用马克思主义史学理论研究世界史的最初尝试，在奠定我国马克思主义世界史学的基础方面做出了卓越的贡献，它在一定程度上也能科学地解说世界史进程中的某些重要历史现象。但是，作为一种世界观和历史观，阶级斗争史观是有缺陷的。阶级斗争作为一种历史现象，很难涵盖世界史发展进程的全部内容。不仅如此，还有如下两个方面：第一，阶级和阶级斗争作为一种历史现象，从范畴上讲，是属于一个国家或一个民族范畴内部的现象。虽然有时它也会超出国家和民族之外，甚至具有一定的国际性，但它本身毕竟只是从一个国家或一个民族的发展过程中产生出来的历史现象，而世界史的研究对象是以整个世界作为单元的。因此，用国别史范畴的概念去说明世界史的运行特点和规律，显然缺少科学性。第二，阶级斗争的规律性表现在它是由产生到激烈，呈直线上升的，至少是有一种函数上的直线性。用阶级和阶级斗争的观点作为主线来解释世界历史的发展历程，只能说明社会对立双方的矛盾和斗争，却无法发现和说明世界文明历史进程内在的悖论，无法发现从不同方向(甚至是相反方向)推动世界历史曲折摇摆地前进的多种动力和多条线索，无法合理地解释历史发展的复杂性、曲折性、周期性和阶段性。

20世纪80年代以来，以社会经济形态的发展变化作为发展主线的历史观在国内史学界兴起，出现了所谓的第二代世界史学。这种历史观的理论根据是：经济是基础，经济决定政治，而不是政治决定经济，因此，世界历史的分期应以经济形态的重大变化作为主要依据。根据社会经济形态演进发展的规律，第二代世界史学一般以1500年西欧资本主义萌芽作为世界近代史的开端，以19世纪末资本主义开始由自由竞争向垄断过渡作为世界现代史的起点。应当说，对历史的这种认识是符合唯物史观的基本原理的，在历史断限方面能采用社会经济发展这样的属于中长时段的现象作为界标，也是比较科学的。但是，以经济形态的变化来说明世界历史，仍具有如下缺陷：第一，经济形态也是属于国家或民族内部的范畴的概念，它更适合于用来说明国家或民族内部的社会经济的发展状况，无法科学完整地说明整个世界的发展状况及发展规律。从世界范围看，各个国家、民族或地区的社会发展程度和水平极不平衡，进行历史分期时，无法将整个世界的社会经济形态一刀切齐，同一个时期，欧洲的发展水平已经达到发达的资本主义阶段，而地球上的某些地区则可能仍停留在前资本主义社会。从历史研究的实践来看，历史学家往往以欧洲发达地区的发展水平作为历史分期的界标，例如将15世纪、16世纪之交欧洲资本主义萌芽作为近代史的开端。这也是我们总也无法彻底摆脱“欧洲中心论”的重要原因。第二，经济形态总是由低级向高级进展的，因此，也同样是具有函数上的直线性，也无法说明世界历史发展的曲折过程。一部世界历史的演进过程，实际上并不是单元的，“发展”并非唯一要素，还需要“公正”与之互为制衡。“发展”与“公正”是人类文明追求的两大目标，它们构成了世界历史的全部图景。历史一元论实质上就是“唯发展论”，就是一种“线性历史研究”模式。

近年来，又有学者倡导用“整体史”或“全球史”的观点来书写世界史，试图从“由分散到整体发展”的角度探究世界史的规律，并且取得了一些研究成果。可以说，一种真正意义上的“世界史观”正在形成，第三代世界史学正在浮出水面。

21世纪是全球化的世纪,人们的世界观正在发生着根本性的变化。世界在人们的眼中越来越成为一个整体,“地球村”的概念已经得到人们的普遍认同。因此,树立反映世界的“全球化”趋势的世界观,即“全球史观”,已经成为世界史学向前发展的必要条件。

全球“整体化”或者“一体化”,的确较为准确地勾画了世界历史大潮的一般流向。对世界历史的这种描述避免了前两代史学用国别史范畴的概念去说明世界史的运行特点和规律的弊病,更加科学地发现和说明了整个世界的发展状况及发展规律。而且由于“全球史观”是以整个世界作为观察坐标基点的,所以能有效地克服“欧洲中心论”的宿疾。但是,一元论的线性思维模式仍然限制着全球史观的发展,使之只能对世界的整体化发展作出说明,却无法解释世界历史进程还有一个由整体到分散的碎裂化过程,更无法透视潜伏在“整体化”与“碎裂化”之下的“发展”与“公正”的多元要素。这种思维框架中的世界史,仍然呈现一种函数上的直线性。由于不能摆脱直线描述世界史的一元论的窠臼,所以更无从探讨导致“整体化”和“碎裂化”的内在原因,也不能描述真实完整的历史图景。因此,如何更加全面和科学地理解和阐述“全球史观”,并用这一观点来阐释世界历史的进程,仍然是摆在每一位世界史学工作者面前的重要而艰巨的任务。

“全球史观”不是一种单一的和固定不变的史学观点,确切地说,它更是一种研究世界历史的世界观和方法论,其中包含了各式各样千差万别的观点体系,既有沃勒斯坦的世界体系论,也有年鉴史学的“整体历史论”和布罗代尔的“长时段论”,既有斯宾格勒和汤因比的文明形态说,也有巴勒克拉夫的全球历史观。斯塔夫里阿诺斯(也译为斯塔夫里亚诺斯)的《全球通史》一书实际上是归纳、继承和发展了启蒙时代以来世界史编纂学的优秀传统,糅合了前述各种全球历史的史学观点和方法,成为具有重要影响的一部史学力作。但是,关于全球史观的探讨并没有画上句号,作为中国的世界史学工作者,应当积极参加世界史学的观点和方法的大讨论,提出自己的全球史观,实现世界史学的体系创新。本书正是在世界近代史的领域内作出这样的尝试。

本教材的观点体系具有以下特点:

第一,跳出地区国别史的范畴,摈弃使用属于地区国别史范畴的概念和理论(如阶级斗争史观和社会形态史观)来说明世界史进程的方法论,而是寻找和发现能支配整个世界大潮流向的力量以及能左右世界历史发展趋势的普遍规律。

第二,引进“多元论”的研究体系,以科学地说明世界史发展进程的曲折性和阶段性。长期以来,我们一直习惯于“一元论”的思维模式,即一个根源必然产生出一个结果。这就导致我们把历史看成是一种简单的、直线性的因果关系。实际上,支配世界历史发展的动力不只是一个,历史是由不同发力方向和角度的多种动力组成的合力推动的。不同的动力产生了不同的，甚至是相反的结果，比如世界的整体化还伴随着碎裂化，这完全是不同的动力所导致的互为逆反的历史现象，也叫作历史的悖论。相反相成，二者都是历史的进步，都具有历史的逻辑性。正如高速行驶的汽车不仅需要驱动力量，还需要与之方向相反的制动力量，这样汽车才可以顺利地到达目的地，而不至于中途翻车。

这本教材勾勒并概括描述了人类文明从15世纪、16世纪之交到19世纪、20世纪之交长达四百余年的发展历程。这四百余年的历史从内容上看是极其丰富多彩的，它既是欧美资本主义发生、发展和扩张并且向帝国主义过渡的历史，又是无产阶级和人民群众争取解放的斗争逐渐发展为国际共产主义运动的历史；同时也是亚洲、非洲、拉丁美洲各国各民族沦为殖民地半殖民地，后来又逐步实现民族觉醒和民族独立，并开始走上现代化发展道路的历史；更为重要的是，它还是人类文明随着生产力和科学技术的提高而不断取得进步的历史。上述种种，无论是资本主义发展的历史进程，还是资本主义世界中的阶级斗争，无论是殖民地的民族运动，还是人类文明的不断扩散和交汇，都呈现出国际化和世界化的趋势。在这一趋势中，人类逐渐突破地区和国度的界限，不断地互相靠拢、融合、凝聚。因此，站在世界历史的高度，我们就会发现，这四百余年的历史更应当是一部人类文明由分散开始走向整体的历史，"整体化"更能说明世界历史发展的本质和规律。另一方面，历史的发展又不是一种简单的、直线型的演变过程，历史的发展是复杂的、多元的、曲折的、甚至是可逆的，而这种复杂性是由历史运动内部的矛盾（或曰"悖论"）所规定的。

正如前面所指出的，推动世界历史整体化发展的动力是一种合力，当我们把世界历史纳入全球整体的宏观视野时，就会看到人类历史是在两种力量或运动的冲突和协调的动态平衡中向前发展的。这两种力量或运动就是全球一体化以及世界秩序和运行规则的合理化。

自有史以来，随着生产空间的拓展、生产水平的提高以及生产手段的改进，人们之间的各种交往也在不断扩大，其中最为重要的是商品交换不断在扩张，人类各种文明也因辐射范围的加大而越来越频繁地发生冲突和交融。尤其是自15世纪、16世纪之交新航路的开辟和地理大发现以来，东、西两半球开始互相连接，从而启动了全球一体化的漫长进程。以后，随着一次次科技革命和工业革命浪潮的到来，一体化进程的步伐也越来越迅速。到19世纪末，帝国主义运动在世界范围内普遍展开，资本主义的世界统一市场基本形成，人类历史在由分散到聚合的进程中迈入了一个新的时期。世界历史发展表现出来的整合性来源于人类对物质和精神生活的基本需求和享用方式的趋同性，它代表了历史发展的内在本质，决定着历史发展的根本方向，因此是历史发展的不可阻挡的主导潮流。

另一方面，历史的每一步发展又需要人类付出一定的代价，全球一体化进程又必然伴随着形形色色的不合理的秩序、不平等的关系和不公平的规则，诸如近代资本主义对弱小民族的殖民征服和殖民统治，资产阶级对工人的剥削和压迫，国际贸易中不公平的规则和不平等的关系，国际政治中以强凌弱、以大压小、以富掠贫的霸权行径，都是世界秩序不合理的具体表现。历史上层出不穷的被压迫民族争取自决权利的运动、被压迫阶级和广大人民群众争取自身解放的斗争、国际范围内的经济和政治竞争等，便是上述各种不合理所激发的反应。这些斗争破坏了现存的国际秩序，动摇和分裂了既定的国际结构，它们体现了人类内部的隔膜、对抗、冲突甚至战争，拉大了人们之间的距离，因而是一种与全球一体化相悖的裂变趋势。但是，这些斗争又表达了世界人民争取实现公平的世界秩序的愿望和信念，它们有助于纠正人们之间不道德、非正义、无理性的行为和关系，改革不合理的制度和体制，理顺世界运行的秩序，从而使全球一体化健康发展的基础得到不断优化，促进了全球一体化进程在更高层次上展开，同样体现出历史的进步性。

世界结构走向一体化以及国际秩序和规则的合理化共同组成了世界历史向前发展的两条线索，它们之间互相制约平衡、交错互动，使整个世界历史的发展呈现出动态性、曲折性、周期性和阶段性。

本书采用全球史观书写世界近代的历史，努力“从整体上对我们所在的球体进行考察”①，也就是站在整个人类文明发展的高度，把历史放进全球大视野中，探寻世界近代史的发展大势，确定世界近代史的历史地位，全方位地分析近代世界的结构格局及其运行规律，力避用国别史来拼凑堆砌世界史的流弊。由此，本书对世界近代史大致可作如下的历史定位：

第一，世界近代史是世界开始由分散走向整体的历史，而这种整合运动是资本主义生产方式的产生带来的结果。只有资本主义的出现才摧毁了一切封建羁绊和壁垒，组成资本主义基础上的世界性联合，所以，贯穿整个世界近代史的一体化进程实质上是以资本主义世界统一市场的形成为核心内容的。

第二，资本主义的发展是一个漫长的历史进程，世界近代史仅是这一进程的早期。脱胎于重商主义时代的资本主义体系虽然以自由竞争为其主要特征，但仍笼罩在保护主义壁垒的阴影之下，所以，世界近代史四百余年的一体化仅仅是全球一体化总进程中的初始时期。世界进入20世纪之后，以自由贸易为核心的开放式资本主义世界大市场才最终成形，世界的整合方踏上一个新的历史台阶，

① 〔美〕斯塔夫里阿诺斯著，吴象婴、梁赤民译：《全球通史：1500年以前的世界》，上海社会科学院出版社1992年版，第54页。

而这已超出世界近代史的范畴了。

第三，近代民族解放运动、国内工人阶级反对本国资产阶级剥削的斗争、人民群众争取民主权利和改善经济状况的斗争、国际范围内的共产主义运动、资本主义的社会改革运动、弱小国家和新兴国家反对欧洲大国强权霸权的斗争等，贯穿世界近代史的始终，它们与资本主义性质的一体化进程呈对立统一、制衡互动的态势，成为世界近代史的重要内容和发展红线之一。上述斗争和运动有些是一国范围内的历史事件，但作为世界近代史，则更应突出其世界意义，即它们对世界历史的一体化进程的作用和影响。

第四，世界近代史的发展集中表现为国际关系格局的演变。1618～1648年欧洲三十年战争后建立的威斯特发里亚体系实质上是以欧洲多极结构为中心的世界体系，其特征是由几个大国统治欧洲，由欧洲统治世界，典型地体现了国际关系的不平等性质。19世纪初欧洲维也纳体系虽然仍是旧有的以大国实力均衡为基础的多极结构，并且欧洲主宰世界的态势仍未改变，但是，美洲作为一个获得独立地位的、以共和制为主体的世界体系已经诞生。它虽然弱小得无法与强大的欧洲相抗衡，仅以“门罗主义”和“泛美主义”的集体防卫阵线力求与欧洲拉开距离，但它作为一个与君主制的欧洲迥然不同的新体系，毕竟正在脱离欧洲体系的轨道独立运行，从而使整个世界格局发生了历史性变化。19世纪70年代，德国的统一和德意志帝国的崛起改变了欧洲的均势，彻底地粉碎了维持了半个多世纪的维也纳欧洲体系，使欧洲陷入以德国为中心而划界和运转的集团组合。在这一过程中，欧洲逐渐失去了原有的世界中心的地位，对海外殖民利益的争夺成为维持欧洲大国的霸权地位的主要生命线，世界大战的厮杀最终导致了欧洲的衰落。美国成为世界性大国以及亚洲从沉睡中觉醒，预示着世界进入了美、日、欧争夺世界霸权的时期——世界现代史的新时期。

基于以上对历史发展主线的概括，我们对世界近代史的历史分期和主要内容作出如下划定和说明：

世界近代史的上限定于15世纪、16世纪之交。这一时期是人类历史的重大转折点，世界由封闭隔绝的古代中世纪开始迈入近代文明的历史之门。主要依据是：

第一，始于15世纪末的新航路的开辟和哥伦布“发现”新大陆，实现了欧、亚、美大陆文明的全球性交汇，引发了全球一体化的历史进程。

第二，世界性资本主义原始积累开始启动，资本主义在西欧开始萌芽，英国的圈地运动大约兴起于这一时期，手工工场则出现在稍后的16世纪初。西欧其他国家和地区的资本主义出现较迟，但在15世纪末也都不同程度地通过海外殖民掠夺和重商主义政策积累了大量的货币资本。

第三,意大利的文艺复兴进入高潮,已发展为资本主义性质的思想解放运动,到16世纪初,文艺复兴开始扩散到西欧其他地区,已明显带有世界意义。同时,宗教改革运动也于16世纪初发轫于德国、瑞士、尼德兰等地,作为封建堡垒的天主教受到严重的冲击,资产阶级的宗教观已经形成。意识形态领域的这些重大变革无疑成为资本主义新时期到来的曙光。

第四,近代殖民主义作为一种世界现象已经出现,它是西欧资本主义向世界范围进行扩张的结果,它把亚、非、拉美广大地区强行拉入资本主义的世界体系中来,以极其残酷、野蛮和肮脏、丑恶的方式推动着世界一体化的车轮转动。

在这里强调一点的是,在以上四点依据中,一体化进程的启动是世界近代史开端的最为重要的依据。这样的历史定位,并不是否定世界性资本主义在西欧萌芽的历史意义,实际上,资本主义与一体化是同一个进程的两个侧面,前者为后者提供了基础,而后者以前者为载体,是前者在世界意义上的表现结果。我们之所以没有把资本主义定为最重要的标志,原因有三:第一,资本主义在萌芽时期很难说是一种世界现象,它作为在西欧的个别国家发生的新曙光,只是照射到西欧的一隅之地。第二,资本主义当时在世界范围内还远远不是居于统治地位的生产形态,还没有达到领导世界潮流的历史地位。第三,以资本主义作为划时代的标志,等于把西欧之外的广大地区和民族排斥在世界潮流之外,这样就忽略和贬低了它们在世界历史中的参与作用。

世界近代史的下限定于19世纪、20世纪之交。主要依据是:

资本主义从自由竞争向垄断的过渡大体完成,人类正在进入帝国主义时代。世界被欧美资本主义列强瓜分完毕,资本主义世界市场已经形成。第二次技术和工业革命走向高潮,世界格局发生巨变,以西欧为中心的世界体系受到冲击,美洲体系形成并趋于完善,亚洲的解放运动大规模兴起,封闭式的殖民制度面临危机,"门户开放"式的新殖民体系呼之欲出。

应当强调的是,传统的世界史教材对"门户开放"并没有给予很高的历史定位,只把它看作是美国针对中国的具体政策。"门户开放"作为一种思想原则,来源于英国古典经济学家亚当·斯密的自由贸易理论,后来发展成为关于世界秩序和结构的一种自由主义理念。到19世纪、20世纪之交上升为国家的基本政策,这表明了世界殖民主义体系内涵的转换,即封闭、垄断、地域性切割的旧殖民主义体系被一个开放的、以自由贸易为基础的、无形的新型殖民主义体系所代替。门户开放原则的核心内容是:第一,不提倡以武力征服的方式从空间上对殖民地实行分割和独占,主张以经济和文化扩张为先导,建立"无边界"的殖民体系;第二,不提倡对殖民地实行直接统治,主张保留殖民地原有的行政实体,实行间接统治;第三,反对垄断式的保护主义,主张实行"公平"的自由贸易竞争。以

“门户开放”为内容的新殖民主义是一种强权政策，体现了国际政治、经济秩序的不合理和不平等，但它也反映了世界由分散走向整体的趋势，体现了当时的时代特征，标志着一体化进程跃上了一个新的层次。“一体化”只有与“门户开放”有机地联系在一起，才可使之具有真正的内涵。全球一体化的基础是遍及世界的商品流通和其他商业活动的自由化，而开放门户保证了商业流通能在没有任何壁垒和歧视的条件下自由进行。一体化离不开商业流通，也离不开门户开放的市场秩序，因此，“门户开放”为世界现代史的开始树立了一块历史界碑，世界历史就是这样穿过洞开的门户进入到它的现代时期。

我们同样根据世界格局的分合聚散的大势将长达四百年的世界近代史分为三个阶段：

第一阶段，15 世纪、16 世纪之交至 18 世纪后半期。

资本主义萌芽和地理大“发现”开启了世界整体化的历史进程。殖民主义出现在历史舞台，它一方面是整体化进程的推动力量，另一方面又作为整体化进程中的不平等和不合理因素而存在。殖民主义促成了以西欧为中心，以殖民地为边缘的世界体系的形成。文艺复兴和宗教改革动摇了封建制度的封闭式罗网，开创了资产阶级人文主义的新时代。英国革命引发的欧美革命确立了资产阶级的政治胜利，也确立了欧洲在世界体系中的核心地位。其中，英国革命打乱了以哈布斯堡王朝为主体的欧洲封建秩序，导致了新的欧洲政治格局——威斯特发里亚体系的出现，从而开始了近代国际关系的历史。继后的法国革命又打乱了这一格局，欧洲面临新的政治组合。美国革命则是对殖民主义制度造成的欧洲统治世界的国际关系结构的一次冲击，具有欧洲革命所不具备的世界意义。

第二阶段，18 世纪后半期至 19 世纪 70 年代初。

以英国工业革命为先导，完成了资本主义在欧洲由萌芽、成熟到确立的过程。同时，全球一体化也随着工业革命在欧美各国的传播而进入新的时期。先进的资本主义制度是建立于阶级对立和不平等的阶级关系基础之上的，由此而发生工人阶级为自身地位的改善而进行的斗争，斗争中诞生了马克思主义。在法国资产阶级革命和拿破仑战争的冲击下，欧洲政治面貌发生了新的变化，以五大国均势为基础、以君主制为核心的维也纳体系在欧洲建立。在美洲，受美国独立的启发，拉丁美洲独立运动取得了胜利，同时美国提出了不准欧洲干预美洲事务的“门罗主义”，这就改变了欧洲独霸世界的局面，在西半球建立了与欧洲体系互相抗衡的以美国为主导、以共和制为核心的美洲体系，形成了两大政治体系并存的世界新格局。到 19 世纪 70 年代为止，欧洲的维也纳体系受到三次革命运动的冲击而发生动摇。在美洲，美国经历了内战的磨难之后，完成了“门罗主义”框架下的美洲泛美体系的组建，并开始准备向美洲以外的世界渗透，扩大自己的利益和影响。此时的亚洲和非洲则进一步殖民地化，以殖民地的面目加入到世界整体化的潮流中来。

第三阶段，19世纪70年代初至19世纪、20世纪之交。

第二次科技和工业革命引发的新一轮全球一体化高潮是这一阶段的主题。在这一时期，资本主义从自由竞争向垄断过渡，帝国主义时代已经到来；随着帝国主义对世界的瓜分，资本主义世界市场最终形成并逐渐由封闭走向开放。在思潮方面，19世纪后半期牛顿古典力学体系和黑格尔的绝对主义哲学体系地位发生了动摇，人们的认识能力和方式发生了重大变化。与此同时，帝国主义的出现也带来了严重的政治、经济、社会矛盾和危机，无产阶级革命、国际共产主义运动、人民群众争取改革和民主的斗争汇合成冲击资本主义的潮流。另外，欧洲的均势结构由于德国的统一和崛起而导致崩溃，维也纳体系宣告结束，以集团政治的形式出现的松散的两极结构在欧洲出现，欧洲的世界地位急剧下跌；美国开始积极介入世界事务，一跃登上世界大国的地位，准备实现旨在海外扩张的"新天定命运"；德国和日本作为新兴帝国主义国家积极参与对世界的瓜分。旧殖民主义体系产生分裂，"门户开放"式的新殖民主义体系正在酝酿出台。至此，一个新的现代化的世界文明即将到来。

本卷系集体编写。1999年初版各章编写分工如下：导言、上编第六章，王玮；上编第一章，李云泉；上编第二章，程汉大；上编第三章，赵秀玲；上编第四章、下编第五章，李胜凯；上编第五章、下编第七章，祝令建、陈海宏；下编第一、九章，刘文涛；下编第二、八章，王书丽；下编第三、十章，荣卉；下编第四章，王明星；下编第六章，陈传利；王静参加了各章"导读"和"思考与讨论"部分的编写并统改全书，最后由齐涛审稿定稿。

2001年第二版的修订工作由王玮主持完成，在保持原章目结构的前提下，对全书内容进行了较大的校订、增补与改写。

2004年本卷第三版的修订工作仍由王玮主持，复旦大学李宏图教授参加了该版的修订工作，并与杨芳合写了新增补的下编第十一章。下编第一、九章由毛锐改写并补充。上编第五章和下编第七章由陈海宏修改。全书最后由齐涛审定。

2008年本卷第四版的修订由王玮负责，滕延海参加了修订。全书由齐涛审定。

此次第五版的修订仍由王玮主持，田肖红参加了修订和编排校对，全书仍由齐涛最后审定。

上　　编

世界整体化历史的启动

15 世纪、16 世纪之交，人类历史发生了重大转折，世界整体化进程的序幕由此拉开，世界历史进入近代时期。引发这一重大转折的，是西欧社会经济、政治和文化方面的一系列变革和对外扩张。

西欧社会生产力的发展、社会分工的扩大和商品生产的增长，不仅是资本主义萌芽产生的前提，也为地理大发现提供了精神动力，奠定了物质基础。而地理大发现及其所导致的商业革命，又促进了资本主义萌芽的成长，同时改变了东、西两半球及其局部地区彼此隔绝的状况，世界市场开始形成，从而为新兴资产阶级开辟了广阔的活动舞台，加速了西欧跨入资本主义时代的步伐。这样，在人类历史上第一次出现了东、西两半球不同文明之间的汇合与世界整体化的新进程，标志着人类社会走向现代化的最早起步。

但是，东、西两半球处于不同发展阶段的诸文明的汇合，是以不平等的形式实现的，其进程与血腥的暴力相伴。西班牙、葡萄牙两个早期殖民帝国用征服、奴役乃至消灭殖民地人民的办法积累了大量财富。由于两国的封建关系还很牢固，这些财富并未在本国起到原始积累的作用，而是辗转流入西欧其他国家新兴资产阶级的腰包，为这些国家资本主义的发展创造了条件。

与地理大发现互相呼应的是文艺复兴的广为传播。人文主义精神作为一种乐观进取的人生观和价值观，不仅有助于地理大发现的完成，也冲击着教皇和教会的权威，改变了人们的观念和生活方式，成为资本主义发展的精神动力。稍后，由马丁·路德发起、继而席卷西欧的宗教改革，是一场规模更大、影响更为深远的新兴资产阶级的反封建斗争。它在欧洲不少国家推翻了作为封建势力顽固堡垒的天主教会的统治，进一步瓦解了中世纪的封建结构，从而在更大范围内确立了新兴资产阶级在政治上、经济上和思想上的统治地位。

资本主义关系的产生和资产阶级力量的壮大，改变了阶级结构和阶级关系。16 世纪西欧诸国先后形成了封建君主专制制度，专制王权为维持封建贵族和资产阶级这两个对立阶级之间的平衡，在保护前者利益的同时，又实行有利于后者的重商主义政策，这就在客观上为资本主义的发展铺平了道路。

与此同时,欧洲国际局势也在发生重大变化。强国的争霸、宗教冲突与民族矛盾交织在一起,这一复杂的局势一方面引发了世界上第一次成功的资产阶级革命——尼德兰革命,建立了历史上第一个资产阶级共和国,并预示着资产阶级革命风暴的到来已经为期不远了;另一方面,它酿成了欧洲历史上第一次大规模的国际战争——三十年战争,其直接后果是威斯特发里亚体系的建立,从而奠定了近代欧洲的国际格局。

总之,在这重大的历史转折时期,人类所取得的一系列具有划时代意义的成就,几乎皆与西欧一次又一次深刻的社会变革和海外扩张密切相关,它们标志着世界资本主义曙光的来临。与此相比,亚洲各国仍然在封建主义的故道上蹒跚而行,政治上不断强化中央集权和专制统治,经济上以农本经济为支柱,使这些国家具有落后和停滞的趋势。16 世纪,西亚和南亚的穆斯林帝国曾经盛极一时,但由于封建制度的腐朽,商品经济发展的迟缓以及缺少像西欧那样变革的动力,很快就落伍于时代。在东亚,统治中国的明代政权不断强化专制统治,实行重农抑商政策,使一度居于世界文明发展顶峰的中华帝国迅速跌落。日本则处于政治统一和封建制度的重建时期。这样,在东、西两半球文明汇合中扮演主角的西欧诸国迅速崛起,开始将亚洲作为其活动舞台和掠夺对象的同时,亚洲各国却在封闭中走向衰落,被动地卷入了世界整体化的历史进程。

一、欧洲资本主义生产的确立和地理大发现

近代文明的全球性交汇是在资本主义的基础上进行的。资本主义的萌芽于 14 世纪最先在意大利和英国出现,到 15 世纪,西欧其他国家,如法、德、尼德兰等也相继出现了资本主义萌芽。进入 16 世纪之后,西欧的资本主义生产已初具规模。集中的手工工场已逐步取代分散的手工工场,成为工业生产的主要组织形式。农村中的封建经济的分化过程已大体上完成,资本主义性质的农业已在西欧先进国家中出现。资本主义时代的曙光已经在西欧升起。地理大发现就是在这种背景条件下发生的重大历史事件,反过来,地理大发现又推动了资本主义的发展,并且引发了世界整体化的历史进程。

导致东、西两半球文明交汇和世界历史由分散走向整体的"地理大发现",并非是一连串偶然的历史事件。社会生产力的发展,科学技术的进步,为地理大发现奠定了物质技术基础。进入 15 世纪,西欧造船技术和航海技术有了重大突破,不仅制造出适应大洋复杂气候条件的多桅帆船,而且开始在船上装备火炮,使欧洲人在向东方的扩张中拥有军事技术的绝对优势。中国人发明的罗盘和从阿拉伯传入的用于计算纬度的星盘广泛用于海上航行,大大提高了航行效率。

与此同时，古希腊的地圆学说日益为人们所接受。佛罗伦萨地理学家托斯卡内利根据地圆学说绘制的世界地图，将中国和印度绘在大西洋对岸，并断言从欧洲西航，可直达东方。但是，这一切仅仅为地理大发现提供了客观条件。欧洲人之所以完成地理大发现这一具有划时代意义的壮举，是多种因素综合作用的结果。

首先是追求物质利益的经济动因。14～15世纪西欧商品货币经济的发展，促进了封建制度的瓦解和资本主义的萌芽。由于流通中所需货币量剧增，黄金作为货币的职能日益突出，成为重要的交换手段。占有黄金就意味着占有一切。哥伦布曾在日记中写道："黄金真是个奇妙的东西，谁有了它，谁就可以为所欲为。有了黄金，甚至可以使灵魂升入天堂。"自从《马可・波罗游记》在欧洲流传后，西欧贵族、商人、航海家对书中所描绘的"香料盈野、黄金遍地"的东方财富垂涎三尺，急于前往东方寻找黄金，正是这种"黄金梦"驱使他们走上海洋探险的道路。恰如恩格斯所言："黄金一词是驱使西班牙人横渡大西洋到美洲去的咒语；黄金是白人刚踏上一个新发现的海岸时所要的第一件东西。"①16世纪以前，欧洲商人特别是意大利商人已经与东方有了贸易联系，东方的香料、丝绸、宝石等物品辗转输往欧洲市场，丰富和改善了欧洲人的物质生活。随着商品生产和交换的发展，欧洲人需要进一步加强与东方的贸易联系。但是，奥斯曼帝国的崛起和金帐汗国的崩溃，使传统的东西方商路受阻，导致欧洲市场上东方商品的价格猛涨。因此，欧洲贵族、商人和新兴资产阶级为了发展对东方的贸易，迫切需要开辟一条通往印度和中国的新航线。

其次是宗教扩张因素。传播基督教是促使欧洲人向海外发展的一种精神动力。基督教自认为是一种世界性宗教，充满了改变异端信仰的狂热和好战精神。在中世纪，基督教会狂热地进行传教活动，甚至诉诸武力，发动十字军东征，这是基督教世界扩张性质的反映。当时，西欧流行长老约翰的传说，将约翰描绘成信奉基督教的一位东方君主。所以，当15世纪向欧洲以外扩张的基督教面临来自伊斯兰教的压力时，基督教世界便急于谋求与这位君主结盟，两面夹击穆斯林，以扩大基督教的势力范围，弘扬基督教于海外诸国。这成为地理大发现的动机之一。

再次，人文主义作为文艺复兴运动的指导思想，讴歌人的才能、智慧、价值，使人重新成为自己创造的文化的主体。这有助于培养人们探索世界、征服自然的冒险意识和进取精神，因此，人文主义思潮成为地理大发现的思想动力。

最后，最早进行海外扩张的西班牙和葡萄牙经过几个世纪的收复失地运动，于15世纪末完成政治上的统一，建立起君主专制制度。当时，两国已具备了远

① 《马克思恩格斯全集》第21卷，人民出版社1965年版，第450页。

航的物质条件，更重要的是，追求财富和弘扬基督教的强烈欲望促使两国专制政府积极支持海洋探险事业。因而，地理大发现与专制政府的支持是分不开的。

正是如此深厚与广阔的背景，才使得始自西欧的新航路开辟和地理大发现的世界历史意义，远远超过了始自欧亚大陆东端的中国明代郑和的远航，尽管后者的规模更为宏伟，动员的人力物力更为巨大，航程更为遥远，并且时间上要早出将近一个世纪。

地理大发现的内容包括：从欧洲绕过地中海直通印度新航路的发现；从欧洲直通美洲的航行和美洲新大陆的发现；首次环球航行的成功。

最先探寻通往印度航路的是葡萄牙人。1415 年，葡萄牙人占领了直布罗陀海峡南岸的休达城，建立了第一个殖民据点。在接下来的 70 年间，他们沿非洲西海岸不断向南探险，先后到达佛得角、几内亚湾、加纳海岸、刚果河口和安哥拉，为远航印度做了准备。

1486 年，葡萄牙人迪亚士率领三艘轻便帆船开始远航，第二年抵达非洲最南端的海角，将它命名为“风暴角”，后由葡萄牙国王改名为“好望角”，意为通往印度的希望之角。1497 年 7 月 8 日，达·伽马率四艘帆船从里斯本出发，沿迪亚士当年走过的航线南行，11 月到达好望角。接着沿非洲东岸北航，于次年 3 月 1 日抵达莫桑比克。4 月，由阿拉伯水手引航，从肯尼亚的马林迪横渡印度洋，于 5 月 20 日航抵印度西海岸的卡利库特城，这是人类历史上首次完成从西欧绕过非洲来到东方的航行，从而开辟了欧亚之间的新航路。

当葡萄牙人沿非洲海岸探寻通往印度的新航路时，西班牙人则朝另一方向寻找通往东方的航路，结果哥伦布“发现”了美洲。克利斯托夫·哥伦布(1451～1506 年)是意大利热那亚的水手，他读过《马可·波罗游记》，相信地圆学说，醉心于远航探险活动。多年来，哥伦布一直想组织一支西航印度和中国的探险队，为此曾先后请求英国和葡萄牙国王的资助，均遭拒绝，于是转而求助于西班牙女王。1494 年 4 月，女王伊萨伯拉最终采纳了他的建议，决定派他以西班牙王室的名义去寻找通往印度和中国的航路。

1492 年 8 月 3 日，哥伦布携带着伊萨伯拉女王写给中国“大汗”的信函，率 87 名水手，分乘三艘帆船，从西班牙的巴罗斯港出发。经过 70 天的艰苦航行，船队于 10 月 12 日到达巴哈马群岛中的一个小岛，将该岛命名为“圣萨尔瓦多”，意为“救世主”。随后，向南航抵古巴和海地。1493 年 3 月 15 日，哥伦布返回西班牙。在以后的 8 年间，哥伦布又三次西航，先后到过牙买加、波多黎各、多米尼加等地，还到过中美洲的洪都拉斯和巴拿马。但是，哥伦布所发现的地方并不富庶，因而招致人们的误解、谩骂，国王也剥夺了他的财产。1506 年，他在穷困潦倒中去世。哥伦布生前一直把他所发现的地方误认为是印度，把当地居民称为印第安人。1499～1502年，意大利人亚美利哥·味斯普奇经过反复考察，认定哥伦布所发现的不是印度，而是“新大陆”，后来人们就以他的名字称“新大陆”为“亚美利加洲”。

受达·伽马、哥伦布等人探险成功的鼓舞，葡萄牙贵族费尔南多·麦哲伦(1470～1521年)在西班牙国王的支持下，进行了人类历史上首次环球航行。

1519年9月20日，麦哲伦率265名水手，分乘5艘帆船从西班牙的圣卢卡尔港出发横渡大西洋，于次年3月到达南美洲的巴塔哥尼亚。尔后沿海岸南下，于10月到达南美洲南端的海峡，该海峡后来命名为“麦哲伦海峡”。随后他们在时人所称的“南海”中航行了3个月，未遇风浪，遂将其命名为“太平洋”。1521年3月，船队抵达菲律宾群岛。因与当地居地发生冲突，麦哲伦被杀。当这支探险队横渡印度洋，绕过好望角，于1522年9月7日返回西班牙时，仅剩下1艘帆船和18名船员。

“地理大发现”对整个人类历史的进程产生了巨大影响。

首先，地理大发现引起了“商业革命”和“价格革命”，从而使西欧率先过渡到资本主义时代，并在世界历史舞台上扮演重要角色。

商业革命的主要内容是：世界市场的形成，商品种类和商品流通量的增加，商路和商业中心的转移以及商业经营方式的发展。

地理大发现之后，随着西欧商人贸易范围的扩大，欧洲与亚洲、非洲、美洲之间建立了直接的商业联系，改变了东西半球及其局部地区彼此隔绝、不相往来的状况，世界市场开始形成，从而为新兴资产阶级开辟了更广阔的活动舞台。欧洲市场上汇集了来自各大洲的商品，如美洲的烟草、可可，非洲的咖啡、象牙，亚洲的香料、茶叶、丝绸。商品不仅种类繁多，而且流通量剧增。意大利的威尼斯、热那亚等商业城市逐渐衰落，代之而起的是大西洋沿岸的里斯本、塞维利亚、安特卫普和伦敦。主要商路和国际贸易中心从地中海沿岸转移到大西洋的欧洲沿岸。此外，商业经营方式发生了变化，股份公司、证券交易所、银行信贷业、保险业等相继兴起，使已经萌芽的资本主义得以迅速发展。

“价格革命”是指欧洲殖民主义者从殖民地特别是美洲掠夺了大量金银，使欧洲市场上的货币流通量剧增，导致物价上涨。据统计，在一个世纪内，西欧的黄金增加了117%，白银增加了206%；西欧各国的物价平均上涨2倍左右，西班牙则高达4.5倍。

“价格革命”使新兴的工商业资产阶级以及与市场有联系的贵族牟取了暴利，积累了巨额资本；而收取定额货币地租的封建贵族的实际收入大大减少，经济地位每况愈下。“价格革命”是资本原始积累的因素之一，它加速了西欧封建制的衰落和资本主义的发展。

更重要的是，从整个人类历史的进程来看，地理大发现开辟了欧洲人的海权新时代，人类活动舞台从大陆转向海洋，改变了东、西两半球相对隔绝发展的格局，也改变了旧大陆各区域之间相对孤立平行发展的格局。这样，由地理大发现引发的商业革命，通过以西欧为中心的世界贸易网把原先半封闭的地区性经济联系起来，形成资本主义的世界市场，在人类历史上第一次出现了东、西两半球多种文明的汇合与全球一体化的新进程，从而使世界的发展逐渐形成一个全新的格局。[①]

在这一全新的格局下，“亚欧大陆农耕世界的相对闭塞，撒哈拉以南非洲与亚欧大陆之间更大程度上的闭塞，美洲、大洋洲与世界其他地区的完全隔绝——这些现象都逐步发生全面改观”[②]。世界各民族、各地区之间的经济联系和文化交流空前加强。动物和植物的全球性扩散，世界范围内的移民和新兴民族的形成，商品流通的增加，促使人类社会由区域文明向全球文明过渡，世界历史由分散走向整体。不仅如此，地理大发现及其随之而来的商业革命，加速了人类由传统农耕文明向近代工业文明的过渡进程，标志着人类社会走向现代化世界的最早起步。

二、早期殖民征服及其性质

东、西两半球各种文明的汇合是以不平等的形式出现的。西欧殖民主义者通过残酷的殖民掠夺，在践踏其他文明的基础上率先步入近代工业社会的门槛。

殖民制度的建立是地理大发现的直接后果之一。地理大发现之后，殖民征服成为东、西两半球各种文明汇合的一个重要途径，因而是“用血和火的文字载入人类编年史的”[③]。亚洲、非洲和拉丁美洲从此沦为欧洲的殖民地或半殖民地，纳入资本主义世界市场。殖民主义者用征服、奴役以至消灭殖民地人民的残酷手段积累了大量财富，与殖民掠夺紧密联系的奴隶贸易使奴隶制度一度复活。这给亚、非、拉人民带来了深重的灾难，严重阻碍了这些国家和地区社会独立发展的进程。

葡萄牙和西班牙最先走上了殖民征服的道路。

16世纪初期，葡萄牙人口不足150万，经济和军事势力也比不上欧洲其他

---

① 参见黄邦和等主编《通向现代世界的500年——哥伦布以来东西两半球汇合的世界影响》，北京大学出版社1994年版，第3页。

② 吴于廑：《世界历史》，载《中国大百科全书・外国历史卷》，中国大百科全书出版社1990年版，第11页。

③ 《马克思恩格斯全集》第23卷，人民出版社1972年版，第783页。

大国，不可能在亚非大陆建立庞大的殖民帝国。因此，葡萄牙的殖民征服主要采取了以下方式：

首先是在通往东方的新航路沿岸及周围地区建立军事据点，建立海上霸权，控制商路，进行掠夺性贸易。自1502年达·伽马率20艘武装商船再征印度之后，葡萄牙殖民者在几年内就占领了非洲东岸的莫桑比克、基尔瓦、索发拉、桑给巴尔等地，并将这些据点作为从西欧到东方漫长航线上的补给站。1506～1508年，又先后占领了红海口的索科特拉岛、波斯湾口的霍尔木兹岛和印度西北海岸的第乌港，从而控制了从红海、波斯湾到印度的海路，垄断了东方贸易。1509年，葡萄牙舰队在第乌港外的海面上，击败了土耳其、阿拉伯和印度的联合舰队，巩固了在这一带的海上霸权。1510年，侵占印度的果阿，将它作为东方殖民地首府。1511年，占领马六甲。此后又在科伦坡和印度尼西亚的爪哇、苏门答腊、婆罗洲、摩鹿加群岛等地建立商站，达到了控制“香料之国”的目的。1557年，葡萄牙人将澳门窃据为殖民地。殖民者残杀无辜，疯狂掠夺，16世纪仅从非洲劫掠的黄金就达27.6万公斤。

其次是从事欺骗性贸易。葡萄牙人用镜子、别针、玻璃球以及其他廉价手工业品骗取了亚非土著居民的宝石、珍珠、象牙、香料等贵重物品，从中获得数倍乃至数十倍的高额利润。

再次是从事奴隶贸易，将非洲黑人奴隶源源不断地贩往美洲大陆，从中牟取了暴利。在以后的两百多年里，黑奴制度成为欧洲殖民制度的组成部分。

葡萄牙除在亚非地区大肆进行殖民掠夺外，还将南美的巴西纳入自己的殖民势力范围。

哥伦布“发现”美洲，揭开了西班牙殖民者远征美洲的序幕。15世纪末16世纪初，西班牙人首先将加勒比海和西印度群岛纳入自己的势力范围，先后在海地、牙买加、波多黎各等地建立殖民据点，并以此为基地继续征服中南美洲广大地区。1521年，西班牙贵族科泰斯率军征服墨西哥，摧毁了印第安人古代文明的中心——阿兹特克“帝国”。1533年，西班牙冒险家皮萨罗率军占领了印加人的首府库斯科，使印第安人古代文明的另一中心印加“帝国”惨遭蹂躏，秘鲁从此沦为西班牙的殖民地。此后，西班牙殖民者在不足二十年的时间内，相继征服了厄瓜多尔、乌拉圭、玻利维亚、哥伦比亚、阿根廷等地。到16世纪中叶，除葡属巴西外，整个中南美洲几乎全部纳入西班牙的殖民统治之下，其面积相当于西班牙本土的20倍。

西班牙殖民者与葡萄牙殖民者一样，对殖民地人民进行残酷的掠夺和屠杀。1545～1560年，从美洲流入西班牙的黄金，每年平均达5500公斤，白银达24万公斤。与此同时，西班牙还推行了骇人听闻的种族灭绝政策，到16世纪中叶，已有1200万至1500万印第安人惨遭杀害。

与葡萄牙殖民征服和统治方式不同的是，到16世纪中叶，西班牙已在中南美洲建立起庞大的殖民帝国。西班牙在当地设立殖民政府，委派总督治理，并向当地大量移民。贵族、商人、僧侣纷纷涌入美洲，大肆掠夺印第安人的土地，建立封建的大地产制。殖民者还限定经济作物种类，实行"单一产品制"，以获取巨额利润，同时也打开了宗主国商品在殖民地的销售市场。

西、葡两国在向海外扩张的同时，为争夺殖民地不断发生冲突。哥伦布"发现"美洲后，西班牙为防止葡萄牙与之争夺这一地区，便请求罗马教皇出面调停。1494年6月7日，经罗马教皇亚历山大六世仲裁，两国签订《托尔德西里雅斯条约》。按条约规定，在佛得角群岛以西约2190公里处，从北极到南极划一条分界线，称为"教皇子午线"。该线以东"发现"的土地归葡萄牙，该线以西归西班牙。但地球是圆的，麦哲伦环球航行到达摩鹿加群岛以后，围绕该岛的归属问题，双方冲突又起。1529年，两国在萨拉哥撒再订新约，以摩鹿加群岛以东17°线为界划一条新的分界线。此线以西"发现"的土地归葡萄牙，以东属西班牙。根据这两次协议，西班牙几乎独占了美洲（巴西除外），葡萄牙则把亚非广大地区划入自己的殖民地范围。

西班牙和葡萄牙的早期殖民征服和殖民统治属于封建主义性质。尽管进入15世纪以后，西欧社会的商品经济日益活跃，一些国家的资本主义萌芽不断发展壮大，但尚未从根本上触动整个封建制度。特别是在西班牙和葡萄牙，封建专制王权比较强大，封建生产关系还很牢固。两国的海外殖民扩张与殖民统治都是在王室直接策划与控制下以贵族为主体进行的。

从早期殖民征服的目的来看，西、葡两国王室之所以积极组织和支持海外探险活动，大肆进行殖民掠夺，主要是为了扩大封建统治范围。葡萄牙人早在沿着非洲西海岸探险时，就宣布西非为葡萄牙王室所有，并求得罗马教皇认可。自哥伦布首航之后，西班牙派出的所有远征队每到一地，就将该地宣布为西班牙王室财产不可分割的一部分。这是典型的封建殖民征服。

从早期殖民征服的直接后果来看，在海外，葡萄牙沿亚非海岸线建立一个个殖民据点，控制东西方商路，进行封建性的掠夺贸易。而西班牙不仅在中南美洲建立了庞大的殖民帝国，还将本国的封建制度移植于殖民地，建立封建的大地产制。同时，葡、西两国的殖民征服还打上了深深的奴隶制烙印。西班牙在向殖民地移植封建制度的过程中建立了新的奴隶制，先是役使印第安人为奴，后又贩入非洲黑人奴隶。葡萄牙殖民者最先进行非洲黑人奴隶贸易，并且不断扩大贸易的规模，后又在巴西建立奴隶制。这种奴隶制已不同于欧洲古代的奴隶制，是属于封建性质的。

在国内，两国在殖民征服过程中掠夺的大量财富，壮大了封建统治阶级的力量，当西欧其他国家的封建制度日趋解体时，西班牙和葡萄牙的封建制度却一度巩固。两国将掠夺所得的金银财富大量用于维持庞大的官僚机构和对外战争的消耗，同时，王室、贵族和商人将大把的钱财花在进口各种商品，以满足其奢侈生活的享受上。因此，这些钱财不仅没有在两国起到资本原始积累的作用，反而打击了本国工业，延缓了资本主义发展的进程，使其殖民优势很快丧失。

但是，这些财富源源流入西欧其他国家之后，加快了这些国家资本原始积累的进程，促进了资本主义生产关系的发展。荷、英、法等国由于国内资本主义发展较快，工业发达，国势日益强盛。所以，它们继西、葡两国之后发动了更大规模的殖民侵略，很快在亚、美、非各地排斥了西、葡两国的殖民势力，并展开新一轮的殖民角逐，从而为本国资本主义的进一步发展创造了条件。

三、文艺复兴的完成和人文主义时代的到来

文艺复兴运动最早产生于 14 世纪上半叶的意大利。它是当时处于萌芽状态的资产阶级为发展其政治和经济利益，在意识形态领域内开展的以反对教会精神为代表的封建文化的斗争。它名义上是鼓吹“复兴”古典文化，实际上是以新的世界观推翻神学、经院哲学以及僧侣主义的世界观，并以这种新世界观支配和推动文学、艺术以及科学技术的发展，它是西欧封建社会向资本主义社会过渡这一历史变革在意识形态上的反映。

文艺复兴运动标志着一个新的精神时代——人文主义时代的到来。人文主义精神是一种乐观向上、勇于进取的人生观和价值观，它反对中世纪教会的来世观念和禁欲主义，肯定“人”是现世生活的创造者和享受者。它以“人”为宇宙的中心，要求把人的思想、感情、智慧从神学的束缚中解放出来。因此，人文主义者提倡人性以反对神性，提倡人权以反对神权，提倡个性自由以反对宗教桎梏。当然，人文主义者所主张的“人”，是资产阶级的抽象化，所谓的“人文主义”，实际上不过是资产阶级个人主义的世界观。但是，人文主义思想极大地冲击了腐朽的封建文化，打破了禁锢人心的教会权威，为近代文学、艺术、教育、哲学和自然科学的发展开辟了宽阔的道路，为人们的精神世界开辟了一片崭新的天地，所以具有历史进步意义。

早期文艺复兴的开创性代表人物是佛罗伦萨的著名诗人但丁·阿利格里（1265～1321 年），他的不朽诗篇《神曲》歌颂了自由的理性，抒发了个人的情感，表现了求知的精神，因此恩格斯称但丁为“中世纪的最后一位诗人，同时又是新

时代的最初一位诗人”①。其他还有彼特拉克的十四行体抒情诗、薄伽丘的短篇故事集《十日谈》等,也集中体现了新生的人文精神。此外,在艺术、教育、哲学、建筑以及科学技术等领域也有建树。

15世纪末16世纪初,文艺复兴在意大利进入全盛时期,并开始跨越阿尔卑斯山,在欧洲其他国家广为传播。这一进程一直持续到17世纪初,通常将这一时期的文艺复兴称作后期文艺复兴。在这一百多年的时间内,文艺复兴与商业的繁荣、人口的增长和不同文明之间的汇合互为呼应,不仅在更大范围内改变了人们的观念和生活方式,也进一步冲击了教皇和教会的权威。至此,全球文明的序幕已经完全拉开。

与早期文艺复兴相比,后期文艺复兴呈现出一些新的变化和特点。早期文艺复兴仅局限于以佛罗伦萨为中心的意大利,而且主要在文学艺术领域内展开。它对人们的思想观念,特别是对宗教神学观的冲击是有限的。它更多的是对古典文化传统的继承。而后期文艺复兴几乎遍及西欧各国。在意大利,文艺复兴运动的中心已由佛罗伦萨移至罗马,其影响也大为增强,甚至罗马教皇也成为一些人文主义学者、艺术家的赞助人。文艺复兴不仅在文学艺术领域,而且在政治思想、哲学思想、自然科学的各个领域展开。它更多的是创新,并因此取得了一系列辉煌的成就。

在意大利,后期文艺复兴的主要代表人物有人文主义艺术大师达·芬奇、米开朗基罗、拉斐尔和政治思想家马基雅维里、康帕内拉等。

列奥纳多·达·芬奇(1452～1519年)学识渊博,多才多艺,不仅是艺术大师,还是科学家、发明家、哲学家。其代表作《最后的晚餐》取材于《圣经》故事,着重刻画耶稣在晚餐席上对门徒说“你们当中有一个人出卖了我”的一刹那间,12个门徒不同的表情、姿态及复杂的内心活动,表现出对叛徒的强烈憎恨。他的另一名作《蒙娜丽莎》,是世界美术史上最具代表性的肖像画之一。达·芬奇突破宗教题材的局限,形象生动地勾画一位面带微笑的市民少妇的端庄美丽,给人以强烈的现实主义感。

米开朗基罗(1475～1564年)的代表作是取材于《圣经》故事的雕像《大卫》、《摩西》,这两件不朽之作将两位古犹太人的英雄塑造成雄伟刚健的巨人,突出刻画了人的精神意志。其绘画杰作《创世纪》和《末日审判》两幅壁画,赋予神以人的性格,表达了他对人类美好生活的憧憬。

有“画圣”之称的拉斐尔(1483～1520年)博采众长,以绘画多幅圣母像著称。其艺术风格优美、典雅。在他笔下,人们心目中幽灵般的圣母完全是一个温

① 《马克思恩格斯选集》第1卷,人民出版社1995年版,第269页。

柔善良的世俗女性形象，没有丝毫的禁欲主义和神秘主义色彩，如《西斯廷圣母》、《草地上的圣母》等。他的壁画名作《雅典学院》，描绘的是柏拉图、苏格拉底、亚里士多德、毕达哥拉斯、赫拉克里特等古希腊哲学家、科学家共聚一堂，展开热烈讨论的场面，突出地歌颂了人的智慧和理性。

进入16世纪，随着封建主义的解体和资本主义生产关系的发展，西欧许多国家在实现国家统一的基础上建立了君主专制政体，而意大利却仍然处于四分五裂的状态。在这种情况下，尼科罗·马基雅维里（1469～1527年）第一个想象出国家的现代形式，成为近代资产阶级政治思想的奠基人。

在完成于1513年的《君主论》一书中，马基雅维里极力主张加强中央集权，实行君主专制政体，并系统阐述了关于君主统治的种种方式和政治权术的理论。他将道德排除于政治之外，认为君主应当效法狮子和狐狸，要比狮子还凶狠，比狐狸更狡猾。总之，为了达到目的，可以不择手段。他的这套理论被后人称作"马基雅维里主义"，并为四百年后法西斯分子实行独裁统治提供了理论依据。尽管如此，他的政治思想仍具有反封建、反教会和爱国主义性质，在当时的历史条件下具有进步意义。

另一位政治思想家康帕内拉（1568～1639年）是空想社会主义的先驱者。他在《太阳城》一书中指出私有制是万恶之源，并描绘了理想社会的蓝图，他在书中所反映的是早期无产者要求人人平等、财富共享的愿望。

15世纪后期至17世纪初，文艺复兴在德、法、英、西和尼德兰等国相继兴起。人文主义作家、政治思想家、科学家、哲学家都从各自的领域向传统观念和宗教神学发起强有力的冲击。

在文学领域，出生于鹿特丹的伊拉斯莫（约1466～1536年）是阿尔卑斯山以北极富影响的人文主义者。他首次编订了希腊文《新约全书》，并附有他自己的拉丁译文，纠正了教会通用拉丁文《圣经》中的许多错误，打击了教会解释教义的权威。伊拉斯莫的讽刺作品《愚人颂》（1509年），借"愚人"女子之口，嘲笑教皇、僧侣的贪婪、愚昧，谴责贵族的放荡、虚荣。他主张废除禁欲主义和形式主义的宗教仪式，建立合理教会，成为后来马丁·路德宗教改革的先声。

拉伯雷（1494～1553年）是法国文艺复兴的代表人物。其代表作《巨人传》，取材于民间故事，以叙述高朗古杰、高康大和庞大固埃祖孙三代巨人国王的神奇事迹为主线，深刻地反映了法国现实生活和社会矛盾，是讽刺文学的经典之作。拉伯雷嘲弄教士的愚昧和贵族的腐败，痛斥经院哲学，同时提出反映人文主义理想的政治和宗教主张，表达了新兴资产阶级要求个性解放的愿望。

莎士比亚（1564～1616年）是文艺复兴时期英国杰出的戏剧家和诗人，一生著有37个剧本和154首十四行诗。他的戏剧分历史剧、喜剧和悲剧等体裁。历史剧以帝王将相为主角,描述了13～15世纪英国著名国王的生平事迹,反映了新兴资产阶级反对分裂、拥护王权的政治要求。喜剧则充满乐观主义情调,赞美友谊与爱情,表达了人文主义的道德理想。莎士比亚于17世纪初写的四大悲剧,代表了他创作的最高成就。这些悲剧突出反映了资产阶级人文主义思想同封建邪恶势力之间的较量和冲突,并以先进力量的暂时失败作为结局,来控诉封建制度和封建贵族的罪恶。莎士比亚的作品语言生动,感染力强,在欧洲文坛上独树一帜。

西班牙现实主义作家塞万提斯(1547～1616年)完成于1605年的《堂吉诃德》,是一部传世佳作。他以幽默、夸张的手法,融严肃与可笑、庸俗与伟大于一体,将堂吉诃德塑造成新旧时代交替时期复杂而矛盾的典型,使之具有复古主义和人文主义理想的双重性格。这部作品是当时西班牙社会广阔画面的缩影。

在政治思想领域,法国的博丹(1530～1596年)在《国家论》一书中系统阐述了国家主权的理论,将国家主权作为一种脱离社会并凌驾于社会之上的统治力量。这是欧洲民族国家正在形成的现实反映。英国的托马斯·莫尔(1478～1535年)提出否定资本主义制度的政治主张。他在《乌托邦》一书中不仅抨击了英国现存社会制度的黑暗,同时还描绘了一种理想的社会制度:废除私有制,人人劳动,人人平等,按需分配等。这对以后的社会主义思潮产生了深刻影响,莫尔也因此成为西欧空想社会主义的奠基人。

在科学领域,早期文艺复兴对科学的影响是微不足道的,而16世纪近代自然科学的兴起,既是后期文艺复兴的主要内容,也是人类科学史上的一次革命。科学的进步对于解放生产力和改变人们的世界观,具有同等重要的作用。

波兰人哥白尼(1473～1543年)率先举起了天文学革命的大旗。他在1540年写成的《天体运行》一书中提出"日心说",直接动摇了中世纪长期流行并为教会奉为信条的"地心说",从而成为自然科学摆脱神学获得独立发展的标志。继承并发展了哥白尼学说的有意大利科学家布鲁诺(1548～1600年)、伽利略(1564～1642年)和德国学者开普勒(1571～1630年)等人。布鲁诺提出宇宙无限的观点;伽利略用自制望远镜观察,为"日心说"提供了最重要的天文证明,另外还有许多天文发现;开普勒总结出行星运动的三大定律,纠正了哥白尼关于行星沿圆形轨道绕太阳运行的观点,提出行星运行的轨道为椭圆形。

在物理学、数学和医学方面,这一时期也有许多重大的发明、发现。伽利略的惯性定律、力作用独立定律,意大利数学家卡尔达诺(1501～1576年)的解三次方程公式,比利时医生维萨留斯(1514～1564年)的解剖学,英国医生哈维(1578～1657年)的人体血液循环理论等,都是科学发展的重要标志。

在哲学思想领域,机械唯物论冲破经院哲学的桎梏发展起来。英国的法兰西斯·培根(1561～1626年)是近代资产阶级第一个唯物论哲学家,其主要哲学著作有《学术的进展》、《新工具》、《科学的价值与增长》等。培根提出归纳法,将其作为研究自然科学的方法,并提出"知识就是力量"这一名言。这反映了新兴资产阶级需要利用科学知识认识和控制自然、造福人类的要求,具有唯物主义倾向。但他采用二重真理说,既认为真理出自实践,又承认神启真理。

法国理性主义的创始人笛卡尔(1596～1650年)认为,宇宙统一于运动的物质,同时又把物质运动只看作是机械运动。在认识论上,他采用理性演绎法,片面强调理性认识的可靠性,否认感性认识的作用。因无法解释理性认识的来源,于是不得不求助于神启真理,笛卡儿也因此成为"心物彼此孤立"的二元论者。

综观持续近三百年的文艺复兴运动,其重大历史意义在于它不仅创造了光辉灿烂的新文化,更重要的是改变了人们的观念,解放了人们的思想。它是资本主义时代到来的先兆,也是资本主义发展的基础。

第一,它摧毁了教会的精神独裁,将越来越多的人从"神"的统治下解放出来,同时培养了人们乐观进取的人生观和创造精神,成为资本主义发展的精神动力。

第二,文艺复兴时期产生的光彩夺目的文学艺术杰作,是人类文化的宝贵遗产,在世界文明史上占有重要地位。

第三,它使自然科学脱离了神学,从而在诸多领域取得了一系列伟大成就。同时推翻了僵化的经院哲学体系,新的哲学思想为近代资产阶级哲学的发展提供了理论基础。

第四,它不仅推动了政治学说的发展,而且对以后的资产阶级社会革命思潮产生了影响。18世纪法国启蒙运动的思想渊源就是文艺复兴的指导思想——人文主义精神。

四、宗教改革对中世纪封建结构的冲击

与文艺复兴相比,16世纪在德国爆发继而席卷西欧的宗教改革是一次规模更大、影响更为深远的新兴资产阶级反封建斗争。它进一步瓦解了中世纪的封建结构,从而在更大范围内确立了新兴资产阶级在政治上、经济上和思想上的统治地位。

宗教改革不仅是一场反教会斗争,也是一次深刻的社会政治变革。因此,引发宗教改革的原因是多方面的。天主教会是中世纪西欧封建制度的国际中心。它在经济上是最大的封建主,拥有天主教世界总地产的1/3;政治上长期与世俗国王分庭抗礼,甚至凌驾于王权之上;在文化上居于至高无上的支配地位。这

样，“要想把每个国家的世俗的封建制度成功地各个击败，就必须先摧毁它的这个神圣的中心组织”①。进入15世纪后，天主教会所宣扬的“原罪”说和“救赎”理论已经不能满足人们的需要，加上教会弊端丛生，如买卖圣职、出售赎罪券、崇拜圣物、教会上层的腐败堕落等等，这一切成为宗教改革的直接原因。

当时，专制王权的加强和民族意识的增长已成为西欧普遍的社会现象，其结果必然是对罗马教皇和教会特权的剥夺。否则，任何国家都不可能实现真正的君主专制政体。同时，新兴资产阶级的经济势力日益强大，他们对教会占有巨额财富并享有征税特权十分不满。为了追逐利润，他们需要剥夺教会的经济特权。因而，西欧政治和经济的发展是宗教改革的根本原因。

另外，14世纪末英国的威克里夫运动和15世纪捷克的胡司战争，也对宗教改革产生了一定的影响。

宗教改革之所以发源于德国，也是由德国特殊的政治和经济条件所决定的：中世纪德国在政治上长期处于分裂状态；15世纪末16世纪初虽已产生资本主义萌芽，但经济发展的分散性使其难以得到充分发展；罗马教皇对德国的大肆搜刮由来已久；贵族对下层人民的剥削日益加重。上述因素交织在一起，引发了声势浩大的宗教改革运动。

德国宗教改革的发起者是马丁·路德(1483～1546年)。马丁·路德出身于富裕市民家庭，18岁进入爱尔福特大学攻读法律。1505年，他放弃学业，进奥古斯丁修道院。1510年，路德被修道院派往罗马朝拜，他在罗马目睹了教廷的腐败，于是对教会的赎罪得救制度产生了怀疑。1512年，路德获神学博士学位，被任命为维登堡修道院副院长和维登堡大学神学教授。在此期间，他通过对《圣经》的研读，发现天主教会的制度及其神学理论严重背离了基督教教义，认为信徒只要依靠个人对耶稣的信仰即可得救，信仰的唯一依据是《圣经》，而非天主教会制定的神学。这样，路德从理论上否定了教皇的权威，否定了天主教神学的基本观念。

1517年，美因兹大主教亚尔伯特滥售赎罪券，以聚敛财富。10月31日，路德在维登堡的卡斯尔教堂的大门上张贴《九十五条论纲》，痛斥了出卖赎罪券的做法，提出了“信仰耶稣即可得救”的原则。1519年，路德在莱比锡的一次辩论会上，又公开否定了教皇的神权，宣称教皇也可以犯错误。

1520年，路德发表《致德意志民族的基督教贵族书》，批驳教会权力至上论，反对罗马教廷在德国的特权地位，主张民族独立，建立本民族教会，加强王权，表达了新兴资产阶级的政治要求。不久，他又发表《论基督徒的自由》和《教会被囚

① 《马克思恩格斯选集》第3卷，人民出版社1995年版，第705页。

于巴比伦》两篇重要文章，全面阐述了“因信称义”的宗教改革理论。其主要内容是：信仰得救，只要有信仰，人人在上帝面前享有平等的权利和地位，并得到上帝的恩典，从而使灵魂得救；在人与上帝之间，无需宗教律法、礼仪和神职人员作为中介，信仰的唯一依据是《圣经》；简化烦琐的宗教仪式，七项圣礼中只保留洗礼、圣餐两项。这就从根本上否定了教皇至高无上的地位和教会高于国家的天主教思想。

路德的理论和活动震动了教廷。教皇命令路德在60天之内改变观点，否则将开除其教籍，但路德坚不从命。1521年4月，在教廷的支持下，神圣罗马帝国皇帝召集帝国议会，要求取消对路德的法律保护，但议会没有听从皇帝的旨意，反而将路德召到议会陈述他的观点。路德在议会的演说引起阵阵欢呼。会后，路德在群众的保护下避开了皇帝的逮捕，离开会场，逃亡到萨克森，被萨克森选帝侯腓特烈保护起来。从此，路德潜心于对神学的研读与写作，继续宣扬其宗教改革的主张。

路德的宗教改革具有反封建的意义，但是，也具有一些局限性。他把改革的希望寄托在德意志君主和贵族身上，他承认君权神授的原则，他反对人民拥有反对君主的权利。因此，在路德投靠诸侯时，广大人民开始离开他，而团结在人民宗教改革领袖闵采尔的周围。

托马斯·闵采尔（约1490～1525年）出生于小手工业者家庭，他曾在莱比锡攻读神学，获博士学位，1517年后成为路德的信徒。但他日益不满于路德的保守立场，遂于1520年离开路德，宣传更为激进的改革思想。他否认《圣经》是唯一的启示，认为信仰即人的理性，人具有理性便可升入天国，天国不是在来世，而是存在于现世。闵采尔主张用暴力手段来实现社会变革，在现实世界建立人人平等，没有私有制的“千年天国”。在他的宣传鼓动下，德国发生了声势浩大的农民起义。

1524～1525年的德国农民起义是德国宗教改革的继续和高潮，约有2/3的农民参加了起义。这次起义虽然最后惨遭封建统治者的镇压，闵采尔本人也在战斗中被俘并壮烈就义，但起义从根本上动摇了天主教会的统治地位，对封建制度是一次巨大的冲击。

农民起义失败后，德国北方诸侯国大都成为路德派新教国家，而皇帝和南方诸侯国仍然信奉天主教，双方不断发生冲突。1555年，双方缔结《奥格斯堡和约》，规定诸侯有权决定其臣民的信仰，即“教随国定”的原则。这标志着路德教派的确立。而在此之前，北欧的挪威、丹麦和瑞典已相继改奉路德教。这是因为，路德教派首领的世俗化适合这些国家加强王权和使教会民族化的需要。

随着宗教改革的不断深入，加尔文教和英国国教先后创立，大大缩小了天主教的地盘。

约翰·加尔文(1509～1564 年)生于法国,因宣传路德的宗教思想受到迫害,于 1534 年逃往瑞士。1536 年,加尔文在借鉴路德和瑞士宗教改革家慈温利的观点的基础上,撰成《基督教原理》一书,阐述了自己的宗教改革观点。他和路德一样,主张"因信称义"和建立廉价教会。但他比路德更激进,提出了"预定论"的宗教学说,认为个人的命运、成败和灵魂得救与否,不是靠善行、斋戒、忏悔,而是上帝预先决定的。上帝从创世以来就把人分为"选民"和"弃民"两类,这是不以人的意志为转移的。衡量一个人是"选民"还是"弃民"的标志是他在现实活动中的成功或失败。这一宗教学说更能反映新兴资产阶级发财致富的要求。地理大发现所引发的商品货币经济的发展和剧烈的商业竞争形成一股巨大的经济力量,左右着个人的成败得失。同时,新兴资产阶级竞相追逐利润,成功者产生了优越感,增强了自信力,自认为是上帝的"选民"。"预定论"鼓舞了新兴资产阶级的进取精神,因此,恩格斯认为"加尔文的信条正适合当时资产阶级中最果敢大胆的分子的要求"[①]。1541 年,加尔文在日内瓦建立了政教合一的政权,将自己的宗教改革主张付诸实施。

由于加尔文教的教义和教会的组织形式适合新兴资产阶级的需要,因而在资本主义发展较快的英、法、尼德兰等国广为流传,成为资产阶级反封建斗争的有力武器。

在英国,天主教寺院的地产占全国耕地的 1/3,罗马教廷每年从英国搜刮大量财富。这不仅是加强王权的严重障碍,也是新兴资产阶级所不能容忍的。英王亨利八世曾是罗马教皇和天主教正统教义的"忠实的捍卫士",因教皇拒绝批准他与王后喀德琳的离婚案,遂于 1533 年同教皇决裂,发动自上而下的宗教改革。

1534 年,国会通过"至尊法案",宣布国王为英国教会的最高首脑,有任免各级教职和决定教义之权。1536～1539 年,国会连续通过一些法案,废除修道院制度,先后封闭全国 500 多所寺院,没收教会大批土地和财产,并将其中的大部分土地廉价卖给或赏赐给新兴资产阶级。这些措施进一步打击了教会贵族势力,促进了圈地运动的发展,加强了都铎王朝的专制统治。

改革后的新教会称英国国教,亦译作"安立甘教"。它把天主教拯救灵魂的教义与路德教信仰得救的教义结合起来,用英语做礼拜,各教区按地方行政单位划分,主教制度和主要教义不变。由于教会首脑为世俗君主,教会成为国家机构的组成部分。

这场不彻底的宗教改革不仅经历了反复曲折的斗争过程,也为以后清教徒

---

① 《马克思恩格斯选集》第 3 卷,第 706 页。

反对专制王权的斗争埋下了伏笔。

席卷西欧的宗教改革是一次披着宗教外衣的资产阶级革命，它全面冲击和瓦解了中世纪的封建结构。

首先，宗教改革及三大新教派的创立，大大缩小了罗马教廷的势力范围，罗马教皇在西欧的一统天下从此一去不复返了。这是对西欧封建制度的国际中心最沉重的打击。

其次，宗教改革剥夺了教皇和教会贵族的特权，没收了教会的大批土地和财产。这不仅有助于专制王权的加强，适应了新兴资产阶级的需要，同时在一定程度上动摇了封建土地所有制体系。

再次，新教特别是加尔文教的教义不仅鼓舞了新兴资产阶级的进取精神，也符合他们创造“自由”、“平等”关系的需要。

可见，宗教改革加速了西欧向资本主义的过渡进程，为资产阶级革命开辟了道路。

五、欧洲的专制王权模式

16 世纪，随着欧洲由封建社会向资本主义社会的过渡，在一些国家先后形成君主专制制度，其中以英、法两国最为典型。当时，两国的封建贵族阶级趋于没落，新兴资产阶级不断发展壮大，两个阶级势均力敌，力量均不足以压倒对方。这样，它们都想借助王权来维护自身的利益，从而出现了封建贵族和资产阶级共同支持王权的现象，君主则充当了双方的保护者和仲裁者的角色。英、法两国的君主专制统治，正是在这种阶级关系下形成的。

新兴资产阶级之所以支持王权，除了自身力量比较薄弱以外，主要是由于王权的加强导致了封建割据势力的削弱和国内关卡的废除，这些都有助于商品流通的进行和国内统一市场的稳定，有利于资本主义经济的发展。从现实效果来看，专制王权为了增加收入，维持常备军和庞大的官僚机构，往往采取奖励工商业的政策并鼓励海外殖民扩张活动，这在客观上对资本主义经济的发展起了扶植和保护作用。但是，专制王权本质上属于封建性质，它所维护的是封建贵族的特权和封建秩序。当资产阶级羽翼丰满之后，必然掀起革命风暴，与专制王权彻底决裂。

同一时期，西班牙、俄罗斯等国也形成了君主专制制度。但由于各自的历史条件不同，西、俄两国的专制王权不仅没有像英、法那样推动本国经济的发展，反而进一步巩固了本国的封建制度，延缓了迈入资本主义时代的步伐。

1485 年，英国封建主之间的内战——玫瑰战争结束，亨利七世登上王位，开始了都铎王朝(1485～1603年)的专制统治。在封建贵族、资产阶级和新贵族共同支持王权的基础上,都铎王朝的统治者实行了一系列政策,有效地巩固了专制王权。

首先是打击和削弱大贵族势力,剥夺教会贵族的特权和财产。亨利七世统治时,加大打击封建割据势力的力度。亨利七世下令禁止贵族蓄养家兵,解散封建家臣团,摧毁贵族修建的城堡,并加强"星室法庭"的作用,使之成为专门审理政治叛乱案件的机构,以惩治不服从的大贵族。1540年,亨利八世又进一步将枢密院作为自己的咨询机构和最高司法机关,其官员多从资产阶级和新贵族中选任,从而使他们成为专制王权的支柱。

1533年,亨利八世与罗马教皇决裂,发动了自上而下的宗教改革,随后自己成为英国教会的最高首脑。他将没收所得的教会大批土地廉价卖给或赏赐给资产阶级和新贵族,进一步扩大了专制王权的社会基础。

其次,为了满足封建贵族的要求,维护封建秩序,都铎王朝颁布了一系列惩治流浪者的法律。自15世纪70年代兴起的圈地运动是英国资本原始积累的主要方式,它破坏了封建土地所有制,使广大农民丧失土地而成为流浪者。都铎王朝的统治者颁布限制圈地和惩治流浪者的法律,其目的在于使农民回到原来的土地上,巩固封建制度,但收效甚微。

再次,在政治上与资产阶级结盟,加强国会的作用,使之成为专制王权的工具;在经济上实行重商主义政策,如保护工商业、奖励海外贸易和殖民掠夺等。

都铎王朝既维护封建贵族的利益,同时又执行有利于资产阶级和新贵族的重商主义政策。这种自相矛盾的现象,恰恰反映了英国的专制王权当时在两个对立的阶级间起着某种调停和平衡的作用。

伊丽莎白女王统治时期(1558～1603年),英国的专制制度发展到顶峰,资本主义经济迅速发展,亟须向海外殖民。在与当时的头号殖民强国西班牙的长期冲突与较量之后,英国于1588年击溃了来犯的西班牙"无敌舰队",从此树立起海上霸权,为海外殖民扩张扫清了道路。与此同时,资产阶级的力量与日俱增,逐渐打破了两个对立阶级之间的力量均势。他们与专制王权的矛盾和冲突不断加剧,掀起大规模的革命风暴仅仅是时间问题了。

法国的专制王权也是新的阶级关系形成的产物。地理大发现之后,受工商业发展和"价格革命"的冲击,贵族地主的固定地租收入减少,经济地位下降。但他们仍然拥有各种政治特权,需要强大的王权来维护封建秩序。新兴资产阶级靠购买公债、向政府贷款、充当包税人等手段积累了大量财富,这是法国资本原始积累的主要特点。富有的资产阶级还可以通过购买破落贵族的爵位以及与之相连的产业,跻身于贵族行列,从而在经济上和政治上与王权发生密切联系。他们处于维护自身利益的需要，也极力主张加强王权。这样，萌芽于路易十一统治时期（1461～1483 年）的君主专制制度很快发展起来。到法兰西斯一世统治时期（1515～1547 年），专制制度趋于确立。法兰西斯一世铲除割据势力，停止召开三级会议，国家的一切重大问题都由他和少数近臣决策。同时逐渐摆脱罗马教廷的控制，实现教会的民族化，并使法国教会成为专制统治的工具。

法兰西斯一世也采取了符合新兴资产阶级利益的工商业政策，如扶植本国毛纺织业，禁止进口外国呢绒，为本国商人取得在土耳其各港口贸易的特惠权等，从而使资产阶级在王权的保护下，增强了自身的势力。

此时，加尔文教在法国广泛传播。法国南部的封建贵族企图利用宗教改革与专制君主对抗，以恢复往日的独立地位；而北部的封建贵族则以"保卫王权，保护天主教"的口号，同南部对抗，最终于 1562 年爆发战争。加尔文教在法国称为"胡格诺教"，因此这场战争史称"胡格诺战争"（1562～1594 年）。1572 年的圣巴托罗缪节（8 月 23 日）之夜，天主教徒在王室支持下大肆屠杀巴黎的胡格诺教徒，使南北矛盾更趋激化，国内已经处于分裂状态。1589 年，法王亨利三世在混乱中遇刺身亡，胡格诺集团的波旁·亨利即位，称亨利四世（1589～1610 年），从此开始了波旁王朝的统治。为了巩固王位以及争取北部贵族的支持，亨利四世宣布皈依天主教，并立天主教为国教，但同时也允许胡格诺教徒享有信仰自由及担任国家公职的权利。亨利四世还通过实行鼓励发展农业、资助手工工场、发展海外贸易、保护关税等措施，使王权逐渐巩固起来。其子路易十三统治时期（1610～1643 年），任用首相黎塞留进行改革，强迫教会缴纳巨额捐税，加强中央各部门的职能及中央对地方的控制，派监察官统管各省行政、司法、财政大权，以此削弱地方贵族和各省总督的权力；同时实行重商主义政策，进一步强化了专制王权，为资本主义的发展创造了有利条件。

到了路易十四统治时期（1643～1715 年），法国的专制王权发展到顶峰。路易十四开创了不任用首相而亲自管理朝政的先例，进一步剥夺大贵族的实权，宣布"朕即国家"，残酷镇压一切反对王权的运动，并且恢复了对胡格诺教徒的迫害。另一方面，路易十四为增加岁入，加强王权，也大力实施重商政策，如实行关税保护，资助建立集中的手工工场，取消国内关卡，修筑公路和运河，鼓励殖民活动，等等，这些措施都促进了工商业的发展。路易十四统治的晚期，由于连年对外战争和宫廷的奢侈挥霍，国家财力日渐枯竭，阶级矛盾空前尖锐。到路易十五当政时期（1715～1774 年），宫廷和贵族的腐败奢侈达到空前的地步。财政危机导致大批银行倒闭，许多富有的资产阶级因而破产，他们对专制王权的不满情绪与日俱增。与此同时，城乡人民不堪封建压迫，不断展开反封建的斗争，农民起义和工人罢工频繁发生。法国封建专制制度陷入不可克服的全面危机当中。

与英、法相比，尽管西班牙的殖民征服和掠夺促进了本国城市手工业的发展和资本主义因素的产生，但16世纪前期，西班牙仍然是个比较落后的农业国。工商业发展水平较低，产品难以在国外市场开展竞争。新兴资产阶级还远远没有形成一支与教俗贵族相抗衡的政治力量。专制王权所维护的是教俗贵族的利益，热衷于对外战争和海外殖民扩张，以巩固在欧洲的霸权地位，进而称霸全世界，对本国工商业的发展则漠不关心。这样，从殖民地掠夺而来的大量金银财富并未用于发展工商业，而是被王室、贵族用于购买外国商品和对外战争的耗费上。这些金银财富流入包括英、法在内的欧洲其他国家后，迅速转化为资本，促进了资本主义的发展。

形成于伊凡四世（1533～1584年）统治时期的俄国君主专制制度，与英、法、西班牙三国又有不同。当时，封建农奴制日益加强，商品货币经济虽有一定的发展，但资本主义因素尚未出现。在此基础上形成的专制王权，代表的是封建主阶级的利益，对内加强对农民的奴役，对外奉行侵略扩张政策。

六、尼德兰革命

“尼德兰”意为低地，指莱茵河、马斯河、些耳德河下游及北海沿岸一带的低洼地区，约相当于今天的荷兰、比利时、卢森堡和法国的东北部。中世纪初期，尼德兰是法兰克王国的一部分，11～14世纪分属法国和德国。15世纪，其大部分领地并于勃艮第公国。到16世纪初，尼德兰又因王室联姻和继承关系纳入西班牙统治之下。

尼德兰资产阶级革命是其自身政治经济发展的结果，也是宗教改革广为传播的产物。其直接起因是西班牙残暴的专制统治。

16世纪以前，尼德兰已是欧洲经济最发达的地区之一。地理大发现之后，欧洲国际贸易中心转移到大西洋沿岸，进一步推动了尼德兰工商业的繁荣。其17省中有大小城市200多个，因而被称为“城市之国”。在北方7省中，荷兰和西兰2省的工商业最为发达，毛麻纺织业和造船业极负盛名。阿姆斯特丹是北方的商业中心，与英、俄、波罗的海沿岸各国有密切的贸易往来。北方各省与西班牙的经济联系较少，城乡中的资本主义生产关系日益普遍，冲击和瓦解着封建经济基础。在南方10省中，经济最发达的是佛兰德斯和不拉奔，手工工场在两省的纺织业、冶金业中普遍兴起。安特卫普是当时欧洲最著名的商业和信贷业中心。南方多数地区经济比较落后，封建关系依然牢固。新兴资产阶级与西班牙及其殖民地之间有着密切的经济依赖关系。

资本主义生产的发展引起阶级关系的变化。由大商人、工场主和农场主组成的城乡新兴资产阶级不断发展壮大，荷兰、西兰的封建贵族按资本主义方式经营土地而成为新贵族。资产阶级和新贵族大多信奉加尔文教，要求摆脱封建关系的束缚，推翻西班牙的专制统治，发展资本主义。与西班牙及其殖民地有经济联系的南方商业资产阶级和封建贵族虽然反对西班牙专制统治的某些措施，但不想同西班牙彻底决裂，而且在宗教上他们大多信奉天主教。广大农民和城市平民受阶级和民族的双重压迫，强烈要求改变现状，成为革命的主力军。他们一般信奉再洗礼派或加尔文教。

与此同时，西班牙在尼德兰的专制统治日益加强，不仅阻碍了资本主义的发展，也激起了尼德兰人民强烈的民族意识。查理一世（1516～1556 年）统治时期，在尼德兰榨取的捐税相当于西班牙国库总收入的 40%。1550 年，他颁布惩治异端的"血腥敕令"：凡是新教徒或被控为新教徒者，男的杀头，女的活埋，其财产收缴国库。

腓力二世（1556～1598 年）即位后，继续推行高压政策。他在尼德兰广布宗教裁判所，残害新教徒；剥夺城市自治权，限制尼德兰商人进入西班牙港口，并禁止他们与西属美洲直接贸易；拒付国债，使尼德兰银行家蒙受重大损失。1559 年，腓力二世派其姐玛格丽特为尼德兰总督，格兰维尔主教为辅政，以加强对尼德兰的直接控制。这些带有民族压迫性质的专制政策成为尼德兰革命的导火线。

1566 年 4 月，以奥兰治·威廉亲王为首的"贵族同盟"向玛格丽特总督呈递请愿书，要求废除"血腥敕令"，召开三级会议，撤出西班牙驻军，罢免格兰维尔的职务，但为西班牙当局拒绝。8 月 11 日，佛兰德斯一些工业城市爆发了以平民为主的"破坏圣像运动"，拉开了尼德兰革命的序幕。在两个月内，先后有 12 个省爆发了起义。数万名起义者捣毁教堂和寺院 5500 多所，焚毁债券和地契，没收教会财产。面对来势迅猛的群众运动，西班牙统治者采取缓兵之计，答应停止宗教迫害，赦免"贵族同盟"成员，允许加尔文教徒在指定地点做礼拜。此举得到贵族和资产阶级的拥护，并使起义很快遭到镇压。第二年 8 月，腓力二世派阿尔发公爵率军 18000 人进驻尼德兰，设立名为"除暴委员会"的特别法庭，大肆搜捕起义者，处死约 8000 人。接着，阿尔发颁发新税制，提高税率，从尼德兰榨取更多的财富，使尼德兰的整个工商业陷于瘫痪，十几万人流亡海外。奥兰治·威廉与其亲信逃到德国后，曾率领外国雇佣兵几次进攻尼德兰的中部和南部，结果都遭到失败。

然而，广大劳动人民和少数坚持革命的资产阶级激进分子并未被恐怖政策所吓倒。南方的农民和平民进入佛兰德斯森林，组成森林游击队，袭击西班牙军队。北方的渔民、水手和码头工则组成海上游击队，袭击西班牙的船队和据点。

1572年4月1日,海上游击队攻占了西兰省的布里尔城。不久,荷兰、西兰两省首先摆脱了西班牙的统治。同年7月,奥兰治·威廉当选为两省的总督。到1573年底,北方其他各省先后独立,奥兰治·威廉成为各省公认的总督。

北方的胜利推动了南方的斗争。1576年9月,布鲁塞尔爆发起义,推翻了西班牙在南方的统治。10月南北各省代表在根特举行三级会议,11月签订《根特协定》:废除阿尔发颁布的一切法令,南北联合共同反对西班牙;南方仍然信奉天主教,但承认加尔文教的合法地位。《根特协定》将南方城乡的革命斗争推向高潮,并引起南方教俗贵族、大资产阶级的极大恐惧,他们于1579年1月6日成立"阿拉斯联盟",决定联合西班牙反对革命。

面对南方贵族的分裂行径,北方各省于同年1月23日成立了"乌特勒支同盟",宣告各省永不分离,各省代表组成的三级会议为最高权力机关。1581年,三级会议废除腓力二世的王位,成立联省共和国,简称"荷兰共和国"。奥兰治·威廉任新国家第一执政。

1584年,奥兰治·威廉被腓力二世派人刺死。西班牙军队配合"阿拉斯联盟"攻占南方各城,重新恢复了在南方的统治。但是,西班牙对北方的进攻却屡屡受挫。此后,西班牙远征英国及出兵干涉法国胡格诺战争均遭惨败,已经无力扑灭尼德兰革命,不得不于1609年与联省共和国缔结12年休战协定,在事实上承认联省共和国的独立。1648年签订的《威斯特发里亚和约》正式给予联省共和国以独立地位。至此,荷兰成为人类历史上第一个资产阶级共和国。

尼德兰革命具有鲜明的民族解放斗争性质,是世界上第一次成功的资产阶级革命。它推翻了西班牙的专制统治,建立了历史上第一个资产阶级共和国,为资本主义的发展开辟了道路。这次革命以加尔文教为旗帜,以城市平民和农民为主力,资产阶级和贵族的联盟在革命中起了领导作用。但是新兴资产阶级还不成熟,尤其是南方的大资产阶级和新贵族与西班牙有着密切的政治经济联系,因担心革命危及自身利益而软弱动摇,甚至背叛革命,因此仅在北方取得斗争的胜利。荷兰共和国建立后,也没有完全废除封建土地所有制,政治上仍然带有君主制的痕迹,这对资本主义的发展产生了消极影响。17世纪末,继西班牙、葡萄牙之后,在海外建立殖民帝国的荷兰很快走向衰落。

七、走向整体化的欧洲:威斯特发里亚体系的形成

1618～1648年,欧洲发生了以德国为主战场的第一次大规模的国际战争——三十年战争,西欧和北欧的一些主要国家纷纷卷入,使整个欧洲局势发生了重大变化。威斯特发里亚体系是三十年战争的直接产物。

三十年战争是宗教改革后教派斗争加剧的结果，也是当时欧洲各国政治矛盾与领土纷争的反映。德国宗教改革后，诸侯分成新教诸侯和旧教诸侯两大集团。德国七大选侯中，三个选侯属新教，四个选侯属旧教。双方展开以争夺教产为主要内容的长期斗争，严重影响了德国政治经济的发展。德国皇室哈布斯堡家族当时不仅有奥地利作为世袭领地，而且还控制着捷克和匈牙利的西部以及德国的士瓦本和阿尔萨斯一带；其家族还统治着西班牙及其殖民地，是势力最强的诸侯。德皇依靠自身的强大势力，与西班牙的哈布斯堡家族联合，对外镇压尼德兰革命，干涉法国胡格诺战争，与英、法专制王权为敌，对内打击新教诸侯，扶植旧教势力。

为了抵御以德皇为首的旧教集团的压力，新教诸侯于 1608 年组成以巴拉丁选侯腓特烈为首的“新教同盟”。次年，旧教诸侯成立“天主教同盟”与之对抗。随着两大集团之间的斗争，欧洲国际局势也变得复杂起来。为了削弱哈布斯堡皇室并从中得利，丹麦、瑞典、英国、法国、荷兰等国支持“新教同盟”，而罗马教皇、德皇和西班牙则站在“天主教同盟”一边。这样，德国成为欧洲国际矛盾的焦点。

1618 年，捷克布拉格人民反对哈布斯堡王朝的起义揭开了三十年战争的序幕。胡司战争失败后，捷克于 1526 年重新并入神圣罗马帝国版图。1617 年，耶稣会士斐迪南继任捷克国王后，力图恢复天主教的统治地位，禁止新教徒集会，撤销先前给予捷克的自治权和信仰自由。此举激起了捷克人民的强烈反抗。1618 年 5 月 23 日，愤怒的布拉格群众冲入王宫，将正在与捷克国会代表谈判的两名国王特使从窗户抛入壕沟。这个“掷出窗外事件”使长期蕴积的宗教矛盾终于爆发，从而引发了旷日持久的三十年战争。

三十年战争共分为四个阶段。

第一阶段，捷克—巴拉丁时期（1618～1624 年）。“掷出窗外事件”后，捷克组成临时政府并宣布独立，次年选举“新教同盟”的首领巴拉丁选侯腓特烈为国王。捷克与巴拉丁联军初战告捷，攻入奥地利，逼近维也纳。但后来由于得不到新教诸侯的支持，在旧教诸侯和西班牙援军的强大攻势面前，捷克和巴拉丁联军节节败退，并于 1620 年 11 月 8 日的“白山战役”中被彻底击溃。自此，捷克完全丧失了独立地位，成为奥地利的波希米亚省。在德国境内，巴拉丁被西班牙军队占领。到 1624 年初，旧教势力已取得决定性的胜利。

第二阶段，丹麦时期（1625～1629 年）。天主教同盟的胜利和哈布斯堡家族势力的增强，引起德国新教诸侯的不安，也威胁着法、英、荷、丹等国的政治经济利益。1625 年，法国首相黎塞留促成英国、荷兰和丹麦三国结成反哈布斯堡联盟，各国资助丹麦出兵德国。这样一来，德国的内战演变成一场国际战争。1626

～1628年，德皇在“天主教同盟”的支持下，依靠捷克贵族瓦伦斯坦的雇佣军，打败丹麦军队，占领整个北德地区。1629年，丹麦被迫与德皇签订《卢卑克和约》，保证不再干涉德国事务。同年，德皇颁布《复原敕令》，规定凡1552年以来没收的天主教会的一切财产，都必须归还天主教会。

第三阶段，瑞典时期（1630～1635年）。哈布斯堡家族在北德的胜利，使追求波罗的海霸权的瑞典惴惴不安。于是，法国以巨额金钱，俄国以大宗粮食、硝石援助瑞典，怂恿瑞典出兵德国。1630年7月，瑞典军队在国王的统率下，从波美拉尼亚登陆，相继占领了德国北部、中部许多地区。从1632年底起，战争进入相持状态。1634年9月，德皇依靠西班牙援军在莱茵河与多瑙河之间的诺德林根重创瑞典军队。次年，新教诸侯与德皇缔结和约，战局朝着有利于德皇和旧教诸侯的方向发展。法国于是直接参战。

第四阶段，法国—瑞典时期（1635～1648年）。法国本为天主教国家，与德皇、西班牙并无宗教矛盾。法国之所以直接参战，主要是担心哈布斯堡家族势力的膨胀，危及自己在欧洲的霸权地位。从1635年5月开始，法军以德国为主战场，同时在西属尼德兰、意大利和西班牙对哈布斯堡家族开战。此后，荷兰、威尼斯、匈牙利等相继支持法国，加入法瑞联盟。战争初期，德皇一度占据优势，西班牙军队也曾从南北两面攻入法国，逼近巴黎。但40年代以后，法、瑞逐渐掌握了战争的主动权。1642年秋，瑞典军在莱比锡附近大败德皇军队；第二年春，法军在西部的洛克瓦战役中击溃西班牙军，占领阿尔萨斯；1645年，瑞典军队在捷克挫败德皇军队；1646年，法、瑞联军进入士瓦本、巴伐利亚，瑞典军队占领了布拉格。德皇被迫求和，并于1648年10月24日与法、瑞两国缔结了《威斯特发里亚和约》，结束了三十年战争。

由宗教纷争引发的三十年战争，实际上是一场德皇意欲加强权力、新旧教诸侯要求割据称雄、几个大国乘机扩张的战争。它严重削弱了欧洲的天主教和封建势力，同时加剧了德国的分裂割据局面，给德国的经济造成巨大的破坏。它还为英国资产阶级革命提供了有利的国际环境，为俄国实施“西进”政策和争夺波罗的海出海口提供了契机。

标志着三十年战争结束的《威斯特发里亚和约》，对于近代初期欧洲格局的形成以及欧洲走向整体化的历史进程，都产生了重大影响。

依据该和约，法、瑞两国获得了德国大片领土。法国获得了除斯特拉斯堡以外的阿尔萨斯地区，德国确认法国对洛林的所有权。此后阿尔萨斯和洛林成为法、德世代相争之地。瑞典获得了整个西波美拉尼亚，包括鲁根岛、斯台丁及奥得河河口地区，还有不来梅和维尔登两个主教区以及威斯马城。结果，德国主要河流进入波罗的海的入海口均被瑞典控制，波罗的海也因此一度成为“瑞典的内湖”。此外,法、瑞两国皆有权参加德意志帝国的会议。

和约把德国政治的分裂割据局面固定下来。承认德国诸侯完全独立,他们在自己的辖区内享有行政、司法的全权,对外有独立进行缔约、结盟、宣战、媾和等特权。和约还对德国诸侯在战争期间扩张的领地予以认可,甚至规定帝位不得世袭,帝国的重要事务均须由诸侯参加的帝国议会决定。此时的神圣罗马帝国,不过是由皇帝和帝国议会联系的国家联盟而已。

在宗教方面,和约仍维持“教随国定”的原则,规定德国的路德教、加尔文教与天主教享有同等地位。诸侯在其辖区内有选择宗教信仰之权,但帝国境内除上述宗教外,不得信仰其他宗教。

和约还使荷兰和瑞士的独立地位获得国际承认。

以德国皇帝和西班牙战败而缔结的《威斯特发里亚和约》在欧洲历史上具有重大的历史意义。通过缔结这个和约,西班牙完全丧失了欧洲的霸权地位,法国成为欧洲大陆的新霸主,瑞典则称霸于北欧。和约大体划定了欧洲大陆各国的国界,奠定了近代欧洲的国际局面。在中世纪的西欧,长期以来,罗马教皇是唯一有组织的政治力量,他肆意插手各国事务,联合一些国家的封建统治者对外发动战争,其权威甚至凌驾于王权之上。《威斯特发里亚和约》的缔结,是继文艺复兴、宗教改革之后对罗马教皇权威的又一次沉重打击,其政治权威从此丧失殆尽。和约还开创了由国际会议解决国际问题的先例,从而成为18世纪法国资产阶级革命前一切国际条约和协定的最初文献。从此,欧洲局部地区的问题往往成为全欧关注和讨论的焦点,欧洲走向整体化的帷幕已经拉开。

八、在封闭中沉睡的亚洲

16世纪,当西欧率先步入资本主义门槛之时,亚洲诸国仍然在封建的故道上缓慢前行,政治上不断强化中央集权和专制统治,经济上以农本经济为支柱。当时,东方落后于西方的态势尚不明显。如西亚的奥斯曼土耳其帝国盛极一时,威震欧洲;东亚的中国拥有足够的力量抵御殖民者的入侵。但是应该看到,地理大发现后,西方人在东、西两半球文明的汇合和世界整体化的进程中扮演了主角,其殖民势力逐渐伸向世界各个角落,并将亚洲作为其活动舞台和掠夺对象。相反,亚洲诸国被动地卷入了世界整体化的历史进程,在西欧列强的挑战面前,统治者的昏聩、制度的腐朽、商品经济发展的迟缓以及对世界新格局的茫然无知或难以适应,使其日益朝着封闭、衰落的方向发展。当然,由于各国的具体情况不同,其历史发展的进程和衰落的原因也不尽相同。

在基督教世界向海外扩张的同时,穆斯林世界也在欧亚大陆拓展自己的地盘。16 世纪先后崛起于西亚和南亚的奥斯曼土耳其帝国、萨非王朝和莫卧儿帝国,足以与当时任何一个欧洲强国相匹敌。

在小亚细亚,奥斯曼土耳其帝国继 1453 年攻占君士坦丁堡、灭亡拜占庭帝国之后,不断对外拓疆置土,16 世纪又展开新一轮的扩张,将亚、非、欧的许多地区纳入其统治之下。苏里曼一世统治时期(1520～1566 年),奥斯曼土耳其帝国达于极盛。其版图东起波斯湾,西至匈牙利,北抵高加索,南迄埃及和马格里布的东部地区,控制了红海、黑海和地中海的东部,成为地跨欧、亚、非三洲的封建军事大帝国。苏里曼一世曾参与欧洲各国的纷争,与法王法兰西斯一世结为同盟,共同对抗罗马教皇和哈布斯堡家族,并多次出兵匈牙利、奥地利。这对于欧洲局势和新教势力的发展产生了重要影响。

帖木儿帝国瓦解后,伊朗境内形成几个对立的政权。1502 年,伊斯梅尔一世通过一系列战争,建立了以大不里斯为首都的萨非王朝,将伊斯兰教的什叶派奉为国教。此后,萨非王朝与信奉伊斯兰教逊尼派的奥斯曼土耳其帝国进行了长达一个多世纪的战争。阿拔斯一世统治时期(1587～1629 年),曾联合哈布斯堡家族共同打击法国和奥斯曼土耳其帝国,并从后者手中夺取许多土地,还向东打败中亚的乌兹别克汗国,从而一跃而成为西亚最强大的国家。

在南亚地区,占据喀布尔的帖木儿后裔巴布尔(1482～1530 年)乘印度分裂之机,于 1525 年率军侵入印度,次年占领德里,结束了德里苏丹国的统治,由此开始了莫卧儿帝国(1526～1857 年)的历史。到其孙阿克巴统治时期(1556～1605 年),统一了北印度,同时在政治、经济、文化和风俗等方面进行全面改革,从而使莫卧儿帝国空前繁荣,疆域超过以往任何一个王朝。北起阿富汗和克什米尔,南至瓦利河,西起俾路支、信德,东到孟加拉和阿萨姆的广大地区,全部纳入莫卧儿帝国的版图。

三大穆斯林帝国在其辉煌时期,都凭借强大的军事力量,对外进行扩张,对内铲除封建割据势力,加强了中央集权统治,为经济的发展创造了有利条件。奥斯曼土耳其帝国地处欧、亚海陆交通要冲,过境贸易比较发达;莫卧儿帝国在阿克巴统治时统一货币和度量衡,鼓励工商业的发展;萨非王朝的经济也有显著的发展。

但是,这三大帝国的辉煌为时短暂,17 世纪以后,它们在内外交困中相继衰落下去。其主要原因在于:

第一,建立在军事征服基础上的穆斯林帝国没有自己的经济基础,而且其辉煌与精明强干的三位统治者苏里曼一世、阿拔斯一世和阿克巴的名字连在一起。他们的继承者大多昏聩无能,难以驾驭国内局势;封建贵族的势力日益膨胀,严重削弱了中央的权力。

第二，封建生产关系非常牢固，经济十分落后。工商业虽有不同程度的发展，但在整个社会经济中所占的比重十分有限。大多数统治者不注意发展国内工商业和海外贸易，加重对手工业者和商人的盘剥，同时将陆上扩张所掠夺的财富大肆挥霍。

第三，国内阶级矛盾、民族矛盾和宗教矛盾异常尖锐，各地人民举行一次又一次的起义，动摇了穆斯林帝国的封建统治。

第四，三大帝国的许多地区都是古代文明的发祥地，但这里的人们更多的是继承文化传统，缺乏创新意识，因而其文化成就远远不能与昔日的阿拉伯帝国相提并论。更重要的是，他们对已发生巨变的欧洲缺乏足够的了解。

这样，"一个恶性循环逐步形成：西欧因从事世界性贸易而愈来愈富裕、愈来愈拥有生产力和动力、愈来愈实行扩张政策，而一度令人生畏的穆斯林帝国则因很少参与新的世界经济而仍处于静止状态，并愈来愈落到后面"①。

在此同时，明朝统治下的中国虽不失东亚强国的雄风与尊严，但与咄咄逼人的欧洲列强相比，由盛转衰的过程已经开始。

明代是中国封建专制统治极度强化的时期。明中叶以后，封建统治集团日益腐朽，先后出现了宦官专政与内阁纷争的局面。包括皇室在内的中央权贵和地方豪族大肆搜刮民财，兼并土地。农民承担的赋税、徭役和地租不断加重，造成尖锐的社会矛盾和阶级矛盾。生活于水深火热之中的广大农民纷纷揭竿而起，向腐朽的封建统治开战，最后发展为推翻明王朝的明末农民大起义。

明中叶以后，社会经济有了显著发展，不仅农业和手工业的生产水平远远超过前代，而且商品生产和商品流通进一步扩大，在江南和东南沿海地区逐渐兴起一些手工业和商业重镇，投放市场的商品种类和数量明显增多。16 世纪后期至 17 世纪初的嘉靖、万历时期，在商品经济最发达的江南地区出现了资本主义生产关系的萌芽，其中以纺织业最为明显。但是，在自给自足的自然经济占主导地位、封建生产关系非常牢固的情况下，商品经济的发展是十分有限的。资本主义性质的手工业与家庭手工业及官办手工业相比，只不过是沧海一粟。同一时期英、法等国的专制王权，都曾实行奖励工商业和发展海外贸易的政策，为本国资本主义的发展创造了有利条件。而明朝统治者推行的却是沿袭已久的重农抑商政策，因而使刚刚萌芽的资本主义生产关系受到压抑和摧残，发展极为缓慢。

在海外贸易方面，明朝在其统治的大部分时间里厉行"片板不许下海"的海禁政策。永乐皇帝遣郑和七下西洋，虽为世界航海史上的壮举，但其宗旨不过是"居中夏而治四方"，为弘扬封建帝国的声威而已。下西洋时期的海外贸易主要

---

① [美]斯塔夫里阿诺斯著，吴象婴、梁赤民译：《全球通史：1500 年以后的世界》，第 63 页。

局限于朝贡贸易范围,对当时社会经济的发展没有起到促进作用。当西方列强角逐海外时,明朝统治者仍然将自己封闭起来,不注意发展海外贸易以积累货币资本,促进资本主义萌芽的成长。这是中国从 16 世纪起落后于西方的又一重要原因。

明末利玛窦拉开"西学东渐"的序幕后,万历皇帝以及徐光启、李之藻等开明士大夫在中西文化的冲突与融合面前,显示出一种历史和文化的自觉。他们重用西方传教士,采纳西学并结出累累硕果。然而,在观念深处,生活于"天朝上国"的人们仍然陶醉于昔日的辉煌,自认为中华文化居于世界中心,对世界新格局茫然无知。这种华夏中心意识成为中国走向世界、走向现代化的巨大心理障碍。

在深受中国文化影响的日本,自 12 世纪末开始,其政治制度发生了重大变化,形成双重政府:一个是设在京都,以天皇为首的文官朝廷,没有任何实权,天皇仅是最高权力的象征;另一个是以将军为首的幕府,独揽国家大权,是事实上的中央政府。自 15 世纪中叶起,由于将军的权力受到削弱,各地守护大名形成强有力的割据势力,彼此混战,日本进入了"战国时代"(1467～1573 年)。16 世纪,当西欧国家封建制度日趋瓦解,资本主义萌芽不断发展壮大之际,日本开始了由封建割据走向统一,重建封建秩序的进程。

战国时代,守护大名在长期的内战中,力量消耗殆尽,出身于中小武士地主的"战国大名"随之崛起。他们为了增强自己的实力,注意发展农业生产,奖励工商业,废除关卡和座(行会),允许自由经营。16 世纪前期,日本涌现出一批自治城市,对外贸易日益繁荣,与亚洲许多国家有了频繁的贸易往来。16 世纪中叶,日本又与葡萄牙和西班牙建立了贸易关系。商品货币经济的发展,加强了各地区之间的经济联系,国内统一市场开始形成,为政治统一奠定了经济基础。战国大名为维护自身的政治、经济利益,迫切需要结束封建割据状态,建立中央集权国家。这样,实现国内统一的条件基本具备。但是,由于城市经济完全从属于大名领国的军事和政治,工商业者的独立性有限,因此他们不能像西欧的工商业者那样成为实现国家统一的政治势力,以致统一运动必须由封建大名来完成。

在兼并战争中,尾张国的一个中等封建主织田信长(1534～1582 年),通过鼓励工商业、没收寺院土地、提倡天主教、从葡萄牙输入枪炮、建立骑兵常备军等措施,势力日益强盛。他不断吞并割据势力,并于 1573 年推翻了室町幕府,成为全国最有势力的大名,奠定了日本统一的基础。1582 年,织田信长因部下叛乱被迫自杀。其部下丰臣秀吉(1536～1598 年)打着天皇的旗号,继续进行统一战争,到 1590 年,结束了长达一百多年的分裂局面,实现了日本的统一。

丰臣秀吉加强了独裁统治,不许农民弃农迁居,将他们牢固地束缚在土地上;同时没收民间武器,防止农民起义。他还规定,武士必须居于城市,严禁他们转为农民或从商,从而确立了兵农分离和士农工商的身份制度。在经济方面,丰臣秀吉允许工商业者自由营业,废除关卡和座,发展对外贸易;同时又对工商业者进行严格控制,取消城市自治,对外贸易实行特许制度。这样,处于萌芽状态的市民自治运动被扼杀了,已经动摇了的封建制度重新巩固起来。

丰臣秀吉梦想吞并朝鲜和中国,并于1592年和1597年两次侵略朝鲜,结果在中朝军民的联合打击下皆以失败告终。丰臣秀吉死后,德川家康夺取了政权,于1603年自立为征夷大将军,在江户(东京)设立幕府,开始了德川幕府(江户幕府)的统治时期(1603～1868年)。日本封建社会进入了最高和最后一个王朝。

【导　读】

1. [瑞士]雅各布·布克哈特著,何新译:《意大利文艺复兴时期的文化》,商务印书馆2010年版。该书主要讲述了13～16世纪意大利文化的发展和表现,共分为6篇,是关于意大利文艺复兴的最有权威的著作,奠定了西方资产阶级史学者对文艺复兴的正统研究。它把文艺复兴作为历史的主题来论述,打破了传统史学只研究政治史的状况,开创了历史学研究的新局面。作者还把文艺复兴同当时的政治、经济、社会联系起来,看到了经济发展和文化发展之间的关系,并对文艺复兴时期的资产阶级进行了歌颂,改变了过去以贵族帝王为研究主体的旧体系,是历史上的一大进步。但此书对经济的论述较少,宣扬了阶级调和,看不到劳动人民对文艺复兴的贡献。

2. [德]威廉·威美尔曼著,北京编译社译:《伟大的德国农民战争》(上、下册),商务印书馆1982年版。该书是研究德国农民战争的重要史学著作。恩格斯根据该书提供的关于农民战争的有关资料写下了《德国农民战争》一书,并给予该书以较高的评价:"这本书是德国唯心主义历史著作中最值得嘉许的一个例外,就当时来说,它还是写得最富有现实主义精神的。"在书中,作者表达了对劳动人民的热爱、同情,揭露了封建贵族、教会的暴行,人物形象逼真,特点鲜明,史料详细,文笔生动流畅。但对经济、宗教和政治斗争的关系缺乏分析,叙述史实过多。

3. [德]弗兰茨·梅林著,张才尧译:《中世纪末期以来的德国史》,三联书店1980年版。本书是一部用马克思主义基本观点全面、系统分析、叙述德国历史的著作。著者用阶级分析和阶级斗争的观点,分析了德国宗教改革时阶级结构的新变化,评述了中世纪末期普鲁士和霍亨索伦家族在德国历史发展中的作用,并注意介绍了德国文化上的成就。梅林还结合德国的历史和社会民主党的活动,全面、系统地叙述了19世纪40年代以来德国的工人运动史,强调马克思和恩格斯在领导工人运动中的突出贡献以及科学社会主义在工人运动中的重要性。书中对生产力、生产关系及经济结构等涉及的较少，主要是侧重通过历史的内在联系来阐述历史的发展规律，对拉萨尔的评价过高，对爱森纳赫派的作用估计较低，对俾斯麦在德国统一和历史进程中的积极作用肯定不够。

4. [美]威廉·福斯特著，冯明方译：《美洲政治史纲》，三联书店1956年版。该书叙述了从美洲印第安人的文明到第二次世界大战后美国在西半球的政策、美洲的现状和未来的发展前景的历史，是第一部用马克思主义观点系统论述美洲历史的专著。作者运用阶级斗争分析的方法，把美洲各族人民包括黑人、印第安人作为研究的主要对象，对人民群众在美洲的革命中的作用加以肯定；注重对历史事件和历史过程的社会经济分析，提出资本主义发展是地理大发现的重要经济因素等重要观点；同时还把美国革命、拉美独立战争和加拿大自治领的建立作为西半球革命的重要组成部分，突出了美洲历史的一体化。

5. [英]韦尔斯著，梁思成等译：《世界史纲》(上、下册)，上海人民出版社2006年版。参阅其中的第34章。

6. [美]斯塔夫里阿诺斯著，吴象婴、梁赤民等译：《全球通史：从史前到21世纪》(上、下册)，北京大学出版社2006年版。

7. [美]保罗·肯尼迪著，陈景彪等译：《大国的兴衰：1500～2000年的经济变迁与军事冲突》，国际文化出版公司2006年版。这是一部广泛论述国际政治、经济、军事、外交和历史的巨著。作者反思五百年来世界各大国兴亡盛衰、成败得失的经验教训，强调经济和科技的发展是社会发展的基础，经济力量是军事实力的后盾。大国兴起，起于经济和科技发达以及随之而来的军事强盛和对外征战扩张；大国之衰，衰于国际生产力重心转移，过度侵略扩张并造成经济和科技相对衰退落后。本书视野开阔，资料丰富，论证有力。自1987年面世之后，震荡美国政界、学界，受到国际社会的广泛关注，是一部颇有争议的畅销书。本章可参考其中的第1编。

8. [西]萨尔瓦多·德·马达里亚加著，朱伦译：《哥伦布评传》，中国社会科学出版社1991年版。

9. [苏联]B. B. 马夫罗金著，余大钧译：《俄国统一国家的形成》，商务印书馆1991年版。

10. 齐世荣总主编，刘新成、刘北成本卷主编：《世界史·近代卷》，高等教育出版社2007年版。

11. 齐世荣主编：《15世纪以来世界九强的历史演变》，广东人民出版社2005年版。

12. 刘明翰主编：《欧洲文艺复兴史》，人民出版社2008年版。

13. 朱龙华编著:《意大利文艺复兴》,商务印书馆 1964 年版。

14. 黄邦和等主编:《通向现代世界的 500 年——哥伦布以来东西两半球汇合的世界影响》,北京大学出版社 1994 年版。

15. 朱孝远:《宗教改革与德国近代化道路》,人民出版社 2011 年版。

【思考与讨论】

1. 为什么说地理大发现不是偶然的历史事件?
2. 试析地理大发现在世界近代史上的作用和地位。
3. 列举西方殖民国家进行殖民掠夺的行径及造成的后果,分析早期殖民主义的性质和特点。
4. 如何评价文艺复兴?
5. 列举文艺复兴后期的代表人物并评述其主张。
6. 以德国宗教改革为例分析宗教改革产生的原因和作用。
7. 评价 16 世纪欧洲专制王权的历史作用,并举例说明。
8. 比较 16 世纪英国、法国、俄国和西班牙专制制度的异同。
9. 简述尼德兰资产阶级革命产生的原因和历史意义。
10. 三十年战争对国际关系产生了什么影响? 如何评价威斯特发里亚体系在世界近代史上的地位和作用?
11. 以中国和日本为例说明近代初期亚洲的特点。

第二章 资产阶级革命风暴与资本主义制度的建立

17～18 世纪是人类历史从中世纪封建社会向近代资本主义社会过渡的大转变时代，而这一转变是由 1640 年的英国资产阶级革命启动的。

英国资产阶级革命是世界历史上具有重大意义的一次政治革命，它不仅对英国，而且对欧洲乃至整个世界都有着深远的影响。

在这一时期，由于资本主义经济的不断发展和资产阶级的日益壮大，文艺复兴时期的以反对天主教神学来追求现世幸福的思想已经不能满足于时代的要求。于是，在欧洲政治思想领域又出现了提倡以理性来思索和判断世间事物的新思想、新主张，这就是第二次资产阶级思想解放运动——启蒙运动。启蒙思想家们从理性主义出发，抨击封建专制、贵族特权、等级制度和天主教会，尊崇科学知识，反对蒙昧主义，呼吁建立政治民主、权利平等和个人自由的新制度。启蒙运动从根本上动摇了封建统治的思想基础，为法、美等国的资产阶级革命做了充分舆论准备，并且为资本主义社会确立了一套系统成熟的政治构想。

从 17 世纪中叶到 18 世纪末在英国、美国和法国相继爆发的资产阶级革命，以排山倒海之势给予封建专制统治和传统社会制度以致命打击，资本主义经济政治制度从此在欧美主要国家建立起来。资产阶级取得的决定性胜利促使资本主义在纵深和横广两个方面进入了更加迅猛的发展时期。

由于各国历史传统与现实条件的差异，上述三大资产阶级革命各自呈现出不同的特征。英国革命发生的时间相对较早。当时，英国资本主义的发展水平还处于工场手工业阶段，资产阶级在政治上、思想上都未成熟。从整个阶级力量对比状况看，封建势力远大于资产阶级的势力。这种力量对比结构决定了英国革命的进程较为曲折，历经议会斗争、国内战争和“光荣革命”等多种形式的较量与妥协，甚至一度出现复辟，才最终获得胜利。革命后在政治、经济等诸方面也保留了较多的封建残余。但是，这次革命毕竟在很大程度上反映了当时整个世界的要求，对欧洲和其他地区都有广泛的影响。因此，它标志着资产阶级革命时代的到来。

北美地区原是英国的殖民地。美利坚民族的形成和英国的殖民统治是导致美国革命爆发的主要根源，因此，美国资产阶级革命是以独立战争的形式完成的。美国人民经过六年多的艰苦抗战，最终挣脱了英国殖民枷锁，建立了美洲第一个独立国家。在争取民族独立的同时，美国人民还进行了广泛的政治和社会经济改革，独立后建立了相对民主的资产阶级政治制度。由此可见，美国革命是一次带有一定民主性的资产阶级革命。美利坚合众国的建立加速了欧洲殖民主义、封建主义的崩溃进程，给予当时以欧洲为主宰的世界政治格局以极大冲击。

法国革命是在资本主义更为发展、资产阶级更为壮大与成熟、国内阶级矛盾更加尖锐化的历史条件下发生的，因此，这次革命的规模最大、范围最广。人民群众在革命中发挥了积极作用，并给革命进程和结局打上深深的烙印，从而使法国革命作为一次典型的资产阶级民主革命而载入人类史册。这次革命不但较为彻底地荡涤了法国封建的污泥浊水，而且震撼了整个欧洲大陆的封建秩序。革命中推出的“自由、平等、博爱”的响亮口号成为指引历史前进的光辉旗帜。在法国革命的鼓舞下，欧洲及其他地区的人民纷纷揭竿而起，向旧制度宣战，形成了一股势不可挡的革命浪潮。

革命的成功使西欧各国走在了历史的最前列，西欧的世界中心地位从此确立。西欧列强加紧对外扩张，殖民领域不断扩大，殖民国家之间的矛盾和斗争进一步激化。与此同时，亚洲主要国家的统治者对内不断加强封建统治，对外采取闭关自守政策，没有跟上历史发展的步伐，最终造成了东方从属于西方的局面。

一、欧洲资产阶级的胜利：17 世纪英国革命

中世纪后期，英国资本主义工商业获得长足发展。除传统的毛纺织业外，又兴起了采煤、炼铁、造船等新兴工业。海外贸易也因大型股份公司的建立而出现较大增长。不过，革命前英国的工商业资本主义仍处于手工工场阶段，其总体水平与大陆各国基本相当，在某些工业方面，英国甚至略逊一筹。随着资本主义经济的发展和城市的繁荣，在英国出现了一个新的阶级——资产阶级。这个阶级代表着当时先进的生产方式，强烈要求发展资本主义，反对封建统治，在后来的资产阶级革命中发挥了重要的作用。资产阶级成分极为复杂，大商人、保税商、大银行家、大船主和大工场主是封建王朝经济政策的受惠者，同封建贵族和王室有着密切的联系，因此，在反封建的斗争中表现动摇，是资产阶级中的保守派。资产阶级的主体是中小工商业者，主要由手工工场主、非行业性企业主和中小商人组成。他们在经济上受到封建行会制度和特许公司的压迫和排挤，政治上毫无地位和权力，因此推翻封建制度的愿望较为强烈，是资产阶级中的革命派。总体上看，英国的资产阶级无论是革命性还是阶级力量方面都极其软弱，因此不能

独立担当起革命的领导重任，必须同其他阶级联合起来。

英国革命之所以较早发生，主要因为资本主义很早便渗入到农业经济中。14 世纪时，契约租地制的出现标志着英国农业资本主义萌芽的产生。15 世纪末，圈地运动蓬勃兴起，进一步促进了农业资本主义的发展。到 17 世纪上半期，资本主义农牧场在东南部地区已相当普遍，这种现象在当时世界各国中是极为罕见的。农业资本主义的发展引起农村社会结构的重大变化。贵族阶级一分为二：旧贵族固守封建传统，收入锐减，每况愈下；与资本主义相联系的新贵族则蒸蒸日上，他们与工场主、商人等正在形成中的资产阶级志趣相投，在政治上结成联盟，一致反对封建王党。原属中等阶级的乡绅富于求实精神和应变能力，在经济变革大潮中，迅速成长为一支具有重大影响的社会力量。

农民阶级在资本主义深入发展的过程中也发生了分化。革命前，农民的主体是自耕农，主要分为两种类型：第一是自由持有农，享有人身自由和自由处理自己的土地的权利。这一部分农民人数不多，其中少数人变成富农或农业资本家。第二是公簿持有农，由中世纪的农奴转化而来，人数较多。他们根据庄园法庭的记录簿使用地主的土地，这些土地不能自由转让和继承，并且要向地主缴纳沉重的地租，负担封建义务。公簿持有农受到的封建压迫最重，具有很强烈的革命要求。至于那些在圈地运动中失去土地的农民，有的仅有勉可栖身的茅舍和小块宅旁园地，平时靠村社公有土地和为富农做短工度日，称为“茅舍农”；有的被迫受雇于资本主义农场，成为农业工人；有的沦为流浪者，靠乞讨为生。这部分人生活在社会的最底层，形成最为坚决的革命派别。

此外，手工业作坊的工匠、学徒、手工工场工人等组成了城市平民阶层，他们身受封建制度和资产阶级的双重剥削和压迫，因此富有彻底的革命精神。

贵族的分裂、乡绅的崛起、农民的分化和城市平民的出现，瓦解了封建社会的根基，打破了传统社会关系的平衡，为革命的爆发奠定了深厚的基础。

英国特有的议会传统为革命的爆发提供了有利的政治条件。议会原本是封建王权的御用工具，但从 14 世纪起，议会取得了参与立法、批准税收、监督国王政策等权力，成为英国政治上层建筑中一个相对独立的权力实体。16 世纪末 17 世纪初，新兴革命力量以议会反对派的形式，利用议会的传统权力，展开了反封建王权的斗争。

17 世纪前期，尚未出现成熟的资产阶级政治理论，英国革命的思想动力主要来自宗教。16 世纪 30 年代宗教改革后，安立甘教成为英国的国教。英国国教脱离罗马教廷而隶属于英国国王的管辖，神职人员由国王任命，成为国王的臣仆，教会倡导君权神授，因此，国教已变为英王封建专制统治的精神支柱。16 世纪 60 年代，加尔文教传入英国。加尔文教反对国教教士的奢华腐败，主张“勤劳”和“节俭”，宣扬商业活动是上帝的使命，提倡商业致富。加尔文教还反对国教烦琐的宗教仪式，主张取消偶像崇拜和豪华的装饰，因此该教派在英国被称为“清教”。清教的教义反映了资产阶级的政治和经济要求，越来越多的资产阶级、新贵族以及部分农民、手工业者、工人成为清教徒，掀起了“清教运动”。清教运动是英国信奉清教的资产阶级和新贵族反对英国国教，主张清除国教的奢华腐败，取消烦琐的宗教仪式，建立“纯洁”、“廉价”教会的运动。宗教斗争反映了阶级矛盾和冲突，清教运动实质上是涂上一层宗教色彩的资产阶级运动。到17世纪初，清教运动分裂为两个派别：掌握运动领导权的是温和的“长老派”，代表大资产阶级和上层新贵族的利益，这一派在组织上没有同国教割断联系，仅主张由选举产生的“长老”代替主教来管理教会；另一派称为“独立派”，由中小资产阶级、下层新贵族、城市平民和农民组成，主张建立教徒自己管理的独立的小教区，教徒可以自由解释圣经，直接同上帝交往，这一派是清教运动中的左翼。

与欧洲大陆各国相比，革命前的英国专制君主制存在诸多薄弱之处。首先，英国因是岛国，平时不需要强大的陆军加以保卫，所以英国没有常备军；其次，英国的官僚机器在都铎时期虽有所发展，但其总体规模远小于法国等大陆国家；最后，英王的固定收入只有王室领地收入和关税两项，数量微乎其微，因此，政府不得不经常求助于议会补助金。封建专制王权的相对虚弱也是有利于革命较早发生的重要条件。

1603年，都铎王朝最后一位君主伊丽莎白一世死后无嗣，由苏格兰国王詹姆斯六世继承王位，称詹姆斯一世（1603～1625年在位），从此开始了斯图亚特王朝的统治。

詹姆斯一世狂热地鼓吹君权神授论，宣称国王是上帝派到世间的代表，具有至高无上的权威，理所当然地不受法律和国会的制约。他还竭力加强国教的地位，疯狂迫害清教徒，禁止非国教的教派组织的活动。詹姆斯一世为解决财政困难，竟无视国会的权力，擅自向人民征收新税，并多次解散反对这种横征暴敛政策的国会。此外，他还滥售专卖特许状，甚至卖官鬻爵，以填补王室的财政亏空。在对外政策方面，詹姆斯一世出于国内政治和宗教斗争的需要，同英国的贸易竞争对手西班牙实行联合，引起英国资产阶级的极大不满。

1625年，詹姆斯一世病死，其子查理一世统治时期（1625～1649年），封建贵族阶级和资产阶级新贵族之间的斗争更为激烈，这个斗争集中表现为国王和国会的冲突。

1625年6月，查理为征收新税而召开国会，议员们则要求撤换宠臣白金汉公爵。这一要求遭到拒绝后，国会遂否决了征税的议案。1628年3月，查理再次召开国会以征收新税。国会在约翰·义律和约翰·皮姆的领导下，向国王提出《权利请愿书》,主要内容是:①未经国会同意不得强行向人民借债和征税;②未经法庭判决和依照国家法律,不得逮捕任何人或剥夺其财产;③不准按战时法捕人;④不准在平民房舍驻兵。如满足这些要求,国会同意拨款35万英镑。查理迫于财政匮乏,勉强接受了请愿书。但是,1629年国会重新开会时,查理又要求征收酒类进口税(吨税)和羊毛出口税(磅税)。国会对此进行抵制,并宣布纳税者为"自由的叛徒"。查理一世宣布解散国会。这样,英国在1629～1640年期间没有国会,史称"无国会时期"。

无国会时期,查理一世实行反动高压政策。他随意向人民征税和罚款,如骑士捐、船税、违反森林法罚款、圈地罚款等。此外,查理还任意扩大日用品的专卖范围,造成工商业倒闭、物价暴涨、市场萧条、失业严重。查理一世对人民加强政治和宗教迫害,在宠臣斯特拉福伯爵及大主教劳德的协助下,不断逮捕、拷打和监禁政治反对派和清教徒。不少人不堪忍受残酷的经济掠夺和政治迫害,纷纷逃往美洲,留在国内的人则同专制政府展开了坚决的斗争。

早在1607年,英国中部就爆发了农民反圈地起义,起义农民自称平等派和掘地派。1630年以后,反圈地起义又掀高潮,波及剑桥郡、林肯郡等地。城市平民也掀起抗暴斗争。比较重要的有1617年伦敦手工业学徒起义、1639年和1640年伦敦手工业者和工人暴动。总之,到17世纪30年代末期,英国的阶级矛盾空前激化,国王与国会的冲突到达白热化程度,城乡人民的斗争日益频繁,说明封建专制统治已陷入深刻的危机,革命形势已经成熟。

英国革命的导火线是1638年爆发的苏格兰起义。1637年,查理一世强令苏格兰居民接受英国国教[①],激起苏格兰人民的反抗。1638年,查理远征苏格兰遭到惨败,只好暂时求和,以赢得时间,伺机再战。为了筹措军费,查理不得不于1640年4月重新召集已经停开了11年的国会。反对派约翰·皮姆等人强烈反对战争,并要求处死宠臣斯特拉福,查理遂于5月解散国会。这次国会仅存在了三个星期,史称"短期国会"。国会解散的第二天,伦敦市民奋起示威,广大农民的反圈地斗争也向纵深发展。同年8月,苏格兰军再次发动进攻,占领了英国北部两郡,查理于11月3日被迫再次召集国会。这届国会一直存在到1653年,史称"长期国会"。长期国会的召开标志着革命的开始。这届国会新当选的议员中,有一半以上是资产阶级和新贵族的代表,他们在广大人民群众的支持下,同专制王权展开了激烈斗争。

国会开幕不久,在人民群众的压力下,国会两院通过了逮捕斯特拉福和劳德

---

① 苏格兰原为独立国家。1603年,英王詹姆斯一世兼任苏格兰国王,但两国并未正式合并。苏格兰的政治制度和宗教信仰均有别于英国。在苏格兰,加尔文教的长老会派居统治地位,并对王权实行监督。

大主教的提案，并同意判处斯特拉福死刑。查理一世认为这是对王权的挑战，于是迟迟不批准国会的决议。1641 年 5 月 9 日，伦敦市民数万人手持刀剑棍棒连夜举行示威，并宣布要冲进王宫，查理只好签署了判决书。5 月 12 日，斯特拉福被押上断头台。四年后，劳德大主教也被处决。国会取得了首次胜利。

国会还通过并迫使国王签署了一系列旨在破坏封建专制制度基础的决议，如废除船税、森林法和专卖权，取消迫害清教徒的星室法庭和最高法庭，释放政治犯，国王不得随意解散国会，不经国会同意不得擅自征收新税等。1641 年 11 月，国会通过了《大抗议书》，主要内容是：允许工商业自由发展，建立长老会派教会组织，组成对国会负责的政府等。《大抗议书》虽然没有包括城乡劳动人民的利益，但它反映了资产阶级和新贵族的政治要求，成为英国资产阶级革命初期的政治纲领。

在此期间，国会开始分为两派，两派的分野大致与清教运动中的两个派别吻合，也称为“长老会派”和“独立派”。两派在一些问题上有重大分歧，但在革命初期，它们之间的矛盾还没有公开化。当时，长老会派在国会中占统治地位。

国会内部的分歧给查理一世的反扑造成机会，他派军队进入伦敦，在各要塞安置大炮，并使用自己的卫队把守国会。1642 年 1 月 4 日，查理亲自率领士兵到下院去逮捕皮姆等人。得悉这些人已被群众隐藏在商业区时，查理于次日又带兵去商业区搜捕。2000 多武装市民进行阻拦，白金汉郡的农民 5000 人也进入伦敦声援。查理一世在伦敦陷于孤立，不得不于 1 月 10 日逃离首都，到北部约克郡纠集反动武装，准备发动内战。国会也于 7 月 12 日通过决议，成立国会军队。至此，国王与国会的斗争达到兵戎相见的程度。1642 年 8 月 22 日，查理一世在诺丁汉向国会宣战，挑起了内战。

内战初期，由于掌握革命领导权的长老会派分子的动摇和妥协，导致国会军节节败退。1642 年 9 月，王军和国会军在牛津附近的埃吉山会战，王军打败国会军，占领了牛津，并向伦敦推进。伦敦的手工业者、工人、学徒组成的民兵拼死抵抗，才击退王军，保住了伦敦。到 1643 年秋，王军不断取胜，占领了全国 3/4 的地区。

国会军中唯一保持不败的是奥利佛·克伦威尔率领的军队。克伦威尔（1599～1658 年）出身于中等乡绅家庭，是一个虔诚的清教徒。他在 1628 年和 1640 年先后两次被选为下院议员，是国会中独立派的领袖。内战爆发后，他自己筹款建立了一支由自耕农和手工业者组成的骑兵队，其军官也多来自下层群众，官兵都是清教徒。骑兵队的纪律严明，骁勇善战，在林肯郡战场连连获胜，很快由 60 多人发展为千余人，被誉为“铁骑军”。

1643 年 9 月国会为挽回败局，同苏格兰国会订立《圣约》。1644 年初，苏格兰军队进入英国，与国会军协同作战，王军陷入南北夹击的困境。7月2日，在马斯顿草原展开了大会战，克伦威尔的“铁骑军”在这次战役中发挥了很大作用，最后战胜了王军。这次会战是内战的转折点。1645年1月，长期国会通过了克伦威尔提出的军队改革议案，决定建立由克伦威尔操纵的“新模范军”。新模范军主要由自耕农、手工业者、学徒和工匠组成，许多军官是从平民中选拔上来的，因此，这支军队的士气很高，富有战斗力。从此，独立派掌握了军权，保证了内战的胜利。

1645年6月14日，刚刚组建的新模范军在纳斯比同王军相遇，经过激烈的战斗，粉碎了王军主力。此后，新模范军又攻克了王军控制的许多地区。1646年5月，国会军攻克牛津，查理一世逃到苏格兰，被苏格兰扣留。次年2月，英国国会以40万英镑的代价，把查理引渡到伦敦。第一次内战宣告结束。

打败王党军队后，革命阵营内部的矛盾开始暴露出来。代表大资产阶级和上层新贵族的长老会派控制的国会制定了一系列反人民的政策，从而激化了社会矛盾。1641～1643年，东部和西南部的农民起义反抗暴政，遭到镇压。1645年，西部和西南部农民又掀起“棒民运动”，再次遭到军队的镇压。对镇压民众的行动，军队中产生了分歧，从而埋下了军队和国会决裂的伏线。1647年3月，国会通过了解散军队的决议，士兵们坚决抵制，军队中选出士兵和军官代表，组成全军委员会，领导了这场斗争。克伦威尔起初屈从于国会，由于下层士兵群众的推动以及长老会派的政策直接危及独立派的利益，克伦威尔最后转变态度，支持军队的要求。他派兵把国王从国会的保护下夺取过来，由军队监押。1647年8月6日，军队开进伦敦，用武力迫使国会驱走与军队为敌的长老会派议员，从而由独立派掌握了国会。

军队内部也存在着矛盾，独立派为核心的上层军官与平等派为核心的下层军官和士兵的斗争在军队掌管国会后日趋尖锐。

平等派是当时出现的一个小资产阶级民主派别，其领袖是约翰·利尔本(1618～1657年)。利尔本写了许多小册子和文章，要求实现真正的平等，国家的最高权力归人民，实行普选制，建立共和国，取消国王和上院，减轻税收，归还被圈占的土地，废除什一税等，这些成为平等派的基本主张。

独立派同平等派的斗争主要围绕着国家政权的形式和普选权两大问题。1647年8月，独立派提出一个《建议要点》，要求保留国王和上院，实行君主立宪制，并提出选举要有财产限制。10月，平等派提出针锋相对的《人民公约》，主张凡年满21岁的男子都应有选举权，在普选的基础上建立一院制国会。《人民公约》没有提出完整的社会经济纲领，尤其没有涉及土地问题，因而大大削弱了平等派的社会基础。

10月末到11月初，平等派和独立派在伦敦郊区的帕特尼全军会议上展开了激烈的争论。11月15日，九个团队的平等派士兵把《人民公约》贴在帽子上，举行武装示威。克伦威尔镇压了平等派的这次行动，取消了士兵在全军委员会中的代表，使之变成独立派军官控制的军官委员会。这说明了独立派在取得政权后开始背叛和抛弃自己的同盟者，站在人民群众的对立面，表现了它的两面性。

军队内部的分裂与斗争削弱了革命力量，为封建复辟势力的抬头提供了机会。1647年11月，查理一世从监护所逃跑，在威特岛被扣留。不久，苏格兰国会和英国长老会派分别派代表到威特岛与查理密谋复位问题，助长了王党的气焰。1648年2月，王党分子在南威尔士发动叛乱，开始了第二次内战。4月，王党分子在伦敦与士兵冲突，王党又在肯特郡发动暴乱，并蔓延到北部和西部地区。7月，与王党勾结的苏格兰军队进入英国北部，支持查理复辟。

面对封建复辟势力的严重威胁，克伦威尔为首的独立派不得不与平等派重新联合。1648年4月29日，克伦威尔重新召开全军会议，并允诺在战后实现平等派的《人民公约》。两派决定团结起来共同对敌，消灭王党，并将国王交法庭审判。两派的合作加强了国会军的战斗力。8月，克伦威尔率军在普莱斯顿战役中粉碎了苏格兰军队。9月，攻占苏格兰首都爱丁堡，苏格兰的政权转移到与英国国会结盟的长老会派左翼手中。至此，第二次内战宣告结束。

内战结束后，国会再次企图解散军队。克伦威尔率军回到伦敦，立即采取行动。1648年12月，军队用武力清洗了国会中150名长老会派议员。这样，国会中只剩下50多名独立派议员，此后的长期国会也称“残阙国会”。

为了防止王党的再起，国会与军队共同组成特别法庭，审判查理一世，1649年1月27日，在人民群众的压力下，判处查理死刑。30日，查理一世在成千上万群众的围观下，在白厅前广场被送上断头台。3月，国会决议废除君主制，取消上院，国家的行政权归新成立的国务会议。5月19日，共和国正式建立。英吉利共和国的建立具有重大意义，它标志着新的社会政治制度的诞生，从根本上摧毁了封建专制制度，巩固了英国人民反封建的成果。英吉利共和国的建立是英国资产阶级革命的高潮。从此，资产阶级和新贵族完全取得了统治地位，以克伦威尔为首的独立派掌握了国家政权。但是，他们宣布了共和，取得了政权，也就逐步停止了革命，完全走向了人民的对立面。虽然广大人民群众为争取民主改革仍然在坚持斗争，不断把革命向前推进，但是，由于革命力量最终没有夺得政权，所以英国的革命实际上已开始沿下降路线发展。

由于内战的破坏，加上连年旱灾，农业不断歉收，粮价上涨，人民生活急剧恶化。工业生产也遭到极大破坏，英国主要工业部门——呢绒业以及采矿、冶铁等工业均陷入萧条，城市工人失业严重，不少人死于贫困和饥饿。独立派政府不但没有采取任何改善人民生活状况的措施，反而不断增加税收，使城乡人民的生活更加恶化。因此，英国广大人民群众的斗争仍在继续进行。

由于独立派政府拒绝实现《人民公约》，平等派又掀起了新的斗争高潮。1649 年 3 月，利尔本发表了题为《粉碎英国的新枷锁》的小册子，把共和国的统治者斥为新国王和新权贵，号召人民起来实现《人民公约》。5 月，利尔本等人在狱中草拟了新的《人民公约》，提出了资产阶级民主主义的政治纲领。新《人民公约》主张实行普选制，建立每年改选一次的一院制国会，提出法律面前人人平等，保障宗教自由，取消什一税，允许贸易自由等要求。1649 年 5～6 月，英国各地爆发平等派士兵起义；10 月，牛津和西南各郡爆发平等派领导的农民和士兵起义。这些起义由于领导不力，组织涣散，最后遭到克伦威尔的武力镇压，平等派运动从此逐渐消沉。

共和国成立后，英国又出现了比平等派更为激进的派别，其成员主要是农村贫民。该派主张消灭土地私有制，平均地权，不纳捐税。他们到处占领公地，开垦荒地，因此被称为“掘地派”，又称“真正平等派”。掘地派不但要求普选权，而且提出平分土地的口号，它代表了广大贫苦农民的利益，具有强烈的反封建色彩。掘地派的领袖和思想家是杰拉尔德·温斯坦莱（1609～1652 年）。他早年在伦敦经商破产，后沦为雇农。他在《自由法典》这部代表作中，提出土地和私有制是社会不平等的根源，主张人人都应拥有土地，享有平等的权利。他认为由于人民没有获得土地，所以英国的革命并未终止，劳动者不应放弃斗争。他主张建立一个全体劳动者共同享有社会财富的社会。温斯坦莱的思想带有空想共产主义的色彩，他不了解社会发展的规律，反对阶级斗争，主张用“爱”和示范行动使地主自动出让自己的土地。尽管如此，温斯坦莱的思想反映了穷苦农民和城市贫民的要求，对推动英国革命有重大意义。

1649 年 4 月，30 多名掘地派分子在伦敦附近塞尔利郡的圣·乔治山集体掘地开荒，这一行动产生了很大影响，参加者很快增加到 4000 多人。掘地运动还蔓延到诺桑普顿、肯特、白金汉、兰开夏和亨丁顿等郡。掘地派主张用和平手段实现自己的主张，并幻想得到国会的保护，这样就严重削弱了力量，结果，在克伦威尔的残酷镇压下惨遭失败。

镇压平等派和掘地派后，共和国赖以存在的社会阶级基础被严重削弱。随后，克伦威尔又发动了征讨爱尔兰和苏格兰的战争。战争中掠夺来的大量土地，大部分落入高级军官之手，这使军队丧失了原来的革命精神，其性质发生变化，由革命的武装力量变为克伦威尔个人军事独裁的工具。

为维护英国海上贸易的利益，共和国政府于 1651 年颁布了《航海条例》，使荷兰的海上航运业受到很大打击，并由此引发了英荷战争。1654 年，荷兰战败求和，承认了《航海条例》，英国的海上贸易优势地位得以确立。

在共和国成立后的三四年内，以克伦威尔为首的独立派在军事上、政治上取得不少胜利，但国内矛盾仍然错综复杂，社会不满情绪有增无减。为了进一步巩固自己的统治地位，克伦威尔感到有必要集中权力。1653 年 4 月，克伦威尔带领军队驱散了存在 13 年之久的长期国会，宣布实行护国公制。12 月，克伦威尔举行护国公就职仪式，其规模和隆重程度不亚于国王登基大典。在护国公制下面，共和国已名存实亡。

护国政府建立后，国内人民的反压迫斗争仍未停止，共和派和民主派对独裁政权十分不满，保王党也趁机叛乱。克伦威尔为了巩固自己的专制统治，采取了一系列措施来加强独裁机构。

1655 年夏，他把全国划分为 11 个军区，各区派少将一名统辖全区的行政、军事、征税、治安等大权，直接对护国主负责。克伦威尔以这种军区制度对全国人民实行独裁统治。此外，护国政府还推行了其他一些反人民的政策，如确认地主的土地所有权，保护教会的什一税，等等。

为了满足资产阶级和新贵族的需要，克伦威尔对外实行殖民掠夺政策。1655 年，为了争夺海上霸权，英国对西班牙发动战争，夺取了世界奴隶贸易中心牙买加岛。1658 年，英国再次对西班牙作战，夺占了敦刻尔克，控制了世界贸易的主要通道，为 18 世纪英国的殖民扩张打下了基础。

护国政府倒行逆施的内外政策加剧了国内矛盾。1658 年，新国会召开，共和派议员猛烈攻击护国政治，因此国会被解散。此后，共和派和平等派在各地发动反政府暴动，农民起义也接连发生，逃亡国外的查理二世也积极准备策动叛乱。就在这危机四伏的时刻，克伦威尔于 1658 年 9 月病逝，其子理查·克伦威尔继任护国主。理查懦弱无能，高级军官们趁机争夺权势，国内政局更为混乱，理查被迫于 1659 年 5 月辞去护国主一职，护国政权遂告瓦解。

护国政权崩溃后，政权落到高级军官手里。他们慑于日益高涨的人民革命运动，不惜与长老会派握手言和，恢复了国会。但是国会恢复不久就通过决议，要求惩办 1653 年解散国会的军官，于是军官们再次解散国会，组成“安全委员会”，进行直接统治。“安全委员会”受到各阶层人民的抵制和反对，各地方政权也拒绝接受委员会的领导，军官们只好于 1659 年底又恢复了国会。

由于政局不稳，人民革命又掀高潮，共和派和平等派在各地举行集会，鼓动成立共和政体。资产阶级和新贵族惧怕人民，但对军官们又颇感失望，于是便转向昔日的敌人，同王党集团携手合作，密谋让查理二世复辟。复辟活动得到驻防苏格兰的英军司令蒙克将军的支持。1660 年 2 月，蒙克率军开进伦敦，以武力控制了政府，召集了由长老会派和王党分子占优势的新国会，为复辟创造了条件。同时，国会同查理二世举行复位谈判。4月，查理二世在荷兰的布雷达发表宣言，声明：第一，赦免革命者；第二，保证宗教信仰自由；第三，内战时从王党和教会手中没收的土地财产不予追回。《布雷达宣言》实质上是国王同资产阶级新贵族之间达成的协议。5月8日，国会通过决议，迎立查理二世为英国国王。5月29日，查理二世进入伦敦，登上王位，斯图亚特王朝终于复辟。

查理二世即位之初，政局尚不稳定，因此不得不取悦于资产阶级和新贵族，采取一些有利于资本主义发展的政策。如：承认革命期间发迹的新地主的土地所有权；尊重下院的征税权；允许宗教自由；取消国王以前享有的封建特权；保护英国的海外贸易；扩大《航海条例》；对输入英国的粮食、肉类和牲畜等征收高额关税等。同时，还颁布《定居法》，禁止雇农随意离开受雇区，保证农场主有足够的劳动力。

但是，查理二世并不甘心屈从于资产阶级新贵族的利益，他的理想是建立法国式的无限王权，在英国恢复封建专制统治。因此，在政治局势稍一稳定之后，便撕毁《布雷达宣言》，着手恢复封建专制。1661年5月，查理二世下令按革命前旧选举法选出新的国会，多数议员是王党分子。1662年，国会通过《信仰划一法》，重新确立国教的统治地位，并要求一切牧师宣誓效忠国教和国王。根据这项法令，数千名清教徒被逮捕。查理二世还逮捕反对君主专制的革命者，并残杀和监禁大批曾参加审判查理一世的所谓"弑君者"，甚至把克伦威尔等人的尸体从坟中掘出，枭首示众。查理二世还宣布把革命期间被没收的土地归还原主。对外政策方面，查理二世采取联合法国的方针。1662年，为了取得法国的支持，他把敦刻尔克以40万英镑的价格卖给法国。1670年，他又背着国会同法国签订《维多尔密约》，查理保证在英国恢复天主教，并降低法国商品的进口税，以换取法国15万英镑的资助。

查理二世的上述政策直接损害了工商业资产阶级利益，他们以国会为阵地，反对国王的倒行逆施。国会要求清除政府和宫廷中的天主教徒，查理于1679年初将国会解散，但不久又予以恢复，政治斗争趋于尖锐。

1679年3月国会恢复后，部分议员提出了一个《排斥法案》，要求取消查理二世之弟、天主教徒詹姆斯的王位继承权，并永远禁止其回国。国会在讨论这一法案时，分裂为两个党派。拥护这一法案的一派称为"辉格党"(后来演变为自由党)，代表资产阶级和新贵族的利益。他们反对君主专制，反对恢复天主教。反对《排斥法案》的派别称为"托利党"(后来演变为保守党)，代表土地贵族和高级僧侣的利益。他们拥护君主专制，赞同由詹姆斯继承王位。由于国王和托利党的阻挠，《排斥法案》遭到否决。

为了制止国王滥用权力对反对派实行迫害，辉格党于 1679 年 5 月向国会提出《人身保护法》。法案规定：如无法院拘票，不得任意捕人；捕人后须在 24 小时内提出起诉，否则应予释放。该法最后由国会通过，但又补充规定，国会随时可宣布该法无效。《人身保护法》只是为了保障资产阶级利益不受国王的侵犯，而不是为了保护人民，但它把矛头对准了封建专制，具有一定的进步意义。

此后，国会与国王的斗争愈加尖锐，查理二世变本加厉地迫害辉格党人。1685 年，查理二世死去，其弟詹姆斯即位，称詹姆斯二世。詹姆斯二世执行比查理二世更为反动的政策。他上台不久便取消了《人身保护法》，并谋求在法国的支持下巩固其专制统治。

詹姆斯二世是一个狂热的天主教徒，他公开在英国进行恢复天主教的活动，任用天主教徒担任公职，在宫廷中举行天主教的祈祷仪式，并恢复了高等法庭。1687 年，詹姆斯二世颁布《宗教自由宣言》，废除反天主教的法令，准备树立天主教的统治地位。这种宗教政策引起资产阶级和新贵族的不满，使信仰国教的封建贵族和僧侣也感到惊恐不安。天主教一旦恢复，不但资产阶级和新贵族会丧失革命时期获得的土地和财产，而且国教僧侣和土地贵族夺自天主教的土地也将被剥夺，英国将返回到 16 世纪宗教改革以前的局面。因此，托利党和辉格党、国教徒和清教徒都在反天主教复辟的旗帜下联合起来，共同反对詹姆斯二世。

此时，资产阶级和新贵族早已失去早年的革命性，他们惧怕人民革命，不敢发动人民推翻复辟王朝，只能寄希望于一场宫廷政变，实现他们的目标。由于詹姆斯二世年老无嗣，国会决定在詹姆斯死后迎立其信奉新教的女儿玛丽及其丈夫、荷兰执政威廉为英国国王和女王。1688 年，詹姆斯得子，粉碎了资产阶级和新贵族的迷梦。于是他们决定迎威廉拥兵入英，逼詹姆斯退位。1688 年 11 月初，威廉以保护"新教、自由、财产和国会"的名义，率兵在英国西南海岸登陆，向伦敦挺进，一路上受到资产阶级和新贵族的欢迎，詹姆斯二世的大臣、王族、军官也纷纷倒向威廉。詹姆斯二世在众叛亲离的情况下，仓皇逃往法国。1688 年 12 月 18 日，威廉进入伦敦。1689 年 2 月 6 日，国会宣布詹姆斯二世"自行退位"，13 日，拥戴威廉为英国国王，玛丽为英国女王，斯图亚特复辟王朝宣告结束。这就是英国历史上的"1688 年政变"。

资产阶级史学家把这次政变渲染为"光荣革命"，实际上，这次政变没有人民群众的参加，不能称为"革命"，只不过是资产阶级和新贵族联合土地贵族为了夺取政权而发动的一场宫廷政变。尽管如此，"1688 年政变"确立了资产阶级新贵族的统治地位，巩固了英国革命的成果，是英国历史上的一个转折点。

二、新一轮资产阶级思想解放运动:启蒙运动

17～18 世纪欧洲政治思想领域内出现的启蒙运动,是继文艺复兴之后的新一轮资产阶级思想解放运动。

启蒙运动的出现绝不是偶然的。首先,它是资产阶级反对封建专制制度的时代要求的必然产物。17～18 世纪,随着资本主义的进一步发展,封建专制制度的阻碍作用越来越明显,日益强大的资产阶级迫切要求推翻这一腐朽的反动制度。为此,他们首先必须在意识形态领域内制造舆论。启蒙运动便是在这一时代要求下产生的。其次,启蒙运动是在 17 世纪唯理主义哲学的基础上发展起来的。唯理主义哲学的代表人物笛卡儿虽是唯心主义者,但他突破了传统的思维定势,用人的理性代替了神的启示,用人的独立思考代替了对神的盲目信仰。他指出,依靠人的抽象演绎和理性分析,就可以得到正确的认识。这种与神学迷信相对立的理性学说是启蒙运动的思想渊源。最后,启蒙运动的发生还与自然科学的发展有着密切关系。17～18 世纪,欧洲自然科学获得长足发展,牛顿的数学和力学,约翰·雷·索纳乌斯和布封的植物学与动物学,冉·里歇尔和威廉·丹皮尔的地理学与天文学,都达到了很高的造诣。这些自然科学成就不但初步揭开了宇宙的神秘面纱,证明自然界是遵循固有法则运行的,而且昭示人们,自然法则是可以通过观察、实验、测量及计算被人们所认识的,人类是可以征服自然的。由此类推,人类社会也是有普遍法则可寻的,支配人类社会的法则也可以通过人的理性思考去发现。这样,自然科学的发展为启蒙思想家们认识人类社会提供了锐利的思想武器。

启蒙运动发源于英国。最早的代表人物是 17 世纪的思想家霍布斯和洛克。18 世纪,启蒙运动在法国达到高潮,涌现出一大批著名的启蒙思想家,如伏尔泰、孟德斯鸠、卢梭以及以狄德罗为代表的百科全书派和以魁奈为代表的重农学派,还有宣传原始共产主义思想的梅叶、摩莱里、马布利等。

破除神学迷信、高扬理性旗帜是启蒙运动的最大历史功绩。恩格斯说:“在法国为行将到来的革命启发过人们头脑的那些伟大人物,本身都是非常革命的。他们不承认任何外界的权威,不管这种权威是什么样的。宗教、自然观、社会、国家制度,一切都受到了最无情的批判;一切都必须在理性的法庭面前为自己的存在作辩护或者放弃存在的权利。”[①]启蒙思想家们提倡科学,反对蒙昧主义,对宗教教义和神学进行了鲜明的批判。其中,伏尔泰对宗教神学的批判尤为辛辣。

---

① 《马克思恩格斯选集》第 3 卷,人民出版社 1995 年版,第 355 页。

他指出，宗教是“一些狡猾之徒虚构出来的最庸俗的欺骗之网”，教义本身就是弥天大谎，教皇僧侣全是“狂信者”、“骗子手”。他无情地揭露了《圣经》里面的各种荒诞不经的迷信记载。他认为现存社会的一切灾难都来源于无知，而无知则是教会造成的。因此，他号召人们破除对上帝和神的崇拜，为科学、理性和进步而奋斗。霍尔巴赫更勇敢地写道：“神就是一个独夫民贼，一个什么事都干得出来的暴君。”其他的启蒙思想家几乎也全都对宗教和上帝给予了否定。

在哲学发展史上，启蒙运动是从机械唯物论向辩证唯物论过渡中的一个进步阶段。17 世纪的霍布斯身上仍明显打着机械唯物论的印记。他虽肯定了只有客观存在的物质才是真实的，观念、概念等只是客观物质在人们头脑中的反映，但他把物质运动的多种形式归结为单一的机械运动，认为感觉是知识的唯一源泉。到 18 世纪，启蒙哲学家们已开始突破形而上学和机械论的老套，在许多问题的论述上向辩证法靠近了一步。例如，狄德罗提出了物质运动的内因理论，认为事物的发展源于内部的因果关系。尽管他还不懂得事物矛盾的对立统一性，但他毕竟突破了机械唯物论者那种静止不变说和物质运动的外因论。卢梭在论述暴力问题时也体现出了辩证法思想，他指出，暴力虽是暴君统治人民的工具，但人民也可以用暴力推翻暴君。在论述人民主权同公民的关系时，他也是以辩证法观点来解释的。

对后世影响最为深远的是启蒙思想家们大胆否定了封建专制制度，提出了系统的资产阶级政治理论，为未来的理想社会描绘出一幅清晰的政治蓝图。他们提出了天赋人权和自然权利学说，认为人生来就是自由平等的，每一个人都有追求生存、自由与幸福的自然权利，这些天赋人权是不可剥夺、不可转让的。现实社会中的不平等是由私有财产造成的。国家产生后，社会不平等更趋严重。暴君的出现，则将社会不平等推到了极点。因此，人民奋起反抗专制暴君的统治，争取自由平等权利，是天经地义的事。在国家起源问题上，启蒙思想家们提出了社会契约论和人民主权学说。他们指出，人类历史最初有一段“自然状态”，那时，既无国家政权，也无压迫和剥削。不过，人们的自然权利也无保障，时刻面临遭受他人侵害的危险。后来，人们为保障自身生命与自由的安全，便相互订立契约，建立了国家，成立了政府。国家政府体现着社会公共意志，享有一定权力，但这些权力是人民通过原始契约赋予的，政府权力的运用必须以保护人民的自然权利为目的。如果政府违背原始契约，把手中的权力变为压迫奴役人民的工具，人民有权通过公开起义推翻它。这样，启蒙思想家无可辩驳地阐明了人民主权和革命权利的思想。在国家政体问题上，启蒙思想家尽管观点不尽相同，有开明君主制、君主立宪制、共和制等不同设想，但他们都主张实行宪政民主，在法律上人人平等，并明确提出了三权分立学说。洛克首次将国家权力划分为立法权、行政权和联邦权(即对外事务管理权)三种,主张三权相互独立。其中,体现在议会中的立法权处于优越地位,但也不是无限制的。立法机关有责任尊重人民的人身及财产自由。孟德斯鸠将三权分立学说进一步完善化。他认为,国家的立法权、行政权、司法权应分别属于三个不同的机构,使其相互制约,彼此平衡。立法权应该委托给人民代表机关,行政权由国王为首的行政机关行使,司法权则应属于陪审法庭。如果将三种权力集中一起,必将导致专制,即使将两种权力集中一起,也会流于专制。很明显,三权分立学说的锋芒是指向君主专制制度的。思想较为激进的卢梭甚至呼吁实行直接民主制。他主张每个公民都应直接参加法律的讨论与制定,因为在他看来,在立法工作中人民的意志是不能被代表的,因此他反对代议制度,他还要求建立经常性的人民监督制度,以防止行政机关以个人意志代替人民意志。他强调指出,行政权力的受任者绝不是人民的主人,而只是人民的官吏,只要人民愿意,就既可以委任他们,也可以撤换他们。他设想的监督办法是,定期召开人民大会,就是否愿意保持现存的统治形式和是否将政府权力保留在现任人员手里作出决定。他认为,这样做就会使行政人员永远处于被罢免的威胁之下,因而他们就不能不全力去执行人民的意志,而不敢滥用权力、欺压人民。

在经济理论上,启蒙思想家们提出了经济自由思想。重农学派的创始人魁奈认为,农业是创造财富的唯一生产部门,因而只有从事农业的人才是生产阶级。工业只不过是从事加工,经营工业的是非生产阶级。另外,还有一个不劳而获的土地所有者阶级。他提出,国家的全部赋税都应该由土地所有者阶级负担,对工业和农业,国家不应干预。他还建议,应鼓励资本家向地主租地,以发展资本主义大农业;政府应实行"放任政策",允许自由竞争和自由贸易等。

启蒙运动是文艺复兴运动的继续与发展。如果说文艺复兴所反对的是天主教神学思想,所追求的是现世的幸福的话,那么,启蒙运动所反对的则是封建专制主义。启蒙思想家们用"人权"反对"王权",用"人道"对抗"神道",用"人类理性"否定宗教愚昧,用"自由、平等"来代替封建等级专制。他们论证了封建制度的不合理和落后性,大力提倡建立"理性王国"。启蒙运动极大地启迪了人们的反封建意识,在破除迷信、消除愚昧、弘扬理性方面发挥了振聋发聩的巨大作用,它不仅为未来的革命风暴提供了强大的思想武器,而且为欧洲先进思想文化的发展开辟了道路。但是,启蒙思想家们用以反封建的理论武器主要是人性论和"理性主义"。其实,他们所说的"人"只不过是资产阶级自身;他们所说的"人权",也不过是资产阶级的所有权;他们所提倡的自由,实质上也是资本主义的自由,是"自由贸易"、"自由竞争"的代名词;他们所谓的"理性王国",也只不过是资产阶级的王国。因此,启蒙运动带有当时那个时代的特征。

三、北美独立战争和美国的独立

自1492年哥伦布率领西班牙殖民者登上美洲大陆之后，西班牙、葡萄牙、法国、英国、荷兰和瑞典相继进入北美。他们大肆屠杀土著印第安人，用野蛮的手段掠夺属于印第安人的土地，建立了许多殖民据点。

英国是从17世纪初开始踏上北美大陆的。1607年，“伦敦公司”从英王手中获得在北美建立移民点的“特许状”，派出殖民队在詹姆斯河口建立了第一个殖民地——詹姆斯顿，后来发展为弗吉尼亚殖民地。1620年，又一批英国移民乘坐“五月花号”船漂洋过海来到普利茅斯，后来发展为马萨诸塞殖民地。在以后的一个世纪中，又相继建立了马里兰、罗德艾兰、康涅狄格、北卡罗来纳、南卡罗来纳、纽约、新泽西、新罕布什尔、宾夕法尼亚、特拉华、佐治亚等殖民地。上述这13个殖民地分布在大西洋沿岸到阿帕拉契亚山脉之间的狭长地带。1756～1763年，英国在争夺北美殖民地的战争中打败了法国，获得加拿大以及密西西比河以东的广大地区，但最重要的仍是13个殖民地。

英属殖民地建立和发展的历史，同时又是英国殖民者血腥屠杀和掠夺印第安人的历史。英国移民初到美洲时，曾多次得到印第安人的周济和帮助，但英国殖民主义分子对印第安人却报以欺诈、驱逐和残杀，同时还多次挑动印第安各部落之间的流血冲突。酷爱自由的印第安人不断掀起抗英斗争。1622年，弗吉尼亚境内的印第安人不断骚扰詹姆斯顿，几乎荡平了整个市镇。1675～1677年，新英格兰境内印第安各部落上万人在美塔科姆的领导下举行反英起义，横扫了英国人在俄亥俄一带建立的许多军事据点。但这些起义最后都惨遭镇压。

18世纪以来，13个殖民地的人口增长很快。1760～1775年，殖民地人口由160万人增长到260万人。从欧洲来的移民除了少数贵族、特权商人和大种植园主外，大多数是为逃避封建剥削、贫困、疾病、战乱以及宗教迫害而移居北美的劳动者。他们当中有些人为筹集路费，与商人或船主订立契约，卖身为奴，成为“自愿契约奴”。另有一些人因负债或其他原因“犯罪”，被判处苦役去北美殖民地为奴，成为“强制契约奴”。

北美殖民地虽然也是阶级社会，但和欧洲旧大陆有很大的不同。社会的人口流动性很大，西部“自由”土地充裕，这就使得任何在北美推行欧洲式的封建农奴制度的企图都没有成功。不少无地或少地的农民去西部“边疆”地区拓荒，掀起“强占土地运动”，成为自耕农。契约奴在契约期满后，也能得到一块土地。因此，在北美殖民地广泛存在的是小土地所有制，虽然在东部地区有部分封建性大地产，但总的来说，封建制度在北美没有扎下根来。

殖民地还发展着另外一种社会制度——黑人奴隶制。第一批黑人奴隶是在1619年从非洲运到弗吉尼亚的。到独立战争前,13个殖民地的黑人奴隶总数已达50万人,占全部居民的20%。奴隶主把奴隶视为“耕畜”,每天强迫他们劳动十八九个小时,过着牛马不如的生活。奴隶主可以随意鞭打、关押、出卖、转让甚至杀死奴隶。残暴的压迫激起了强烈的反抗,在黑人奴隶制推行的整个时期,有记载的黑奴起义就达250多次。

由于自然地理条件的差异,英属北美殖民地的社会经济状况可分为三种类型。

北部殖民地,包括马萨诸塞、新罕布什尔、康涅狄格和罗德艾兰,合称“新英格兰”。这里气候寒冷,沿海地区平原狭窄,地形崎岖,土壤中杂有沙砾和卵石,较难开垦,只能形成以小农为主体的小土地所有制。这里奴隶数目不多,但奴隶贸易却很盛行。新英格兰地区的工商业和渔业很发达,尤其是造船业,是主要的工业部门。18世纪中叶,悬挂英国国旗航行的船只有1/3是在这里制造的。此外,还有纺织、酿酒、面粉、制革、木材、采矿、冶铁等工业也迅速发展起来。波士顿是北部工商业的中心,人口达22000人。

中部殖民地,包括纽约、新泽西、宾夕法尼亚和特拉华。这里土地肥沃,气候温和,主要生产和出口小麦等作物,畜牧业也很发达。农村中多为独立的自耕农,经营小农场,但也有贵族的大地产。大地产分为小块出租,向农民收缴固定代役租。最大的城市是费拉德尔菲亚(简称费城),人口23000人;另外是纽约,人口15000人。

南部殖民地,包括弗吉尼亚、北卡罗来纳、南卡罗来纳、马里兰和佐治亚。这里气候温暖潮湿,土地肥沃,适宜大面积种植烟草、水稻、蓝靛等单一作物,因而发展起以奴隶劳动为基础的种植园经济。种植园所生产的烟草、蓝靛以及后来的棉花主要供应欧洲市场,所以,南部的奴隶制不同于古代,它是一种商品生产,是附属于资本主义经济范畴的“赘瘤”。但是,这种种植园奴隶制度排斥雇佣劳动,同资本主义生产争夺资金、原料和市场,所以南部的奴隶制同北部的资本主义制度存在着不可调和的矛盾。

为统治和管理北美殖民地,英国建立了一整套统治机构。这套机构是双重的:一是在英国政府内部设置的管理殖民地事务的贸易局;二是派驻北美的总督及官员。按照英国控制的程度,独立战争前夕,北美殖民地可分为三类:第一是王家殖民地,由英王派来的总督直接统治;第二是业主殖民地,由殖民地的业主任命总督,再由英王批准;第三是自治殖民地,总督由殖民地有产者选出,但也要由英王批准。

与欧洲各国和西属拉美殖民地相比,英属北美殖民地在社会政治结构中存在较多的民主因素。首先，各殖民地均仿效英国，设有议会，而且选民比例较高，白人成年男子大多享有选举权。第二，在经济生活中，由于北美地广人稀，取得土地相对容易些，因而存在大量小块土地所有者，无产者数量较少，贫富差别不像欧洲那样悬殊。第三，不存在封建特权和等级制度。北美虽然也有贵族，但他们的形成不是靠封建君主的封授和出身门第，而是靠个人的能力和努力。他们虽独占了殖民地的各级官职，但主要是靠竞争选举上台的，而不是靠世袭特权。第四，在北部诸殖民地盛行地方自治。当地人民通过参加市镇大会，享有一定限度的参政权。这些民主因素削弱了英国在北美统治的基础，为美国独立战争铺平了道路。

英国政府希望殖民地成为英国工业品的销售市场及廉价的原料供应地，所以对北美殖民地的资本主义工商业一直实行限制政策。不过，在1763年以前，由于英国忙于对法争霸战争，无暇严厉执行这些限制政策。因此，在18世纪上半期，北美殖民地的资本主义工商业发展迅速，呈现出空前繁荣的景象。手工工场数量增多，规模扩大，某些工业技术已达到欧洲先进水平。造船业发展尤为突出，殖民地建造的船舶质好价廉，已开始打入英国市场。走私贸易也十分活跃。

随着经济的发展，原来处于隔绝状态的各殖民地之间的经济联系日益加强。到18世纪中叶，各殖民地之间建立起完备的邮政系统，主要城市已由许多桥梁、渡船和道路网联结起来，经济往来和文化交流更加方便。北部以工业品供应南部，南部则以农产品供应北部，统一的北美市场开始形成。在此基础上，北美人民形成了某些共同的文化观念和心理素质，如相信进步、憧憬未来的乐观态度，不安于现状、勇于进取和创新的个人奋斗精神等。人们普遍感到自己是与旧大陆不同的“新人”。于是，一个新兴民族，即美利坚民族诞生了，民族意识开始觉醒。此外，这一时期欧洲启蒙思想的广泛传播，也给予民族民主意识的发展以巨大推动。民族自觉意识在本杰明·富兰克林和托马斯·杰斐逊的思想言论中得到集中而鲜明的体现。

英法七年战争结束后，英国加强了对北美殖民地的剥削和压迫，致使北美殖民地与英国之间的矛盾迅速激化。1763年，英国宣布阿巴拉契亚山脉以西的土地为王室私产，禁止殖民地人民移居拓殖。这就堵塞了希望向西部迁移的殖民者的谋生之路，也打击了土地投机者、毛皮商人和企图向西发展的种植园主，引起殖民地各阶层的不满。嗣后，又颁布了《糖税法》和《殖民地货币法》，对输入殖民地的食糖、糖浆、咖啡、甜酒等商品课以重税，禁止殖民地发行纸币，严重损害了殖民地的商业利益。1765年，英国颁布了《印花税法》，规定殖民地的报纸、书刊、证书、票据、债券、执照、商业契约、法律文件和各种印刷品，一律交付印花税。接着又颁布了《驻兵条例》，规定驻在殖民地的英军可以占用公共房舍为营房，殖民地人民必须为之提供食物。英国政府的这些压榨政策,使英国同北美殖民地之间的矛盾急剧尖锐化。特别是《印花税法》是英国政府在殖民地征收的第一个直接税法令,这就激起了殖民地人民的极大愤怒。1765 年 10 月,9 个殖民地的代表在纽约举行反印花税法大会,通过了《权利宣言》,宣称英国国会无权向北美殖民地征税,并号召抵制英货。各地人民响应号召,掀起广泛的抵制英货运动。在殖民地人民的反对下,英国被迫于 1766 年 3 月废除《印花税法》。但是第二年又颁布了《汤森德税法》,对输入北美的纸张、玻璃、铅、颜料、茶叶等征收关税,又激起殖民地人民新的反抗。1770 年 3 月 5 日,驻扎在波士顿的英军同当地居民发生冲突,英军开枪打死打伤十余人,制造了"波士顿惨案"。英军的暴行引起殖民地人民的反英浪潮,各地纷纷集会,要求英军撤出北美,并取消《汤森德税法》。英国被迫取消了该法,但是又于 1773 年颁行了《茶叶税法》,以向殖民地倾销东印度公司积存的茶叶。愤怒的殖民地人民已经不能忍受任何强加在他们头上的税收了,于是又掀起了反英运动的新高潮。12 月 16 日,波士顿 8000 居民集会,要求东印度公司的茶船离港,遭到拒绝。当晚,愤怒的波士顿人民冲进茶船,把价值 1.5 万英镑的 300 多箱茶叶投入大海,史称"波士顿倾茶事件"。

"倾茶事件"震动了英国政府。为了报复,英国国会先后颁布了五项高压法令,即:封锁波士顿港,禁止波士顿的对外贸易;取消马萨诸塞的自治特许状,禁止人民集会;重申《驻兵条例》,英军有权进驻公共房舍,甚至私人空房;英国官员犯罪,须送其他殖民地或英国审判;颁布《魁北克条例》,把俄亥俄河以北、宾夕法尼亚以西的地域划归英王直辖的魁北克殖民地,禁止殖民地人民向西占地。这些被殖民地人民称为"不可容忍法令"的颁行,激起了各殖民地的普遍愤怒。各地纷纷举行抗议集会,罢工罢市,并以各种方式支援处在反英第一线的波士顿人民。1774 年 9 月 5 日,在费城召开了有 12 个殖民地(佐治亚代表由于总督的阻挠没有到会)的 55 名代表参加的第一届大陆会议。会议通过了《权利宣言》,要求取消对殖民地工商业的限制,废除"不可容忍法令",重申未经殖民地人民同意不得向殖民地征税。会议还要求扩大殖民地的自治权,并表示殖民地决不向英国的暴政屈服。会议决定继续抵制英货,和英国断绝一切输入、输出和消费关系。《宣言》尽管没有提出独立的要求,但是它反映了殖民地人民团结抗英的决心和呼声,从此,大陆会议成为革命的领导机构,各地人民纷纷动员起来,成立了民兵组织,准备同英国展开武装斗争。英国政府不但不接受大陆会议的要求,反而加强了镇压措施。北美殖民地处于独立战争的前夜。

1775 年 4 月 18 日,马萨诸塞总督派英军前往波士顿附近搜查民兵的军火库,并企图逮捕革命领导人。19 日晨,英军行进至莱克星顿时,遭到民兵的伏击,英军死伤近 300 人。莱克星顿的战斗打响了北美独立战争的第一枪。5 月

10 日，在费城召开了第二届大陆会议，虽然会议仍对同英国和解抱有幻想，对民族独立缺乏明确的认识，但在人民群众的压力下，不得不宣布战争总动员，下令组成大陆军，任命乔治·华盛顿为大陆军总司令。6 月 17 日，刚刚组建的大陆军同英军在波士顿附近的班克山交战，大陆军在武器差、弹药少的情况下，击退了敌人的进攻，并且重创了敌军，该战役大大鼓舞了北美人民武装斗争的信心和勇气。

在殖民地人民要求独立的呼声日益高涨的形势下，民主主义者托马斯·潘恩于 1776 年 1 月发表了名为《常识》的小册子。作者陈述了殖民地人民进行武装斗争的权利，列举了殖民地彻底脱离英国的理由，号召人们为独立而战。这一小册子激发了人民的觉悟，使争取独立迅速成为北美大陆的普遍呼声。

在革命高潮的推动下，大陆会议于 1776 年 7 月 4 日发表了《独立宣言》。《独立宣言》出自杰斐逊之手笔。它提倡资产阶级自由平等和主权在民的思想，否定封建等级制和专制统治，否定英国对殖民地统治的合理性，并向世人宣告殖民地从此解除了对于英国的一切隶属关系，成为自由独立的“合众国”。《独立宣言》是美国革命史的重要历史文献，是北美人民推翻英国的殖民统治、争取民族独立的伟大旗帜，在组织和动员革命力量方面起到了重大的作用。它在历史上第一次以政治纲领的形式宣布“主权在民”的原则，因此成为后来法国资产阶级革命时期提出的《人权宣言》的范本。《宣言》也有一定的时代局限性，它所鼓吹的人权，不过是资产阶级发财致富的权利；它提出的自由平等的口号，也只是为了保护资产阶级的利益；另外，《宣言》的正式文本删除了初稿中谴责奴隶制度的内容，体现了资产阶级同奴隶主阶级所达成的政治妥协。《独立宣言》的通过与发表，标志着美利坚合众国的诞生，因此，7 月 4 日被定为美国的独立日。

北美独立战争从莱克星顿战役开始，历时六年半，分为两个阶段。第一阶段，战争主要在北部和中部进行，英军掌握了战争的主动权，先后攻陷了纽约、费城等重要城市。华盛顿的军队采取了迂回战术，尽量避免同英军主力过早地正面决战，各地民兵则展开游击战，消耗敌军的有生力量。英军过高估计了自己的实力，急于速战速决，乃兵分三路进攻重镇阿尔巴尼，企图切断华盛顿军队与新英格兰的联系，对新英格兰形成包围之势。由于其中的两路遇阻未能赶到预定地点，只有由柏高英将军指挥的军队孤军深入，被美军围困在萨拉托加。柏高英在美军和民兵的打击和围困下走投无路，于 1777 年 10 月 17 日率部向美军投降。萨拉托加战役是独立战争的转折点，它扭转了整个战局，大大增强了美国人民的胜利信心，从此，美军逐渐夺取了战争的主动权，独立战争进入了第二阶段。

萨拉托加大捷促进了国际形势朝着有利于美国的方向变化。原先对战争持观望态度的法国于 1778 年 2 月承认了美国的独立，并与美国缔结了军事同盟，派出军队赴美参战。1779 年和 1780 年，西班牙、荷兰也先后参加对英作战。由于英国的海上封锁侵犯了中立国家的利益，俄国联合瑞典、丹麦和普鲁士等国组成“武装中立同盟”，冲破了英国对美国的海上封锁。

萨拉托加战役之后，英军将军事行动移向南部，企图利用南部效忠英国的派别挽回败局。1778 年 12 月，英军占领佐治亚的萨凡那港，1780 年 5 月又占领了南卡罗来纳重镇查尔斯顿。英军虽然占领了不少地方，但它却陷入了民兵游击队的骚扰和袭击当中。1780 年 10 月，民兵在南卡罗来纳的北部地区围歼了英军一支主力部队，致使英将康华理不得不退缩到弗吉尼亚的约克镇。这时，华盛顿率领的美法联军自纽约战场南下，直捣约克镇，法国舰队在约克镇港外切断了英军的海上退路。1781 年 10 月 19 日，康华理率部向美军投降，美国独立战争至此结束。1783 年 9 月 3 日，美英两国签订《巴黎和约》，英国承认美国的独立。美国的独立为弱小民族战胜强敌、赢得独立，树立了光辉的榜样。

在争取民族独立的同时，美国人民还在社会政治经济领域内进行了一系列改革，取得了许多民主成果。首先，在 1776～1780 年，除罗德艾兰和康涅狄格二州外，其余 11 个州都制定了州宪法。这些州宪法是世界史上最早的成文宪法，它们几乎都附有《权利法案》，都宣布实行共和制、州政府官员选举制，并削减州长权力、扩大州议会权力。大多数州降低了议员财产资格，扩大了选举权。其次，许多州废除了维护大土地所有制的“限量嗣续法”和“长子继承法”，中部各州半封建的大地产租佃制趋于瓦解。最后，许多州宣布实行宗教自由，个别的州对刑法进行了改革，废除了野蛮残酷的刑罚，缩小了死刑范围。总之，美国独立战争取得的民主成果是相当丰硕的。不过，它的局限性也十分明显，如南部的奴隶制还没有废除，西部土地问题也未解决。

独立战争结束后，军队复员，使商品粮的需求量大减，粮价因而暴跌，农民收入锐减，加之空前的通货膨胀，大批下层人民负债累累，不少人因到期无力偿还债务而被捕入狱，人民怨声载道。在这种形势下，马萨诸塞州的农民在退伍士兵谢斯的领导下，于 1786 年发动起义。起义者提出重新分配土地、取消债务、改革司法等主张，体现了人民群众在社会经济方面的民主要求。这次起义虽很快失败，但它促使美国统治集团认识到：根据《邦联条例》建立起来的国家组织难以有效地维护国内秩序和镇压人民起义。于是，他们着手制定新宪法。

《邦联条例》是美国第一部全国性宪法，制定于 1777 年 11 月。当时，北美人民鉴于殖民地时代的经验，害怕中央政府权力太大会导致暴政，所以给各州保留了很大的独立性。它规定：各州享有征税、征兵及发行纸币的权力；中央不设国家元首，只是在一院制邦联国会下设立一个诸州委员会，在国会休会时管理日常事务。因此，一个时期内，美国俨然是由 13 个独立国家组成的松散的联盟。这种状况妨碍了国内贸易，影响了国债的偿还。由于国家政权软弱无力，美国商人在国际市场上经常受到外国商人的欺侮，西部白人也因缺乏中央政府的保护而深受印第安人侵扰之苦。此外，当时欧洲各大国对新生的美国虎视眈眈，总想伺机侵犯。这些情况均说明了加强中央权力的必要性。然而，在1786年以前，美国统治阶级内部对此意见不一，迟迟未采取措施，直到谢斯起义中邦联政府的弱点充分暴露之后，他们才在这个问题上达成共识，不约而同地要求制定新宪法，强化中央政府。

1787年5月25日，制宪会议在费城召开。经过长达四个月的激烈争论，与会代表最后达成妥协，在调和各派矛盾的基础上，于9月制定出《联邦宪法》。这部宪法确立了美国的共和政体和联邦制度，加强了中央政府权力，并按照三权分立原则，将国家职权分别授予立法、司法和行政三个部门，规定了总统和议员由选举产生、文官政府控制军权等原则，具有鲜明的民主色彩。《联邦宪法》使美国真正成为一个统一国家，中央集中了财政、军事、外交和制定各项经济政策的权力，从而能够有效地发挥保卫国家、促进资本主义发展的国家职能。不过，这种宪法也存在明显的局限性，如它允许奴隶制存在，不承认黑人和印第安人拥有与白人同样的权利等。

美国独立战争不但是一次民族解放战争，而且是一次具有一定民主性的资产阶级革命。它标志着美国从此进入了现代文明的历史时期。

值得提出的是，美国的独立极大地冲击了以欧洲为主宰的世界政治格局。欧洲在美洲建立的殖民体系第一次受到致命的打击，美国独立革命的胜利为19世纪初出现的美洲政治体系奠定了基础。

四、法国革命风暴

18世纪末，法国是欧洲大陆上典型的封建专制国家。农业仍占主导地位，但资本主义工商业已有较大发展，在大陆各国中处于领先水平。其中，法国的采矿业、冶金业、奢侈品制造业和纺织业最为发达，酒类、服饰、家具等行销欧洲各地，对外贸易仅次于英国。然而，腐朽的封建专制制度严重阻碍了资本主义的发展。专制王朝横征暴敛，不断加强对金融工商界的盘剥和勒索；行政区划混乱不清，全国关卡林立，某些城市甚至还征收商品入市税，严重地阻碍着国内贸易的发展。此外，行会制度、贸易垄断制度仍很盛行。资本主义商品经济与封建专制制度之间的矛盾十分尖锐。

资本主义工商业的发展，引起了法国阶级关系的变化；而新的生产力与旧的生产关系的尖锐矛盾，使阶级斗争日趋激化。法国是封建专制制度发展的典型国家。革命前，波旁王朝的路易十六（1774～1792 年在位）实行专制集权的残暴统治，官僚机构和天主教会成为专制王权的两大支柱。法国保持着森严的等级制度，全国居民划分为三个等级：天主教僧侣（教士）为第一等级；封建贵族为第二等级；资产阶级、城市平民、工人和农民为第三等级。封建法律明文规定："僧侣以祷告为国王服务；贵族以宝剑为国王服务；第三等级以财产为国王服务。"

第一、二等级为特权等级，人口约 20 万，占全国人口的 2%。他们霸占了政府、军队和教会的重要职位，享有种种特权，不向国家缴纳赋税，过着骄奢淫逸的生活。但是，特权等级中由于社会地位、经济收入不同，对革命的态度也不尽一致。高级僧侣任教区主教，出身贵族，顽固维护封建制度，反对任何变革。低级僧侣是乡村牧师，出身平民，同情第三等级，倾向革命。第二等级是贵族阶级，其中宫廷贵族是最反动腐朽的势力；穿袍贵族是花钱买贵族爵位的大资产阶级，任法官和其他官职，反对任何改革；乡居贵族是农村的小贵族，残酷剥削、压迫农民，政治上反对革命。这表明，法国封建贵族阶级不仅没有分裂出新贵族阶层，反而一部分资产阶级转化为贵族。只有少数经营资本主义工商业的贵族主张实行改革，因而被称为"自由派贵族"。

第三等级人数众多，约占全国人口的 98%。他们在政治上处于无权的地位，经济上担负着赋税和封建义务，主张推翻封建专制统治。第三等级中的资产阶级由于政治上受特权等级的歧视，一心想夺取政权，他们经济实力雄厚，又掌握了舆论工具，影响较大，因而成为革命的领导阶级。资产阶级以启蒙思想为旗帜，团结各阶层人民开展反封建的斗争。但是，他们当中由于经济地位的不同，政治态度也不一致。大金融资产阶级因从国王那里获得了特许状、专卖权、包税权等，和封建王朝有着千丝万缕的联系，因此，他们只要求改良，主张建立君主立宪政体，竭力反对自下而上的革命运动。工商业资产阶级主张自由贸易，要求建立共和国，但仇视工农群众，害怕革命向纵深发展。中小资产阶级则要求彻底推翻封建统治，实行资产阶级民主制度。

在第三等级中，受苦最深、人数最多的是广大农民和城市平民。广大农民从 14 世纪起就摆脱了对地主的人身依附关系，但仍租种贵族土地，缴纳代役租和贡赋。农民还向国家缴纳土地税、人头税、盐酒税，服各种劳役和兵役，并向教会缴纳"什一税"。贵族们还巧立名目，对农民进行敲诈勒索[①]。在国王、教会和贵族的三重压榨下，农民生活极端贫困，他们迫切要求取消封建义务，解决土地问题，因而成为反封建斗争的主力军。城市平民包括小手工业者、小店主、帮工和手工工场的工人。他们深受封建的和资产阶级的双重剥削，又受特权等级的压

① 向农民征收磨面税、烤面包税，走路过桥都要纳税；贵族有狩猎权，可任意践踏农民的禾稼。

迫和歧视，担负着沉重的苛捐杂税，生活困窘，要求变革现状，同农民一起成为革命的主力。他们多数集中在巴黎、里昂等政治、经济中心城市，被称为“无套裤汉”①。他们在城市多次发动起义，成为推动革命上升发展的中坚力量。

18 世纪末，法国的统治阶级已非常腐朽。国王及王室成员穷奢极欲，挥霍无度。宫廷贵族集团占据军队要职，收入丰厚，但还是入不敷出，多数债台高筑。国内政治腐败不堪，对外战争也屡遭失败。七年战争中，法国丢失了大片海外殖民地，其国际地位一落千丈。政府财政陷入崩溃，几任财政大臣为解决财政困难，试图进行改革，但都因阻力重重，无不中途夭折。参加北美独立战争后，军费剧增，财政危机进一步加剧。1787～1788 年，国内发生经济危机，生产萎缩，粮价上涨，社会更加动荡不安。所有这些都表明，法国的旧制度已陷入绝境，革命的爆发已不可避免。

迫于财政压力，路易十六决定召开已中断 160 多年的三级会议。1789 年春，资产阶级积极开展政治活动，尤其是在选举三级会议代表和起草《陈情书》的过程中，大造舆论。在巴黎及各地出版的许多小册子和传单中，西哀耶士的《什么是第三等级》一书广泛流传。各阶级向三级会议提交的《陈情书》中提出了各自的要求。三级会议的召开及其斗争，成为法国大革命的导火线。

1789 年 5 月 5 日，三级会议在凡尔赛宫正式开幕。出席会议的代表 1139 人，其中第一等级 291 人，第二等级 270 人，第三等级 578 人。国王在开幕词中，要求各位代表商讨解决财政危机的办法，而只字不提政治改革问题。他还宣布，三级会议按惯例由三个等级分别开会讨论，并以等级为单位进行表决（每个等级只有一票），借以控制会议。第三等级的代表则坚决要求按代表人数进行表决，以便取得多数，实行有利于资产阶级的改革。为此，第三等级的代表斗争一个多月，但毫无结果。

5 月初以来，全国人民都密切注视着三级会议的动态。巴黎市民，特别是“无套裤汉”成群结队地来到凡尔赛，声援第三等级代表的斗争。在这一有利形势下，第三等级的代表们于 6 月 17 日自行召开了国民会议，宣布自己为国民的使者，拒绝征收新税，要求政府偿付国债，宣布国王无权否决国民会议的决议。参加三级会议的低级僧侣和自由派贵族开始转向第三等级，参加了国民会议。6 月 20 日，国王下令不准召开国民会议，并派军队封闭了大会会场。6 月 22 日，第三等级的代表在附近的一个网球场继续开会，并庄严宣誓：“不制定和通过宪法，决不解散！”这时，国王召开御前会议，下令解散国民会议。但是，国王已控制不了局势，被迫同意三个等级的代表在一个会场开会。7 月 9 日，国民会议改为

① 无套裤汉，亦称“长裤汉”，因他们穿粗布长裤，有别于着丝绒短套裤的贵族，故名。

制宪议会，准备着手制定宪法。从三级会议到制宪议会，表明第三等级对国王的斗争获得了初步的胜利。制宪议会召开后，大资产阶级和自由派贵族以为国王已经让步，只要制定一部宪法，革命即告成功。然而，路易十六却暗中调集军队，将巴士底狱①塔楼上的大炮对准了工人区。

国王以武力镇压革命群众运动的消息传出后，巴黎各阶层人民怒不可遏，纷纷举行示威游行，却遭到政府军的枪击。7月13日凌晨，巴黎上空敲响了警钟，起义的群众从残废军人院和军械库中夺得3万支枪，同时连夜赶造5万多支长矛。广大群众筑起街垒，同政府军展开了激烈的巷战。当晚，起义者占领了除巴士底狱和少数据点以外的巴黎主要市区。这时，大金融资产阶级和自由派贵族惊恐万状，赶紧组成了巴黎市政厅常务委员会，以便控制局势的发展。7月14日清晨，"打到巴士底狱去"的呼声响彻巴黎上空，30万起义群众参加了进攻巴士底狱的战斗。资产阶级控制的市政厅曾派人和守军谈判，但守军司令却下令开枪，群众伤亡100多人。愤怒的群众英勇善战，用大炮打断了吊桥绳索，攻进巴士底狱，释放了狱中的政治犯，处死了守卫司令。7月15日，路易十六被迫从巴黎撤出军队，并承认了制宪议会。这时，以国王的弟弟亚多瓦伯爵为首的反动大臣、宫廷贵族们纷纷逃亡国外，企图借助国外反动势力扑灭革命。7月14日，革命推翻了法国波旁王朝的专制统治，政权转到制宪议会手里，这是巴黎人民的伟大胜利，它标志着法国资产阶级革命的开始。后来，7月14日被定为法国国庆日。

巴黎人民攻克巴士底狱的胜利，成为全国城乡人民革命的信号。全国各大城市在几天之内相继爆发了人民革命运动，推翻了封建政权，成立了市政机关，建立了国民自卫军，史称"市政革命"。代表大资产阶级和自由派贵族利益的君主立宪派乘机开展政治活动，窃取了政权，金融资产阶级的代表巴伊任巴黎市长，自由派贵族拉法叶特②任国民自卫军司令。

与此同时，在7～8月间农民运动也席卷全国。深受封建剥削和压迫的农民，纷纷拿起武器，攻打地主庄园，用绞架处死地主老爷，吓得封建贵族狼狈地逃往城市和国外。风起云涌的农民运动，不仅动摇了封建专制统治的基础，巩固了城镇革命的成果，而且推动君主立宪派采取了一些改革措施。

1789年8月4日夜，制宪议会召开紧急会议，讨论农民的土地问题。会上惊慌失措的贵族和僧侣们纷纷表示放弃封建特权。8月5～11日，制宪议会通

① 巴士底狱建于1381年，本是一座城堡，后来变为囚禁政治犯的监狱，是封建专制制度的象征。在这座监狱的高墙上设有八个塔楼，高墙周围挖了两道壕沟，人们只有通过吊桥才能进去。

② 拉法叶特（1757～1834年）一译"拉斐德"，他参加过北美独立战争。

过了关于解决农民土地问题的《八月法令》。法令规定:废除农民对地主的依附关系和劳役;废除特权等级及其各种特权(免税权、司法权、狩猎权等);废除教会“什一税”。但是,《八月法令》没有废除与土地有关的地租和继承税,要求农民高价赎买;没收教会的土地分成大块高价出售,结果大部分土地落入资产阶级手中。这表明该法令根本没有解决农民的土地问题。

1789年8月26日,制宪议会通过了宪法的序言——《人权宣言》。《宣言》是以1776年北美《独立宣言》为蓝本,以启蒙思想的政治理论为依据而制定的。《宣言》共分17条,第一条规定:“人在权利上生来是并永远是平等的。”《宣言》还宣布取消等级差别、否定君权神授,“在法律面前,所有公民一律平等”,每个公民都享有人身、言论、信仰等自由,而且有反抗压迫的权利,这些权利都是“天赋的不可剥夺的”。《宣言》还规定了“财产是神圣不可侵犯的权利”。

《人权宣言》是资产阶级纲领性文件,它的颁布具有重大的进步意义。它第一次把启蒙思想家所阐述的资产阶级政治主张用法律形式固定下来。它提出的“在法律面前人人平等”和“主权在民”的原则,既沉重地打击了法国和整个欧洲的封建专制制度,又调动了法国人民参加反封建斗争的积极性。当然,《宣言》也明显地打上了阶级烙印,用法律形式确认了资产阶级的私有制,以财产的不平等代替了等级的不平等。

7月14日革命胜利后,路易十六在凡尔赛加紧策划反革命阴谋,一面拒绝批准《八月法令》和《人权宣言》,一面暗中向凡尔赛集结军队。由于雹灾歉收而处于饥饿中的巴黎人民闻讯后极为震怒。革命领袖马拉主编的《人民之友报》揭露了国王的反革命阴谋,号召人民进攻凡尔赛。10月5日,成千上万的巴黎市人民群众,在圣安东妇女的带领下高呼“要面包”的口号,冒雨向凡尔赛进军,并包围了王宫。10月6日清晨,国王卫队向群众开枪,愤怒的群众冲进王宫,迫使国王批准了《八月法令》和《人权宣言》。群众把国王和王后从凡尔赛押到巴黎,置于人民群众的监督之下,不久制宪议会也迁到巴黎。这一事件粉碎了国王的复辟阴谋,又一次挽救了制宪议会,把革命推向前进。

正当制宪议会紧锣密鼓地制定宪法之时,发生了国王和王后企图逃亡国外的事件。1791年6月21日深夜,路易十六等人化妆出逃,23日,在靠近东部边境的发愣镇被人发觉扣留,后押送回巴黎。这一事件激起巴黎人民的无比愤怒,约有3万群众在民主派的领导下举行示威游行,他们撕毁国王的肖像,要求废黜国王,建立共和国。然而,君主立宪派却把国王保护起来,硬说国王是被“劫持”走的,并非主动逃亡。群众拒绝接受这一解释,他们于7月17日在巴尔斯校场集会,再次要求废黜国王,建立共和国。君主立宪派竟然派拉法叶特率国民自卫军前去镇压,开枪打死50多人,伤数百人。这一流血事件说明君主立宪派已经背叛了人民,成为革命继续发展的绊脚石。

1791 年 9 月 14 日,制宪议会终于制定出新宪法,史称"1791 年宪法"。宪法规定,法国为君主立宪政体的国家,国王拥有最高统治权,既是行政首脑,又是陆海军总司令,有权任命大臣和军政官吏,有权暂停实施立法议会通过的法案。宪法还规定:立法权属于一院制的立法议会,其代表选举产生,每两年改选一次;司法权属于各级法院。宪法废除了等级制和封建爵位,但又把全国分为"积极公民"和"消极公民",凡是年满 25 岁的男子,有不动产并且缴纳直接税的为"积极公民",享有选举权;凡是没有财产的工人、奴仆等贫苦人民为"消极公民",没有选举权。当时法国 2500 万人口中,获得选举权的只有 400 多万人。这表明宪法违背了《人权宣言》的基本原则。

制宪议会还实行了有利于资产阶级的改革:统一行政区,把全国划为 83 个郡,取消了内地的关卡和苛捐杂税;废除了工业法规和行会制度;取消了商品专卖权,实行粮食自由买卖;统一全国的度量衡和货币。这些措施加速了法国资本主义工商业的发展。制宪议会为了打击天主教会,宣布国家监督教会和神职人员,把教会地产收归国有,并分成大块高价出售。这一措施既增加了政府收入,又满足了大资产阶级和自由派贵族购买土地的欲望,而贫苦农民却无力购买土地。与此同时,制宪议会针对工人反饥饿的罢工斗争,于 1791 年 6 月通过了严禁工人集会、结社和罢工的《列·霞不列法》。这表明刚刚掌权的资产阶级,就用警察手段把资本和劳动之间的斗争限制在对资本有利的范围内。

被囚于巴黎的路易十六迫于压力,批准了宪法。9 月 30 日,制宪议会宣布解散,由"积极公民"选出的立法议会于 10 月 1 日正式开幕。此时,法国革命又面临着严重的威胁。

在国内,大资产阶级和自由派贵族对革命的背叛,导致了革命阵营内部的公开分裂,这具体表现在政治俱乐部的重新组合和民主派的形成。自革命爆发以来,巴黎出现了许多政治俱乐部,其中影响最大的是雅各宾俱乐部。革命初期,雅各宾俱乐部的成员很复杂,有自由派贵族、工商业资产阶级和革命民主派。7 月 17 日流血事件后,君主立宪派公然退出雅各宾俱乐部,另组织了斐扬俱乐部(因会址设在斐扬修道院而得名)。这是雅各宾俱乐部的第一次分裂。斐扬派已被国王收买,成为右翼保守势力。然而雅各宾俱乐部内仍存在着左、右两派:右派是温和的共和主义者,代表吉伦特郡和西南部大工商业资产阶级的利益,称"吉伦特派";左派是革命民主主义者,以罗伯斯庇尔为代表,称"雅各宾派"。在国外,欧洲各国的封建君主们正在准备联合出兵干涉法国革命,奥地利已经率先派兵逼近法国边境。为保卫革命,立法议会对奥地利宣战。在抗击外国武装干涉的斗争中,路易十六的反革命面目充分暴露,当权的君主立宪派也未能够有效地组织抗战，致使前线接连失利。于是，巴黎人民于 1792 年 8 月 9 日再次举行起义，囚禁了国王，宣布废除 1791 年宪法，并要求召开普选产生的国民公会。这次起义结束了法国君主制，推翻了君主立宪派的统治，把法国大革命推进到一个更高的阶段。

8 月 9 日起义后，代表工商业资产阶级利益的吉伦特派控制了国家政权。在革命形势的推动之下，吉伦特派政府实行了一些社会经济改革。1792 年 8 月 15 日，立法议会通过了分配村社土地的法令，规定被没收的逃亡贵族的土地分成小块(0.5～1 公顷)，租让给承租人，以缴付年金为条件，由承租者永远占有，或者以分期(15 年)付款的办法出卖给贫苦农民。接着立法议会又陆续颁布法令，减轻了农民为赎回封建义务而缴纳的款项，规定凡同以前封建权利有关的案件一概不予追究，并宣布废除一切法律上没有确认的封建权利。上述法令和决议，满足了农民的一部分要求，是推翻君主制的直接成果。

1792 年 8 月 19 日，10 万普奥联军和 1 万逃亡贵族组成的反动军队越过边境，入侵法国领土。23 日，隆维要塞司令叛变投敌，不战而降。9 月 1 日，凡尔登陷落，通往巴黎的大门被打开，法国革命处于生死关头。在此严峻时刻，吉伦特派竟怯懦动摇，准备放弃首都巴黎，向南方转移；而雅各宾派却发出了战斗号召："公民们！拿起武器，敌人已打到我们的门口了，我们要同敌人决一死战！"。当时巴黎征募了 6 万名志愿军，当整装待发的义勇军得知关押在监狱里的反革命分子阴谋暴乱时，就于 9 月 2～5 日冲进监狱，处死了 1000 多名反革命分子，用自发的革命恐怖手段，打击了敌人的气焰，巩固了后方。

迅速开赴前线的法国义勇军，虽然装备很差，但士气高昂，为了保卫祖国，准备同敌人决一死战。9 月 20 日，法军在瓦尔密高地击退了布伦瑞克率领的普奥联军，取得了战争发生以来的首次胜利。瓦尔密大捷沉重地打击了国内外反动势力，法军开始转入反攻，迅速把敌人驱逐出国境。法国人民又一次挽救了革命。

1792 年 9 月 21 日，通过普选制选出的国民公会在巴黎正式开幕。国民公会庄严地宣布废除君主制，建立共和政体。9 月 22 日，法兰西共和国正式宣告成立，史称"法兰西第一共和国"。1793 年 1 月 21 日，路易十六作为"人类自由的敌人"被送上断头台。处死国王是革命人民的重大胜利，它不仅推动法国革命向纵深发展，而且也打击了欧洲的封建秩序和君主的权威。

从 1792 年秋到 1793 年初，由于对外战争，法国财政空虚，当时国库收入为 3900 万里弗尔，而战费开支则达 22800 万里弗尔。同时由于英国的封锁和国内王党分子的暴乱，法国的经济遭到严重破坏，工业衰落，商业萧条，农业减产，粮食恐慌。吉伦特派无限制地发行“指券”[①]，使“指券”急剧贬值，加上奸商囤积居奇，造成物价上涨，面包价格上涨三倍，可是工人的工资却停留在1790年水平上，而且失业人数不断增加。吉伦特派控制的国民公会对群众的疾苦置若罔闻，引起人民群众的不满。自1792年秋以来，城乡人民要求限定物价的呼声日益强烈。在群众运动中出现了反映下层人民要求的政治派别——忿激派，其主要领导人是扎克·卢[②]。忿激派提出了下面的要求：对生活必需品实行最高限价，建立粮食管理制度，严惩粮食投机商；提高工人工资，平分土地，改善人民生活；实行累进税，严惩反革命分子。吉伦特派极端仇视忿激派的革命活动，诬蔑他们是“疯人派”，并进行迫害。雅各宾派起初认为普遍限价会破坏私有制，没有支持忿激派的要求，后来，出于战胜国内外封建势力的需要，主动联合忿激派共同反对吉伦特派。1793年5月4日，在罗伯斯庇尔提议下，国民公会终于通过了《粮食最高限价法案》。

法国在对外战争中的胜利和路易十六的被处决，使欧洲各国的君主极为震惊。他们勾结起来，积极策划扑灭法国革命。1793年2月1日，英国参加了反法战争，并组成了由普鲁士、奥地利、荷兰、葡萄牙、西班牙、那不勒斯、撒丁等国参加的第一次反法联盟，对法国发动了新的进攻。当时，英国的伦敦成为欧洲各国反法活动的中心。英国不仅派陆海军参战，封锁法国的海岸，而且还用大量金钱在法国国内收买奸细，煽动叛乱。俄国虽然因为忙于瓜分波兰，无力参战，但却与法国断绝了外交关系，并派军舰协同英国封锁法国海岸。

当时执政的吉伦特派一心想镇压革命民主派和人民群众，不愿组织力量进行抗战。在反法联军的大举进攻之下，法军于3月底被迫退出比利时和德意志。前线总司令、吉伦特派的将军杜木里埃叛变，带领1000余人投奔奥地利。与此同时，国内的反革命分子也蠢蠢欲动，在旺代、布列塔尼以及法国南部相继发生了王党暴动。法兰西共和国面临着新的严重危机。

在国内外反革命势力联合进攻的紧急关头，吉伦特派彻底暴露了反对革命的真面目。3月间，吉伦特派勾结王党分子，杀害了革命人士，破坏了雅各宾派在各地的俱乐部。4月吉伦特派捏造罪名，逮捕了马拉，并交付法庭审讯，由于人民的干预，法庭才宣判无罪释放。5月，吉伦特派又组成了“十二人委员会”，企图罗织罪名，迫害雅各宾派领导人。这一切都说明，吉伦特派已经堕落为革命的敌人，不推翻吉伦特派的统治，革命就有夭折的危险。

---

① 指券，制宪议会拍卖教会地产时发行的一种特殊债券。

② 扎克·卢(1752～1794年)出身于中尉军人家庭，曾担任过教师和乡村牧师。1790年来到巴黎，积极参加革命活动，成为哥德利埃俱乐部的著名活动家。

在内忧外患的严峻形势下，雅各宾派领导人民开展了反对国内外敌人的斗争。4月，成立了以丹东为首的公安委员会，负责组织战争事宜。国民公会在雅各宾派的坚持下，通过了关于向富人征借10亿里弗尔债务的决议。巴黎48个区中的35个区的革命群众向国民公会提出清除22名吉伦特派代表的要求。5月底，以罗伯斯庇尔为首的雅各宾派组成了巴黎各区联合起义指挥部，任命雅各宾派左翼分子安里奥为国民自卫军司令。

1793年5月31日凌晨，巴黎上空响起了警钟，起义群众迅速包围了国民公会。当时冲进会议厅的巴黎公社代表们，坚决要求解散"十二人委员会"，逮捕最反动的吉伦特派议员，改组军队，武装人民，镇压反革命叛乱。国民公会只同意解散"十二人委员会"，而不同意逮捕吉伦特派的首要分子。6月1日，巴黎获悉里昂吉伦特分子勾结王党分子杀害了800名雅各宾派分子，同时传来前线形势恶化的消息。当晚，马拉敲响了市政厅塔楼上的警钟，愤怒的革命群众集会示威游行。6月2日，起义的群众和国民自卫军10万人再次包围了国民公会，安里奥下令架起160多门大炮对准议会大厦。革命群众和军队当场逮捕了29名反动的吉伦特派议员，并将其大部分送上了断头台。

巴黎人民的第三次武装起义推翻了吉伦特派的统治，使政权转移到雅各宾派手里。至此，法国革命进入了雅各宾派革命专政阶段。

当时，法国的内外形势十分严峻。在国内，物价飞涨，粮食短缺，人民生活困苦不堪，保王党贵族到处发动暴乱。在国外，英国纠合普、奥、荷、意、西等国组成第一次反法联盟，外国干涉军从四面八方逼近法国边境，复辟危险迫在眉睫。面对内忧外患的严重局面，雅各宾派为挽救革命，毅然采取了一系列革命措施。第一，连续颁布三个土地法令。宣布把逃亡贵族的土地分成小块拍卖，价款分10年付清；农村公有土地按人口平均分配；无条件地废除一切封建权利。这样，以民主的方式解决了农民土地问题，完成了法国大革命的一项根本任务。第二，制定了1793年宪法。新宪法取消了财产资格限制，宣布实行普选权，并规定议员任期只限一年，人民有立法复决权。不过，由于当时险恶的斗争环境，新宪法未能付诸实施。第三，颁布全面最高限价法令，实行全国统一物价，严厉打击投机奸商。这一措施暂时遏制了囤积居奇和哄抬物价现象，缓解了经济形势。第四，颁布"惩治嫌疑犯条例"，宣布凡行为、言论及著作支持暴君和敌视自由者，未能证明自己忠于共和国政府者、贵族家属及拒绝宣誓的僧侣，均属嫌疑犯，一律逮捕予以严惩。同时，雅各宾派成立了以救国委员会为中心的集权政治体制，改组了革命法庭，在巴黎和各地设立断头台，实行恐怖统治。

在当时险恶的战争环境下，雅各宾派的恐怖统治得到人民群众的广泛支持，也确实发挥了巨大的威力。群众踊跃参军，积极参加对敌斗争，各地贵族叛乱相继戡平,外国干涉军被迅速逐出国门。这些都说明恐怖政策具有不容抹杀的积极作用。但是,在恐怖统治期间,违反法制、草菅人命的现象也相当严重,不分青红皂白滥杀无辜的事件时有发生,某些曾经为革命立过汗马功劳的共和主义者,只因与雅各宾派中的一些领导人政见不同也遭到杀戮。另外,还出现了违反人权原则、破坏信仰自由的"非基督教化"运动,强迫人们放弃基督教,搞无神论的"理性崇拜"。因此,恐怖统治的实施也付出了巨大代价。

恐怖统治作为一种战时体制,本是特殊条件下采用的一种非常手段,这意味着一旦危机克服,就应立即终止。然而,雅各宾派中的一些领导人在恐怖年代里养成了一种排他自保和权欲膨胀的心态,使得他们在局势好转之后不但拒绝改弦易辙,而且还把恐怖统治变为剪除异己、维护自身权力的工具,从而最终导致雅各宾派内部分裂为三派,即埃贝尔派、丹东派和罗伯斯庇尔派。埃贝尔派一向激进,要求继续加强恐怖政策;丹东派主张放弃恐怖统治,实行宽容政策,要求"爱惜人类的鲜血";当权的罗伯斯庇尔派对以上两派一律采用镇压政策,埃贝尔、丹东及其主要伙伴先后被送上断头台。此后,罗伯斯庇尔派陷入孤立。各种反罗伯斯庇尔的力量联合在一起,于1794年7月27日发动"热月政变",结束了雅各宾派专政。

随后上台的热月党人代表大资产阶级的利益统治法国。他们一方面取消了雅各宾派的恐怖政策和激进措施;另一方面努力保护革命成果,维护共和制,希望建立资产阶级的正常统治秩序。1795年,热月党人制定了新宪法,随后成立督政府。督政府软弱无能,对内不能稳定政局,对外无力抗击反法联军的进攻,致使经济投机活动恶性膨胀,货币贬值达到失控地步,下层人民起义和保王党叛乱接连不断。政治、经济和军事上的混乱局面,说明缺乏效能的督政府已不可能有所作为。于是,1799年11月9日发生"雾月政变",军事独裁者拿破仑·波拿巴应运而生,承担起建立强有力政权和稳定内外局势的历史使命。

法国大革命是一次规模宏大、斗争曲折复杂的资产阶级革命,其势如暴风骤雨,迅猛异常。在革命过程中,人民群众发挥了重大作用。他们的革命行动,推动革命不断沿上升路线发展,争取到一系列民主成果,因而这次革命是一次资产阶级民主革命。这次革命不仅结束了法国的封建统治,而且从根本上动摇了欧洲的封建体系,有力地推动了欧洲资产阶级革命运动和拉丁美洲民族解放运动,因此它具有伟大的世界意义。

五、欧美早期资本主义国家的政治经济制度

经过17、18世纪的资产阶级革命风暴之后,资本主义政治经济制度首先在

欧美主要国家内建立起来。不过，在工业革命之前，资本主义尚处于早期发展阶段，手工工场仍是工业生产的主要组织形式，而且分散的手工工场依然大量存在。当然，从发展趋势看，集中的手工工场日益增多，其规模也越来越大。

在较早完成资产阶级革命的英国，手工工场已遍及各个工业部门，在技术上处于世界先进水平。手工工场内部已出现精细分工，即使生产一个简单的产品，也往往需要十几道工序。有英国"民族工业"之称的毛纺织业仍在英国工业乃至整个国民经济中占据中心地位，并在各地区间形成分工。如在北部各郡，主要生产粗呢绒；西部各郡主要生产质地较薄的细呢绒；东部各郡主要生产各种精致毛织品。生产组织形式也存在差异。在北部地区，以使用帮工的小手工业为主，而且往往与小块土地经营结合在一起；在西部地区，由包买商控制的分散的手工工场十分普遍；在东部地区，则主要是集中的大型手工工场，个别的手工工场甚至拥有 600 多台织机。在法国，工场手工业发展的不平衡性更为突出。在冶金、采矿等行业中，少数企业规模庞大，雇佣工人达数千以上。但从整体说来，法国工业中占绝大多数的是分散的手工工场，而且主要控制在商业资本家手中，专门从事工业的企业主人数很少。

这一时期农业资本主义的发展同样以英国最为先进。因为英国革命不但保留了大土地所有制，而且取消了圈地禁令，圈地变为政府批准的"合法"行为，其进程大大加速。到 18 世纪末，圈地运动宣告完成，自耕农被消灭，以大型农场为主的资本主义大农业在全国范围内普遍建立起来。这种大农场经济有利于农业技术的改良，因此，农业革命率先从英国开始。在法国，农民通过 18 世纪末的大革命获得一定数量的土地，致使革命后小土地所有制长期大量存在。按照一般的经济原理，小农经济必然会出现两极分化，并从中产生出资本主义农场经济。但是，法国猖獗的高利贷资本阻碍了这一分化过程，因此，法国农业资本主义的发展相对说来较为缓慢。

商业在早期资本主义经济中占有十分重要的地位。这一时期，在西欧和北美的城市中，固定商店已成为商业经营主体，在农村地区则仍然以集市贸易为主。国际贸易的发展尤为显著。因为这时各国政府仍奉行重商主义政策，鼓励出口，限制进口。英、法、美各国均建立起许多大型商业公司，各公司均采取现代股份制形式，即成立股东大会作为公司最高权力机构，由股东大会选举产生董事会，再由董事会选出或聘用经理，主持公司日常事务。各公司都配备有自己的商船队。

随着资本主义在工业、农业、商业中的长足发展，金融机构在资金筹集与周转中的作用更加重要。过去，金融业务控制在金匠手中，到 17、18 世纪，由新型银行取而代之。最早建立的银行是 1694 年的英格兰银行。它由 1000 余名股东集资120万英镑组成，由大股东组成的董事会统一管理，主要经营对政府的贷款业务。不久后，英格兰银行取得发行纸币的权利，并吸收大陆各国商人的存款，成为一个国际性金融机构。继英格兰银行之后，各种城市保险公司，如劳埃德保险公司、太阳火险公司、皇家交换保险公司以及经营农业资本信贷业务的地方乡村银行，如雨后春笋般纷纷建立。在伦敦甚至出现了股票交易市场。18世纪末，英国的银行数目达到400家，仅伦敦就有50多家。英国的金融制度迅速走向成熟，使全国的经济资源结成了一个庞大的信用网。在法国，18世纪后期已有银行60余家，其中巴黎贴现银行资金最为雄厚，该银行从1789年取得发行30年纸币权利后，由单纯经营期票贴现业务发展为全面进行金融活动的综合银行。

在17、18世纪，英、法、美三国人民在摧毁旧制度的同时，也进行了创建资本主义新型政治制度的探索。在这方面，法国走了一条较为曲折的道路。由于激烈复杂的国内外政治斗争，法国在大革命之后政局长期动荡不定，革命、政变、复辟频频发生，立宪、共和、帝制交替出现，国家政体问题长期未得解决，直到19世纪后期才建立起稳固的共和制度。相比之下，英、美两国所走弯路相对较少。在革命成功之后，两国分别建立了适合自己国情的君主立宪制和民主共和制，二者作为资产阶级政治制度的两种典型形态而被以后的资本主义国家纷纷仿效。

英国通往君主立宪制的大门是通过"光荣革命"打开的。当时，议会在宣布詹姆斯二世"已自行退位，致使王位虚悬"之后，把王冠和早已拟好的《权利宣言》一起送给了威廉三世，此举暗示着威廉不是靠无条件的世袭资格，而是靠有条件的议会拥戴才得以继承王位的。随后，议会通过了一系列宪法性法案，对王权进行了种种法律限制。如未经议会同意，国王不得中止法律，不得滥用法律赦免权，不得在和平时期保持常备军，不得擅自离开英伦三岛，不得为保卫国王的私人领地发动对外战争，等等。更为重要的是，议会连续通过几个财政法案，剥夺了国王的正常财政来源。从此以后，离开议会的财政支持，国王将寸步难行。"光荣革命"从根本上改变了英国的中央权力结构，同时又没有割断历史、超越传统。原有的君主制形式继承下来，国王继续享有决策权、行政权、大臣任免权等许多重要权力，但他只能在议会广泛限制的范围内行使这些权力，一遇冲突，只要议会采取不妥协态度和动用财政手段，总能迫使国王屈服。国家主权的重心已无可挽回地从国王一边转到议会一边。

"光荣革命"后，议会的召开与选举开始纳入经常化和制度化轨道，议会的地位稳步上升，王权日趋衰落，国家权力结构的天平越来越倾斜于议会一方。在立法上，国王虽然始终享有否决权，但这一权力自1708年起变成一项有名无实的虚权，议会完全主宰了主权事务。在财政上，随着财政预算制度、专款专用制度和财政审查制度的建立，完善了议会对政府财政的控制。在行政上，国王的权力也逐步被剥夺。这个变化是通过内阁制度的建立完成的。

内阁是从枢密院中派生出来的，其最初萌芽是外交委员会。枢密院原是国王政府的中枢机构，因为其成员越来越多，影响了效能的发挥，国王便在其中成立若干专门委员会，分掌某一方面的具体工作。其中，成立于 17 世纪初的外交委员会权力最大，实际上凌驾于枢密院之上。该委员会由少数国王宠臣组成，经常秘密聚会于王宫内室，商定国家大事，所以人们称其为内阁。在以后很长时期内，内阁并不是一个合法机构，议会多次对其进行攻击。后来，随着内阁精干高效的优越性日益明显地显露出来，人们才心照不宣地把它接受下来。“光荣革命”后，内阁慢慢疏离国王，逐步依附于议会。从乔治一世起，国王退出了内阁，首相产生。此后，内阁日益独立于国王控制之外。

从 18 世纪 20 年代到 18 世纪末，随着两党政治结构的逐步形成，内阁制度的各种基本原则通过一个又一个先例的开创而确立起来。这些原则包括：内阁大臣应由议会中多数党组成；首相应由多数党的领袖出任；内阁必须集体对议会负责；如果议会不信任内阁，内阁应全体辞职，或者提请国王解散下院，重新大选；如果新选出的议会仍然不信任内阁，内阁必须立即辞职。从此以后，以议会为后盾的内阁成为国家权力的轴心，国王变为“统而不治”的虚君，英国的君主立宪制臻于完善。

与主要通过实践经验的积累而逐步形成的英国君主立宪制度不同，美国的共和制度是在明确的理论指导下，按照预先设计好的宪法蓝图自觉构建出来的。根据 1787 年联邦宪法，美国中央政府由三部分组成，它们分别拥有三种不同的国家权力。

国会是最高立法机关，由参议院和众议院组成。参议院由各州议会选出，每州选派 2 名，任期 6 年，每两年改选 1/3。众议院由选民直接选出，议席根据各州人口平均分配，众议员任期 2 年。国会拥有税收、发行货币、规定度量衡标准、对外宣战与媾和、征兵等权力，还有弹劾总统等行政司法官员的权力。国会通过的法律经总统批准后即可生效。参、众两院均有权提议立法，但所有财政税收法案必须由众议院提出。

总统是国家元首、政府首脑，主管行政。总统由选民间接选出，其方法是：先由各州选出选举人，再由选举人选举总统。各州的选举人数与该州出席参众两院的议员人数相等。总统任期 4 年，可以连选连任。但是，自华盛顿在连任两届总统便主动退出竞选的先例开创后，除特殊情况外，总统一般只能连任两届。总统身兼海陆空军最高统帅，有权任命政府官员、驻外使节、最高法院法官。总统有权签订国际条约，但须经参议院 2/3 的多数票批准。总统及其任命的政府不对国会负责,国会的不信任票不能促成总统及其政府辞职。总统还有权否决国会通过的法律,不过,总统否决的法律若经国会两院以 2/3 的多数票重新通过,即可直接生效。

联邦最高法院是国家最高司法机关。最高法院的法官由总统任命,但必须得到参议院的同意,其任职是终身的。最高法院对一切案件拥有最高审判权,并有解释一切法律及条约的权力,如果它认为某项法律或条约违反宪法,可以宣布其无效。不过,这一司法审查权在联邦宪法中并无明文规定,它是第一任首席法官马歇尔于 1803 年利用判例而使最高法院僭取的一项习惯权力。

在中央与地方的权力划分上,美国采取的是联邦制形式。在这种制度下,最重要的国家权力集中于中央政府手中,同时又给地方政府保留了一定程度的自治权力。这样,既可防止各地自行其是,把各州团结为一个统一国家,又避免了权力过于集中,有利于调动地方的积极性和首创性。

实践证明,美国在独立革命之后创立的这套民主共和制度是成功的,它使中央三个权力机构之间、中央与地方之间相互制约,彼此平衡,从而有利于防止独裁,在一定程度上保障了资产阶级民主。民主共和制的开创是人类政治文明进步的主要表现之一。

在欧美早期资本主义国家中,在法制和人权保障方面也出现明显进步。在英国,早在中世纪时就已建立起一套以普通法为主体的司法制度,并在《大宪章》中明文规定:未经正当法律程序,国王不得搜查、逮捕、监禁、放逐自由民,或没收其财产;若无可靠证据,不得对任何自由民进行司法重判。这些无疑奠定了近代英国法制与人权保障制度的历史基础。但是,在君主专制的条件下,法官的任免完全操纵于国王之手,人权是不可能有真正保障的,法制更无从谈起。"光荣革命"后,议会颁布《王位继承法》,规定凡是"品行端正"的法官即可一直任职,司法独立由此确立,英国从此进入法治时代。与此同时,随着《出版特许法》在 1695 年期满后自动取消,言论、出版自由得以实现。不信奉国教的新教徒获得了宗教信仰自由,后又逐步获得担任公职的权利。19 世纪初,天主教徒解禁后也获得了同样的宗教和政治权利。人们应当享有的某些基本人权得到法律的承认和保护。

美国的政治制度原本源于英国,因此,在独立之前的美国如同中世纪英国一样,司法是从属于行政的。独立革命期间,许多州都建立了独立的司法组织,但立法机关可以随意改变法官的任期和薪金,干预法院的司法审判工作,因此,司法实际上从属于立法。直到 1787 年宪法实施后,美国才确立起司法独立制度。宪法规定:法官任职终身,除因违法失职经国会弹劾程序予以罢免之外,总统和其他机关均不得任意将其免职;法官的薪金于在职期间不得减少;法院独立进行审判,不受其他机关的干预。不久,联邦最高法院又取得司法审查权,司法独立获得了有效的保障手段,而且通过宪法修正案,建立了司法陪审制度。资产阶级法制在美国牢固地建立起来。在人权方面,《独立宣言》虽公开宣布"生命、自由以及追求幸福"的权利是天赋人权,但1787年宪法中却对人权只字未提。后在民主派的斗争下,国会于1790年通过了十条修正案,补充进宪法。这十条修正案又称《人权法案》,主要内容有:国会不得制定法律确立国教或禁止宗教信仰自由,亦不得剥夺言论、出版的自由和人民和平集会与请愿的权利;人民的身体、住宅、文件、动产等不得受侵犯;非依正当法律手续,人民不得被剥夺生命、自由和财产;私有财产不得收归公用而无公平的赔偿;等等。

在法国,尽管国家政体在很长时期内没有确定下来,但大革命毕竟摧毁了个人专制和等级制度,从而排除了通往法制与人权道路上的两个最大障碍。大革命中颁布的《人权宣言》高举起人权与法制的大旗,庄严宣告:"自由、财产、安全和反抗压迫"是人的与生俱来的自然权利。这些权利通过"政治结合"变为公民权利。任何公民都有言论、写作、出版的自由;在法律面前、在担任公职和承担纳税义务上,所有公民都是平等的;除非依照法律,不得控告、逮捕或拘留任何人。这些原则在革命后历届政府制定的法律和施行的政策中,都有程度不同的体现,即使是在帝制复辟时期也未根本违背上述原则。从发展大趋势看,法国也艰难而稳步地踏上了资产阶级法制与人权之路。

应当承认,早期资本主义国家所建立的法制本质上是资产阶级的统治,它们所宣扬的人权总是以私有财产制为核心的,这样的法制与人权不可能是完整的,对劳动人民来说,许多权利仅是名义上的,并无切实保障,但是,相对于以公开违背人权和赤裸裸的人治为特征的封建旧制度来说,这种不完整的法制与人权仍然不失为一大历史进步。

六、资本主义的横向扩张

资本主义是一种具有扩张本性的开放型经济制度,它注定要以世界作为自己的活动舞台。17~18世纪,当资本主义制度在西欧、北美少数先进国家站稳脚跟之后,立即开始向外扩散。

毗连西欧的中东欧各国首当其冲。在18世纪中后期,奥地利、普鲁士、俄国的统治阶级普遍实行"开明专制",自上而下地推行社会经济改革。实行"开明专制"和改革的主观目的虽然是为了加强封建统治,但客观上促进了资本主义的发展,体现了当时的历史发展趋向,有些改革甚至是在"科学与理性"的招牌下实施的,启蒙思想的影响显而易见。

奥地利是一个多民族的封建专制国家。统治奥地利的哈布斯堡家族，在前几百年内，通过联姻、继承和战争等手段，不断扩张领土，到18世纪，其疆域除奥国本土外，还包括匈牙利、波西米亚、尼德兰南部以及意大利北部地区。帝国境内阶级矛盾和民族矛盾都十分尖锐，地方贵族离心倾向强烈。为了缓和矛盾，增强国力，加强统治，女皇玛丽亚·特利萨和她的儿子约瑟夫二世进行了多方面改革。改革的主要内容有：第一，推行土地改革，逐步给农民以人身自由和婚姻自主权、职业选择权；减少农民地租负担；限制领主的裁判权，取消地主担任国家收税人的权利。第二，宣布解散耶稣会和天主教修道院，没收其财产为国有；加强对教会的控制；实行宗教宽容政策，宣布天主教之外的其他基督教各派都有合法地位，各派教徒与天主教徒享有同等的公民权利。第三，改组国家政府机构，加强中央集权；完善行政管理系统，成立跨领地的地方政府，排挤地方贵族势力；将司法与行政分开，废止刑讯逼供；实行募兵制，建立警察组织和常备军。第四，奖励工商业，实行保护关税政策，建立国家工场，扶植经济发展。奥地利的改革取得了一些成绩，但因遭到封建贵族的激烈反抗，收效不大。在约瑟夫二世逝世后，大多数改革措施被废止。

霍亨索伦家族统治下的普鲁士王国原是位于德意志东北边境的一个贵族领地，称勃兰登堡。自16世纪起，勃兰登堡采用各种方式不断扩充疆域，并利用位于中南德地区海外贸易必经之路的有利位置，发展经济，国势日趋强盛，成为德意志诸邦中唯一能与奥地利抗衡的国家。18世纪中叶，腓特烈二世为使普鲁士跻身于欧洲强国之列，也实行“开明专制”，进行改革。改革内容包括：第一，加强中央集权，提高政府效率。腓特烈把政府机构置于自己的绝对控制之下，要求官员讲求效率，却不准他们有丝毫的主动性。这样，普鲁士的官僚机构成为国王手中驯服而有效的御用工具。第二，疏通道路，修筑桥梁，改善交通；招徕外国移民；发展工商业，增加税收，扩充军力。第三，开办学校，发展教育；奖励科学，扶助艺术。腓特烈二世的“开明专制”表面上标榜科学与理性，但本质上仍是专制主义。他在进行改革、增强国力的同时，不断对外征战，继续扩张领土。18世纪中期，他借口奥地利王位继承问题，参加对奥战争，夺取了西里西亚；18世纪晚期，又伙同俄、奥瓜分波兰。普鲁士的实力迅速上升，跃居欧洲强国之列。与此同时，普鲁士也变得更加专制、更加军国主义化了。

近代的俄国是在莫斯科公国的基础上通过不断兼并邻近国家逐步形成的。到17世纪中叶，俄国已是一个幅员广阔的封建大国，但经济却十分落后。农奴制度仍盛行不衰，农民没有人身自由，遭受着贵族地主的残酷剥削，生活极端贫困。手工工场虽然开始出现，但数量微乎其微，而且工场内的主要劳动力是农奴。政治上实行沙皇专制制度，所有权力都集中于沙皇一人手中。文化教育更为落后，识字的人极为稀少，无知和愚昧笼罩全国。

为使俄国尽快摆脱落后面貌，1689 年开始掌握实权的彼得一世进行了大刀阔斧的改革。在军事上，彼得创建新军，实行义务兵役制，开办各类军事院校，引进外国的新式武器和战略战术。在政治上，成立国家参政院，下设 12 个“院”，掌管全国行政；把教会置于政府管辖之下；将全国重新划分为 50 个省，以加强中央集权；文武官员实行级别晋升制，按军功和功绩提升。在经济上，实行优惠政策，鼓励发展工商业；推行重商主义，奖励出口，限制进口；招聘外国专家，派遣留学生去西欧学习科学技术；为解决工业劳动力问题，他准许商人将整个村民连同农奴一起买去，让农奴一边种田一边做工。在文化上，他仿照西方模式开办学校，要求贵族子弟在 10～15 岁期间都要上学，并简化了俄文字母，翻译了大量科技书籍；他创办科学院，兴办报纸，提倡西欧的生活方式。彼得的改革是卓有成效的，俄国的经济、军事实力迅速得到加强，为进一步对外扩张创造了条件。1721 年，俄国最终打败瑞典，夺取了芬兰湾、里加湾和波罗的海沿岸的大片土地，打开了通往西方的窗口，俄国从一个穷国一跃而成为欧洲强国。

在彼得一世改革的基础上，18 世纪后期的叶卡德琳娜二世在经济上继续推行“开明”改革。她强调发展农业生产，取消了对土地买卖、转让的限制，为完全的土地私有制开辟了道路；她努力发展工业，削弱行会的控制，鼓励各阶层人士开办工场；她逐步放弃了由国家控制商业的重商主义政策，开始容忍自由贸易。这些措施都在一定程度上有利于资本主义的发展。

在北美，资本主义的横向发展是与美国的领土扩张和西进运动紧密结合在一起的。

美国独立后建立了资产阶级和种植园奴隶主阶级的联合政权，资产阶级希望获得更多的工业原料和扩大商品市场，以促进资本主义的发展。奴隶主阶级则希望获得更多的土地，来扩充种植园奴隶制经济。因此，独立的美国很快走上了对外扩张的道路。18 世纪末 19 世纪初，美国利用欧洲国家同法国作战、双方均无力兼顾美洲的有利形势，通过购买、武装颠覆和发动战争等手段，乘机夺取交战国家在美洲的土地。1803 年，美国从法国手里购得面积达 200 多万平方公里的路易斯安那，使美国的领土扩大到墨西哥湾。1810 年，美国侵入西班牙所属的佛罗里达西部，1818 年，又出兵侵占佛罗里达东部，并于次年出低价，从西班牙手中强行购买了佛罗里达半岛。19 世纪 30 年代，美国策动得克萨斯的美国移民发动叛乱，脱离墨西哥，成立“孤星共和国”，并于 1845 年将其作为一个州并入美国版图。接着，美国又发动侵略墨西哥的战争，夺取了墨西哥的大片领土。1846 年，美国又以战争相威胁，从英国手中取得俄勒冈地区的一部分。最后，美国又在 1867 年从俄国手中购得阿拉斯加，这样，美国领土从大西洋岸延伸到太平洋岸，侵占了北美大陆的一半。

在美国领土扩张的同时，兴起了大规模的西进运动。一批批的东部移民像洪水似地涌入西部地区，一望无际的西部荒原逐步得到开发。最先的移民在西部拓荒种地，建立居民点，发展农业，他们所需的生产资料及日用工业品则完全仰仗于东部，这就为东部资本主义工业扩大了国内市场。反过来，西部新农业区的开辟，又为东部城市和工业人口提供了必需的粮食及原料。这种商品经济的性质，使得西部农民从一开始就处于急剧的两极分化之中，少数富裕农民把积累起来的财富转化为资本，通过雇佣工人扩大经营，而成为农业资本家。多数贫苦农民则走向破产，不得不受雇于人，成为农业工人。农业资本主义沿着这条所谓的"美国式道路"在西部迅速发展起来。另一方面，西部垦殖区在原料、市场方面所拥有的优势，强烈地吸引着东部的资本主义工业逐步西移。从食品与木材加工、屠宰、罐头等轻工业到煤炭、钢铁、农机制造等重工业，陆续扩散到西部地区。随着西部工业的兴起，西部移民的开拓能力进一步增强，使得西进洪流有可能向更荒僻的"远西部"推进，从而把资本主义进一步引向西部边远地区，直至太平洋沿岸。总之，美国的领土扩张和西进运动的过程，也就是资本主义在北美大陆的横向发展过程。

17～18世纪资本主义横向发展的另一条重要途径是殖民扩张与海外贸易。这一时期，以荷兰、英国、法国等西欧先进资本主义国家为主，掀起了新一轮殖民扩张高潮。加勒比海各岛屿、非洲沿岸、东南亚的许多国家和岛屿、印度沿海地区陆续沦为西欧的殖民地或殖民据点。与殖民扩张相伴随的是海外贸易的发展。西欧各国把自己先进的工业制品大宗出口到东欧、美洲和亚洲，反过来，从东欧进口粮食、牛羊、皮革等，从美洲进口砂糖、咖啡、棉花、烟草等，从亚洲进口香料、丝绸、宝石等奢侈品。尤其引人注目的是在大西洋上出现了繁荣的"三角贸易"，西欧商人先把枪支、布匹、金属制品等运往非洲，换取黑人奴隶，再运到美洲卖给种植园主，最后换成美洲产品，返回欧洲。伴随着西欧殖民者和商人的足迹，一个以西欧为中心的全球性经济贸易体系开始成型，与此同时，资本主义因素也从西欧逐步渗透到世界各地。

七、转变时期的欧洲和世界

17～18世纪的世界格局呈现两大发展趋势：一是在社会发展的竞赛中，东西方的距离进一步拉开，西方先进、东方落后的局面确定下来。二是欧洲列强之间的力量对比关系发生了新的变化，三十年战争后建立的威斯特发里亚体系进入了解体的前夜。

西欧各国在完成资产阶级革命、建立起先进的资本主义制度后，经济进入迅速发展时期，这集中体现为工业产品成倍的增长，产品质量不断提高。中东欧国家虽然尚未发生资产阶级革命，但在开明的君主专制制度下，经济上紧步西欧国家后尘，大力发展生产，其综合国力迅速上升。在海外贸易方面，欧洲列强处于核心地位，它们控制着世界主要航道，操纵着国际贸易体系的运行。它们的商人遍及世界各大洲，其商船队来往于各大洋之间。以强大的经济实力当后盾，欧洲各国大力加强军事力量建设。法国、普鲁士、俄国等分别建立起数十万正规军队，而且训练有素，武器装备精良。英国建有世界上第一流的海军。这一切意味着西方世界在政治、经济、军事等各方面的优势地位从此确立。

与西方不同，这一时期的东方世界却是另一番景象。在政治上，东方的几个大国继续保持封建专制制度，而且在专制程度上进一步强化。明清时代的中国皇帝"自操成权"，所有的政府机关都只不过是皇帝个人的办事机构。奥斯曼帝国的苏丹是"主在人间的影子"，同样集一切大权于一身。印度莫卧尔帝国的皇帝也是国家最高主宰，享有至高无上的权力。日本实行的是一种半封建割据式的幕藩体制，但各藩大名在自己藩内丝毫不亚于专制独裁的君主。与个人专制制度相伴随的，通常是政治黑暗，官吏腐败，统治者作威作福，穷奢极欲，而且内讧不断，政变迭生，严重阻碍着经济的发展和社会进步。在经济上，东方各国普遍实行"重本抑末"政策，固守农本经济，压制工商业发展。政府不但向商贾工匠课以重税，而且经常干预或限制其经济活动。工商业者被视为唯利是图的卑鄙小人，备受歧视，处于社会等级阶梯的最下层。农业作为立国之本，受到各国专制王朝的保护，但农业经营体制仍停留在封建时代，有的国家(如奥斯曼)甚至盛行军事采邑制。土地全部控制在大大小小的地主手中，他们对农民进行残酷的封建剥削。农业生产技术落后，效率低下，农民生活困苦不堪。结果，封建的自然经济在东方各国长期占据主导地位，资本主义难以产生。虽说在个别国家(如中国和日本)也有资本主义萌芽出现，但由于得不到政府的扶植和社会舆论的支持，始终未能发展起来。在对外政策上，东方各国普遍实行闭关锁国政策。中国的明清两朝几度厉行海禁，严格限制海外贸易，甚至对海外华侨也不予保护。日本幕府曾连续五次颁布"锁国令"，禁止日本船只出海贸易和日本人与海外来往，对驶抵日本的外国船只实行严密监视。日本的锁国体制维持时间长达两百多年。奥斯曼帝国则热衷于新的军事征服，无暇也无意于发展对外贸易。在思想文化上，东方各国竭力保持封建礼教的垄断地位，以维护封建正统秩序。中国在明清时期代表儒学发展高峰的程朱理学大行其道，八股取士制度更趋完备，知识分子的思想被禁锢，聪明才智被扼杀。封建王朝还屡兴文字狱，摧残文化，对所有可能危及封建统治的新思想，一律作为"异端邪说"严加取缔。在日本，朱子理学受到幕府的赏识和推崇，成为维护幕府体制的官学。在封建礼教和伦理道德传统的严重束缚下，逆来顺受、安于现状、不求进取之风弥漫全社会，严重窒息了社会的生机与活力。总之，这一时期东方各国的封建专制统治及其推行的各项违背时代潮流的经济文化政策，使自己陷入了僵化呆滞、自我封闭状态，致使经济发展缓慢，国力日趋衰落。结果，东方世界越来越落后于方兴未艾的西方资本主义世界。

西方（这时主要指欧洲各国）列强凭借其经济优势地位，大肆进行殖民扩张，发展海外贸易，从而形成了欧洲主宰世界的国际关系格局。不过，在欧洲列强内部始终存在着激烈的霸权之争。随着各国力量对比关系的消长变化，殖民霸主几度更换。

借助天时地利，西班牙和葡萄牙成为第一代殖民霸主。在地理大发现之后，两国分别建立起自己的殖民帝国。两雄并立，争霸斗争在所难免，结果是西班牙获胜。葡萄牙于1580年被西班牙合并，后来虽然重新获得独立，但其势力再未恢复。西班牙也好景不长，从16世纪末逐渐走下坡路，先是在尼德兰革命中丢失了富庶的荷兰，继而是它的“无敌舰队”被英国击溃，从此西班牙一蹶不振。它在西印度群岛和欧洲大陆的属地以及对西属美洲殖民地的贸易独占权相继被英国夺走，最后只保留了拉美殖民地及亚洲的菲律宾及纽芬兰岛。

西班牙、葡萄牙衰落的原因在于两国均为封建专制国家，国内工业落后，缺乏强大的经济后盾。这说明，落后的封建国家在殖民争霸的舞台上是无力与先进的资本主义国家相抗衡的。

西班牙丧失霸权后，代之而起的是商业资本主义国家荷兰。17世纪初，荷兰垄断了世界航运业，故有“海上马车夫”之称。波罗的海沿岸、印度及美洲的贸易几乎全部控制在荷兰商人手中。荷兰还在南北美洲、非洲、印度海岸、东南亚群岛夺取了广阔的殖民地。但是，由于荷兰只重视航运业和海外贸易，忽视了国内工业的发展和海军建设，加之自然资源缺乏，因而其殖民霸权只是昙花一现。正当荷兰执世界殖民贸易牛耳之际，英、法两国迅速崛起，对荷兰的霸权地位提出挑战。英国和法国分别在北美、非洲、印度、西印度群岛积极开拓殖民地，在国际贸易领域内同荷兰商人展开激烈竞争。三国之间冲突迭起，斗争愈演愈烈。17世纪中叶，英国连续颁布几个《航海条例》，规定除非用英国船只载运，任何商品都不得输往和输出英国殖民地。显而易见，其矛头所向直指荷兰。为迫使荷兰人接受《航海条例》，英国在1652～1674年间接连发动了数次对荷战争，给予荷兰以致命的打击。结果，荷兰不但丧失了海上霸主地位，而且失去了北美的殖民地。从此，荷兰沦为一个二流殖民国家。

荷兰衰落之后，唯一能与英国争霸的只剩下法国。为打败这个劲敌，英国自

“光荣革命”后，先后对法国进行了四次重要战争，即奥格斯堡同盟战争（1689～1697 年）、西班牙王位继承战争（1702～1713 年）、奥地利王位继承战争（1740～1748 年）和七年战争（1756～1763 年）。在这些战争中，英国总是在欧洲大陆上收买盟友，结成反法同盟，用金钱和武器资助他们与法作战，自己则集中海军力量，在海外打击法国。四次战争均以法国的失败而告终。特别是七年战争，使法国遭受重大损失。法国在印度的势力几乎全部被英国排挤出去，仅仅保留了沿海的几个贸易站。在美洲，法国只剩下纽芬兰沿岸的两个小岛、西印度的几个岛屿和南美的圭亚那。原属法国的北美圣劳伦斯河流域和密西西比河以东地区以及西印度的格林纳达岛全部落入英国手中。这样，英国一跃而成为世界上最大的殖民强国。

欧洲列强之间力量对比关系的增长变化，对于三十年战争后形成的威斯特发里亚体系来说是一个巨大的冲击。这个体系首先是通过 1648 年的《威斯特发里亚条约》建立起来的，它是以神圣罗马帝国的哈布斯堡王朝、英国、法国、西班牙、葡萄牙、瑞典等欧洲大国之间的平衡为内涵，以欧洲主宰世界为外延的一种国际关系格局。由于西班牙、葡萄牙的衰落，英国殖民霸权的确立，法国大革命的爆发以及随后拿破仑帝国的出现，原来欧洲各大国之间的均势被打破。这意味着威斯特发里亚体系的崩溃已指日可待。此外，这个体系还面临着一个潜在而巨大的外部威胁，这就是首创共和制度并蒸蒸日上的美国正迅速崛起于大西洋彼岸，这标志着一个新的独立于欧洲之外的美洲体系的形成过程已经启动。尚处于欧洲殖民统治之下的拉丁美洲各国注定会学习美国的成功经验，走上独立与共和之路。而拉美各国独立之日，亦即美洲体系形成和威斯特发里亚体系最终解体之时。18 世纪末的历史迹象已经表明，这一天的到来已经为时不远了。

【导　读】

1. ［法］F. 基佐著，伍光建译：《一六四〇年英国革命史》，商务印书馆 2011 年版。该书是法国著名的资产阶级政治活动家和历史学家基佐在 19 世纪 20 年代写成的。全书分为 8 卷，叙述了英王查理一世统治时期资产阶级革命产生和发展的历史。基佐向往英国的君主专制制度，赞扬英国革命，希望通过对英国革命史的研究找到资产阶级革命和自由制度的根源。在书中，基佐注重史料和思想的结合，注意个性和心理的描写，语言生动，内容丰富。他用阶级斗争的观点来分析英国革命发生的前提、过程和后果，这是前所未有的，因此，马克思、恩格斯称基佐为“天才的历史家”。由于阶级的局限，基佐没有批评私有制，而是用道德因素来解释历史，对克伦威尔、独立派和平等派的评价有失公正。

2. [法]米涅著,北京编译社译:《法国革命史:从1789年到1814年》,商务印书馆1977年版。米涅是法国19世纪上半期最著名的历史学家之一。1825年,年仅27岁的米涅以严谨的态度、丰富的史实和生动的文字撰写了此书,产生了巨大的影响。该书共15章,30万字,采用编年体的形式记述了法国大革命从三级会议召开到拿破仑帝国灭亡的历史,内容涉及大革命时的政治、经济、军事和文化各个方面,是迄今为止研究法国大革命史最有代表性的论著之一。在书中,米涅把阶级斗争作为法国革命爆发的主要动力,用此观点来分析法国革命中出现的各种现象、各个阶层,在当时史学界是十分难得的。但对经济方面的分析不够,对阶级斗争的发展规律认识不足。

3. [德]马克斯·韦伯著,阎克文译:《新教伦理与资本主义精神》,上海人民出版社2012年版。该书作者在书中试图考察世界诸民族的精神文化气质与该民族的社会经济发展之间的内在关系,阐明宗教改革后产生的新教与西方资本主义之间的生成关系。在书中,韦伯用比较研究的方法,对东、西方宗教文化进行了深入的研究,论证了历史分支的特点和多样性,强调了宗教与资本主义之间的关系,肯定了资本主义精神对资本主义发展的推动和支持作用。但该书未能从本质上认识资本主义产生和发展的最根本的原因。

4. [法]亚力克西·德·托克维尔著,钟书峰译:《旧制度与大革命》,中国长安出版社2013年版。全书分为3编。作者在该书中试图解释构成法国大革命爆发和发展的重大事件的原因、性质和意义,为此他运用社会学和阶级分析的方法,对旧制度下的各阶级的状况进行了客观的研究和描绘,揭露了旧制度与大革命的内在联系,开辟了研究旧制度的新途径,并触及到了法兰西民族命运的根本问题。该书运用比较研究的方法,寻找整体和个体之间的区别和联系,重视了民族特征和传统对法国革命的影响。

5. [美]托马斯·潘恩:《常识》,载《潘恩选集》,商务印书馆1981年版。本书叙述了人类社会政权产生的过程和建立政权的目的,分析了英国政体的本质,从自然的平等权利原则出发揭露了君主专制和世袭制的不合理性,阐述了北美和英国的分立的必要性和紧迫性,批判了主张同英国和解的错误观点和行为,并展望了北美未来的美好前景,是一部反映时代要求、对历史进程产生重大影响的著作。

6. [美]查尔斯·A·比尔德著,何希齐译:《美国宪法的经济观》,商务印书馆2010年版。作者比尔德是美国20世纪初进步史学的巨擘,其冲突史观在美国史学的发展史中占据重要的地位。本书是他的代表作,共分为11章,对宪法制定过程中的经济利益集团和制宪会议的代表进行了分析,认为1787年宪法不是全民的创造,而是为美国某些经济利益集团的利益服务的。该书是一部用经济决定论分析宪法制定过程的专著,打破了以往从政治史的角度论述宪法起源和实质的方法，揭示了宪法与经济利益集团之间的关系，强调历史发展过程中不同的经济利益集团和区域集团的斗争与作用，是进步史学的代表作。比尔德的对美国宪法进行经济分析的方法，长期以来一直影响着美国历史的研究。

7. [英]H. G. 韦尔斯著，梁思成等译：《世界史纲》，上海人民出版社 2006 年版。参阅其中的第 7 编和第 8 编。

8. [英]阿・莱・莫尔顿著，谢琏造等译：《人民的英国史》，三联书店 1976 年版。

9. [英]肯尼思・O・摩根主编，王觉非等译：《牛津英国通史》，商务印书馆 1993 年版。

10. [苏]叶・阿・利斯明斯基、雅・亚・列委茨基：《17 世纪英国资产阶级革命》，商务印书馆 1991 年版。

11. 蒋孟引：《英国史》，中国社会科学出版社 1988 年版。

12. 钱乘旦、许洁明：《英国通史》，上海社会科学院出版社 2007 年版。

13. 程汉大：《英国政治制度史》，中国社会科学出版社 1995 年版。

14. 钱乘旦、陈晓律：《英国：在传统与变革之间》，四川人民出版社 2003 年版。

15. 沈汉、刘新成：《英国议会政治史》，南京大学出版社 1991 年版。

16. 阎照祥：《英国政治思想史》，人民出版社 2010 年版。

17. 阎照祥：《英国政治制度史》，人民出版社 1999 年版。

18. [法]马迪厄著，杨人楩译：《法国革命史》，三联书店 2011 年版。

19. [法]乔治・勒费弗尔著，孟湄等译：《法国革命史》，商务印书馆 2010 年版。

20. [法]雷吉娜・佩尔努著，康新文等译：《法国资产阶级史：从发端到近代》，上海译文出版社 1991 年版。

21. 高毅：《法兰西风格：大革命的政治文化》，浙江人民出版社 1991 年版。

22. [法]热拉尔・瓦尔特著，姜靖藩等译：《罗伯斯比尔》，商务印书馆 1983 年版。

23. 黄绍湘：《美国史纲》，重庆出版社 1987 年版。

24. 刘祚昌：《杰斐逊全传》，齐鲁书社 1995 年版。

25. 刘绪贻、杨生茂总主编，李剑鸣著：《美国的奠基时代：1585～1775》，人民出版社 2005 年版。

26. 王玮、戴起武：《美国外交思想史(1775～2005 年)》，人民出版社 2007 年版。

27. 张定河：《美国政治制度的起源与演变》，中国社会科学出版社 1998 年版。

28. [美]查尔斯·A·比尔德等著，许亚芬、丁千等译：《美国文明的兴起》（上、下册），商务印书馆2010年版。

29. [美]理查德·霍夫施塔特著，崔永禄、王忠和译：《美国政治传统及其缔造者》，商务印书馆2010年版。

【思考与讨论】

1. 试论英国资产阶级革命较早发生的原因。
2. 分析宗教在英国资产阶级革命中的作用。
3. 如何评价1688年英国的“光荣革命”？
4. 分析君主立宪制度与共和政体的不同及其对历史发展的作用。
5. 列举启蒙运动的主要代表人物并简要说明其思想和在历史上的作用。
6. 简述北美独立战争的性质和意义。
7. 评述美国从《邦联条例》到《联邦宪法》的演变。
8. 分析雅各宾专政失败的原因和在历史上的地位。
9. 比较英国革命、法国革命和美国革命的异同。
10. 如何评价克伦威尔、罗伯斯比尔？评价历史人物的标准是什么？
11. 史学界是如何评价“热月政变”的？你的观点如何？请谈谈理由。
12. 简述早期资本主义国家的经济制度、人权观念和法制制度。

第三章 工业革命与资本主义生产方式的确立

18世纪60年代以大机器生产和广泛采用蒸汽动力为标志的工业革命，是继地理大发现和英国资产阶级革命之后世界近代史上又一重大事件。工业革命首先开始于英国的新兴工业——棉纺织业。随着纺织机器的发明，使用机器生产的大工厂兴建起来。纺织生产的机器化推动了动力机械的革新，1785年瓦特改进和制成新的蒸汽机，并投入使用，又大大推动了机器的普及和发展。工业生产逐渐由手工操作向机器生产过渡，传统的手工工场日趋衰落，新兴的生产形式——工厂制兴旺发达起来。

继英国之后，工业革命首先扩展到西欧和北美。法国在拿破仑帝国崩溃后，随着国内外政治局势趋于稳定以及战争创伤的逐渐恢复，工业革命以较快的速度开展起来。到19世纪60年代末，法国基本上完成了工业革命，大机器生产已经成为法国工业生产的主要形式，其工业生产占世界第二位，成为仅次于英国的工业国家。美国与法国基本上同时起步，但美国工业发展的条件远比法国优越，因此，工业革命发展异常迅速。19世纪中期，资本主义工厂制度在美国北方的主要工业部门都已占主导地位，工业革命基本完成。德意志的工业革命晚于英、法、美，到19世纪30年代才开始。但1848年革命以后，工业革命发展得极为迅速，到60年代工厂制度在各先进工业区占了统治地位。普法战争后德国实现了统一，并从法国取得了阿尔萨斯、洛林矿区和50亿法郎赔款，进一步加速了工业革命的进程。到70年代末，德国工业革命完成。

工业革命在西欧和北美轰轰烈烈进行的同时，也在向其他地区扩展。19世纪80年代末，俄国基本完成了工业革命。日本工业革命是从明治维新开始的，80年代中期，日本出现了工业革命的高潮。

工业革命是资本主义发展史上的一个重要阶段，它不仅是一次技术革命，而且引起了深刻的社会变革，对人类社会产生了极其深远的影响。

工业革命是一场空前规模的技术革命，它创造了巨大生产力，巩固了资本主义在各国的统治，成为世界走向一体化的原动力。工业革命把人类带入了“蒸汽时代”，使社会生产力得到了飞速的发展。马克思、恩格斯在《共产党宣言》中指出:“资产阶级在它的不到一百年的阶级统治中所创造的生产力,比过去一切世代创造的全部生产力还要多,还要大。”[①]由于采用机器生产,工厂越来越多,手工工场和行会手工业作坊逐渐被挤垮,资本主义经济日益壮大,资本主义生产制度最终确立,资本主义世界经济体系也最终形成。

工业革命又是一场深刻的社会变革。英国资产阶级虽然在英国封建社会晚期已经出现,但其主导部分是商业资产阶级。工业革命期间,许多商业资本转向工业资本,工业资本迅速增加。18 世纪后半期,伴随着蒸汽机和棉花加工机的发明,英国工业资产阶级形成并逐渐成为资产阶级的主导部分。随着经济实力的增强,资产阶级逐步战胜封建势力,掌握了政权,他们利用手中的权力,推行有利于资本主义工业发展的政策,促进商业资本向工业资本的转化。另一方面,由于工厂代替了手工工场,千千万万的小生产者和自耕农变得一无所有,他们被束缚在机器上,成为受雇于资本家的无产者。到 19 世纪 20 年代,英国的工厂工人和运输工人已达 200 万,无产阶级形成。至此,社会形成了两大新兴阶级——工业资产阶级和工业无产阶级。掌握生产资料的资产阶级为了获取利润,对无产阶级进行无情的剥削,是工厂出现初期的普遍现象。因此,无产阶级反对资产阶级的斗争,从这个阶级一出现就开始了。工人运动经历了自发斗争阶段,直到 19 世纪三四十年代,法国里昂纺织工人起义、英国宪章运动、德国西里西亚织工起义的先后发生,表明无产阶级反对资产阶级的斗争进入了一个新时期,也显示了无产阶级是真正革命的阶级和历史发展的伟大动力。无产阶级革命的发展迫切要求革命理论的指导,马克思、恩格斯适应时代的需要,吸取了人类历史上优秀的思想成果,在革命斗争的实践中创立了马克思主义。1848 年《共产党宣言》的发表,标志着马克思主义形成过程的完成。

工业革命把劳动力由农村引向城市。与此同时,人们生活方式和价值观念也逐渐发生了变化,城市化开始兴起。

一方面,工业革命打破了原来亚欧大陆农耕世界发展水平大体平衡的局面,欧美出现了工业化强国,并对亚、非、拉东方世界取得了决定性优势。它们挟持其经济优势向亚、非、拉“闭关”的国家和地区展开冲击,这种冲击是新兴工业世界对农耕世界的冲击。英、法、美等资本主义国家为了推销商品,到全球各地抢占商品市场,抢夺工业原料,加紧对亚、非、拉各国人民的疯狂掠夺,造成了这些国家的贫困和落后,形成了使东方从属于西方的局面。另一方面,随着资本主义的经济侵略,资本主义先进的生产技术和生产方式传播到世界各地,改变了世界面貌,使世界广大地区卷入到资本主义世界经济体系中。随之而来的是世界性

① 《马克思恩格斯选集》第 1 卷,人民出版社 1995 年版,第 277 页。

民族解放运动的高潮兴起，工人运动也由各国的分散斗争发展成为在科学理论指导下的国际无产阶级的联合斗争。这一切都说明，世界整体化的高潮到来了。

一、英国工业革命的历史背景

所谓大工业是指集中生产资料，集结大量工人，用无生命的动力——自然力（风力或火力）和人为力（蒸汽力或电力）代替人力，使用机器生产，将工人变成错综复杂的机件进行商品生产的形式。它作为一种组织、一种生产制度，是从18世纪60年以后出现的。其前身是集中的而且已有较精细分工的手工工场，二者的根本区别在于机器的使用。马克思将工厂称之为“使用机器的工场”。近代大工业一旦出现便迅速发展起来，并引起了人类历史的一系列变化，势不可挡，因此人们将其冠之为“革命”。这场由生产领域开始的革命为什么首先在大西洋沿岸的英国发生呢？

第一，资产阶级统治在英国的确立是工业革命的政治前提。

1688年“光荣革命”后，英国确立了君主立宪政体。经过近一个世纪的演变，英国的资产阶级议会制逐渐完善。资产阶级和资产阶级化的贵族在比较稳定的政治局势下，利用手中掌握的国家政权，积极致力于经济的发展，推行符合他们愿望的土地政策、殖民政策、贸易政策、税收政策和国债制度，加速资本原始积累。这一切为工业革命准备了必要的条件。

第二，海外殖民扩张和掠夺，手工工场的发展，为工业革命提供了资金来源和技术条件。

1688年以前，英国已在爱尔兰、印度、西印度群岛和大西洋沿岸的北美大陆建立了殖民地。到17世纪初，老牌殖民帝国西班牙已经一蹶不振，荷兰在17世纪中叶的三次英荷战争中被英国彻底打败。1688年政变后，英国依靠强大的政权、优越的海上力量和发达的国内工商业，更加疯狂地进行殖民扩张，特别是经过七年战争（1756～1763年）打败了法国，从而登上了海上霸主的宝座。18世纪80年代，英国的殖民地遍及北美洲、非洲和亚洲。到19世纪中期，英殖民帝国已最后形成。

英国殖民者对殖民地人民的残酷剥削成为英国资本原始积累的重要来源之一。据统计，英国在北美建立的哈德逊公司，1760～1820年间，财产额增加了8倍。英国东印度公司在1757～1815年间，从印度掠走了高达10亿英镑的财富，为此，印度得到“英国王冠上最明亮的宝石”之称。18世纪后半期，英国大种植园主每年从西印度群岛掠取的收入高达400万英镑。

18世纪后半期，英国凭借强大海军的保护，几乎独占了世界贸易。它从海外贸易尤其是黑奴贸易中，获得了惊人的利润。最初，英国只是向北美等地贩运黑奴，自1713年英国取得向西属拉丁美洲贩卖黑奴的权力之后，整个18世纪，英国成为最大的贩奴国。据统计，在大约两个半世纪时间内，英国共向美洲贩卖黑奴500多万人，是其他所有国家贩卖黑奴总数的4倍。仅利物浦一地在1768～1776年间贩奴人数就达33万余人，获利1500万英镑。许多奴隶贩子一方面把赚来的钱投资于国内工业，开办和发展工业生产；另一方面把本国的工业品，如纺织品、玻璃制品、烟、酒、刀剑、枪支等运到非洲出售，扩大了国际市场；然后把黑奴运往美洲出售，赚得暴利，再运回本国需要的棉花、靛青和木材等工业原料。这一"三角航程"客观上促进了国内工业的发展。

海外殖民的扩张，推动了英国手工工场的发展。17～18世纪，英国拥有欧洲第一流的手工工场。工业家们为了满足海内外日益扩大的市场的需要，不断改善生产技术，扩大生产规模，提高生产效率，从而奠定了大工业生产劳动组织的基础。其次，工场内较精细的劳动分工，使工人在技术操作上日益熟练，同时又使工人的劳动日益简单化，愈发失去其独立性。这样的分工劳动又为大机器生产培育了技术骨干。还有，劳动分工越精细，生产工具亦越专门化，这又为手工生产向机器生产的转变提供了可能。另外，集中的手工工场作为一种生产组织形式，作为大机器生产的先驱，为工厂制度的形成提供了组织管理经验。

第三，圈地运动的扩大，为工业革命提供了劳动力资源并促进了国内市场的扩大。

资产阶级统治的确立，推动了圈地运动的加速进行。掌握政权的大地主大资产阶级，不遗余力地利用政权为本集团谋利益。1709～1720年期间，国会通过了3400多个有关圈地的法案。在这些法案保护下，全国共有600多万英亩的土地被圈占。地主夺得土地以后，或者出租给农业资本家，或者自己进行资本主义经营，生产的产品基本上是为了在市场上销售，使其成为商业性农业或牧业，引起了英国历史上的"农业革命"。农业资本家雇佣工人，利用大农场的资金和场地等方面的优势，改进耕作制度，用四圃制代替休耕制，实行深耕细作，增施有机肥料，提高产量；改进牲畜品种，采用科学饲养方法，增加收益。资本主义农业的发展，为工业生产提供了日益增多的原料和粮食。

圈地运动迫使大批农民失去土地，变成了一无所有的游民，有的被迫在农场做日工，大部分则背井离乡，颠沛流离，走投无路，流入城市，成为自由劳动者，为资本家提供了大批廉价劳动力。与此同时，广大农村变成了原料产地和工业品的销售市场。正如马克思所分析的："使小农转化为雇佣工人，使他们的生活资料和劳动资料转化为资本的物质要素的那些事件，同时也为资本建立了自己的国内市场。”①

第四，发达的国内市场，独占的人才优势，优越的地理环境，是工业革命的重要条件。

早在16世纪，英国各地区的经济发展已显露出不同的特色。各地区贸易不断发展，民族市场逐步形成和发展。17～18世纪，随着工商业的发展、海外贸易的扩大和城市的增长，国内市场得到长足发展。以伦敦为代表的一大批大、中、小城市，作为一个个繁荣的工商业中心，遍布全国各地，其中在南部和西南部地区最多。18世纪时，英国不仅拥有最大的海外市场，而且拥有欧洲最成熟的国内市场。国内外市场的扩大，使改革生产技术、提高劳动效率、增加产品数量成为社会的迫切要求，这一要求也是机器发明的强有力的杠杆。

1685年，法国国王取消《南特敕令》，大批胡格诺教徒逃往实行相对宽容的宗教政策的英国，这些新教徒大多有创新精神，他们中间有许多发明家和企业家。新教派的勤俭作风使他们能够把积累起来的财富变为资本投到企业中。胡格诺教徒的大量涌入，使英国具备了其他国家望之兴叹的人才优势。

英国煤、铁资源丰富，有利于冶铁业的发展。铁产量的提高，使机器制造便于得到较充足的金属材料，为机器制造业的出现和发展准备了物质条件。

此外，英国是一个岛国，海岸线漫长，岛上的各个地区距海都很近，且国内有许多适于航行的河流，如泰晤士河、塞文河、克莱德河等。大的工商业中心城市又都处于沿海的河口上，各地的工业原料和产品可以经过海道运往其他地区。18世纪以来，英国又兴起大规模建筑公路和开凿运河的热潮，国内公路网四通八达，运河纵横交错，交通运输更加方便，而且运输成本也大大降低，从而促进了英国工商业的发展，成为工业革命的又一个重要条件。

第五，自然科学的伟大成果，为工业革命奠定了坚实的科学基础。

从17世纪中叶起，英国成为欧洲科学技术的中心之一。1662年皇家学会的成立，有力地促进了科技人才的培养。英国政府对科技发明实施的保护和奖励政策，如1623年颁布的《专利法》，大大促进了科学技术的发展。高度发达的手工工场又为科学研究提出了一系列急需解决的新课题，许多科学家经过长期的实验研究，在自然科学诸多领域取得了重大突破，其中最重要的是牛顿关于力学三定律的发现和波义耳在化学上的成就。自然科学的伟大成果为机器发明提供了理论根据，成为工业革命坚实的科学基础。

资本的积累，大批自由劳动力的储备，手工工场的发展和科学技术的进步，为工业革命提供了可能性；17～18世纪英国国内外市场的扩大，使工业革命成

① 《马克思恩格斯全集》第23卷，第816页。

为必要。正如马克思、恩格斯在《共产党宣言》中所讲:“市场总是在扩大,需求总是在增加。甚至工场手工业也不再能满足需要了。于是,蒸汽和机器引起了工业生产的革命。”①正是在这样的历史条件下,18 世纪 60 年代工业革命首先在英国发生。

二、工业革命是一场空前规模的技术革命

英国的工业革命开始于 18 世纪 60 年代,完成于 19 世纪 40 年代。这一过程始于棉纺织业。这是因为:首先,棉纺织业作为轻工业的组成部分,投资少,利润高,资金周转快。其次,棉纺织业是新兴的生产部门,与历史悠久的毛纺织业相比,受旧传统旧习惯的束缚较少。该行业中没有行会组织,也不受行规的限制,比较容易采用新技术。当时棉纺织业比较集中,比如在兰开夏,由于气候、温度和湿度都非常适合棉纺织工业,这里的棉织业发展特别迅速。地域的集中比较容易使棉纺织生产改变为机器化的大生产。再次,17 世纪英国的毛纺织业因受到来自印度和中国的物美价廉的棉纺织品的竞争,迫使英国国会在 1700 年颁布法令,禁止输入棉织品,从而导致了棉织品价格的上涨,刺激了英国棉纺织品的发展;同时,也促使棉纺织业降低成本,提高质量,以满足国内市场的需求和加强在国际市场上的竞争能力。这使棉纺织业的技术革新显得尤为急迫。

1733 年,兰开夏的机械工凯伊发明飞梭,将原来织工用手掷梭子改为用手拉绳子,使梭子在滑槽上滑动,既解决了过去不能织较宽织品的问题,又节省了力气,加快了速度,大大提高了工作效率,织布的速度提高了一倍。但是,随之“纱荒”出现,改进纺纱技术便成为棉纺织业发展的关键。1765 年,织布工哈格里夫斯发明多轴纺纱机,由一个人操作,同时纺织 8 根纱线,哈格里夫斯以自己女儿的名字将其命名为“珍妮机”。后经改进,可同时纺织 16～18 根线,工效提高 15 倍;不久又能同时纺出 80 根线。这一新技术迅速推广,到 80 年代末,英国已有“珍妮机”2 万架左右。“珍妮机”是棉纺纱业中出现的一项有深远影响的发明,成为工业革命的起点。1768 年,理查·阿克莱特在木匠海斯的协助下,发明了比珍妮机纺出的纱更牢固、更省力、效率更高的水力纺纱机,但美中不足的是纺出的纱较为粗糙。1779 年,纺纱工人塞缪尔·克隆普顿发明了改进后的水力纺纱机,因该机兼取了珍妮机和水力纺纱机的优点,人们将其比作骡子一样兼有马和驴的优点,于是命名为“骡机”。这种机器纺出来的纱的质量明显提高。

纺纱机的发明和不断改进,使织布技术又显得落后了。1785 年,埃德蒙·

① 《马克思恩格斯选集》第 1 卷,第 273 页。

卡特莱特设计出第一台动力织布机，把织布效率提高了 40 倍。

随着纺织机器的发明，使用机器生产的大工厂兴建起来。1771 年，阿克莱特在曼彻斯特建造了第一座水力棉纺厂，这是建立近代机器工业的开端。

纺纱和织布的机械化，促进了与之配套的净棉机、梳棉机、整染机的相继发明。棉纺织业的完整而复杂的机器系列逐步形成。这些机器后来经过改进，在毛纺织业和其他轻工业部门得到推广。

工作机的发明和使用，使动力成为急需解决的问题。由于水力受地理条件和季节的限制极大，于是发明一种打破这些限制、适应性更强的动力机，成为工业发展的迫切需求。早在 1698 年托马斯·萨里夫发明了蒸汽唧筒，用于矿山抽水。1705 年，纽科门对该设备进行改进，制成第一台大气压力蒸汽机，利用蒸汽冷却时产生部分真空形成的大气压力作为动能，用于矿山抽水。但该机器不适于作为动力机器普遍安装。1769 年，格拉斯哥大学的仪器修理工瓦特发明了单动式蒸汽机，该蒸汽机比纽科门蒸汽机耗煤少，且功效提高三倍。此后，他又发明了普遍使用的高效动力机——复式蒸汽机，因其适用广，被称为“万能蒸汽机”。1785 年，万能蒸汽机开始用于棉纺织业。1789 年，瓦特获得专利权。瓦特蒸汽机不再受河流条件限制，只要有煤作燃料就可以开动，而英国煤的蕴藏量非常丰富，建厂十分方便，因此，该机很快在全国广泛使用于纺织业、冶金业、面粉加工业，从而使大工厂在英国各地纷纷建立起来。后来，瓦特蒸汽机又被用于运输业，促进了运输工具的改造。由此可以看出，蒸汽机的发明和应用，是工业革命进程中最关键的突破。它解决了大工业发展所必需的动力问题，推动了工业革命向纵深发展。因此，蒸汽机作为工业革命的象征，标志着人类社会生产进入了一个机械化时代。有人为了突出蒸汽机的重要作用，将这个时代形象地称为“蒸汽时代”。

机器的大量制造，需要大量的金属原料。蒸汽机的发明和使用，推动了冶铁和采煤工业的发展。冶铁业是英国古老的工业部门之一，过去一直用木炭作燃料。因森林资源日益枯竭，从 17 世纪中期起，冶铁业衰落，铁产量下降，英国不得不大量从外国进口生铁。1735 年，德尔贝父子发明用焦煤炼铁，1760 年，加装鼓风设备以后，这项技术被广泛采用，促进了冶铁业的大发展。1784 年，工程师科尔特又发明“搅炼法”和冶钢的辗轧精炼法，降低了成本，大大提高了冶锻的效率和质量，使生铁产量在同一时间内增加了 14 倍。冶铁技术的进步以及城市人口的增多而引起的对煤需求量的增加，使煤炭业的技术革新开展起来。掘开机、曳运机、抽水机、安全灯等开始用于采煤。采煤和冶铁产量的迅速提高，又为其他工业部门的发展提供了条件。

蒸汽机的推广和各生产部门的机械化，对机器制造业本身提出了技术革命的迫切要求。18 世纪末,英国开始使用汽锤和简单的车床制造金属部件。后来先后发明了各种锻压设备和钻床、刨床、镗床等工作母机,实现了用机器生产机器。到 19 世纪 40 年代,英国的大机器生产基本取代了工场手工业,用机器生产机器的机器制造业也建立起来,工业革命基本完成。英国成为世界上第一个工业国家。

工业革命引起社会生产领域的巨大变化。

第一,工业革命是一场空前规模的技术革命。生产技术的革新,大机器的使用空前提高了劳动生产率,使英国社会生产力迅速发展。在 1770～1840 年的 70 年间,英国工人的日生产率平均提高了 20 倍。各生产部门的产量也成倍增长。1720 年生铁产量为 2.5 万吨,1840 年增至近 14 万吨;煤产量 1700 年为 260 万吨,到 1836 年增至 3000 万吨。经过工业革命,英国建成了纺织、钢铁、煤炭、机器制造和交通运输五大工业部门。1820 年,英国工业生产占世界总产额的一半,为英国成为“世界工厂”奠定了强大的物质基础。同时,工业革命也大大加强了英国在国际市场上的竞争能力。英国一半以上的工业品、80%的棉纺织品输往国外,成为世界市场工业品的主要供应者。到 19 世纪 50 年代,英国已取得世界工业和世界贸易的垄断地位。

第二,工业革命使近代工厂制度在英国确立并迅速发展。机器生产使商品经济在社会生产中开始取得主导地位,从而彻底摧毁了封建经济的基础,原来的工场手工业以及与农业相联系的家庭手工业在大机器的竞争下纷纷破产。工人和农民的联系被割断了,工人的劳动失去了任何独立的性质,成为被严格组织在工厂里并依附于机器出卖劳动力的雇佣劳动者。这样就使资本主义雇佣劳动制在工业中得到确立,资本主义制度最终取得了统治地位。

第三,工业革命改变了英国经济地理和人口分布。工业革命前,以伦敦为中心的东南部地区,不仅经济发达,人口密集,而且是高等学校、大教堂的聚集地,是全国的政治、经济中心。工业革命后,物产丰富的西北部,包括约克镇、兰开斯特、诺森伯兰等地蓬勃发展起来。盛产煤、铁的曼彻斯特、伯明翰等新兴工业城市成为英国的工业中心。曼彻斯特这座城市的发展正是英国工业革命之见证。文艺复兴时期它还只不过是个富庶的村落而已,随着 17 世纪棉纺织业的出现,曼彻斯特逐渐发展为城市,那时的人口不超过 1 万人。沃斯利运河和默西运河的开通,方便了这个城市与利物浦等地的交往,这有利于它的发展;工业革命的开展和机械化的实现使其面貌大为改观。从 1786 年阿克莱特纱厂第一个烟囱的立起,15 年后拥有蒸汽机的纺纱厂发展到 50 个;1790 年人口发展到 5 万,到 1801 年猛增至 9.5 万人,到 1841 年又增至 35 万。随着工业的发展,人口的增加,它的居住区不断扩大,城市逐渐美化——宽阔的街道,砖砌的高房,美丽的花园，漂亮的别墅……一座新兴的充满活力的工业城市展现在世人面前。与曼彻斯特同时兴起的还有奥德姆、博尔顿、普雷斯顿、伯里、布莱克本等纺织工业中心。随着工业革命的扩展，大工业的影响深入到其他地区，矿产丰富交通便利的城市如伯明翰、谢菲尔德等冶金中心先后形成。伯明翰的人口在1760年是3万，1821年是10.7万，1841年增加到19.1万。这些在工业革命中发展起来的城市的命运与大工业的命运密切相连，而且它们具有共同的特征：略显粗糙，但充满活力，且很富裕。它们从一开始就与欧洲大陆有着密切的联系，向欧洲大陆倾销不断增长的过剩产品；从一开始就存在着大机器生产带来的两大新兴阶级——工业无产阶级和工业资产阶级的对立。与这些新兴工业城市形成明显对照的是东部和西南部一些古老城市发展的停滞和衰落。诺里奇前不久还是王国的第三大城市，仅排在伦敦和布里斯托尔以后，到1801年已降到第10位。蒂弗顿、弗罗姆、埃克赛特，这些曾经昌盛的城市都在北部新兴工业城市的竞争下变得萎靡不振，甚至难逃被历史抛弃的命运。

经济的发展必然伴随着人口的增加，因为大工业需要大批"产业后备军"。1750年以前，英国人口增加极为缓慢。据统计，英格兰和爱尔兰的人口在1600～1750年间，从500万增至650万，仅增加了150万人。但在1750年以后的50年间，就增加了250万，其增长率是前一时期的5倍。另据统计数字表明，1750～1850年的100年间，英国人口从770万猛增到2750万。在人口增加的同时，英国的人口重心发生移动。总的流向是：由东南部流向西北部，由农村转向城市。人口的大规模北移开始于1750年前后。工业革命前，除伦敦及其近郊之外，没有一个郡的人口密度达到每平方公里60人。当时从布里斯托尔海峡至萨福克郡海岸是人口稠密的地区，英格兰总人口的3/5以上集中在这一狭长地带。而北部诸郡人口稀少，兰开斯特和约克郡西区每平方公里仅有30～40人。1750年以后，大西洋沿岸形成了一个人口密集的三角形地带。到1901年，西北地区17个郡人口达1671.8万，其中10万人以上的城市达21个，人口密度约每平方公里270人；而原来发达的东南部34个郡，人口1425.4万人，其中伦敦一市就占453.5万，10万人以上的城市仅有8个，人口密度每平方公里约199人，若将伦敦除外的话，每平方公里仅为135人。再以德文郡与沃里克、斯塔福郡的对比看，1700年旧工业区的德文郡人口密度居全国第三位，超过每平方公里50人；在以后100年中，几乎没有变化，到1801年仍为每平方公里51人。而与伯明翰矿业和冶金业毗连的沃里克和斯塔福德两个郡的情况则大大不同了，1700年仅有居民22.4万人，到1801年增为44.7万，人口几乎增加了一倍。作为纺织业中心的兰开夏，人口差不多增加了2倍，从24万升到67.2万，其中3/4是在18世纪后50年中增加的。很明显，这是工业革命给这个新兴工业城市带来的变化。

工业革命前,英国农村人口占全国总人口的一大半,1831年降为27.7%,10万人以上的城市从1760年的1个增至1851年的17个。1851年,英国的城市人口已经超过农业人口占人口总数的52%。英国成为世界上最早由农业型人口结构转向城市型人口结构的国家。

是什么引起了英国经济地理面貌的变化,又是什么力量推动了英国人口重心的北移呢?是工业革命,是大工业的威力。大工业需要劳动力,需要庞大的买卖市场。机器生产的高效率、高利润、高收入吸引着众多的人。大工业将人们集中在大生产的企业形式下,把原来不起眼的小市镇,甚至荒凉的农村,变成了一个个烟囱耸立的工业中心城市。

第四,工业革命加速了农业资本主义的发展。工业和城市的发展使工农业产品的交换规模急剧扩大,农业更大规模地被卷入资本主义商品经济。从18世纪初开始,英国逐步改进耕作方法。条播机的发明,使传统的撒播方法被废弃,随之,轮作制代替了原来的休耕制。轮作制的推广不仅有利于保持土壤肥力,而且大大提高了土地利用率,农业工具也随之改进。工业革命中,英国首先发明了播种机、收割机等农业机械。工业所提供的农机和化肥等更新了农业的生产面貌,提高了农业生产效率。农业机械的使用,也推动了资本主义农场的建立和发展。

马克思曾指出,产业革命是由一个产业部门内的生产方式的革命,引起别个产业部门内生产方式的革命。工业革命是一个空前规模的技术革命,工业革命的过程就是各工业部门连锁反应的过程。从轻工业到重工业,从工作机到发动机,再到母机,各部门、各环节互相联系,相互推动,最后形成机器生产的完整体系。工业革命大幅度提高了社会生产力,丰富了人们的物质生活,改变了经济地理面貌和城乡人口比例,同时彻底摧垮了封建经济的基础,把一切非资本主义形态都纳入到资本主义的发展轨道,使资本主义生产制度取得了统治地位。

三、工业革命是一场深刻的社会变革

工业革命不仅是一场空前规模的技术革命,也是一次深刻的社会变革。它引起了生产关系的巨大变化,带来了消费领域的变革,也使人们的生活方式和观念习俗发生了改变。

机器的应用,工厂制度的建立,重组了英国社会的阶级结构。在大工业出现和发展的过程中,农民作为一个阶级被消灭了。手工业者在大工业的竞争中纷纷破产,加入到工人阶级队伍中来。资本主义社会中两大对立的阶级——工业资产阶级和工业无产阶级形成了。到工业革命完成时,英国的社会阶级结构已基本简化为土地贵族、资产阶级、无产阶级这三个基本阶级的关系。正如恩格斯在《英国工人阶级状况》一文中所说："新生的工业能够这样成长起来，只是因为它用机器代替了手工工具，用工厂代替了作坊，从而把中等阶级中的劳动分子变成工人无产者，把从前的大商人变成了厂主；它排挤了小资产阶级，并把居民间的一切差别化为工人和资本家之间的对立。而在狭义的工业以外，在手工业方面，甚至于在商业方面，也发生了同样的情形。"①

工业资产阶级的出身十分不同，有手握货币资本的商人、银行家，有原来的手工工场主，有掌握一定技术并善于持家办厂的铁匠、织工，也有相当一部分来自乡村，或是占有大片土地的地主，或是有企业心、有远见的富裕的自耕农。这些来自农村的地主或富裕农民迁入城市，建造厂房，添置机器，购买生产原料，从事大工业生产和经营，同样成为工业资本家。早期工业资本家即使不是非常重要发明的创造者，也是善于利用他人发明的人，是一些具有真正实际价值的改良者。他们具有企业组织才能，如多途径筹集资本的能力，招募、支配劳动力的能力，寻找市场解决产品销路的能力等。这些工业资本家，既是工厂生产的组织者，同时又承担着推销商品的商人的角色。

工厂制的出现，不仅标志着工业资产阶级的出现，更重要的是出现了工业无产阶级。那些因圈地运动而被迫与土地分离、又在国会"血腥的法令"迫害下不得不外出谋生的农村大批无产者是工业无产阶级最主要的来源；童工和失业破产的手工业工人也是其重要组成部分；另外，部分陷于饥饿状态的爱尔兰人也加入了这个队伍。这些人没有资本，不占有生产资料，靠出卖劳动力而取得工资。相同的处境，共同的社会经济地位，使他们作为一个阶级而形成。恩格斯指出："英国工人阶级的历史是从18世纪后半期，从蒸汽机和棉花加工机的发明开始的。"②当时，英国已有200万工厂工人和运输工人，已形成庞大的无产阶级队伍。工业无产阶级与手工工场时代的工场手工业工人不同。手工工场的工人大多与农村保持着较密切的联系，或拥有简单的生产工具，或租种小块土地，在工场劳动之余进行耕种，他们没有完全摆脱小生产劳动者的地位。工业无产阶级则一无所有，完全成为被资本家雇佣的奴隶，被紧紧地束缚在机器上，集中到工厂里，在统一的管理下有效地进行生产劳动。工厂制割断了他们与农村的联系，剥夺了他们最后一点独立活动的自由。他们除出卖自己的劳动力之外，别无选择，也别无其他收入来源。

工厂制度下形成的工业资产阶级与工业无产阶级间的生产关系是一种全新

① 《马克思恩格斯全集》第2卷，人民出版社1957年版，第296页。

② 《马克思恩格斯全集》第2卷，第281页。

的劳资关系。这一关系的特征是劳动者向工厂主出卖劳动力，领取工资，劳动力变成了商品。劳动者在劳动中创造的价值远远超过了本人所得的工资，这就是剩余价值。这部分价值被资本家所占有。这种不合理的占有必然引起二者之间的对立。因此，工业资产阶级与工业无产阶级两大阶级的对立成为资本主义社会的基本矛盾。矛盾的发展与斗争又推动着资本主义社会的发展。工业革命的发展是一种自发的过程。资本家在工业革命中提供了资本，也起了组织者的作用；但资本家追求的唯一目标是利润，“除了快快发财，他们不知道还有别的幸福，除了金钱的损失，也不知道还有别的痛苦”①。

由于资本家盲目地和无休止地追求利润，扩大生产，资本主义的固有矛盾，即生产的社会化和生产资料私人占有制之间的矛盾日益暴露出来，从而导致了经济危机的发生。在英国工业革命即将完成的1825年，英国发生了第一次经济危机。危机期间，商品积压，工厂倒闭，工人失业，社会骚乱。以后经济危机大约每十年一次，而且一次比一次时间长、损失大。它伴随在资本主义工业化的进程中，成为资本主义工业化的一个特征。

工业革命把劳动力从农村引向城市，开始了城市化进程，是工业革命的又一社会后果。首先，它使人们的生活方式发生了巨大变化。由于从产品的制作、房屋的建筑到面包的烘烤、衣服的缝制都使用了机器，劳动者成为机器的附属，整日忙于机器周围，迫使他们随机器的转动加快生活节奏。机器生产使工业与农业进一步分离，劳动分工更加明确，这又引起了一次人类历史上的消费变革。人们所需要的一切物品都仰赖于商品市场，于是商品流通的范围更广，速度加快。工业革命把大批劳动力由农业生产引向工业生产，甚至由本国引向他国，把人们从蜗居的狭小天地中解放出来，于是人们的视野大大开阔，随之，人们的观念和习俗也发生了变化。过去狭小的生活空间、传统的生活、个体分散的劳动方式形成了目光短浅、狭隘保守、谨小慎微、不思进取的习性。随着工业革命中新发明的不断涌现、新领域的不断开辟、新机器的不断发明，人们的思维空间开阔，目光放远，人们对本身更加充满了自信，从而引起了思维方式的变化。于是，要求最大限度施展个人才能的自由主义兴起，他们将“普通的自由竞争”、“自由地追求个人最大利益”视为创造财富的源泉。与此同时，只顾自己，不考虑他人的个人主义、利己主义也逐渐传播开来。这些思想的共同特点是：重视人类自身的能力，极力追求财富的不断增殖。工业革命的发展使这些思想逐渐成为资本主义社会的统治思想。它激励着人们用新的眼光认识历史和解释现实，以充满自信的目光展望未来，同时，也不择手段地追求更多的财富、更舒适的生活。

① 《马克思恩格斯全集》第2卷，第564页。

四、英国早期资产阶级和无产阶级

工业革命使英国资产阶级的主体发生了变化。工业革命前，英国资产阶级的主体是金融资产阶级，他们与土地贵族结成联盟，从1688年政变后长期执掌政权。工业革命中出现的工厂主们虽然来源很复杂，财富多寡有别，但共同的利害感把他们联系在一起。工业革命的进展，使他们的人数不断增加；机器的转动给他们带来了巨大的利润。他们将从劳动者身上榨取的剩余价值用于扩大生产，手中财富不断增长，工业革命逐渐将他们推向财富的顶峰。他们的经济实力大大增强的同时，在社会经济生活中逐渐取代金融资产阶级和土地贵族，占据了主导地位。他们不仅懂生产，具有组织生产和销售的才能，而且他们中的许多优秀者还是科学和艺术的爱好者；他们不仅管理着自己的工厂，而且关心着整个地区的公用事业大工程，诸如开凿运河、建立学校等。19世纪初期他们作为资产阶级新生的一代迅速崛起。

随着工业资产阶级经济实力急剧增长，社会经济地位不断提高，其阶级意识也在日益成熟。他们反对政府强加于工商业的种种限制，要求取消有碍于工商业发展的条款。土地贵族和金融贵族垄断政权的局面让他们尤其无法容忍，他们期望参加国家政权的管理。在这种时代条件下，研究资本主义经济关系的古典政治经济学在英国得到最充分的发展，而且成为完整的学说体系。反映工业资产阶级利益和要求的资产阶级自由主义思潮也首先在英国出现。

自由主义思潮的代表人物是耶利米·边沁(1784～1832年)和约翰·穆勒(1806～1873年)。他们把一切现存的社会关系和政治关系都归结为功利关系，要求国家的决策人和立法者以自由主义作为治国的方针。认为立法的任务在于调和个人利益和社会利益，强调政治活动应尽量限制在保护人身安全和私有财产不受侵犯的范围之内。鼓吹不干涉主义和自由放任的经济原则。他们强调思想自由、个性自由和言论自由，主张“真正的民主制”，主张建立代议制政府，提出给妇女选举权，等等。他们的学说是工业资产阶级自由竞争主张的反映，在当时是具有进步意义的。资产阶级自由主义思潮成为19世纪中期推动英国乃至整个欧洲政治发展的一股强大力量。

古典政治经济学是19世纪资产阶级自由主义在经济理论上的突出成就，其奠基者和完成者是亚当·斯密和大卫·李嘉图，他们的代表作分别是《国民财富的性质和原因的研究》(简称《国富论》)和《政治经济学及赋税原理》。他们颂扬生产过程中的分工，认为分工是社会财富增长的原因；颂扬资本主义商品经济，认为商品生产满足了人们的相互需要，促进了社会的利益和进步。他们在对资本主义生产方式的内部联系进行探索的过程中,比较客观地分析了经济运动和阶级关系,指出商品的价值是劳动创造的,对价值决定于劳动时间的原理作了比较透彻的表述。在此基础上,论证了资本主义的分配问题,指出劳动创造的价值是工资、利润和地租的来源。他们提出了劳动价值理论,指出了工人与资本家、地主之间经济利益上的根本对立。但是,他们把资本家和工人同样视为价值的创造者,从而掩盖了资本家剥削的实质。他们把资本主义社会说成是唯一可行的、永恒的、自然的社会形式,认为资本主义生产中工人的苦难只是暂时的现象。他们甚至提出用牺牲地主利益和降低工人工资的办法,增加工业家的利润以促进生产力的发展的主张。在此理论下,他们反对重商主义理论和政策,反对国家干涉工商业活动,要求取消关税保护、行会制度和特权公司,鼓吹经济自由。他们的思想和主张,代表了工业革命中正在形成的工业资产阶级的利益和要求,同时又带有资产阶级与无产阶级的对立尚不明显的时代特点。

工业资产阶级从诞生之日起就要求实现自由竞争及与之相适应的社会制度和政治制度。但英国陈腐的国会选举制度,特别是中世纪沿袭下来的选区划分和议员名额分配等,把他们排斥在国会大门之外。土地贵族和金融贵族把持下的国会,经常作出损害工商业利益的决定。1815 年国会通过的《谷物法》,人为地维持国内粮食的高价,直接影响到工业资产阶级的利益和国内工业品市场的扩大。于是,大工业家联合起来同政府损害他们利益的行为进行请愿和斗争。1784 年反五金税和反"粗棉布税"运动,1785 年反对英格兰同爱尔兰通商条约的斗争,都取得了一些成效,迫使政府作出了让步,并且在斗争中成立了工业资本家的早期组织——制造商公会。工业资产阶级的权力欲随着经济实力的增长日益增强,他们极力要求改变政治上的无权地位,在工人群众争取普选权斗争的推动下,掀起了一场议会改革运动。

早在 18 世纪中期,掌握政权的辉格党发生分裂,其左翼(又称"激进派")主张议会改革,成为国会中的反对派,并发表了选举制度改革计划。1815 年反法战争结束以后,特别是随着工业革命的完成和英国资产阶级力量增强,资产阶级激进派又活跃起来,议会改革运动的高潮又一次兴起。1829 年,伯明翰工业家组成以阿特伍德为首的伯明翰政治同盟。此后,类似组织在其他城市相继成立,国会改革是这些组织活动的主要目标。他们还宣布同工人联合,竭力争取工人和其他劳动者的支持。在群众的压力下,1830 年重新上台掌权的辉格党人表示赞成改革,提出《议会改革法案》,1832 年 6 月被国会通过,并经国王批准生效。这是英国历史上第一次国会改革。改革法案对选民区域进行了调整,取消了 56 个"衰败选区",减少了 30 个选区的议员席位,将空出的席位让给新兴的工业城市和居民较多的郡。法案还降低了选民的财产资格,使各郡的富裕农民和城镇有产者取得了选举权。选民人数从1830年的47.8万人增长到1832年的81.4万人。按照新选举法增加的30多万选民,大部分是工业资本家。

围绕国会选举改革进行的斗争,是工业资产阶级为争取政治权利向贵族政治堡垒发动的一次进攻。尽管有很大局限性,但它毕竟打破了土地贵族和金融贵族一统天下的局面,为工业资产阶级进入议会打开了大门,标志着工业资产阶级政治地位的提高。这次改革成为19世纪英国上层建筑一系列改革的先导。

工业革命造就了工业无产阶级大军,英国早期无产阶级的社会地位极其低下,生活状况异常悲惨。

剩余价值规律是资本主义基本的经济规律。正如马克思所说:"生产剩余价值或赚钱,是这个生产方式的绝对规律。"[①]资本家依靠生产资料的资产阶级私有制,不断加重对雇佣劳动的剥削和扩大再生产,大规模地生产并占有剩余价值,是这个规律的特点。在工厂制度下,大机器生产把工人变成机器的附属物,机器生产又使劳动变得简单而重复。资产阶级为了追求高额利润,极力延长工人劳动时间,加大工人劳动强度,降低工人工资,大量使用廉价的女工和童工,排挤成年工人。1788年英国142个纱厂里,女工和童工5.6万人,而男工仅2.6万人。工人的工作日长达16~18个小时,星期日也不得休息;工作条件极差,厂房里空气污浊,缺少必要的安全设备;工资不断下降,1802~1833年间,织工工资由每周29先令降至5先令。工人还时时受到失业的威胁。工业革命后的英国,是当时世界上最富有的国家,同时也是世界上最大的贫民窟。劳动繁重,生活贫困,疾病肆虐,工人深受摧残。工人能够劳动的年限和寿命都大大缩短,一般到40岁就丧失了劳动能力;其子女成活率极低,据1840年调查,曼彻斯特工人的孩子中有51%活不到5岁。

为了争取生存权利,改变被压迫被剥削的社会地位,工人阶级从诞生之日起就开始同资产阶级进行斗争。起初他们认识不到资本主义剥削制度的本质,认为他们的苦难是机器带来的,因而他们采取了捣毁机器、破坏工厂的斗争方式。相传这种自发的斗争形式首先是由一个叫路德的人发起的,因而历史上称之为"路德运动"。在农村,有捣毁农业机器的"斯温运动"。19世纪最初15年,路德运动进入了高潮,遍及英国所有的工业区,成为英国统治的一种威胁。英国政府调动军队屠杀工人,又于1813年颁布《捣毁机器惩治法》,用死刑威胁和镇压路德运动的参加者。

工业革命后期,工人运动有了新发展,工人阶级开始认识到组织起来进行斗争的重要性。18世纪晚期,开始出现工人组织,最初仍带有行会组织的痕迹,后

---

① 《马克思恩格斯全集》第23卷,第679页。

来逐步发展成按行业组织的工会。英国国会在1799～1800年通过了禁止工人非法结社的法案。在工人斗争的强大压力下，1824年国会又被迫将其废除。此后，英国的工会组织和罢工运动进一步发展起来。1829年，英国出现了第一个全国性的纺织工人组织，1834年又成立全国工会大同盟。1836年爆发了世界上第一次全国性的工人运动——宪章运动，这是英国历史上工人阶级第一次独立地政治斗争，标志着英国工人阶级独立地登上了政治舞台。

五、马克思主义的诞生

马克思主义是在一定的条件下产生的。

1. 工业革命推动下资本主义的迅速发展——马克思主义产生的社会经济前提

19世纪三四十年代，英国工业革命基本完成。法、美、德等国工业革命正在迅速进行，比利时、瑞士、西班牙等西欧国家的资本主义经济也有了显著发展。资本主义生产方式在西欧和北美的先进国家已占统治地位。工业革命中生产技术不断革新，生产力飞速发展，资本主义生产日益社会化。机器大工业要求相互关联的各个生产企业密切联系配合，但资本主义制度下生产资料集中到少数资本家手中，这就造成了整个社会生产的无政府状态。另外，掌握生产资料的资本家扩大生产的目的是为了追求高利润。他们在拼命扩大生产的同时，也加强了对工人的剥削，使劳动人民的购买力降低，这又造成了生产与销售的矛盾。资本主义社会的基本矛盾的暴露和发展导致周期性经济危机的爆发。1825年，资本主义历史上第一次经济危机首先在英国爆发；1836年经济危机再度发生，并波及美国；1847～1848年又爆发了遍及欧美各国的经济危机。危机期间，整个社会犹如瘟疫大流行：生产锐减，商业萧条，工厂倒闭，工人失业，银行停业。一方面大批工人在饥饿线上挣扎，另一方面则是大批过剩产品人为地毁掉。经济危机的周期性爆发，使资本主义社会的基本矛盾日益明显地暴露出来，为科学地认识资本主义的本质及其发展趋势提供了可能。

2. 独立工人运动的兴起——马克思主义诞生的阶级基础

资本主义机器大工业的发展，把大批破产的小生产者抛入雇佣劳动者的行列，这不仅使无产阶级队伍日益扩大，而且也使其处境更加恶化。工人阶级的斗争由最初以"力图恢复已经失去的中世纪工人的地位"①为目的，以捣毁机器、破坏厂房、殴打工厂主为原始斗争形式，到18世纪末发展到以罢工为主要手段的

① 《马克思恩格斯选集》第1卷，人民出版社1995年版，第280页。

经济斗争，并在斗争中建立了工人阶级的最初组织——工会。长期的经济斗争并没有改变工人受压迫受剥削的地位，斗争的实践使工人阶级开始认识到，要从根本上改变自己的处境，必须进行争取政治权利的斗争。19 世纪三四十年代欧洲爆发了三次大规模的工人运动，标志着无产阶级已经作为一支独立的政治力量登上了历史舞台。

1831 年和 1834 年法国里昂纺织工人两次起义，是历史上最早的工人武装起义。里昂是法国纺织业中心，有 3 万多名纺织工人，他们生活极为艰苦。工人每天劳动 15～18 个小时，所得工资仅能买一磅面包，难以养家糊口。工人多次要求增加工资，均遭资本家无理拒绝。1831 年 11 月 21 日，里昂工人走上街头举行罢工示威，遭到军警的袭击。工人忍无可忍，便高举"不能劳动而生，毋宁战斗而死"的旗帜举行武装起义。经过三天激战，起义工人打败政府军，逮捕了省长，控制了里昂市。起义领导机关发表告市民书，宣布将成立"普选的初级代表大会"，并组织"新的公民自卫团"。这是工人阶级对政权问题的初次接触。12 月初，在 6 万反动军队的进攻下，里昂工人的第一次起义失败了。1834 年 4 月 9 日，为反对政府禁止工人集会结社的反动法令和为营救被捕的罢工领袖，里昂工人再次举行武装起义，并提出了"建立民主共和国"的口号。工人们同政府军顽强战斗 6 昼夜，终因力量悬殊又遭失败。里昂工人两次武装起义，具有鲜明的政治性质。

19 世纪三四十年代，英国爆发了大规模的宪章运动。宪章运动的直接政治原因是 1832 年的国会改革运动。在国会改革运动中，工人阶级起了重要作用。通过改革，工业资产阶级参加了政权，但广大工人群众却因财产资格限制被排挤在选举之外，引起工人阶级的强烈不满。1836～1837 年的经济危机，加剧了阶级矛盾，是宪章运动兴起的直接经济原因。1836 年 6 月，"伦敦工人协会"成立。次年 6 月，协会提出以争取普选权为中心的六点要求，并于 1838 年 5 月以法案形式向社会公布，被称为《人民宪章》。《人民宪章》颁布后，得到英国广大群众的响应，在上面签名的多达 120 万人。从此，英国千百万工人和小资产阶级为争取宪章的实现展开了斗争，运动从开始就成为全国规模的政治运动。宪章运动出现过三次高潮。第一次是在 1839 年，这一年的 7 月 12 日，国会否决了《人民宪章》，伯明翰工人因此举行了起义，各地群众举行罢工和示威以示声援。政府派出军队镇压了起义，42 名宪章派领袖遭到逮捕，运动转入低潮。1840 年 7 月，宪章派在曼彻斯特召开代表大会，成立了全国性的统一组织——全国宪章派协会，会员达 4 万人之多，恩格斯将这个协会称为"近代第一个工人政党"[①]。第二次

① 《马克思恩格斯选集》第 3 卷，第 712 页。

高潮发生在1842年，宪章派提出了更为激进的第二次请愿书，除了坚持《人民宪章》的六点要求外，还提出了取消资本家独占土地和资本的要求。在这次请愿书上签名的人多达330万。但是，国会仍然予以否决。8月9日，曼彻斯特工人首先宣布总罢工，罢工浪潮很快波及全国。这次运动虽遭镇压，但工人们仍然未放弃斗争。1848年，全国宪章派协会又提出第三次请愿书，签名者达到500多万人。这次请愿书更为激进，甚至包括有建立共和国的政治要求。4月10日，成千上万的工人向国会进发，要求国会接受请愿书。在政府的镇压以及宪章派右翼的破坏下，宪章运动又告失败。宪章运动是英国工人阶级第一次独立的政治斗争。列宁称赞它是"世界上第一次广泛的、真正群众性的、政治性的无产阶级革命运动"①。

此外，还有1844年6月爆发的德国西里西亚纺织工人起义，这次起义也具有鲜明的政治性质，是德国无产阶级第一次独立的政治斗争。

欧洲三大工人运动表明，无产阶级的斗争进入了一个新的历史阶段。在此以前，工人阶级在斗争中只是作为资产阶级的附庸去反对自己敌人的敌人，即在资产阶级领导下进行反封建斗争。现在，工人阶级是为了自己的政治权利及经济利益进行独立的斗争，斗争的矛头直指资本主义剥削制度。无产阶级已作为独立的政治力量登上了政治舞台。斗争的失败表明，工人运动迫切需要科学理论的指导，而无产阶级的壮大和阶级意识的形成与发展，又为科学理论的建立奠定了阶级基础。

3. 自然科学的巨大发展——科学社会主义产生的坚实科学基础

18世纪末19世纪初，自然科学技术取得空前巨大的发展，推动了工业革命的进展。工业革命又促进了自然科学技术的前进。这个时期，在数学、物理、化学、光学、力学、天文学和生物学等理论科学方面都有了重大突破。特别是细胞学说、能量守恒和转化定律、生物进化论三大发现，使人类对自然界的认识空前深入。自然科学领域的伟大成就，揭示了世界的物质性、物质世界的永恒性、统一性以及由低级向高级发展的规律性，从而推翻了唯心主义和形而上学的旧宇宙观，为辩证唯物主义学说的建立奠定了牢固的科学基础。

4. 德国古典哲学、英国古典政治经济学和英法空想社会主义的产生——马克思主义的思想来源

德国古典哲学是18世纪末19世纪初德国资产阶级哲学体系，也是欧洲资产阶级上升时期哲学发展的顶峰，其主要代表是康德、黑格尔和费尔巴哈。

伊曼努尔·康德（1724～1804年）是德国古典哲学的创始人，其主要著作是

① 《列宁全集》第29卷，人民出版社1956年版，第276页。

《纯粹理性批判》、《实践理性》、《判断力批判》等。康德哲学的主要特点是调和唯物主义和唯心主义。他一方面承认在人的意识之外存在着客观物质世界，即“自在之物”；另一方面又认为“自在之物”是不可知的，是超乎经验之外的，是人的认识能力无法达到的“彼岸世界”。

在社会政治观点上，康德接受了法国启蒙思想家的资产阶级民主主义观点，反对贵族世袭，主张公民自由，实行法治和共和；但他又认为贵族等级还可以存在，共和制度和法制只是人们盼望实现而永远不能实现的一种理想。他一方面主张改善现状，提出要进行某些社会改革，另一方面却又反对群众斗争，认为这种改革只能由现存政府发起，自上而下地进行。康德的社会政治观点，直接反映了 18 世纪末德国资产阶级一方面向往革命、一方面又不敢采取实际行动的软弱性和妥协性特点。

乔治·威廉·费里德里希·黑格尔（1770～1831 年）是德国古典唯心论哲学的集大成者。他创立了欧洲哲学史上最庞大的客观唯心论体系，也是第一个系统地阐发了唯心论辩证法的哲学家。

黑格尔出身于高级官僚家庭。大学毕业后，担任过家庭教师，后任耶拿大学讲师、教授和海德堡大学教授。晚年应普鲁士政府邀请，担任柏林大学教授、校长。他的著作很多，最主要的有《精神现象学》、《逻辑学》、《哲学全书》（包括《小逻辑》、《自然哲学》、《精神哲学》和《法哲学》）等。他死后，他的学生把他的遗稿加以整理，又出版了《哲学史讲演录》、《历史哲学》和《美学》。

黑格尔的客观唯心论哲学体系，用一句简单的话来概括，就是从思维、精神出发，由思维转化为存在、精神转化为物质，然后再由存在转化为思维、物质转化为精神的过程。

黑格尔认为，在自然界和人类社会出现之前，就存在着一种精神或理性，这种精神既不是某个人的精神，也不是人类的精神，而是整个宇宙的精神，黑格尔把它称之为“绝对精神”。“绝对精神”是万事万物的源泉；世界上的任何现象，其中包括自然现象、社会现象以及精神现象等等，都是“绝对精神”的表现，都是由它派生出来的。

黑格尔认为，“绝对精神”不是静止的、不动的，是处于运动、变化和辩证发展过程中的。“绝对精神”的辩证发展，经历了三个阶段：逻辑阶段、自然阶段、精神阶段。黑格尔全部哲学体系的内容，就是对“绝对精神”发展过程的描述。

在“绝对精神”自我发展的逻辑阶段中，没有任何物质的东西，“绝对精神”仅仅作为抽象的纯粹逻辑存在着，它的运动和发展，只在纯粹思维的范围内进行。在逻辑阶段的最后，“绝对精神”否定它自身，突破纯粹思维的范围，向外转化到与它自身相反的方面去，“外在化”或“异化”为自然界。

在自然阶段中,“绝对精神”披上了自己所建立起来的自然的、特质的外衣,在自然、特质背后秘密地进行运动和发展。在自然阶段的最后,出现了人。

人的出现,表示“绝对精神”已经超出自然阶段进入了精神阶段。在精神阶段中,“绝对精神”由于思想、概念的能动性和创造性,战胜了被动、无力的自然和物质,又回复到与它自己相适合的精神形式,重新作为精神而出现,即“绝对精神”体现到了人类历史之中。这里所说的回复,不是简单地回复,而是纯概念、纯范畴和自然、物质的结合和统一,是“绝对精神”自然发展的最高阶段。再经过一段发展,到“绝对精神”的最后阶段,经过漫长曲折的辩证发展之后,完全恢复到了它自身,把自己的全部内容都表现出来了,从而达到了完全自觉、完全认识自己的阶段。这时,一切对立和矛盾都调和了,转化和发展都停止了。

黑格尔认为,“绝对精神”自我认识的最高形式是哲学,而他自己的哲学是全部哲学发展史的最高峰,是最好的、最高级的哲学,是“绝对真理”。“绝对精神”在他的哲学中达到了最终的、最完满的自我认识。

黑格尔的哲学体系和它的方法是自相矛盾的,因此,黑格尔哲学是具有两面性的哲学:一方面,它的哲学体系是唯心的,具有明显的保守性和反动性;另一方面,它的方法又是辩证的,在唯心论的外壳中,包藏着极其宝贵的辩证法的“合理内核”,因而又具有不可否认的进步性和革命性。

黑格尔哲学的辩证思想的主要内容是关于内在联系和矛盾发展的思想。他认为,天地万物普遍存在着矛盾,矛盾不仅是事物本身固有的,而且是事物运动和发展的动力,没有矛盾,就没有运动,就没有世界。一切事物都是发展变化的,都处于运动和发展过程中。现实世界没有永恒的东西,而事物运动和发展的根源在于事物内部的矛盾性。把事物的矛盾和事物的发展联系起来,把矛盾看作是发展的源泉,这是黑格尔辩证法的精髓。

19 世纪 30 年代,黑格尔逝世后,黑格尔哲学开始解体,其信徒分裂为两个学派:老年黑格尔派和青年黑格尔派。老年黑格尔派坚持和保卫黑格尔的反动唯心论体系,维护封建等级制度和普鲁士君主专制;以布鲁诺·鲍威尔、施特劳斯、卢格和施蒂纳为代表的青年黑格尔派,则站在资产阶级民主主义立场上,批判神学和封建制度,否认黑格尔关于普鲁士国家是“绝对精神”的最终体现的说法,主张实行资产阶级改革。在青年黑格尔派中,涌现出了杰出的唯物主义哲学家费尔巴哈。

路德维希·费尔巴哈(1804～1872 年)出身于律师家庭。1823 年进海德堡大学研究神学,次年转入柏林大学,听完了黑格尔的全部课程。1828 年任爱尔兰根大学讲师。1830 年,因发表无神论著作《论死与不朽的思想》受到政府迫害,迁居偏僻的布鲁克堡村,专门从事无神论和唯物论方面的著述。晚年,曾对社会主义著作感兴趣，读过马克思的《资本论》。1870 年参加了德国社会民主党。主要著作有《黑格尔哲学批判》、《基督教的本质》、《未来哲学原理》、《宗教的本质》、《宗教本质讲演录》等。

费尔巴哈是德国古典哲学中唯物主义的杰出代表。费尔巴哈唯物论是在批判黑格尔唯心论的基础上建立起来的。他批判了黑格尔的精神第一性、物质第二性的唯心论，指出了黑格尔的“绝对精神”外化为自然界的说法是一种伪装了的宗教，是上帝创世说神学理论的翻版。费尔巴哈认为，物质与精神，物质是第一性的，精神是第二性的，“存在是主体，思维是宾词；思维是从存在来的，自然、存在并不来自思维”。

在认识论根源上，费尔巴哈指出，黑格尔的“绝对精神”产生物质和自然界的说法，是一种没有头脑的思维，一种没有感觉的、没有人、在人之外的思维，这是荒唐可笑的。他认为，人的精神、思维是人脑的属性，是依赖于人，依赖于肉体的，没有肉体就不可能有精神和思维。因此，费尔巴哈把“人”当作他的哲学的核心，把自己的哲学叫作“人本学”。

费尔巴哈在哲学上坚持了唯物主义路线，坚持了物质第一性、意识第二性的唯物主义原则，比较明确地提出和解决了思维与存在的关系问题；在认识论上，坚持了唯物论的反映论，给当时盛行于德国的哲学唯心论和宗教神学以有力打击，推翻了唯心主义在德国近两百年的统治，从而直截了当地宣告了唯物主义的胜利，重新确立了唯物主义的权威。

但是，费尔巴哈的唯物论是有明显的局限性的。他对黑格尔哲学采取了全盘否定的态度，在批判黑格尔的唯心论观点时，把黑格尔的辩证法思想也抛弃了。因此，他的唯物论依然是机械的、形而上学的。在解释自然现象时他是唯物主义的，而在解释社会现象时，却又陷入了唯心论的泥坑。费尔巴哈哲学的核心是人，但他所谓的人，不是具体的人、社会的人、阶级的人，而是抽象的人、自然的人。他离开人的社会性，离开人的历史发展来解释社会现象，就不能不陷入历史唯心主义。正如恩格斯所指出的：“他下半截是唯物主义者，上半截是唯心主义者。”[①]费尔巴哈用唯物主义观点批判了宗教，但在同时，他又建立了一种新的宗教——爱的宗教。他鼓吹用一种普遍的人类之爱当做唯一的、真正的宗教来代替对神的爱，说什么爱情和友谊能够解决社会中的一切矛盾和一切困难。费尔巴哈鼓吹抽象的人类之爱，宣扬人道主义，要求所有的人都要彼此相爱，互相忍让，这反映了德国资产阶级民主派的软弱性。

尽管如此，费尔巴哈仍然不失为德国古典哲学中杰出的唯物主义哲学家。

① 《马克思恩格斯选集》第 4 卷，人民出版社 1995 年版，第 241 页。

费尔巴哈唯物主义的“基本内核”，即认为物质的、可以感知的世界是唯一真实的世界，人的意识和思维是物质实体即人脑的产物，在马克思主义哲学的形成中起了很大的积极作用，也是马克思主义哲学的重要思想来源。

英国古典政治经济学是资产阶级上升时期的经济学说。它代表了新兴资产阶级的利益和要求，是一种具有一定科学价值的经济理论，是资产阶级政治经济学中最进步的一个学派。它产生于17世纪中叶资产阶级革命时期，完成于19世纪中叶。英国古典政治经济学的主要任务是，在经济领域中宣传资本主义生产方式的优越性，批判过时的封建生产方式的落后性。

英国古典政治经济学的创始者威廉·配第(1623～1687年)，发展者是亚当·斯密(1723～1790年)，完成者是大卫·李嘉图(1772～1823年)。他们对资本主义生产关系作了初步分析，试图说明经济现象的内在联系。他们的主要贡献是奠定了劳动价值论的基础。

英国古典政治经济学家指出了劳动是价值的唯一源泉，商品的价值是由生产商品所消耗的劳动量决定的；他们区分了商品的使用价值和交换价值、具体劳动和一般劳动，指出了创造价值的不是具体劳动，而是一般劳动，一般劳动所创造的价值用劳动时间来计量；他们看到了直接劳动与物化劳动的区别，认为只有直接劳动能创造价值，物化劳动是价值的转移；等等。

英国古典政治经济学家还指出了工人的工资只是工人劳动产品的一部分，生产物价值大于工资的价值，从而肯定了剩余价值的存在；他们认为劳动所创造的价值是工资、利润和地租的源泉，从而肯定了生产资料占有者对一部分劳动产品价值的无偿占有。尽管他们只是看到了这种现象，并没有区分出必要劳动与剩余劳动，因而没有认识到这就是剩余价值，但他们毕竟不自觉地猜测到了剩余价值的存在。

此外，他们还看到了社会各阶级的经济对立，指出了地主阶级、资产阶级和工人阶级是英国社会的三个基本阶级，揭示了他们之间存在着的经济上的对立。

但是，英国古典政治经济学家主要是研究资本主义制度下物与物的关系，并没有揭示出隐藏在商品生产和商品交换中的人与人的关系。在揭示物与物的关系时，在理论上也有许多混乱和错误。如亚当·斯密既正确地认识到工资是工人劳动生产物的一部分，但又说工资是劳动价值，好像工人领取的工资已经得到了自己劳动的全部成果，这就掩盖了资本主义制度的剥削实质。

英国古典政治经济学家提出的劳动价值论，是一种具有一定科学成分的经济理论，它是马克思主义政治经济学的重要思想来源。

空想社会主义是马克思主义的第三个理论来源。它是在资本主义生产还不发达、资本主义的矛盾尚未充分暴露、无产阶级和资产阶级的阶级斗争还不发展的历史条件下产生的,是一种凭空设想的社会主义学说。

19 世纪空想社会主义学说的主要代表人物是法国的圣西门、傅立叶和英国的欧文。

克劳德·亨利·圣西门(1760～1825 年)出身于贵族家庭,青年时代深受法国启蒙思想的影响。1777 年,圣西门与家庭决裂,到军队服役。1779 年,19 岁的圣西门上尉随法国军队参加了北美独立战争。法国革命爆发后他放弃爵位和贵族称号,积极参加革命活动。圣西门看到,革命后建立起来的资本主义制度只给少数富有者带来了好处,广大无产者和劳动人民一无所得,依然过着悲惨的生活。因此,他开始对资本主义采取否定态度,并把"发明"和论证一种新的社会制度作为自己毕生的使命。他的主要著作有《一个日内瓦居民给当代人的信》、《论实业制度》、《实业家问答》、《新基督教》等。

圣西门的伟大功绩,在于他尖锐地抨击了资本主义制度,力图论证一种平等幸福的新社会取代资本主义制度的历史必然性。他批评资本主义社会是一个"黑白颠倒的世界",弊病百出,极不合理。圣西门特别指出,资本主义制度使人们道德沦丧,精神低下,整个社会到处充斥着冷酷的利己主义。他认为利己主义支配着统治者,去吞噬穷人的绝大部分劳动收入。他指出,资本主义制度下社会生产的无政府状态,是"一切灾难中最严重的灾难"。因此,他断言:资产阶级革命后建立的资本主义制度是不合理的,它的存在仅仅是历史的暂时现象,是达到真正普遍幸福的新社会的一个过渡阶段。

圣西门把他的理想的新社会称之为"实业制度"。圣西门把贵族、教士和官吏称为"游惰者",把厂主、商人、银行家、工人、脑力劳动者统称为"实业家",主张由实业家阶级的一部分——厂主、商人和银行家担任改造社会的任务。他的所谓"实业制度",就是由"生产者"("实业家")和学者成为统治阶级,由他们掌握社会的政治、经济、文化各方面的权力的社会制度。在这个制度下,将消灭一切寄生现象,"一切人都应当参加劳动";它将使一切人得到最大限度的自由,人与人之间的关系建立在完全平等的基础之上;它将充分运用科学、艺术和工业所取得的知识来满足人们的需要,促进社会成员的个人幸福和公共福利。

圣西门把理想的社会制度建立在现代化大生产的基础之上,主张有计划地组织社会生产,以克服资本主义生产的无政府状态,整个社会生产以及科学、文化和公共事务,都要有完整的计划。这样,生产力将大大提高,物质财富会迅速增加,整个社会将呈现繁荣幸福的美好前景。在圣西门的实业制度下,社会权力将分成两部分:精神权力和世俗权力。精神权力交给由学者和科学家组成的"科学院"掌握;世俗权力交给由实业家组成的"实业家委员会"掌握。那时,国家政权的性质和作用将发生根本变化,社会权力将由对人的政治统治变为对物质的管理与对生产的领导。国家机关的职能主要是组织社会生产，向大自然开战，为整个社会造福。可见，圣西门已经猜测到在人类社会的高级阶段将出现“国家消亡”的前景。

圣西门所设想的实业制度下的分配制度，是按“劳动”和“资本”进行分配。他把资本家也看成劳动者。资本家不仅靠他们所拥有的资本数量分得消费品，而且还靠他们的所谓“劳动”，分配到相当的数额。可见，在圣西门的思想上还有一定程度的资产阶级倾向的影响。

沙尔·傅立叶(1772～1837年)出身于商人家庭。成年之后，在巴黎、马赛、里昂等城市先后当过会计员、出纳员、推销员、交易所经纪人。傅立叶的一生几乎都是在资本主义商业活动中度过的。他在二十五六岁以后，开始探索改造社会的问题。在很长一段时间里，他一直过着双重生活：白天，为了生活，不得不做他所痛恨的商业工作；晚间，他沉醉于美好社会的幻想中，常常彻夜写作。他终身过着孤独、简朴的生活，为揭露和批判资本主义、制定和宣传他的空想学说而奋斗不息。傅立叶的主要著作有《关于四种运动和普遍命运的理论》、《家庭农业协作论》、《新世界》等。

傅立叶以经济发展水平为标准，把到目前为止的人类历史划分为五个阶段：原始社会、蒙昧社会、宗法社会、野蛮社会和文明社会。他指出，每个社会阶段都有自己的经济特征：小工业是宗法制度的特征，中等工业是野蛮制度的特征，大工业是文明制度的特征等。他断言，历史是有规律地由低级向高级发展的，低级社会必然被高级社会所代替。这些思想，具有宝贵的唯物主义和辩证法因素。

傅立叶思想体系中最精彩和最有价值的部分是他对资本主义制度的深刻、辛辣的批判。他把资本主义制度称为制度的衰落阶段，认为它是人类所经历的最丑恶的制度，是一个“社会地狱”。他指出，生产的无政府状态必然导致资本主义竞争，竞争引起经济混乱、贫困和欺诈，并且使经济危机不可避免。他还指出，竞争必然走向它的反面，最终导致垄断。他把这一特点看作是文明制度向它的最后阶段发展的重要标志。

傅立叶猛烈地抨击了资本主义造成的贫富不均现象，揭露了资本主义制度下人与人之间的丑恶关系。他指出，在文明制度下，每个人的幸福和享乐都建筑在别人的不幸和痛苦之上，人们都由于追逐个人私利与群众利益处于对立之中。他尖锐地讽刺说：医生希望病人多；律师希望家家打官司；建筑师希望起大火，烧掉半座城市；玻璃匠梦想下冰雹，打碎所有的玻璃窗；卖棺材的希望多死人；粮食投机商盼望发生旱灾和饥荒……傅立叶说，这就是暴虐社会的本质。傅立叶几乎批判了资本主义社会的一切不合理现象。所以，恩格斯称他是“自古以来最伟大的讽刺家之一”①。

傅立叶对资本主义制度的批判，都是为了论证文明制度必然为他设想的和谐制度所代替。他宣称，使人类进入和谐社会是历史赋予他的使命。在傅立叶理想的和谐社会里，人与人之间和个人与集体之间协调无间，没有任何利益上的冲突。和谐社会的基层组织是“法朗基”，它是一种生产和消费协作社，无数个“法朗基”有机地结合起来便组成了整个社会。在“法朗基”里，不存在雇佣劳动。它将有计划地组织社会生产以克服无政府状态，人们既从事农业劳动，又从事工业劳动。这种自由劳动，将使城乡差别、工农差别、体力劳动和脑力劳动的差别归于消失；劳动将不再是沉重的负担和谋生的手段，而是人类乐生的要素；男女之间完全平等，实行同工同酬；实行免费普及教育，要把教育和生产劳动结合起来。在“法朗基”里，还要建立食堂、商场、俱乐部、图书馆、幼儿园等公共福利设施供人们享用。

但是，在傅立叶的和谐社会中，并没有完全消灭私有制度，“法朗基”的产品按资本、劳动和才能进行分配：资本占 4/12，劳动占 5/12，才能占 3/12。这里有按劳分配的因素，但仍然允许资本家剥削工人。傅立叶和圣西门一样，都主张用宣传教育的方法，去感化或说服资本家支持和帮助他建立“法朗基”。他曾在报纸上刊登广告，说他每天中午 12 点会在家接见愿意出钱帮助他创办“法朗基”的富翁。据说他每天上午出门，不论到什么地方，总要在 12 点以前赶回家去，以便接待来访者。但他等了多年，直到他逝世，也没有等到一个善良的资本家光临贵舍。

罗伯特·欧文(1771～1858 年)出身于英国北威尔士一个小手工业者家庭。贫寒的出身和饱经风霜的青少年生活，使欧文对受压迫的劳苦大众充满了深切的同情。从 1800 年起，欧文开始宣传社会主义，并在他管辖的新拉纳克纺织厂内进行社会改革试验。经过欧文的努力，新拉纳克成为一个模范居民区。1820 年，在《致拉纳克郡的报告》中，欧文系统地阐述了通过组织劳动公社改造社会的计划，形成了欧文的空想社会主义体系。1824 年，欧文到美国印第安纳州创办了共产主义移民区——“新和谐村”。公社实行生产工具和财产公有，按劳动分配产品，共同参加劳动，人人平等，民主管理等原则。他计划在两年或两年半的时间内转入完全的共产主义——实行按需分配。但是，这些公社很快就在资本主义关系的冲击下失败了，欧文为此几乎损失了他的全部家产。挫折和失败丝毫没有动摇他的坚强意志。1829 年他回到英国后，又曾创办全国劳动产品交易市场，以劳动小时值为价值尺度，实现产品交换，但不久亦告失败。他还积极倡

① 《马克思恩格斯选集》第 3 卷，第 727 页。

导合作社运动，被人称为“合作社之父”。为了全人类的幸福，欧文不屈不挠地奋斗了一生，始终不渝地坚持宣传和实践他的社会主义计划和主张。欧文的代表著作有《新社会观》、《论工业制度影响》、《新道德世界书》等。

欧文深刻地批判了资本主义社会的基础，认为私有制是造成劳动人民贫困和一切社会灾难的万恶之源。欧文设想的共产主义社会是一种“劳动公社”的联合体。在劳动公社中，财产公有，共同劳动，没有阶级，没有特权，没有剥削和压迫；生产的目的是直接满足公社成员的物质和精神需要；工作按能力分工，产品按需要分配。欧文认为，未来社会的生产力将得到高度发展，社会产品将会极大丰富，可以让人们随便到公社仓库领取他所需要的任何产品。那时，人们的私有观念将不复存在。欧文在规划公社的未来生活时，阐述了很多有价值的思想。在劳动公社里，三大差别将会消灭，人人既可以从事农业劳动，也可以从事工业劳动；既从事物质资料的生产，也致力于精神生产和文化活动。劳动公社把城市和乡村的一切优点结合在一起，既有城市的现代化生产和生活设施，又有乡村的自然风光。劳动公社的教育要实行与生产劳动相结合，把孩子们培养成德、智、体全面发展的人才。

但是，欧文认为实现社会改革的主要方法是通过教育和示范，他反对暴力革命和阶级斗争，把希望寄托在统治者的仁慈上。因此，他的一切改革试验均不免归于失败。

圣西门、傅立叶和欧文的空想社会主义学说，反映了早期无产阶级要求对社会进行普遍改造的最初愿望。它是一种同资产阶级思想体系相对立的思想体系。他们对资本主义制度进行了比较深刻的批判，无情地揭露了资本主义的社会矛盾和罪恶。这种批判和揭露，有助于工人加深对资本主义制度的认识，是启发工人觉悟的宝贵材料。他们对未来的“理想”社会进行了某种猜测和描绘，设计规划了社会主义和共产主义社会的一些基本原则，也为马克思、恩格斯创立科学共产主义理论提供了有益的思想材料，因而，他们的思想和学说是科学共产主义的思想来源之一。

但是，由于历史条件的限制，空想社会主义者存在着致命的缺点和错误。他们看不到工人阶级的伟大力量和历史作用，因而找不到埋葬旧制度、建立新制度的社会力量。他们不懂得消灭阶级对立和阶级剥削必须通过阶级斗争，幻想通过和平途径，通过示范和试验的方法及说服教育的方法，使有产者发善心，依靠统治阶级的善意帮助来实现自己的计划。他们认不清资本主义雇佣劳动制度的本质。他们不懂得社会发展规律，无法找到取代资本主义制度的根本道路。因此，他们的社会主义学说只能是乌托邦幻想。所有这一切，都说明了空想社会主义学说的不成熟性。正如恩格斯指出的：“不成熟的理论，是同不成熟的资本主义生产状况、不成熟的阶级状况相适应的。解决社会问题的办法还隐藏在不发达的经济关系中，所以只有从头脑中产生出来。”①

19 世纪 30～40 年代，工人运动由经济斗争发展到独立的政治斗争。欧洲更多的有识之士怀着急切的心情，深入探讨资本主义社会的各种问题，出现了诸多社会主义流派——法国的布朗基主义、德国的魏特林主义等，这些理论虽然很不成熟，且缺乏科学性，但在当时对于启发工人觉悟、团结工人斗争起了一定作用。马克思、恩格斯正是在吸收前人的优秀思想成果的基础上，在革命实践中创立了马克思主义。

卡尔·马克思(1818～1883 年)出身于普鲁士莱茵省特里尔城一个犹太知识分子家庭。莱茵省是当时德国资本主义工业较为发达、政治生活较为活跃的地区。马克思在中学时代就树立了为人类幸福献身的崇高理想。1835 年进波恩大学，一年后转入柏林大学法律系，在柏林大学期间，他参加了青年黑格尔派的组织“博士俱乐部”。1841 年大学毕业后，马克思立即投身反对专制制度和争取民主的斗争。他在发表的第一篇政论文章《评普鲁士最近的书报检查令》中，以革命民主主义战斗姿态，猛烈地抨击了普鲁士的出版法令和书报督检令，揭露了普鲁士国家的反动本质。1842 年他开始为自由主义的报纸《莱茵报》撰稿，不久被聘为该报主编。他在该报上发表论文《关于林木盗窃法的辩论》和《摩塞尔记者的辩护》等，公开为贫苦农民辩护，并指出农民的贫困是由官僚制度造成的，提出了整个国家制度是不以个人意志为转移的观点。这说明，马克思已经突破黑格尔关于国家的唯心主义学说，向唯物主义方面迈出了重要的一步。《莱茵报》被反动当局查封后，1843 年 10 月，马克思为筹办《德法年鉴》迁居巴黎。1844 年，马克思在《德法年鉴》上发表《论犹太人问题》和《黑格尔法哲学批判导言》，他在这两篇文章中批判了黑格尔派的唯心主义观点，第一次明确论述了无产阶级的历史使命，表述了无产阶级必须与科学理论相结合的思想。此时的马克思已经从唯心主义者转变为唯物主义者，从革命民主主义者转变为共产主义者。

弗里德里希·恩格斯(1820～1895 年)出身于普鲁士莱茵省巴门市一个保守的工厂主家庭，1837 年因父亲坚持，他没有完成中学学业，被送到巴门营业所当办事员。他利用空闲时间坚持自修，阅读宗教、哲学和政治方面的进步书籍。他深切同情下层人民的疾苦。他在 1839 年发表的第一篇政论文章《乌培河谷来信》中揭露了资产阶级和教士的伪善，抨击了普鲁士的专制制度，描述了工人的悲惨境遇。1839～1841 年恩格斯在柏林服兵役期间，经常到柏林大学旁听哲学

① 《马克思恩格斯选集》第 3 卷，第 724 页。

课,参加青年黑格尔派的活动,后又受到费尔巴哈思想的影响,开始与青年黑格尔派分道扬镳,转向唯物主义。1842 年,恩格斯到英国曼彻斯特工作,途中与马克思初次见面。在纺织业中心和宪章运动中心的曼彻斯特,他经常深入工人住宅区,了解到工人的贫困,并同英国的社会主义者、宪章派活动家以及流亡德国的工人组织"正义者同盟"的领导人建立了联系,参加他们的活动。同时,他系统研究了古典政治经济学和空想社会主义学说。1843 年,恩格斯发表《大陆上社会改革运动的进展》一文,提出在欧洲最发达的国家中社会主义革命"现在已经是急不可待和不可避免的了"[①]。1844 年他在《德法年鉴》上发表《政治经济学批判大纲》,用社会主义观点批判了资产阶级的政治经济学,提出资本主义制度下的竞争不断引起危机,使社会矛盾激化。只有"用消灭私有制、消灭竞争和利益对立的办法来结束这种人类堕落的现象"[②]。此后他在《英国状况——评托马斯·卡莱尔的〈过去和现在〉》一文中指出,无产阶级是从事伟大民族事业的唯一有前途的阶级。这些著作的发表,表明恩格斯和马克思一样转向了唯物主义,具有了共产主义世界观。

1844 年 8 月,马克思和恩格斯在巴黎第二次会面,从此结下了密切的友谊,开始了共同的战斗历程,也开始了共同的社会主义科学理论的研究工作。1844 年 8～9 月间,两人合写了《神圣家族》。1845 年,马克思写了《关于费尔巴哈的提纲》,同年恩格斯在巴门市完成了《英国工人阶级状况》。在这之后不久,马克思、恩格斯合写了第二部巨著《德意志意识形态》。1847 年,马克思先后又写了《哲学的贫困》和《雇佣劳动与资本》。他们全面地创立了唯物史观,阐述了政治经济学和科学社会主义的基本原理,初步创立了马克思主义思想体系。

马克思和恩格斯在《神圣家族》中,彻底批判了以鲍威尔为代表的青年黑格尔派的唯心主义历史观,通过对一系列哲学、社会和政治问题的分析,强调了社会物质生产的决定作用,阐述了"历史活动是群众的事业"这一唯物主义历史观的重要原理,论证了无产阶级能够而且必须自己解放自己的思想。在《关于费尔巴哈的提纲》中,马克思批判了费尔巴哈在认识论上轻视实践的观点,认为全部社会生活在本质上是实践,实践是人类认识的基础、标准和目的。马克思把实践作为认识论和历史观的基础,从而与以往的哲学划清了界限。恩格斯在《英国工人阶级状况》一书中,通过对工人阶级经济地位和工人运动发展过程的考察,论述了无产阶级革命的历史必然性,指出工人运动必须同社会主义相结合。在《德意志意识形态》中,作者阐述了唯物主义历史观的一些基本概念,指出生产力与

① 《马克思恩格斯全集》第 1 卷,人民出版社 1956 年版,第 575 页。

② 《马克思恩格斯全集》第 1 卷,第 621 页。

生产关系之间的矛盾是社会变革的根源，分析了二者的辩证关系及其矛盾运动的规律，阐述了人类历史发展的社会形态及其自然历史过程，科学地论证了共产主义的必然性，从而全面制定了历史唯物主义的理论体系。

从 1844 年开始，马克思研究古典经济学著作，他在《1844 年经济学哲学手稿》中提出了异化劳动的观点，实际上是其关于资本主义雇佣劳动理论的萌芽。马克思此后发表的《哲学的贫困》和《雇佣劳动与资本》两部著作中，批判地继承了劳动价值论，在劳动价值论的基础上提出剩余价值理论的一些原理，揭露了雇佣劳动和资本关系中的剥削实质。虽然马克思还没有提出“剩余价值”这个概念，也没有明确区分“劳动”与“劳动力”两个对于确立剩余价值学说具有关键意义的基本概念，但已经提出了剩余价值学说中具有决定意义的论点。正如恩格斯所说，这两部著作表明，马克思当时“不仅已经非常清楚地知道‘资本家的剩余价值’是从哪里‘产生’的，而且已经非常清楚地知道它是怎样‘产生’的”[①]。所以说，这两部著作是马克思主义政治经济学的奠基石。

唯物史观理论体系的建立和剩余价值学说的萌芽为社会主义从空想发展到科学迈出了重要的一步。马克思、恩格斯以此为基础，批判地吸收了 19 世纪初空想社会主义学说中有价值的部分。他们进一步指出，正像资本主义社会形态代替封建主义社会形态一样，共产主义社会形态战胜资本主义是历史发展的必然；革命的无产阶级是资本主义社会造成的一个实现社会革命的阶级，共产主义学说则是革命无产阶级地位、利益和作用的理论表述。马克思、恩格斯还对未来的共产主义社会作了科学的预见。这些思想鼓舞了广大工人阶级的斗志，成为指导无产阶级斗争的科学理论。

马克思、恩格斯在致力于创立革命理论的同时，还积极参加工人阶级的革命斗争。为了传播科学理论，他们于 1846 年初在布鲁塞尔建立了共产主义通讯委员会。通讯委员会很快同德、法、比等国共产主义者建立了联系，形成了一个广泛的通讯网，彼此交换情报，讨论共产主义的宣传等问题。正义者同盟是德国流亡者和工人建立的组织，在当时已经发展成为德、法、英、波兰和瑞士等国工人参加的国际性组织。马克思、恩格斯重视对该同盟的争取，针对同盟内部思想混乱的状况，他们与同盟内部颇有影响的魏特林的平均共产主义、小资产阶级“真正社会主义”及蒲鲁东的思想展开了斗争，使同盟的主要领导人和大部分盟员开始接受科学社会主义理论，并决定对同盟进行改组。马克思、恩格斯接受了同盟的邀请，于 1847 年 6 月出席了在伦敦召开的正义者同盟第一次代表大会。根据马克思、恩格斯的建议，将“正义者同盟”改名为“共产主义者同盟”。大会讨论并通

① 《马克思恩格斯全集》第 24 卷，人民出版社 1972 年版，第 12 页。

过了由恩格斯和沃尔弗起草的新章程草案。该章程用“全世界无产者联合起来”的口号代替“人人是兄弟”的旧口号，规定了同盟的目的：“通过传播财产公有的理论并尽快地求其实现，使人类得到解放。”①章程还明确规定了民主集中制的原则。在1847年11月底至12月初召开的共产主义者同盟第二次代表大会上，通过了同盟的新章程，并委托马克思、恩格斯“起草一个准备公布的周详的理论和实践的党纲”。这次大会的召开及新章程的通过表明，国际无产阶级第一个以科学理论为指导，具有新原则和新组织结构的无产阶级政党诞生了。大会以后，马克思、恩格斯完成了起草同盟纲领的任务，写成《共产党宣言》，并于1848年2月在伦敦正式发表。

《共产党宣言》（以下简称《宣言》）把马克思主义哲学、政治经济学和科学社会主义的原理融为一体，完整地概括了无产阶级的崭新的世界观，体现了马克思主义形成时期理论上的最高成就。

《宣言》运用辩证的和历史的唯物主义原理考察了人类社会，特别是资本主义社会的产生、发展的历史过程，全面地剖析了资本主义的经济结构、阶级关系及其国家上层建筑，阐明了资本主义必然为社会主义所代替的历史规律，明确指出了无产阶级的伟大历史使命，制定了社会主义运动的理论和策略，向世界宣告了无产阶级的奋斗目标。恩格斯曾不止一次地指出：“贯穿《宣言》的基本思想：每一历史时代的经济生产以及必然由此产生的社会结构，是该时代政治的和精神的历史的基础；因此（从原始土地公有制解体以来）全部历史都是阶级斗争的历史，即社会发展各个阶段上被剥削阶级和剥削阶级之间、被统治阶级和统治阶级之间斗争的历史；而这个斗争现在已经达到这样一个阶段，即被剥削被压迫的阶级（无产阶级），如果不同时使整个社会永远摆脱剥削、压迫和阶级斗争，就不再能使自己从剥削它压迫它的那个阶级（资产阶级）下解放出来。”②

《宣言》第一章运用历史唯物主义的基本原理和阶级斗争观点，揭示了资本主义必然灭亡及共产主义必然胜利是不可抗拒的历史规律，阐明了无产阶级的伟大历史使命。

《宣言》首先概述了马克思主义的阶级斗争学说，并运用这个学说考察了人类的全部历史，指出了到目前为止的一切有文字记载的历史都是阶级斗争的历史。尽管在历史发展的各个阶段中，阶级对立和阶级斗争有着各自不同的特点，但历史上每次阶级斗争的结局，“都是整个社会受到革命改造或者斗争的各阶级

---

① 《马克思恩格斯全集》第42卷，人民出版社1979年版，第419页。

② 《马克思恩格斯选集》第1卷，第252页。

同归于尽”[①]，明确指出了阶级斗争是推动历史前进的动力，是新旧社会代谢的杠杆。

《宣言》接着对资本主义社会的两大对立阶级进行了全面的历史考察，首先分析了资产阶级产生、发展的历史过程，肯定了资产阶级在历史上曾经起过非常革命的作用。同时还分析了无产阶级的阶级地位和无产阶级发展的不同阶段，论述了无产阶级反对资产阶级的斗争及其发展趋势，指出了无产阶级是最先进、最革命的阶级，无产阶级要彻底改变自己的政治经济地位，只有通过暴力推翻资本主义和一切剥削制度。无产阶级的根本利益和其他劳动人民的根本利益是一致的，无产阶级的政治经济地位决定了它只有彻底消灭一切剥削阶级和剥削制度，使全体被剥削的劳动群众都得到解放，才能彻底解放自己。所以，共产主义革命必须而且只有依靠无产阶级才能实现。

《宣言》根据资本主义的基本矛盾，根据无产阶级和资产阶级斗争的总规律、总趋势，有力地论证了“资产阶级的灭亡和无产阶级的胜利是同样不可避免的”[②]，明确地揭示了无产阶级是肩负着推翻资本主义制度、建立社会主义和共产主义社会的阶级力量。

《宣言》第二章阐明了无产阶级政党的基本原则，概述了无产阶级专政的基本思想[③]，强调指出了无产阶级革命和无产阶级专政是无产阶级解放的必由之路。

《宣言》对无产阶级专政作了初步表述：“工人革命的第一步就是使无产阶级上升为统治阶级，争得民主。”无产阶级的国家“即组织成为统治阶级的无产阶级”。《宣言》阐明了无产阶级专政的历史任务。指出，无产阶级专政建立后，下一步的任务就是“无产阶级将利用自己的政治统治，一步一步地夺取资产阶级的全部资本，把一切生产工具集中在国家即组织成为统治阶级的无产阶级手里，并且尽可能快地增加生产力的总量”[④]。

在《宣言》第二章中，论述了共产党的性质、特点和任务，说明了共产党是实现无产阶级历史使命的领导力量。《宣言》阐明了共产党是无产阶级的政党，是无产阶级利益的根本代表者，它没有任何同整个无产阶级利益不同的特殊利益。共产党是率领无产阶级和革命群众进行战斗的先锋队组织。《宣言》指出：“在实践方面，共产党人是各国工人政党中最坚决的、始终起推动作用的部分；在理论

---

① 《马克思恩格斯选集》第1卷，第272页。

② 《马克思恩格斯选集》第1卷，第284页。

③ 在《共产党宣言》中，马克思、恩格斯尚未使用“无产阶级专政”这个概念，这个概念第一次明确使用是在1852年3月5日《马克思致约·魏德迈》的信中。（参见《马克思恩格斯选集》第4卷，第547页）

④ 《马克思恩格斯选集》第1卷，第293页。

方面，他们胜过其余无产阶级群众的地方在于他们了解无产阶级运动的条件、进程和一般结果。”[①]《宣言》明确地说明了共产党不是与其他工人政党相对立的特殊政党。但是，共产党有着自己的显著特点，即“一方面，在无产者不同的民族的斗争中，共产党人强调和坚持整个无产阶级共同的不分民族的利益；另一方面，在无产阶级和资产阶级的斗争所经历的各个发展阶段上，共产党人始终代表整个运动的利益”[②]。就是说，共产党始终坚持无产阶级的国际主义，坚持把局部利益和整体利益结合起来，坚持不断革命，把革命进行到底。

《宣言》阐明了共产党的目的和任务：共产党人的最近目的是“使无产阶级形成为阶级，推翻资产阶级的统治，由无产阶级夺取政权”[③]。党的最终目的是消灭私有制，消灭阶级和阶级差别，消灭一切剥削阶级的意识形态和各种私有观念。《宣言》庄严宣布：“共产党人可以把自己的理论概括为一句话：消灭私有制。”[④]“共产主义革命就是同传统的所有制关系实行最彻底的决裂；毫不奇怪，它在自己的发展进程中要同传统的观念实行最彻底的决裂。”[⑤]

在《宣言》第三章中，马克思、恩格斯对当时流行的各种“社会主义”流派进行了批判。

《宣言》第四章，制定了共产党的策略原则。共产党在反对现存社会的革命斗争中，必须把暂时利益和长远利益结合起来；必须联合一切可以联合的力量反对最主要的敌人；同时在联合中一分钟也不可忘记无产阶级和资产阶级的对立，不可忘记保持自己的独立性和坚持无产阶级的革命原则。《宣言》在论述德国革命的策略时，第一次表述了由资产阶级民主革命向无产阶级社会主义革命转变的思想。

《宣言》的最后，马克思、恩格斯向全世界庄严宣告：“共产党人不屑于隐瞒自己的观点和意图。他们公开宣布：他们的目的只有用暴力推翻全部现存的社会制度才能达到。让统治阶级在共产主义革命面前发抖吧。无产者在这个革命中失去的只是锁链。他们获得的将是整个世界。”“全世界无产者，联合起来！”[⑥]

《共产党宣言》是一部划时代的历史文献。《宣言》中所表述的基本思想，包容了马克思主义哲学、政治经济学和科学社会主义的基本原则，是无产阶级思想体系的完整概括。《宣言》的发表，标志着马克思主义的诞生。马克思主义的诞

---

① 《马克思恩格斯选集》第1卷，第285页。

② 《马克思恩格斯选集》第1卷，第285页。

③ 《马克思恩格斯选集》第1卷，第285页。

④ 《马克思恩格斯选集》第1卷，第286页。

⑤ 《马克思恩格斯选集》第1卷，第293页。

⑥ 《马克思恩格斯选集》第1卷，第307页。

生,是人类思想史上的一个伟大革命,从此,无产阶级找到了科学理论指导,有了战胜敌人的强大精神武器,无产阶级的面貌焕然一新,无产阶级反对国际资本的斗争有了正确的方向。在《宣言》革命原则的指引下,无产阶级的革命斗争不断取得胜利。

《宣言》作为共产主义政党的雏形——“共产主义者同盟”的纲领发表,标志着马克思主义与国际工人运动的初步结合,因此,《宣言》的发表,也标志着国际共产主义运动的开端。只有在《宣言》问世以后,共产主义作为一种运动,才以它磅礴的气势,开始在全世界范围内蓬蓬勃勃地发展起来,成为一股不可阻挡的历史潮流。可以说,《共产党宣言》开辟了一个新时代。

六、工业革命的扩展与世界整体化的新高潮

工业革命从英国的棉纺织业开始,经历了从工作机的改进到动力机的发明再到机器制造的机械化过程。科学技术的革新,不仅推动了生产的发展,而且推动了人类历史的前进。恩格斯曾说:“分工,水力、特别是蒸汽力的利用,机器的应用,这就是从 18 世纪中叶起工业用来摇撼旧世界基础的三个伟大的杠杆。”[①]工业革命一经开始,便迅速地深入和扩展开来,这主要表现在两个层面:

第一,引起生产领域各部门的变革,促成新工业部门的兴起和农业面貌的改变。

蒸汽机的出现和广泛使用,推动了各个部门的机械化,在英国开始形成机器制造业这一新工业部门。由于机器运转速度的加快,操作强度加大,机器制造一改过去以木材为材料、用手工制造的旧做法,改为用金属作制造原料,于是引起对金属需要的增长,从而牵动了冶铁业和采煤业的技术革新。从德尔贝父子发明焦煤炼铁,并运用鼓风设备提高炉温,到斯密东发明“蒸汽鼓风法”,标志着近代大规模冶铁业真正的开始。工程师科尔特发明精锻法,不仅提高了生铁的纯度,而且能炼出熟铁和钢,一系列的技术革新使铁的生产率提高,成本降低,为铁的广泛使用打开了道路。随后“泡钢”和钢锭的出现,使铁的用途更为广泛,制造出的机器和工具也更为精密而耐用。

冶铁业要依靠煤,没有煤就不能建立近代的、科学的冶金业,就不能生产纺织工业和其他工业部门所需要的精巧机器,作为工业动力来源的蒸汽机也无法制造。于是,采煤业在英国迅速发展起来。在南威尔士、英格兰、兰开夏和约克镇,新的煤井纷纷被开凿。英国的煤产量在 1700 年仅有 260 万吨,到 1795 年已

① 《马克思恩格斯全集》第 2 卷,第 300 页。

超过1000万吨。在煤矿紧张开采的同时,锡矿、铜矿、铅矿也在加紧开采之中。采掘和冶金工业的发展,又为机器工业的发展创造了条件。

机器大工业的发展,促进了交通运输业的革新。18世纪中期以后,英国开始了运输革命。1755年,郎卡郡开凿了第一条运河;到1830年左右,全国形成了水路运输网。1807年,美国人富尔敦发明了汽船;1811年,英国仿造成功;1819年,汽船首次被用于远洋航行。1840年,大西洋上出现了运载旅客的定期轮船航班,从此水上交通进入了轮船时代。与此同时,陆路交通的变革也在进行。1765年,铁轨代替了木轨。1814年,史蒂芬逊制成第一台火车机车,实现了用蒸汽发动的铁路运输。1825年,英国建成了世界上第一条铁路;1830年,从曼彻斯特到利物浦的铁路建成通车;1850年,英国共建成铁路6000公里。1870年,世界铁路总长度已超过20万公里。

交通运输的革新又促进了工农业生产的进一步发展。从18世纪末开始使用汽锤和简单的车床制造金属部件,后又发明了各种锻压设备和金属加工机床,到19世纪早期又逐步实现了机器制造业的机械化。工业革命波及生产领域的各个部门、生产的各个环节,使得使用大机器生产的工厂制度得以确立。纺织、钢铁、煤炭、机器制造、交通运输等工业部门的形成,标志着工业革命完成。

随着工业革命的发展,欧美的农业机具也进行了革新。英国最先发明了播种机、收割机等农业机械。1847年,美国人麦考米克创办了农机厂。到19世纪中期,美国出现了完整的农业机械系列,为近代资本主义大农业的发展创造了条件。19世纪40年代以后,化学肥料的生产和利用,又成为农业发展的一大因素。因此,19世纪中期建立在机械化基础上的资本主义农业迅速发展起来。

第二,工业革命向欧洲和北美扩展。

科学是属于全人类的财富。英国的工业革命是借鉴吸取了当时科学的成果,而19世纪初以后工业革命的成果是从英国向欧洲大陆和北美扩展的。特别是1815年拿破仑战争结束后,英国废除了关于禁止机器出口的条例,英国工业资本家把大量的过剩资本投往欧洲大陆,机器也随之输往国外,于是,欧美诸国也走上了工业革命的道路。

关于欧美各国工业革命的起止时间历来在史学界有争论,这主要源于对工业革命出现的标志认识不同。有人认为,工业革命出现的标志是在一个主要工业部门出现了发明和使用机器的热潮,如棉纺织业,而不是所有生产部门。有人认为,工业革命是一个从量变到质变的过程,只有机器的发明和使用相继不断地出现,并在许多工业领域引起了连锁反应时,才算是真正工业革命的开始。

法国是欧洲大陆经济最发达的国家,与英国又是一衣带水的邻邦。在英国的影响下,法国开始了工业革命。早在18世纪后期,法国个别企业中已经开始使用机器。拿破仑统治时期，法国的工商业得到发展，但政局动荡和连绵不断的对外战争，影响了工业革命的进展速度。拿破仑战争结束后，法国的工业革命得以较快前进。与英国相比，法国开展工业革命有许多不利因素。首先，法国地主对农民的剥夺不是像英国那样通过大规模圈地运动，而是通过租税进行盘剥；而且，法国大革命中许多农民获得了小块耕地，形成了自耕农阶层。自耕农的大量存在，限制了工业劳动力的来源，同时由于自耕农无力改进农业技术，农业产量得不到提高，也影响国内市场的扩大。高额的地租收入吸引着地主，他们无心从事商品农业，妨碍了资本主义农业的发展。其次，法国工业结构中小型企业大量存在，高消费品、奢侈品生产占的比重过大，经营规模过于分散，加之高利贷资本活跃，工业资本紧缺，这些都不利于工业企业的扩大生产。18 世纪上半期，法国在同英国的争霸中失利，丧失了原有的大片殖民地，使其海外市场和原料产地与英国相比相对减小。法国煤铁资源贫乏，能源短缺，工业成本必然昂贵，也影响了法国工业品的国际竞争力。尽管如此，从 19 世纪 20 年代起，法国的工业革命还是得到了较快发展。机器和工厂制度最先在纺织业各部门得到推广。到 1848 年革命前，全国棉纺织机已达 11.6 万台，丝织机达 9 万台，大型棉纺织厂达 566 家。1820 年时，全国只有 39 台蒸汽机；到 1848 年达到 5200 台，1869 年又猛增到 3.2 万台。19 世纪三四十年代，新设备、新技术开始推广到重工业部门，冶铁业开始用煤代替木炭作燃料，还出现了鼓风高炉，推广了搅炼法，使生铁和钢产量大大提高。煤产量从 1815 年到 1848 年提高了 4.5 倍。在金属加工业中，出现了汽锤、滚轧和切削机床，初步奠定了机器制造业的基础。19 世纪 30 年代法国建成了第一条铁路，到 40 年代末，铁路总长度接近 2000 公里。19 世纪 40 年代，法国几乎所有的工业部门都确立起工厂制，其工业生产仅次于英国，居世界第二位。第二帝国时期是法国工业革命的完成阶段，改革重心转向重工业。19 世纪 50～60 年代，法国的工业总产值翻了两番。钢铁产量大幅度增加，蒸汽机使用更加普遍，铁路建筑尤为突出，到 1870 年铁路总长度接近 1.8 万公里，连接全国的铁路网基本建成。到 60 年代末，大机器生产已成为法国工业生产的主要形式，法国工业革命基本完成。由于种种不利因素的影响，法国工业革命的规模和成就不能与英国媲美，法国工业革命的速度也远不及同期的美国和德国。

美国的工业革命几乎是与法国同时开始的。美国具有得天独厚的发展工业的条件。资产阶级共和制为工业革命创造了必要的政治前提；优越的地理环境，使其免受欧洲战乱之害，有利于工业生产的稳定发展；国内资源丰富，市场广阔，加之殖民地时期工场手工业的发展以及封建势力、传统势力微弱，这些都大大有利于新技术、新发明的推广；奴隶贸易的惊人利润，西部土地的开发以及联邦政府实施的国债政策，既促进了资本的原始积累，又有利于国内市场的扩大；欧亚移民的大量涌入，不仅提供了劳动力，还带来了先进技术和生产经验。这些优越条件，使美国的工业革命在19世纪以后迅速发展起来。美国工业革命最先开始于棉纺织业，1790年，移居美国的纺织工人斯莱特仿制出英国式的水利纺纱机并在罗德艾兰建起美国第一家纺纱厂，揭开了美国工业革命的序幕。第二次对英战争(1812～1814年)后，美国工业革命全面展开，工业高速发展。工厂制从棉纺织业向其他工业部门迅速发展。冶金业兴起。匹兹堡成为著名的冶金中心。到1860年，美国铁产量接近100万吨，煤产量达1800多万吨。以发明机器和广泛使用机器来补充劳动力的不足，是拉动美国工业革命发展的重要因素，也是美国工业革命进程中的一个显著特点。美国在引进英国先进技术的设备后，加以创造性的改进，从而研制出更为先进的机器。在美国政府实施的专利制度的保护下，轧棉机、缝纫机、收割机、电报机纷纷发明出来。由于美国采用和推广机器零部件的标准化生产方法，因此降低了机器的成本，促进了机器制造业的发展和机器的普及。与西进运动密切联系、相互促进，是美国工业革命独具的特点。西部的开发为东部工业发展提供了粮食和原料，也为东部制造业提供了国内市场；特别是西部的地理条件适合机械化的大农业生产，使美国在农业机械化方面，走在了其他各国的前列。在1851年伦敦世界博览会上，美国展出的农业机械模型的数量居世界之冠。交通运输业发展的迅速，是美国工业革命的又一大特点，也是美国工业革命快速发展的原因之一。19世纪30年代伊利运河和其他运河的开凿，把密西西比河、五大湖和大西洋连接成一体。1852年坎布兰大道竣工，又在陆上打通了一条沟通东西的交通要道。与此同时，从30年代起，在全国掀起修筑铁路的高潮，由政府资助，建成五条横贯北美大陆铁路干线。这样，经过几十年的努力，以铁路为骨干的全国大陆运输网建成了。19世纪50年代末，资本主义工厂制度在美国主要工业部门已占主导地位，工业革命完成。到60年代美国一跃成为仅次于英国的世界工业强国。

德国的工业革命比英、法、美三国起步晚。从19世纪30年代起，德意志一些地区工业发展速度显著加快，开始了工业革命。1848年以前是德意志工业革命的初级阶段，工业革命进程缓慢。19世纪五六十年代，德意志工业革命进入了发展的时期，这一时期，纺织工业处于领先地位，重工业也迅速发展起来。开发新矿山、修建新铁路、建立新工厂的投资热潮盛极一时。到60年代末，工厂制度已在各先进工业区占主导地位。普法战争后德国完成了统一。政治经济实力的增强，加快了德国工业革命的进程。70年代末，德国工业革命最终完成，德国成为一个以重工业为主导的资本主义工业强国。与其他国家相比，德国工业革命具有以下显著特点：第一，工业革命过程中，以铁路修筑为中心的交通运输的革新一直处于领先地位，推动了其他工业部门的变革。第二，德国工业发展的重心较早地从轻工业转向重工业，从而建立起雄厚的工业基础，为工业革命的全面发展起了保证作用。第三，国家政权积极干预，大力推进工业革命的进展。以普鲁士为例，邦政府制定多项措施，保护和发展民族工业，并且积极推行教育改革，普及教育，提高国民文化素质，充分发挥智力作用。第四，德国工业革命时间短，速度快，成就大。1848 年革命后，德国工业革命蓬勃发展，50～60 年代出现高潮。到 70 年代末工业革命完成，时间跨度仅仅 30 年。1870 年，德国工业生产占世界工业生产总值的 13.2%，超过了法国，居欧洲大陆各国之首。1872 年，全国铁路总长度达 2.24 万公里，超过了法国和英国。70 年代末，德国成为一个以重工业为主的工业强国。

工业革命在西欧和北美轰轰烈烈进行的同时，也在向其他地区扩展。19 世纪中期，俄国、日本等国开始了工业革命。俄国的工业革命开始于 19 世纪三四十年代，此时英国的工业革命已基本完成，英国的机器大量输入俄国，促使了俄国工业革命的开展。俄国的工业革命也是从棉纺织业开始的。1861 年农奴制废除，为资本主义经济发展提供了劳动力、资金和国内市场。60～80 年代，工业革命进程大大加快。到 80 年代末，大机器生产在主要生产部门已占主导地位，俄国工业革命基本完成。特殊的历史条件造成了俄国工业革命的特点：第一，俄国工业革命受到农奴制及其残余的束缚，进展缓慢，而且在工农业中都保留了大量的封建残余，使之在广度和深度上，远远落后于西欧各国和美国。第二，俄国工业革命主要依靠外国资本输入和机器引进，许多大型企业特别是重工业从创建之始便被外国资本操纵，对外有很强的依赖性。第三，工业发展不平衡和技术落后。俄国劳动力低廉，劳动密集型企业居多，资本家宁愿多雇工人，而不愿更新设备；俄国文化教育落后，工人劳动素质较差，因此俄国的技术革新慢，生产效率与欧美先进的国家相比较低。俄国没有建立起发达的机器制造业，影响了企业设备的更新。俄国的工业革命从地域上看，工业企业大多集中在俄欧地区，东部和东南部边远地区明显落后。在产业结构上，轻工业和消费资料的生产发展迅速，重工业和生产资料的生产发展迟缓，交通运输业明显落后。工商业发展不平衡，农业机械化起步晚。在工业内部，机器生产的大工厂与手工劳动长期并存。这些都成为俄国经济发展的制约因素，是使其远远落后于英、法、德、美等国的原因。

工业革命是世界整体化的推动力量，工业革命的发展和完成促使世界整体化的新高潮的到来。

第一，工业革命造成了人类相互依赖的物质基础，密切了国际交流，扩大了新兴工业世界的范围。

如前所述,工业革命是一次规模巨大的生产技术变革。工业革命过程中,生产各个环节的革新环环相连,相互促进。由纺织业开始,各个部门互相联系,引起一系列变革,促使新兴工业部门兴起;工业生产的飞跃又引起农业技术革新和资本主义大农业的兴起及发展。同时,由濒临大西洋的英国开始的这场技术革新,以迅雷不及掩耳之势,冲破种种阻力,打破国界、洲界,越过大洋,向欧、美及亚洲扩展。法、美、德、俄、日以及其他国家、地区的工业革命相继开展和陆续完成。工业革命深入和扩展的过程,就是先进技术、设备和先进生产方式不断传播的过程。1825 年以后,英国解除机器输出禁令后,大批机器和先进技术被引进法、德、美、俄等国,推动了这些国家工业革命的全面开展,同时也刺激了英国机器制造业的发展。美国正是由于在引进英国先进技术的设备时,不是简单的照搬和模仿,而是加以创造性的改进,从而迅速地研制出更为先进的机器,这是美国工业革命的一大特点,也是美国机器制造业发展较快、工业革命进展迅速和成就突出的重要原因之一。特别在农业机械化方面,美国迅速赶超英国。从 1820 年马拉耘田机问世以后,玉米栽种机、谷物捆扎机和其他各种搬运机械相继出现。其中,马拉收割机是当时世界上最先进的,其效率比英国的收割机快 2 倍多。到 1855 年美国共有这种收割机 1 万台。在农业机械化方面,美国走在了世界前列。化学肥料发明于德国,很快传到别国。化学肥料的广泛使用,又推动了德国化学工业的发展,使其成为一个强大的新兴工业部门。同样,交通运输革命是从英国开始的,但自从英国人开凿第一条运河——桑基布普克运河开始,美国紧步其后掀起了开凿运河的高潮。从 1825 年英国修了第一条铁路,很快在欧洲和北美也兴起了修筑铁路的热潮。交通运输业的革新,不仅加强了各国国内各地区的联系,而且使世界各国各地之间的交往更加频繁和便利,为世界经济走向整体化准备了条件。俄国的工业革命起步较晚,始于 19 世纪前期,是在英国工业革命完成,法国、比利时工业革命正在深入发展之时,由于国家间的联系和彼此影响,这些国家的经验和榜样对俄国工业革命起了积极推动作用,外国资本和机器的大量输入是俄国工业革命的重要条件和一大显著特点。日本的“殖产兴业”也是明治政府中那些掌握政权的中下级武士和贵族改革派在赴欧美考查后,在受到启发的基础上将加速扶植和发展资本主义确定为基本国策之一的。正是在此政策指导下,借鉴先进国家的经验和技术,日本在短短的 40 年中从一个封建落后的农业国一跃而成为先进的资本主义农业、工业强国。

马克思说:“历史中的资产阶级时期负有为新世界创造物质基础的使命:一方面要造成以全人类互相依赖为基础的世界交往,以及进行这种交往的工具;另一方面要发展人的生产力,把物质生产变成在科学的帮助下对自然力的统治。

资产阶级的工业和商业正为新世界创造这些物质条件。”①

工业革命带来生产力的飞跃发展，加速了各国、各地区间的商业流通，促进了各国、各地区的经济进一步发展。美国南方生产的大量优质棉花是英国棉纺织业发展的重要支柱，同时，这一地区又成为英国工业品的广阔市场。美国棉花与英国工业品的交易，成为两地经济发展的重要因素。工业革命促进国际间人口和资金的流动。外国移民大量涌入美国，不仅为美国工业革命提供了大批自由劳动力，而且带来了欧洲先进的生产技术，成为美国工业革命的重要人力资源。如制造美国第一架水力纺织机的塞缪尔·斯莱特就是英国移民，而无烟煤炼铁法也是由德国移民首先实验成功的。正是由于英国、荷兰、比利时等国的大量资金多渠道地投入德国工业，解决了德国工业革命中资金短缺的问题。外国资本在俄国工业革命中的重要作用更是不言而喻的。路德维希·努督是英国一家公司的代理人，经他之手用英国资本在俄国共建了122个纺织厂，其中由他直接经营的克兰霍姆工厂是俄国，也是欧洲最大的棉纺织厂，因此该地被称作“俄国境内的一块英国领土”。

工业革命引起交通运输业的技术革命，汽船、火车等的先后发明，使人际关系、国际交往日趋密切，致使古代、中世纪时代国与国之间的茫无所知的状况，变为“天涯若比邻”；地球似乎变小了，人们的活动范围扩大了。这种变化促进了先进生产技术和生产方式的传播，促使了国际间的人口流动和资本流动，扩大了新兴工业世界的范围，带动了世界经济的变化和发展。正如法国史学家保尔·芒图所说：“……大工业在其发源地继续发展下去的同时，全世界大工业也已经开始发展。它在大陆上出现了。它的历史不再是英国的历史，它的历史已成为欧洲的历史了，后来又成为全世界的历史。”②

第二，工业革命促进了国际工人阶级的联合和斗争，促使了国际共产主义运动和民族运动的汇合。

无产阶级的形成是工业革命的一个重要后果。工业革命给工人阶级带来了苦难，大机器生产使工人丧失了劳动上的主动性、创造性；大批手工业者的破产，大量女工和童工的使用，庞大的失业大军的形成，对在业工人造成威胁。因此，工业革命进展的过程，是工人阶级愈发受剥削压迫奴役的过程，同时也是工人阶级力量逐渐增强，并在斗争中觉悟不断提高的过程。到19世纪60年代，欧洲产业工人已达847万人，此外还有手工业工人1123.5万人。相同的社会地位、共

① 《马克思恩格斯全集》第9卷，人民出版社1961年版，第252页。

② [法]保尔·芒图著，杨人楩等译：《十八世纪产业革命：英国近代大工业初期的概况》，商务印书馆1983年版，第389页。

同的阶级利益将他们联系在一起。特别在经济危机的年代里，当资产阶级采用从国外招雇廉价劳动力的办法破坏工人的罢工斗争时，工人阶级更清楚地认识到各国无产阶级利益的一致性和加强国际团结的必要性。19 世纪 40 年代第一个以科学社会主义为指导的、国际性的无产阶级革命政党——共产主义者同盟的建立和《共产党宣言》的发表，把各国无产阶级团结在共产主义的旗帜之下，国际共产主义运动潮流形成。各国工人阶级的斗争逐渐改变了分散的状态，日益带有国际性的特点。60 年代国际工人协会的成立是无产阶级国际主义团结的日益增强的成果，同时又成为促进国际无产阶级联合斗争及加强无产阶级斗争与民族解放运动联系的纽带和桥梁。反对资本主义剥削和反对殖民主义的斗争逐步汇合，融为一体，形成一股巨大的历史潮流，不断冲击着资本主义制度。

第三，工业革命改变了世界格局，促进了资本主义世界体系的形成。

工业革命使西欧先进国家摆脱了传统的农本经济，工业产量和对外贸易大幅度增长，从而使长期以来保持的亚欧大陆农耕世界东西两端发展大体相当的局面遭到破坏，失去平衡。随着工业革命的深入和扩展，资本主义生产方式在欧美先进国家确立。最大限度地追求剩余价值和利润是资本主义生产的唯一目的，它驱使资产阶级奔波于世界各地，最大限度地占有原料产地和销售市场，成为列强向外扩张的动力。工业革命使欧美列强的经济和军事实力不断增强，与固守农本的国家相比，它们取得了经济上的优势，积累了向外扩张的物质力量。正是在这种时代条件下，19 世纪中叶以后，西方资本主义国家向全世界进行了大规模的扩张。在此猛烈的冲击下，各农业国家貌似坚固的“长城”被冲垮，关隘被攻破，原有的经济状态和政治统治被迫发生了变化。历史发展的大趋势把世界分成了两部分：西欧、北美国家以及俄国、日本等通过革命或改革摆脱农本经济的旧轨，实现了资本主义工业化，进入资本主义时代；亚、非、拉的多数国家则在列强的炮舰下失去了抵御能力，沦为欧美资本主义列强的殖民地半殖民地，成为资本主义的国际市场、原料产地和劳动力的供应地，成为它们投资的场所、牟利的乐园，成为资本主义经济的附属。

资本主义列强的扩张，促进了本国资本主义经济的发展，对亚、非、拉国家则带来双重影响：一方面，列强的血腥侵略和残酷的殖民掠夺，使当地人民蒙受深重的灾难，造成这些地区长期的贫穷；另一方面，列强在经济侵略的同时，不可避免地把先进的工业生产技术、科学知识和先进的思想观念一并带入这些国家和地区。马克思曾说：“英国在印度要完成双重的使命：一个是破坏性的使命，即消灭旧的亚洲式的社会；另一个是建设性的使命，即在亚洲为西方式的社会奠定基础。”[①]亚、非、拉各国原有的以农本经济为基础的社会经济结构和社会体制受到强烈冲击，资本主义生产关系得以发展。尽管前进的路程多坎坷，发展的速度很缓慢，但发展仍是主流。亚、非、拉殖民地半殖民地国家在为资本主义列强提供原料、劳动力和市场的同时，本国的某些产品或半成品也流入国际市场，加入了国际经济大循环，成为资本主义世界经济体系的组成部分。

工业革命使世界形势发生了根本性的变化，随着工业革命的深入和扩展，资产阶级革命和改革运动超出了西欧和北美的范围，以空前的广度开展起来，资本主义先进生产方式在欧美国家最终确立。与此同时，随着资本主义列强在全球的扩张，亚、非、拉广大地区被迫卷入资本主义体系之中，成为资本主义经济的附属。到 19 世纪 60～70 年代，资本主义世界体系初步形成。“过去那种地方的和民族的自给自足和闭关自守状态，被各民族的各方面的互相往来和各方面的互相依赖所代替了”[②]，世界历史进入了一个新阶段。追根溯源，工业革命是导致世界发生如此巨大变化的原动力。

【导　读】

1. [法]保尔·芒图著，杨人楩等译：《十八世纪产业革命：英国近代大工业初期的概况》，商务印书馆 1983 年版。该书通过叙述经济史实，分析了产业革命前夕工场手工业发展的状况和农业上的变化，论述了发明和大企业的关系、产业革命的经济和社会后果，对资本主义国家的经济理论的转变如自由放任政策的确立等都有一定的评价。但书中对资产阶级制度批评不够。

2. [美]保罗·肯尼迪著，陈景彪等译：《大国的兴衰：1500～2000 年的经济变迁与军事冲突》，求实出版社 1988 年版。该书以经济、军事为中心，评述了 1500 年以来各大国的政治、经济和技术对它们地位的影响，其中第 1 编和第 2 编叙述了工业革命前后的世界形势，第 2 编的第 4 章着重分析了工业化及列强的力量对比。

3. [英]R. G. 甘米奇著，苏公隽译：《宪章运动史》，商务印书馆 2013 年版。该书分为 14 章，是关于宪章运动史的第一部专著，记载的内容十分广泛，从宪章运动的开始到失败，从运动的宣传到运动领导人的演讲，既有对政治活动的记载和评价，也有对宪章运动领导人个人的评论。因为作者亲自参加了运动，并站在人民的立场上讴歌英国工人阶级不屈不挠的斗争精神，引用的资料又十分可靠，从而使人感到该书内容丰富，观点较为正确，是学习和研究宪章运动史的重要参

① 《马克思恩格斯全集》第 9 卷，人民出版社 1961 年版，第 247 页。

② 《马克思恩格斯选集》第 1 卷，第 276 页。

考书。但作者对宪章运动的性质评价不足，对宪章运动失败的原因分析不够。

4. [英]H. G. 韦尔斯著，梁思成等译：《世界史纲》，上海人民出版社 2006 年版。参阅其中的第 8 编。

5. 林举岱：《英国工业革命史》，上海人民出版社 1979 年版。

6. 张友伦、李节传：《英国工业革命》，天津人民出版社 1980 年版。

7. 王民同：《英国工业革命》，商务印书馆 1980 年版。

8. 宋则行：《外国经济史》（近现代），商务印书馆 1983 年版。

9. [英]罗伯特·艾伦著，毛立坤译：《近代英国工业革命揭秘：放眼全球的深度透视》，浙江大学出版社 2012 年版。

10. 杨异同等编著：《世界主要资本主义国家工业化的条件、方法和特点》，上海人民出版社 1959 年版。

11. [德意志联邦共和国]鲁道夫·吕贝尔著，戴鸣钟译：《工业化史》，上海译文出版社 1983 年版。参阅第 4 卷。

12. 钱乘旦：《工业革命与英国工人阶级》，南京出版社 1992 年版。

13. 沈汉：《英国宪章运动》，甘肃人民出版社 1997 版。

14. [英]约翰·K·沃尔顿著，祁阿红译：《宪章运动》，上海译文出版社 2003 年版。

15. [英]E. 罗伊斯顿·派克编，蔡师雄等译：《被遗忘的苦难：英国工业革命的人文实录》，福建人民出版社 1983 年版。

16. [德]弗·梅林著，樊集译：《马克思传》，人民出版社 1965 年版。

17. 列宁：《马克思主义的三个来源和三个组成部分》，见《列宁选集》第 2 卷，人民出版社 1995 年版。

18. 恩格斯：《社会主义从空想到科学的发展》，见《马克思恩格斯选集》第 3 卷，人民出版社 1995 年版。

【思考与讨论】

1. 试论英国最早产生工业革命的原因。
2. 试论工业革命和技术革命的关系。
3. 试论工业革命的后果。
4. 简述早期资产阶级和无产阶级的斗争。
5. 简述马克思主义产生的历史背景。
6. 试分析《共产党宣言》的主要内容及重要意义。
7. 试比较美国、法国、德国、俄国工业革命的特点。

第四章 世界两大政治体系的裂变

热月政变之后，法国大革命的高潮开始退去，克服混乱和巩固资产阶级革命的成果已成为法国人民群众的迫切要求。在对外战争中崭露头角的拿破仑于1799年发动“雾月政变”，夺取了法国政权，并于五年后即1804年加冕称帝，建立法兰西第一帝国。拿破仑统治法国后，一面采取强有力的措施，建立集权体制，稳定社会秩序，创造了有利于资本主义发展的国内环境；一面继续进行和英、俄、普、奥为首的欧洲敌对势力的战争。他奇迹般地粉碎了五次反法同盟，占领了欧洲大陆的广大地区，沉重打击了欧洲各君主国的封建统治，使法国大革命的原则到处生根发芽。但是，拿破仑依靠武力和高压政策建立起来的霸权注定不能持久，它遇到了来自帝国内外的各种反抗。在1813年法国和第六次反法同盟的莱比锡会战中，拿破仑遭受到决定性的失败，并即刻导致了帝国的覆灭。不甘失败的拿破仑虽力图东山再起，然终归徒劳，帝国的辉煌遂成为明日黄花。在打败拿破仑后，战胜国代表齐集奥地利首都维也纳，召开了一次瓜分拿破仑帝国遗产和重建欧洲封建秩序的国际会议。经过长时间的争执，欧洲列强就正统主义的原则、遏制和补偿原则达成妥协，制定出会议的总决议，从而建立起以大国实力均衡为基础、以君主制为核心的维也纳体系，并使神圣同盟和四国同盟成为该体系的重要支柱。这就表明，由欧洲继续主导世界事务的新的格局已经形成。与此同时，大洋彼岸的美洲巨变向刚刚出世的欧洲维也纳体系提出了挑战。

在经历了西班牙和葡萄牙三百多年的殖民统治后，拉丁美洲社会发生了巨大的变化。由于资本主义因素的成长、民族意识的觉醒、资产阶级启蒙学说和美国革命的影响以及欧洲宗主国局势的动荡等原因，拉丁美洲独立运动于19世纪初蓬勃兴起，并很快诞生了一批独立国家。拉丁美洲革命全面胜利的曙光为当时的国际关系注入了新的生机。对此，以维护封建正统为己任的欧洲神圣同盟惶恐不安，多次图谋干涉拉丁美洲革命。海上强国英国也借机扩大贸易，加强对拉丁美洲的经济渗透。美国出于自身利益的需要，于1823年发表了以美洲体系原则为核心的政策声明（即《门罗宣言》），申明美国不准欧洲国家干预美洲事务的态度和立场。这一政策的提出，客观上支持了拉丁美洲各国的独立运动，动摇了欧洲独霸世界的地位，在西半球初步形成了与欧洲体系分庭抗礼的以美国为主导、共和制为核心、地缘政治为纽带的美洲体系。从此，欧洲大一统的国际格局不复存在，世界开始分裂为两大体系即欧洲维也纳体系和美洲体系。

19 世纪初以后，工业革命已越出英国一国的疆界，在欧美各地得到越来越广泛的传播，法国大革命对世界的影响也日益显著地发挥出来。资本主义的发展使资产阶级获得了前所未有的改造世界的力量，于是，资产阶级革命和资产阶级改革运动开始由过去的涓涓细流汇合成不可阻挡的汹涌潮流，更加猛烈地动摇了旧制度的统治根基。欧洲的维也纳体系正是由于受到这股历史潮流连续不断的冲击，到 19 世纪中后期冰消瓦解。1871 年德意志统一的实现便是维也纳体系完全终结的重要标志，德国一跃而成为欧洲大陆的强国和中心，对国际关系产生了深远的影响。随着资产阶级革命和改革运动的胜利，资产阶级稳固地掌握了政权，资产阶级的意识形态——自由主义上升为社会的主流思想，并导致了资本主义制度的确立。远在亚洲东方的日本，通过明治维新，也迈上资本主义发展的道路。大西洋彼岸的美国在内战前夕已基本完成大陆扩张，它在加速西部开发的同时，又把扩张的视线投向太平洋深处，并形成较为系统的海洋扩张理论。内战虽然暂时中断了美国向太平洋扩张的进程，但内战期间美国完成了向“大海军”战略思想的转变，并开始向发展海外利益的“大政策”即“门户开放”式的扩张政策靠拢。因此，从对外扩张的角度来看，内战无疑是美国告别旧时代、走向新时代的转折点。

在同一时期，以英、法为代表的西欧资本主义列强挟工业革命后拥有的经济优势和军事优势，积极地入侵亚洲和非洲，使亚非广大国家和地区被迫加入资本主义的世界市场体系之中，亚非人民成为东西方不平等贸易的牺牲品。亚洲和非洲的进一步殖民地化、半殖民地化以及民族危机的加深，是这一时期世界整体化潮流中引人瞩目的现象。

一、拿破仑帝国的兴亡与欧洲政治格局的重建

1799 年，31 岁的拿破仑·波拿巴将军发动“雾月政变”，夺取了政权。在他以第一执政的名义统治法国的最初五年，实现了社会的稳定，顺应了法国人民克服混乱和巩固大革命成果的要求，为法国的资本主义制度进一步发展奠定了基础。

1800 年，拿破仑颁布行政法令，整顿了大革命期间的政区，削减了地方选举的各级议会的权力，加强了中央集权。1801 年，他同罗马教皇签订《教务专约》，宣布天主教是“大多数法国人的宗教”，国家掌管教会的世俗权力，而教皇的职权

则限制在宗教事务范围内。这实际上是在维护革命成果的基础上对天主教进行改造。拿破仑采取了一些有利于资本主义发展的财政经济措施。1800 年组建法兰西银行,次年成立全国工业促进会,为工业提供补贴和机器设备,鼓励采用新技术。在对外贸易上实行保护关税的政策。1799～1802 年,法国外贸总额增长了 2.4 亿法郎。

拿破仑的统治虽有浓厚的专制色彩,但他又十分重视法制建设。1804 年 4 月正式公布实行的《法国民法典》(1807 年改名为《拿破仑法典》)就是他本人不断督促和指导的结果。法典共有 2281 条之多,详细规定了资本主义的财产制度和公民平等的原则,保证私有财产不受侵犯,规定了一系列保障契约自由和契约法律效力的条款。恩格斯称它是一部"典型的资产阶级社会的法典"[①]。

拿破仑所取得的成就使他受到国内各阶层普遍的欢迎和支持,这种情况反过来又刺激了他强烈的权力欲。1804 年 12 月,拿破仑终于如愿以偿,在巴黎圣母院加冕称帝,号称"拿破仑一世",建立了法兰西第一帝国,即拿破仑帝国。帝国建立后,政体和官制有所变化,但在基本政策上,拿破仑仍然坚持执政府时期的施政方针。过去的第一执政专权演变为皇帝专断。

拿破仑的政治生涯是同对外战争紧紧联系在一起的。他从 1799～1815 年多次领导了对反法同盟的战争。前期进行的战争主要是由欧洲封建君主国企图扑灭法国大革命而引起的,所以这一时期的拿破仑战争的主要方面是正义的和进步的,是大革命时期法国同欧洲封建势力进行生死斗争的继续。拿破仑在政变后鉴于国内局势的混乱,起初曾向英、俄、奥三国君主建议停战,在遭到拒绝之后,他转而进行了应战的准备,采取了卓有成效的外交部署:稳住普鲁士的中立地位,争取俄国退出反法同盟,全力摧毁奥军,然后集中力量打击英国。

1800 年 6 月,拿破仑率军击溃驻意大利的奥军,进逼奥地利南部,迫使奥地利于 1801 年 2 月同法国签订《吕内维尔和约》,承认法国对莱茵河左岸地区的占领以及对比利时和意大利北中部地区的占领,法国则同意奥地利继续占有威尼斯。法军战胜奥地利,促成了第二次反法同盟的解体。俄国退出了同盟,普鲁士保持了中立,而且由于英国在海上实行的封锁政策损害了它们的利益,以致它们同瑞典、丹麦共同组成了针对英国的保护商业同盟。

在军事和外交上受到孤立的英国不得不同法国进行和平谈判,其结果就是 1802 年 3 月签订的《亚眠和约》。和约规定:英国将近年来夺得的一部分殖民地交还给法国及法国的盟国西班牙和荷兰,只保留锡兰和特立尼达,并保证英军在三个月内撤离马耳他岛。法国撤出那不勒斯,并把埃及交还给土耳其。《亚眠和

① 《马克思恩格斯选集》第 4 卷,第 253 页。

约》是英国的一次失败，它承认了法国对荷兰和整个莱茵河左岸的控制。但是，《亚眠和约》所带来的和平是短暂的。1805 年 4 月，英、俄两国在圣彼得堡签订同盟条约，不久奥地利、瑞典和那不勒斯相继加入。于是，第三次反法同盟建立，欧洲战端再起。同年 10 月，法西联合舰队在特拉法加海角与纳尔逊率领的英国舰队展开激战，结果法西联合舰队几乎全军覆没，英军仍掌握着制海权，这使拿破仑不得不放弃渡海攻打英国本土的企图。但在欧洲大陆战场上，拿破仑的军队却连战连捷。10 月，法军在乌尔姆击溃奥地利军队；11 月，攻陷维也纳；12 月 2 日，法军与俄奥联军在奥斯特里茨进行决战，俄奥联军受到重创。第三次反法国同盟又告失败。拿破仑迫使奥地利签订《普雷斯堡和约》，向法国大量赔款，并承认巴伐利亚、符腾堡和巴登成为独立王国。自此，奥地利在德意志原有的势力范围丧失殆尽。

伴随着战场上的节节胜利，由拿破仑统治的、远远超出法国疆域的大帝国建立起来。拿破仑采取了许多措施巩固这个庞大帝国。1805 年，他兼任意大利国王，任命他的兄弟分别为那不勒斯和荷兰国王。1806 年 7 月，将德意志南部和西部的 14 个邦（后增至 16 个）组成“莱茵同盟”，由拿破仑任“保护人”。随后又宣布“莱茵同盟”退出德意志帝国，久已名存实亡的“神圣罗马帝国”正式在欧洲政治舞台上消失，旧的欧洲秩序的最后一件外衣不复存在。

拿破仑在德意志的扩张和对欧洲霸权的图谋，使过去实行中立政策的普鲁士感受到严重的威胁，英、俄等国也继续对法国抱有敌意。1806 年 9 月，以英、俄、普为主组成第四次反法同盟。10 月，拿破仑率军出征，在耶拿战役中给普军主力以毁灭性打击，接着攻占了柏林。1807 年 6 月，又在东普鲁士击败俄军。7 月，沙皇亚历山大一世和普王威廉一世分别与拿破仑签订了《提尔西特和约》。根据和约，俄国承认了“莱茵同盟”以及法国在意大利、德意志、荷兰的全部行动，退出反法同盟。和约对普鲁士十分苛刻。除保留东普鲁士、波美拉尼亚、勃兰登堡和西里西亚外，普鲁士丧失了其余大片领土，还要向法国赔款 1 亿法郎。条约使普鲁士统治的人口从 1000 万降到 493 万。

《提尔西特和约》的签订，宣告了第四次反法同盟的失败。但是它也表明拿破仑对外战争的性质已发生变化，它完全成为拿破仑争夺欧洲霸权的非正义战争了。

在打败欧洲大陆上的敌手后，拿破仑全力对付英国。还在 1806 年 11 月，拿破仑在柏林就宣布《大陆封锁令》，禁止大陆各国与英国通商。1807 年 10 月，拿破仑在巴黎近郊枫丹白露行宫再次发布敕令，强化大陆封锁政策。同时，拿破仑借口防止英国与大陆从事走私贸易，出兵占领了葡萄牙和西班牙，任命他的亲族为西班牙国王。

1809年7月,拿破仑又粉碎了英国与奥地利组成的第五次反法同盟,奥地利被迫与法签订和约,向法国赔款7500万法郎,割让部分领土。这一年,拿破仑还将罗马和教皇的其他领地并入了法国,教皇被迫迁入法国,形同囚徒。同时,荷兰以及整个北海沿岸地区(包括汉堡、不来梅、卢卑克三个自由市和奥尔登堡公国)也都归并法国。至此,拿破仑占领的欧洲大陆领土已相当于本国面积的3倍,统治的外国人口达到7500万,约占全欧洲大陆人口的一半。拿破仑帝国达到了它的鼎盛时期。

拿破仑在军事上取得辉煌胜利,有下面几个原因:第一,从社会制度上看,资本主义的法国要比欧洲其他落后的封建君主制国家优越。第二,法国军队诞生于法国大革命的急风暴雨之中,法军的主要成分是在革命中获得了土地的自由农民,军队内部打破了等级观念,许多军官是从平民阶层提拔的,因此这支队伍作战目的明确,战斗力较强。第三,法军采用了新型的战略和战术,如散兵队形、各个击破等先进的作战方式,而敌国军队仍然固守陈旧落后的线式队形。第四,法国的邻国大多不是中央集权的强国,而只是些小公国与侯国,德意志和意大利还处于分裂状态,内部矛盾重重,削弱了同法国对抗的力量。第五,各国人民反对本国封建统治的斗争有力支援了法军。第六,具有卓越军事才能的拿破仑的个人作用也是不能低估的。

但是拿破仑帝国的强盛是不巩固的,它面临着各种不可调和的矛盾。拿破仑从占领区掠夺大量财富运回法国,实行以战养战的政策,大部分军费和军用物资都取自占领区,迫使当地居民充当炮灰,这就激化了同这些被占领区的民族的矛盾。从1808年起,欧洲各被压迫民族掀起的反拿破仑帝国的民族解放运动逐渐高涨。西、葡人民顽强的游击战争牵制了拿破仑20万人的精锐部队。德意志地区和意大利半岛地区人民起义风起云涌,沉重地打击了拿破仑的统治。在《提尔西特和约》中蒙受屈辱的普鲁士,进行了资本主义性质的改革,国力迅速增强。所有这些反抗运动是拿破仑所无法遏制的。

无休止的对外战争,给法国人民也带来沉重灾难。1800～1813年,拿破仑征兵达150万人,致使田园荒芜,农业凋敝,激起了农民的强烈不满。大陆封锁政策非但没能制裁英国,反而使法国原料缺乏,工业停产,工人失业,市场萎缩,严重地损害了法国资产阶级的利益。拿破仑在国内的社会基础日益削弱,帝国的统治发生危机。但是迷信强权的拿破仑仍然一意孤行,他决定远征与大陆体系作对的俄国,以新的对外征服来加强自己的地位。

1812年6月23日,拿破仑率领60万大军,携带1300多门大炮渡过涅曼河,侵入俄国领土。俄国的防卫部队仅有18万人,难以应敌,只好后撤。法军长驱直入,进逼莫斯科。9月7日,俄法军队在莫斯科以西激战,俄军在著名统帅库图佐夫的率领下,多次击退法军的进攻。此次战役,俄军损失 38000 人,但是法军也付出了损失 58000 人的代价。为了保存实力,库图佐夫率军撤离了莫斯科。9 月 14 日,拿破仑的军队进入莫斯科,但迎接他们的是一座空城。俄国军民到处开展游击战争,打击敌人。拿破仑被困在空城里,不断遭到游击队的袭击,昼夜不得安宁,粮食军火又日渐匮乏,气候也渐渐寒冷,于是不得不下令撤离莫斯科。法军在撤退途中,时刻遇到游击队的狙击,伤亡惨重。俄国人民实行坚壁清野的策略,将法军途经的村舍焚毁,把粮草埋藏起来。法军陷入饥寒困苦的境地,死伤累累,溃不成军。这时,俄军已经完成了休整,在追击过程中有力地打击了敌人。拿破仑逃到俄国边境涅曼河时,只剩下了 2 万余人,拿破仑几乎是只身逃回巴黎。侵俄战争的失败,是拿破仑帝国由盛到衰的转折点。

1813 年,英、俄、普、奥、西、葡、瑞等国组成第六次反法同盟。10 月 19 日,拿破仑在莱比锡与反法联军进行一场大会战,结果拿破仑遭到失败。1814 年 3 月底,联军攻占巴黎。几天之后,拿破仑被迫退位,并被囚禁到地中海上的厄尔巴岛。1814 年 9 月,战胜国在维也纳召开会议,讨论欧洲秩序的重建问题。会上列强因分赃不均发生了分歧。拿破仑得知消息后于 1815 年 3 月逃出厄尔巴岛,集结旧部重新占领巴黎,发动了"百日政变"。英、俄、普、奥立即组织了第七次反法同盟。6 月 18 日,联军在比利时境内的滑铁卢大败拿破仑军队。拿破仑又被放逐到南大西洋的圣赫勒拿岛(1821 年 5 月在该岛去世)。至此,拿破仑企图改变欧洲版图、称雄欧洲的计划宣告彻底失败。

反拿破仑战争的需要使欧洲英、俄、普、奥四大国暂时联结在一起。然而,随着战争的结束,同盟各国的团结变得难以维系,出现了新的国际格局。俄国沙皇亚历山大一世以"欧洲和平仲裁人"自居,企图扮演拿破仑的角色,称霸欧洲;英国力图保持欧洲均势,既要防止法国东山再起,又要阻挠俄国取代法国;奥地利和普鲁士争夺德意志霸权的斗争十分激烈;而那些被拿破仑征服的欧洲各国大大小小的王室,分别依附于欧洲列强,都在力图恢复旧日的统治。但是,战胜国在经历了长时期的破坏性的战争后都无意和无力发动一场新的战争。在此背景下,战胜国在维也纳召开了一次国际会议,并最终形成了新的国际政治体系,即维也纳体系。

维也纳会议于 1814 年 9 月至 1815 年 6 月在奥地利首都维也纳召开。它是欧洲各国在打败拿破仑后处理战后问题的国际会议,其实质是一次消除法国大革命影响,恢复封建统治秩序,瓜分拿破仑帝国遗产的会议。

维也纳会议的召开是第一次《巴黎和约》规定了的。1814 年 5 月 30 日,第六次反法同盟国家(俄、英、普、奥)在巴黎与复辟的波旁王朝政府分别签订了《巴黎和约》。稍后,瑞典、西班牙和葡萄牙也参加了条约的签订。第一次《巴黎和约》对法国较为宽容，既没有割让领土，也没有交付赔款和驻扎占领军，只要求法国退回到1792年的边界，法国的大国地位并没有丧失。它又规定："凡加入战争的国家，无论属于哪方面，都应在两个月内派遣代表到维也纳开会，以便在全体会议上作出补充本条约各项规定的具体安排。"

除奥斯曼土耳其帝国之外，所有欧洲国家都派代表参加了会议，与会代表216人。这是世界近代史上时间最长、规模最大的一次国际会议。会议主席由奥地利首相梅特涅担任，操纵会议和起决定作用的是英、俄、普、奥四国首脑。法国代表塔列朗来到维也纳后，以小国利益维护者的姿态出现，他看出四强内部的矛盾和分歧，巧妙地利用正统主义原则，终于争得了参与决策的地位，成为五国委员会的成员。维也纳会议实际上成为英、俄、普、奥、法五国会议，一切问题悉由五国在幕后决定，其他国家的代表则无所事事，只好在无休止的宴会、舞厅和剧院等社交活动中打发时光，心神不安地等待大国安排自己的命运。当大国形成总决议后，也分别召来各国代表磋商，但没有全体通过的手续。这次会议，强权政治表现得异常明显。诚如恩格斯所说："当'科西嘉怪物'最后被牢牢地禁闭起来之后，大大小小的帝王们立刻在维也纳开了一次大会，以便分配赃物和奖金，并商讨能把革命前的形势恢复到什么程度。民族被买进和卖出，被分割和合并，只要完全符合统治者的利益和愿望就行。"①

对于参加维也纳会议的目的，英、俄、普、奥四强都十分明确：瓜分赃物，以满足自己的领土野心；恢复法国革命前的旧统治秩序，使旧王朝复辟。在这四国中，以沙皇俄国野心最大。亚历山大一世自认为是反法同盟的主帅，他设想在欧洲建立一种他能起决定影响的局面，并且形成使欧洲各国不可能建立反俄联盟的政治均势。他基本上采取抑奥扶普的政策，以确保对德意志各国的控制。他已隐约地看到法国是俄国反对和扼制迟早会兴起的德意志帝国的潜在盟友，因而他不主张过分地削弱法国。第一次《巴黎和约》便体现了亚历山大一世的思想。在会议上，俄国提出了对波兰领土的具体要求。

英国代表卡斯尔雷勋爵的政策是要维持并巩固英国的海上霸权和建立欧洲的均势。他不允许会议通过损害英国海上和工商业霸权的任何措施，在会上竭力为英国争取有价值的战略据点，如马耳他和开普敦。为防止法国东山再起，英国致力于在法国周围建立一些起屏障作用的国家，形成反法包围圈。所以英国支持普鲁士有关莱茵诸省问题上的立场，并反对俄国吞食波兰的计划，以防止俄国的过分强大。

奥地利首相梅特涅对沙俄势力在巴尔干和中欧的增强早存警觉，在会议期

① 《马克思恩格斯全集》第2卷，人民出版社1957年版，第641页。

间,他试图阻挠俄国对欧洲大陆的干预。为了维护奥地利在德意志地区的优势,他对普鲁士也深有戒心。他采取与法国接近的策略,支持塔列朗提出的正统主义原则,认为主权是国王的专利,民众不能分享,反对一切自由和民族解放运动,其目的在于维持奥地利对意大利人、匈牙利人和斯拉夫人的统治。

普鲁士国王威廉三世一心要获得萨克森的全部和莱茵河两岸的重要领地,要求严惩法国,但其实力不足,只得依附俄国,为此,普鲁士放弃它恢复波兰领土的要求,支持俄国并吞波兰的计划,以换取俄国支持它对萨克森的领土要求。

法国虽然是作为战败国出席会议,但是由于塔列朗善于利用战胜国之间的矛盾,在会议上扮演了一个重要的角色,有效地维护了法国的利益。塔列朗认为,只要能够保持住1814年第一次《巴黎和约》所规定的法国疆界,就是外交上最大的胜利。他向与会者申明:“我什么也不要,我只给你们带来一样重要的东西——神圣的正统主义原则。”他反复强调,现在的法国已经是合法地统治了法国达几百年之久的正统的波旁王朝的法国,法国的领土、权力和威望也应该恢复到原来的状况,这种立场使他在会议上处于主动地位。由于四强在会议开始不久,就形成俄、普和英、奥各为一方的对立阵式,法国这个昔日的敌人成为双方都在争夺的盟友,这使塔列朗得到了尽可能维护法国利益的机会。在卡斯尔累和梅特涅的支持下,法国参加了“四国委员会”,使“四国”变为“五国”,从而使法国在战败后仅仅经过几个月就被接纳进欧洲强国的行列。

在维也纳会议上争执的焦点是波兰—萨克森问题。波兰在历史上三次遭俄、普、奥瓜分,一度从欧洲版图上消失。拿破仑攻占华沙后成立了华沙大公国,因此波兰在战后又成为列强瓜分的对象。由于华沙在历史上曾为普鲁士所得,因此,普王威廉三世要求占领“原地”,而沙皇亚历山大一世则希望独占波兰,因此建议由普鲁士占领全部萨克森,作为它失去波兰领土的补偿,企图以此消除两国在波兰—萨克森问题上出现的分歧。与此同时,俄、普与奥地利的矛盾则更加尖锐。由于俄国和普鲁士将其他国家尤其是奥地利撇在一边而单独商量波兰问题,奥地利极为不悦。梅特涅首先不愿看到北方的普鲁士强大起来,从而影响奥地利在德意志诸王国的领导地位。同时,梅特涅对俄国也顾忌重重。因为俄国一向标榜自己是斯拉夫民族的天然朋友,一旦俄国势力得到扩张,奥地利境内民族问题必然尖锐化。英国的既定政策在于维持欧陆均势,因此在俄国咄咄逼人的情况下,英国决定支持奥地利。法国权衡利弊后,站到英奥一边,并且使英奥接受了正统主义原则。1815年1月,英、奥、法三国签订了秘密同盟条约,规定三国如遇他国进攻,则互相援助。法奥各出兵15万,由英国供应军火。英、奥、法三国希望通过该条约联合起来,以挫败俄、普坐地分赃的企图。

英、奥、法三国的强硬立场,使俄、普不得不作出妥协,于是在2月双方达成协议：普鲁士占领但泽与波兹南；奥地利占领加里西亚；其余部分组成波兰王国并由亚历山大一世兼任波兰国王。萨克森王国保留大部分领土，其余的2/5领土割让给普鲁士；另外，还将莱茵河左岸和威斯特发里亚王国划归普鲁士以作"补偿"。

波兰—萨克森问题解决后，列强即着手制定会议的总决议。这时突然传来拿破仑返回巴黎重登帝位的消息，各国首脑惊恐万状，紧急拼凑起第七次反法同盟。在正统主义原则、遏制原则和补偿原则的基础上，维也纳会议于1815年6月9日通过了《最后议定书》。它的主要内容是：欧洲旧王朝普遍复辟，如法国、西班牙、那不勒斯都恢复了波旁王朝；奥地利得到加里西亚，奥属尼德兰（比利时）并入荷兰，奥地利得到意大利北部为补偿；意大利和德意志在政治上仍处于分裂状态，德意志是一个由39个君主国和4个自由市组成的德意志邦联，意大利仍旧是一个包括9个王国的"地理名词"；瑞士成为永久中立国。此外，关于波兰—萨克森问题，按各大国商定的妥协方案作出安排。

拿破仑"百日"政权倒台后，1815年11月战胜国与法国签订了第二次《巴黎和约》。据此和约，法国恢复到1790年时的疆界，割出了萨尔路易、菲利普维尔和萨尔布鲁根等地。东北部17个城镇和要塞由盟军占领3～5年，法国赔款7亿法郎。这次和约比第一次巴黎和约要苛刻得多。

维也纳会议的反动决议和第二次《巴黎和约》，造成了欧洲范围内封建势力复辟的局面。为了维护它所确立的体系，防止革命的再度爆发，1815年9月，俄、普、奥三国君主签署条约，建立了带有反动宗教色彩的"神圣同盟"。两个月后，俄、普、奥三国与英国签订了《四国同盟条约》。它规定，必须以武力维护维也纳会议的决议和第二次《巴黎和约》。这两个同盟从原则上和行动上成为维也纳体系的支柱。1818年法国偿清赔款后，加入了同盟。

经过维也纳会议和其后欧洲政治力量的整合，欧洲在历史上第一次真正被包括在一个共同的条约体系内。这是一个以五大国均势为基础、以君主制为核心、试图维护欧洲秩序和欧洲统治地位的国际关系体系。它产生后并没有消除欧洲各国之间的矛盾，也不能防止各国革命势力的增长和革命的发生。但是，直到19世纪中叶，列强之间长期没有爆发大的战争，这说明，维也纳体系在整体上使欧洲出现了一个比较稳定的时期。

二、拉丁美洲的民族独立运动与美洲政治体系的形成

哥伦布"发现"新大陆以后，欧洲殖民主义者便源源不断地向拉丁美洲进行殖民活动。其中，以西班牙和葡萄牙的殖民活动为最早。到18世纪、19世纪之

交，除牙买加（属英）、洪都拉斯（属英）、圭亚那（属英、法、荷）、海地（属法）等地区外，拉丁美洲绝大部分地区处于西班牙和葡萄牙的殖民统治之下。

西、葡两国都是封建专制国家，它们在拉丁美洲的殖民统治也打上了封建专制的烙印。西班牙国王把拉丁美洲殖民地看作自己的私有财产，在国王政府下面设置“西印度事务院”，使它成为掌管西属拉丁美洲殖民地的最高权力机关。国王把殖民地划分为若干总督区，由国王委派的总督直接统治。西属拉丁美洲殖民地设有4个总督区，即新西班牙区、新格拉纳达区、秘鲁区和拉普拉塔区。葡萄牙最初在它的殖民地巴西设立了13个都督府，后来使之并为一个总督区。总督掌管所辖区的民政、司法、军事及任命主要官员的权力。

西班牙和葡萄牙殖民者把母国的封建剥削制度移植到殖民地。西班牙推行“监护制”，把抢夺的土地连同土地上的印第安人授予移居到殖民地去的西班牙贵族、官吏和天主教会，他们以监护主的名义对印第安人实行奴役。在此基础上，18世纪以后殖民地开始盛行大庄园制。印第安人为耕种一小块份地，必须向庄园地主缴纳实物地租和劳役地租。失去土地的印第安人往往沦为庄园主的债务奴隶。此外，在南美大西洋沿岸、巴西和西印度群岛等地，主要种植甘蔗、棉花、烟草、咖啡等作物，殖民者在这里推行种植园奴隶制，劳动力是从非洲贩运来的黑人奴隶。

拉丁美洲蕴藏丰富的黄金、白银成为殖民者大肆掠夺的对象。他们在采矿区实行“米达制”，强迫印第安人充当苦工，每日劳动时间多达12个小时，实际上是奴隶劳动。据一项较保守的估计，1503～1660年，西班牙从美洲得到总计18600吨注册的白银和200吨注册的黄金。[①] 是印第安人的累累白骨换来了殖民者手中的灿灿黄金。

殖民统治者为了维护本国贵族和地主的利益，对殖民地经济实行严厉的限制和垄断政策。在农业方面，殖民地被禁止养蚕、种植葡萄、橄榄、亚麻等作物，以保证宗主国的相应产品在殖民地高价出售。宗主国还强迫殖民地种植棉花、甘蔗、烟草、可可、蓝靛等经济作物，从中牟取暴利。这就造成殖民地种植园只能生产单一作物的畸形经济，也就必然使其对欧洲市场产生严重的依附性。在工业方面，宗主国禁止殖民地开采和加工铁矿石，禁止殖民地生产毛织品和棉布。在对外贸易方面，禁止殖民地同宗主国以外的国家直接贸易，各殖民地之间的贸易往来也受到严格限制。宗主国残酷专断的统治和重商主义政策的实行，是近代拉丁美洲经济长期停滞的主要根源。

天主教会是殖民统治的反动支柱。教会的势力深入拉丁美洲各个角落，同

---

① 参见[美]斯塔夫里阿诺斯《全球通史：1500年以后的世界》，第147页。

殖民统治机构密切配合，共同奴役和镇压殖民地人民。教会不仅向居民征收什一税，而且拥有殖民地1/3以上的土地。有的地区教会权力很大，俨然成为国中之国。

19世纪初，拉丁美洲约有2000万人口。其中西属殖民地人口为1600多万，这当中有少数是直接来自西班牙的白人，称为"半岛人"，占据了殖民地行政、军队和教会的高级职位；称作"克列奥人"的土生白人是西班牙移民的后裔，大约有300万人，他们大多是地主和资产阶级，名义上与半岛人平等，实际上只能充当下级官吏和教士；混血种人约有530万人，多为手工业者、店员和自由农民，都没有法律上的公民权利；大约820万的印第安人和黑人处在社会的最底层，他们在种植园和矿场从事最繁重的劳动。在葡属巴西占总人口一半的黑人奴隶和其他混血种人构成巴西广大被压迫的劳动群众。在殖民地内部，各阶级阶层之间虽然有许多矛盾，但都对宗主国的殖民统治感到不满。西属殖民地各种族各阶级逐渐产生了脱离宗主国统治、争取民族独立的一致要求。

到18世纪后半期，宗主国为了在和英国的商业竞争中获得较多的利益和增加关税收入，局部放宽了对殖民地的经济垄断和限制政策。如西班牙允许自己的13个港口和殖民地通商，并允许殖民地之间的直接贸易，殖民地经济因而有了一定程度的发展。一些城市的手工作坊开始生产铁器、布匹、玻璃等工业品，殖民地的棉花、蔗糖和烟草行销欧洲。巴西也出现了纺织、造船等手工工场。在此基础上，殖民地逐渐形成了一个要求扩大国内市场、反对依附外国的新兴工业家、商人和种植园主集团。随着殖民地经济的日益发展和多样化，这一社会集团对宗主国殖民体制的不满就更加强烈。

18世纪末英属北美殖民地人民独立战争的胜利和法国资产阶级革命的进行使拉丁美洲人民深受鼓舞。启蒙思想家的学说、《人权宣言》、亚当·斯密的自由经济理论的传播，为拉丁美洲即将兴起的大规模独立运动准备了思想基础。

宗主国统治力量的削弱和国际关系的变化，为拉丁美洲独立运动的开展提供了有利的时机。16世纪时，西班牙和葡萄牙在欧洲的海外拓殖活动中遥遥领先。但从17世纪起，它们的殖民强国地位便先后为荷兰、法国和英国所取代。西、葡两国顽固地维护封建专制统治，王室贵族把从殖民地掠取的大量财富用于奢侈的生活，并卷入无休止的欧洲战争中。1796年，西班牙与法结盟，对英作战。因为英国的封锁，西班牙商业受到严重打击。1807年，西、葡被迫参加拿破仑的大陆封锁体系后，受到英国的反封锁，它们和殖民地的联系被切断。不久，两国本土也被拿破仑占领。这就导致了它们殖民统治的严重危机。

拉丁美洲独立运动首先于1791年8月在加勒比海地区的法属海地爆发。不足2万人的海地起义军在杜桑·卢维杜尔等杰出领袖的领导下，经过12年的浴血奋战,依靠广大黑人和混血种人的支持,打败了法国、西班牙和英国三大欧洲侵略军,赢得了民族解放和独立,揭开了拉丁美洲独立运动的序幕。

西属拉丁美洲殖民地的独立运动分为两个阶段。1810～1815 年为第一阶段,是各地普遍发动起义的时期。这场起义首先在墨西哥矿区瓜那华托镇爆发,起义军以农村印第安人、矿工和城市失业者为主体,以土生白人地主为领导,主要领导人有伊达尔哥和莫洛雷斯等。但是,起义军在初步建立政权后,没有提出符合人民群众利益的经济政治纲领,不敢发动广大印第安人和黑人奴隶参加革命。而且,各起义政权各自为政,力量分散。这样,到 1814 年,随着拿破仑帝国的覆灭和西班牙专制统治的恢复,西班牙依靠神圣同盟的支持加强了对殖民地的镇压,到 1815 年底,殖民地建立的独立政权大部分被摧毁了。

1816～1826 年是拉丁美洲独立运动的第二阶段。起义者吸取了以往的教训,提出了较为明确进步的目标和纲领,得到了下层群众的支持和拥护,独立运动走向新的高潮并不断取得胜利。此间,南美北部地区独立运动的领袖西蒙·玻利瓦尔(1783～1830 年)是哥伦比亚、委内瑞拉、厄瓜多尔、巴拿马和玻利维亚五个独立国家的缔造者,有“解放者”之称。南美南部地区独立运动的领袖何塞·圣马丁(1778～1850 年)在解放阿根廷后,指挥了翻越安第斯山脉的著名远征,对智利和秘鲁的解放做出了重要贡献。

1820 年西班牙发生了资产阶级革命,对墨西哥人民也产生了很大的影响。土生白人上层担心宗主国的革命扩展到墨西哥,会威胁自己的既得利益,便提出脱离西班牙统治的号召,于 1821 年宣布墨西哥独立。第二年,保守势力的代表伊图维尔德建立了帝制,自称奥古斯丁一世。这一不得人心的反动行为受到墨西哥人民的抵制。到 1824 年,墨西哥人民终于赶跑了独裁者,建立起独立的共和制国家。

巴西的独立是没有经过流血而实现的。在里约热内卢建立葡萄牙流亡政府的国王若奥六世于 1821 年返回里斯本,其子佩得罗暂留巴西执政。在巴西人民要求独立的形势不可逆转的情况下,得到种植园主和大地主支持的佩得罗于 1822 年 12 月宣告巴西独立。

拉丁美洲独立运动是世界范围的资产阶级革命的一部分,在世界殖民地革命史上占有重要的地位。独立运动的胜利,使拉丁美洲绝大部分地区摆脱了西班牙和葡萄牙的殖民统治,建立起 17 个独立国家。基本上奠定了现代拉丁美洲国家的政治格局。独立后的拉丁美洲各国颁布宪法,建立了议会制共和国(巴西、海地除外),以本国地主资产阶级统治取代了宗主国的殖民统治。教会的权力受到限制,多数国家废除了奴隶制,取消了农民对国家、地主和教会负担的无偿劳役,取消了外国商业专卖权,这为各国资本主义的发展创造了有利的条件。

然而，由于独立运动的领导权掌握在土生白人地主和种植园主的手中，胜利后建立的土生白人政权保留了原有的大土地所有制和封建剥削，并未使拉丁美洲发生根本性的社会变革。它仍旧是一个等级分明的社会，对外部仍然存在严重的依附性。经济独立并没有和政治独立相伴而至。在以后一个相当长的时期，拉丁美洲各国又沦为美、英等新殖民主义的侵略对象。

拉丁美洲革命的胜利以及拉丁美洲独立国家的建立，动摇了庞大的西班牙和葡萄牙殖民帝国，改变了国际均势的格局。在欧洲建立起以正统秩序为基础的维也纳体系的同时，西半球开始形成一个与君主制的欧洲截然不同的以共和制为主体的政治体系。

在拉丁美洲各国独立运动走向全面胜利的形势下，以绞杀革命为己任的欧洲"神圣同盟"惶恐不安，多次召开会议图谋镇压拉丁美洲革命。1818 年，俄国代表在"神圣同盟"亚琛会议上曾提出干涉拉丁美洲的建议，但遭到英国的反对。1822 年 10 月，"神圣同盟"又在维罗纳会议上酝酿干涉拉丁美洲革命的可行性。不久，伦敦一家报纸声称"神圣同盟"已制定了武装干涉拉美的"密约"，并刊登了"密约"的内容。这一耸人听闻的消息不胫而走，传遍欧美。后来，人们证实所谓"密约"云云，纯系报纸捏造。尽管如此，它也说明 20 年代初的国际局势已日趋紧张。事实上，英、法、俄等欧洲列强对拉丁美洲都有所动作。

1821 年 9 月，俄国沙皇亚历山大一世颁布敕令，宣称从白令海到北纬 51°的美洲西岸 100 海里的水域为俄国的势力范围。俄国的触角已插入到靠近美国疆域的俄勒冈地区，其贸易据点向南延伸到圣弗朗西斯科湾。由于俄国正介入希腊同土耳其的战争，没有更多的力量插手美洲，因此，俄国对美洲局势的影响仅限于北美洲西北一隅。

法国利用与西班牙国王同属波旁家族的姻亲关系，以恢复波旁王室的统治为名，企图在拉美扩大自己的影响。但它主要忙于镇压 1820 年西班牙革命，无暇更多地干预美洲。同时由于英国自恃拥有一支四倍于法国的海军力量，施加各种压力，最后迫使法国于 1823 年暂时退出了在美洲的角逐。

俄、法的收缩和撤退使英、美两国在拉丁美洲的矛盾更加暴露出来。1808 年，英国对拉美贸易额不足 2500 万美元，美国是 3000 万美元；到 1822 年，英国上升到 3000 万美元，而美国却下降到 1400 万美元。为争夺新兴的拉美市场，英、美之间进行着激烈的经济争夺战。1822 年 8 月，任英国外交大臣的乔治·坎宁从维护工商业资产阶级利益的立场出发，极力主张维持欧洲的均势，借以确保英国的优势。他认为，如果欧洲的均势因法国征服西班牙而遭到破坏，英国就应使美洲成为纠正这种失调的砝码。坎宁的名言是："如果比利牛斯山塌下来了,英国一定要保住大西洋。”[①]

坎宁把均势体系的范围加以扩大,运用到美洲,这便同美国立国以来孤立主义的外交体系形成对立。前者是把两半球以英国为纽带联结起来,而后者是在两半球之间筑起一道屏障。因此,英美较量在所难免。为争取外交上的主动,1822年3月,美国一改过去对拉美独立运动的中立态度,率先宣布承认智利、阿根廷、秘鲁、哥伦比亚和墨西哥为独立国家。此举客观上支持了拉美民族解放运动,鼓舞了拉美人民的斗志。为了抵消美国的影响,英国尽力地遏制和约束美国,致使美英矛盾更加尖锐。

在上述背景下,1823年8月,坎宁接见美国公使理查德·拉什,建议英美两国共同发表宣言,保证不占有拉美的任何部分,不允许将原西属殖民地的任何部分转让给其他国家。接到拉什的报告后,1823年11月7日起,美国总统詹姆斯·门罗多次召开内阁会议,研究坎宁的建议和美国的对策。会上,出现了较大的意见分歧。绝大多数人主张接受坎宁的建议,两位前总统——杰斐逊和麦迪逊也同意接受坎宁的建议。唯有国务卿约翰·昆西·亚当斯力排众议,表示了相反的意见。

亚当斯认为,欧洲神圣同盟武装干涉拉美的可能性不大,对美国的利益构不成严重的威胁,坎宁才是“美国的死敌和宿敌”。他的建议是一个圈套,如果接受这一建议,不但会给英国干涉和控制拉美造成机会,而且还会使美国“充当尾随在英国军舰后面的小艇”,不能随意地向拉美尤其是古巴进行扩张。亚当斯相信,坎宁的目的在于通过发表共同宣言来捆住美国的手脚,别有一番用心。因此,美国应当坚决拒绝坎宁的建议。亚当斯主张由美国单方面发表对外政策的宣言,“以使美洲问题同所有有关欧洲事务区分开来……采取完全为美洲事业而奋斗的立场”。内阁会议讨论的结果是采纳了亚当斯的建议。

1823年12月,门罗总统在向国会发表的国情咨文中,较为全面地阐述了美国对拉丁美洲的政策。它主要包含三项基本原则:“美洲体系原则”、“互不干涉原则”和“非殖民原则”。这三项原则是美国对拉美政策体系的概括,也体现了美国同欧洲列强之间的矛盾。

门罗咨文宣称:“神圣同盟各国的政治制度与美洲根本不同,这种不同产生于它们各不相同的政体。”这就是作为美国对拉美政策的理论基础的“美洲体系原则”。实际上,在美国早期孤立主义外交的形成过程中,不少政治家就有类似的思想。门罗和亚当斯等人加入了一些新内容,使“美洲体系”的思想发生了很

① [美]塞缪尔·埃利奥特·莫里森等著,南开大学历史系美国史研究室译,纪琨校:《美利坚共和国的成长》上卷,天津人民出版社1980年版,第528页。

大的变化。第一,除继续鼓吹美洲和欧洲在地理上的“天然隔绝”外,更强调二者在政体上的区别;第二,从追求美国一国的孤立扩大为追求整个美洲的孤立,在美洲和欧洲之间建起藩篱;第三,不再只力求不介入欧洲事务,还要将欧洲势力从美洲这个“集体孤立圈”中排斥出去。该原则并不表明美洲国家在地理、政治和经济利益方面的共同性,而是表现了美国一国的扩张利益。“美洲是美洲人的美洲”实际上意味着“美洲是美国人的美洲”。说到底,“美洲体系”不过是美国的殖民体系罢了。

门罗咨文宣称,欧洲国家“如企图把它们的制度扩张到西半球任何地区,则会危及我们的和平与安全。我们不曾干涉过任何欧洲国家的现存殖民地或属地,而且将来也不会干涉”。门罗咨文认为,对于那些获得独立并且已为美国承认的美洲国家,任何欧洲国家进行的干涉,是“对美国不友好的表现”。这种“不干涉原则”,有利于维护美洲国家的独立。但是美国并没有明确承担保卫拉美免遭侵略的责任,也没有做出不向拉美扩张的许诺。咨文的有关文字语义模糊,掩盖着与欧洲国家,特别是与英国争夺势力范围的意图。

“非殖民原则”是针对英俄两国在北美俄勒冈地区的殖民地活动提出来的。门罗咨文声称:“今后欧洲任何国家不得把美洲大陆上已经独立自由的国家当作将来殖民的对象。”

门罗咨文提出的这三项原则互相关联,相辅相成,构成后来的称为“门罗主义”的政策体系。其核心是同欧洲的外交体系相分离,在当时有防卫性和进步性的一面,客观上维护了拉美独立的地位。但是美国以拉美新兴独立国家的发言人自居,充当保护人的角色,却又没有征得拉美国家的同意,因而,它又具有从理论上指导美国在拉丁美洲扩张、称霸的消极作用。

门罗咨文在其发表后的最初一段时间内,并未引起国际社会的普遍重视。在美国国内,新闻媒介对它也比较冷淡。其后,经过历届美国政府的发挥,“门罗主义”逐渐成为实现美国扩张战略的得心应手的工具。

在美国倡导建立美洲体系的同时,拉丁美洲国家的人民也在为实现拉美团结和联合而进行着艰辛的努力。玻利瓦尔认为:“我们每个国家的独立和主权,与整个半球的独立和主权的事业是不可分割的。”他说:“对于美洲来说,祖国就是美洲;我们的敌人是西班牙人,我们的旗帜是独立和自由。”

早在1815年,玻利瓦尔就在他著名的《牙买加来信》中提出,西属美洲各国独立后,应结成美洲共和国联盟。1818年,玻利瓦尔建议召开美洲大陆会议,“把我们所有各共和国组成一个政治实体”,这个实体可以称为“各共和国之母”。

1826年6月,拉美国家在巴拿马召开泛美会议,讨论拉美的团结大计。会议邀请美、英参加。美国政府对是否派代表与会争议很大,等到它决定派代表参加时，会议已经结束。英国则派出观察员列席了会议。参加会议的大哥伦比亚、秘鲁、中美洲联邦和墨西哥四个国家签订了政治同盟条约和关于共同防御的军事协定。然而由于拉美各国内部以封建庄园主为代表的势力的破坏作用，这次会议没有收到玻利瓦尔等人预期的效果。但它作为实现拉美团结和联合的初步尝试，却具有深远的影响。后来，美国把玻利瓦尔的泛美团结思想和“门罗主义”结合起来，以前者为表面现象，后者为实质内容，建立起美国领导下的泛美体制。

三、欧洲的三次革命冲击和维也纳体系的动摇

欧洲维也纳体系是建立在正统秩序的基础之上的，它的目标是复辟曾被法国大革命摧毁的君主制度，镇压一切危及正统秩序的革命运动和改革浪潮。随着欧洲各国资本主义的发展，这一体系的反动性和脆弱性日益暴露。在一次又一次的革命风暴的冲击下，维也纳体系的根基发生动摇，并最终走向瓦解。

从 19 世纪 20～70 年代，欧洲发生过三次大的革命冲击。

第一次冲击是 19 世纪上半叶的革命和改革运动。

拿破仑战争后，维也纳会议强加给欧洲各国人民的反动统治并不能阻挡资本主义发展的潮流。到 19 世纪 20 年代和 30 年代，革命运动再次高涨起来。革命首先在西班牙爆发。1815 年，波旁王朝在西班牙复辟后，立即恢复了专制统治和宗教裁判所，废除了拿破仑战争期间实行的资产阶级改革措施，这就激起了西班牙人民的不满。1820 年 1 月，一部分具有自由思想的中下级军官发动起义，迫使国王斐迪南七世恢复了 1812 年宪法，通过了一系列反封建的法令。西班牙的革命使欧洲各君主国惊慌失措。1822 年“神圣同盟”召开会议，授权法国出兵镇压。1823 年 4 月，在欧洲反动势力的绞杀下，西班牙革命陷于失败。

1820～1821 年，意大利发生了“煤炭党”人领导的起义。“神圣同盟”接受了梅特涅的建议，派奥地利军队前往镇压，意大利革命也遭失败。

1821 年 3 月，希腊人民掀起了反对土耳其统治的民族解放战争，经过了一年的战争，人民武装解放了希腊大部分领土。1822 年，起义者召开国民议会，宣布希腊独立。土耳其政府派出大批军队，疯狂屠杀希腊人民。面对土耳其的暴行，希腊人民英勇不屈，以游击战的形式坚持斗争。希腊人民的独立战争得到了欧洲各国进步人士的同情和支持。

希腊人民的解放战争在欧洲各国统治者中间引起了不同的反应。梅特涅担心希腊革命会引发奥地利境内的民族运动，因而他主张支持土耳其镇压希腊革命。沙皇亚历山大一世希望借此机会削弱土耳其的势力，使俄国势力渗入巴尔干，便以希腊东正教的保护人自居，谴责土耳其对希腊人的罪行。英、法两国为

了扩大在巴尔干的影响,也同情希腊革命。这使“神圣同盟”和“四国同盟”内部已有的矛盾进一步加深。1827 年,俄、英、法出动联合舰队,摧毁了土耳其和埃及的舰队。1828 年,俄国又发动俄土战争。1829 年,土耳其被迫接受了伦敦协定,承认希腊的独立。

1825 年 12 月,俄国发生了以受过启蒙思想影响的、年轻贵族军官为主体的十二月党人的起义,虽然沙皇政府很快将它平息下去,但是它作为俄国历史上第一次有明确纲领的反对农奴制和沙皇专制的武装革命,具有深远的影响。

20 年代的革命运动,除希腊取得胜利外,其余均被反动力量镇压下去。但是,资产阶级革命的洪流并没有停止前进。1830 年 7 月 27 日,法国巴黎人民举行了反对波旁王朝专制统治的革命,起义者筑起了数千个街垒,拿起武器同政府军作战。7 月 29 日,起义人民占领了王宫,法王查理十世逃往英国,波旁王朝被推翻了,七月革命取得了胜利。法国建立了代表金融资产阶级的七月王朝(又称“奥尔良王朝”)。维也纳体系被撕开一个巨大的裂口。

在法国七月革命的影响下,同年 8 月比利时爆发了要求脱离荷兰统治的革命,11 月比利时宣布独立,并立即得到英国和法国的支持。

法国、比利时的革命是对维也纳体系的一次严重冲击。俄国与普、奥磋商,企图武装干涉。然而,1830 年 11 月在华沙发生的反对沙皇统治的波兰人民起义,使沙皇尼古拉一世不得不派出 11 万大军开进波兰,镇压起义者。波兰起义于 1831 年 9 月被镇压下去,但它把俄国牵制了近一年的时间,使俄国武装干涉法国和比利时革命的图谋未能得逞。俄、普、奥只好接受法国新政府和比利时独立的现实。维也纳体系的要害环节崩裂,神圣同盟和四国同盟走向瓦解。

在欧洲大陆烽烟四起、革命运动普遍高涨的同时,英国国内也在进行着一场以改革国会制度为中心的资产阶级民主运动。

拿破仑战争期间,政府军事订货的大量增加,补偿了英国因欧美市场暂时关闭而造成的损失,使工业革命得以大规模展开。拿破仑大陆封锁政策造成的粮食进口不足,刺激了英国的土地开发和圈地运动。战争结束时,英国已拥有海上霸权和工业领先的双重优势了。

但是,1815 年战胜拿破仑后,由于政府停止军事订货,同时欧陆各国尚未从混乱和贫困中恢复过来,从而造成英国经济的不景气,部分物价下跌,失业人口增多。于是,民主运动开始高涨起来。1815 年国会通过的《谷物法》更使运动的矛头指向保障土地贵族专权的政治制度。《谷物法》是在欧洲大陆廉价农产品输入英国数量增多的情况下,为保护当权的土地贵族的利益而制定的一项立法。它规定,在国内市场小麦价格低于每夸特 80 先令时,禁止谷物进口。由此导致的粮价上涨,首先使城镇人民的生活困顿不堪,而且生活费用的上涨也提高了劳动力的价格,进而影响了工厂主的利润。资产阶级激进派认为,消除社会不满的唯一办法就是改革国会选举制度,使所有纳税人享有选举权,否则,英国没有出路。

由激进派领导的广大工人参加的民主运动迅速掀起。1819 年 8 月,群众在曼彻斯特的圣彼得广场举行集会活动,托利党政府派兵镇压,造成死伤数百人的惨剧。[①] 1825 年英国发生了工业资本主义时代来临后的第一次生产过剩危机,1829 年又出现农业歉收。生活恶化的群众更积极地投入了斗争。群众运动推动了工业资产阶级。1829 年,伯明翰的工业家建立了以阿特伍德为首的政治同盟,明确提出改革国会的要求。在其他城市也纷纷成立了类似的政治组织。1830 年,伦敦工业家成立了"首都政治联盟"。此时,在国会中作为反对派的辉格党,开始支持改革。

法国的七月革命为英国改革运动带来了新的动力。木匠洛维特创立了工人和其他劳动者的"全国联盟",展开争取普选权的宣传。在群众运动的压力下,托利党惠灵顿内阁倒台,辉格党的格雷上台执政。1831 年 3 月,格雷在国会下院提出改革国会选举制度的方案,遭到下院否决。于是格雷将下院解散,使改革方案在新选出的下院获得通过。但在 10 月提交上院通过时又被否决。资产阶级再次组织群众运动予以声援,并抗议格雷内阁辞职后国王重新任命惠灵顿组阁的做法。这种情况下,国王被迫挽留格雷,收回任命惠灵顿组阁的成命,并劝说上院通过方案。1832 年 6 月,方案得到通过并经国王签署后生效。这便是英国第一次国会选举制度改革。

改革的基本内容是:第一,调整选区和各选区议员名额。撤销或减少衰败选区的议员席位,将空出的席位分配给居民较多的郡和新兴的工业城市。第二,降低选民的财产资格。城市中年收入房租或年缴纳房租 10 英镑以上者有选举权;农村中,年收入 10 英镑以上的土地持有者和年收入 50 英镑的租地经营者享有选举权。

这次改革离工人阶级实现普选权的要求还相去甚远。但它使工业资产阶级的代表得以入选国会,直接参与国是,这就为施政方针的调整和改革创造了条件。1846 年,英国废除了《谷物法》,1848 年又废除了实行近两个世纪的《航海条例》,自由贸易取代了保护主义。这些政策的实行大大推动了英国工业的发展。恩格斯认为,1832 年的改革和 1846 年《谷物法》的废除,使英国资产阶级在国会中得到"公认的和强大的地位",并使工业资产阶级永久地取得了"对土地贵族的优势"。[②]

① 参加镇压的有曾在滑铁卢击败过拿破仑的军队,时人将这次惨案讥讽为"彼得卢血战"。

② 《马克思恩格斯选集》第 3 卷,人民出版社 1995 年版,第 712 页。

19世纪上半叶的德意志受英、法等国资产阶级革命和改革的影响，也进行了资本主义性质的改革。其中，以普鲁士的改革最为引人注目。

普鲁士在1806年反法战争中惨遭失败。为了重振濒临崩溃的国家，普鲁士国王于1807年任命有自由主义思想的施泰因为首相，进行改革。施泰因颁布了普王签署的《十月敕令》，宣布废除农民对地主的人身依附关系。他扩大了城市自治权，允许资产阶级代表管理城市。他还精简了国家行政机构，强化了中央集权。施泰因之后，1810年出任首相的哈登堡继续改革。他颁布了《关于调整地主与农民关系敕令》，责成地主必须同意农民占有其份地并赎买封建义务。但赎买条件极为苛刻，需要交纳常年地租25倍的赎金，或将自己至少1/3的土地割让给地主。这些反封建的改革虽然很不彻底，但是加强了普鲁士国家的力量，促进了普鲁士工农业资本主义的发展。

维也纳会议后，德意志继续保持了封建割据的局面。各地关卡林立，无法实行统一的保护关税政策，致使英国工业产品充斥德意志市场，民族经济无力发展。对此，普鲁士率先统一了本国的税则，进而联合其他一些邦国于1834年成立了关税同盟。它的建立促进了德国工业革命的发展，为19世纪中期普鲁士领导实现德意志统一提供了经济基础。

维也纳体系面临的第二次冲击是1848年发生的欧洲革命。

1848年欧洲革命是近代史上规模最大的一次革命。革命风暴波及除俄国以外的整个欧洲大陆。这次革命以意大利西西里岛首府巴勒摩人民的一月武装起义为发端，迅速扩展到欧洲广大的地区。这次革命的中心是法国、德国等地。

1848年2月22日，法国巴黎的工人、学生、手工业者和广大市民举行大规模的示威游行，并很快转变为武装起义。起义者筑起街垒，占领了兵营、武器库和主要街道，大批士兵也站在起义者一边，向七月王朝政权发起进攻。24日，国王路易·菲力浦看到大势已去，遂携眷逃往英国。起义者占领了王宫，成立了资产阶级共和派为主的临时政府。次日，临时政府宣布成立共和国，这就是历史上的法兰西第二共和国。共和派在政府内极力排斥工人阶级的代表，法国的工人阶级于6月23日发动起义以示反抗，但由于缺乏正确的领导，被资产阶级共和派调集军队镇压下去。起义失败了，但共和派也因此失去了民心，共和国的社会支柱也遭到破坏。12月10日的选举中，拿破仑一世的侄子、野心勃勃的路易·波拿巴当选为总统。路易·波拿巴上台后，组成了代表大资产阶级和地主利益的秩序党，逐步夺取了共和派手中的权力。1851年底，波拿巴又调集军队解散了议会，把已成为他实现君主制复辟障碍的秩序党一脚踢开，共和国实际上已经寿终正寝。1852年12月2日，路易·波拿巴宣布法兰西为帝国，他自己登上皇位，被人们称为“拿破仑三世”。他的帝国被称为“法兰西第二帝国”。

19 世纪中期，德意志仍处于分裂状态，虽然存在一个德意志邦联，但是，这个邦联十分松散，设在法兰克福的邦联议会形同虚设。政治上的割据状态和封建专制统治严重阻碍了德国资本主义的发展。摆在德国资产阶级和广大德国人民面前的任务是实现全德的统一和消灭封建专制制度，为资本主义发展扫清障碍。1848 年法国二月革命的消息传入德国后，德国各地都掀起了声势浩大的游行和集会，农民运动也席卷德国，各邦的君主被迫让步，先后任命资产阶级自由派组阁，并采取了一些自由主义措施。1848 年 3 月，普鲁士首府柏林爆发革命，威廉四世看到武力镇压无法奏效，便许诺召集议会，制订宪法，建立德意志联邦国家，同时，在起义人民的压力下，还被迫下令把军队撤出柏林，改组政府。但新成立的资产阶级自由派政府害怕工人阶级进一步的革命行动，因而同容克贵族妥协，这就预示了德国革命失败的命运。6 月 15 日，普王威廉四世重新调集军队进入柏林，镇压了人民的起义，又改组了政府，解散了议会，把自由派赶出政权机构，完成了反革命的政变。1849 年 6 月，普鲁士政府用武力解散了主张实现全德统一的法兰克福议会，封建制度被保留了下来，德意志统一的事业宣告失败。

此外，奥地利、意大利、匈牙利、波兰、捷克、罗马尼亚等国以及西北欧的一些国家，也都程度不同地卷进了 1848 年欧洲革命的洪流。这些革命在本国封建势力和俄国为首的欧洲反动势力的联合镇压下也都先后失败了。

1848 年欧洲革命不是一次“无原因的举动”和“完全出乎意料的事件”。它之所以突然爆发并蔓延整个欧洲大陆，是有深刻的历史原因的。从根本上说，它是在欧洲各大国已开始工业革命，资本主义取得更大发展，因而同旧的封建制度以及工业革命前的旧统治产生更尖锐矛盾的基础上发生的。

1815 年以后，欧洲政治上出现封建反动的同时，资本主义经济却保持着向前发展的势头。拿破仑时代开始的法国工业革命从 20 年代中期起大规模地开展起来，19 世纪三四十年代，德意志、意大利和俄国开始进入工业革命时期，奥地利、罗马尼亚、捷克和波兰等东南欧国家也受到工业革命的影响。但是，封建制度的普遍存在仍使欧洲各国资本主义的发展受到重重阻碍。德意志各邦相对独立，国家四分五裂，使德意志资本主义的发展同样缺少统一的国家政权作保障；奥地利的民族压迫和掠夺政策，严重地限制了国内市场；匈牙利、捷克、罗马尼亚和波兰等国的资本主义不仅受到奥地利和俄国的破坏，而且受到本国封建统治者的抑制，民族经济的发展步履维艰；即便在法国，七月革命虽然结束了波旁王朝的统治，但七月王朝只代表金融资产阶级的利益，实行不利于工业资产阶级和广大人民群众的排他性统治，导致许多企业因资金不足而陷入危机甚至倒闭。资本主义经济的发展强烈要求铲除封建制度及其残余，改变阻碍生产力发展的生产关系。

因此,1848 年革命的主要任务是资产阶级联合无产阶级在内的各革命阶级共同反对封建旧势力及其残余,建立起包括新兴工业资产阶级在内的更加全面的资本主义统治。由于各国社会制度和经济发展的不平衡性,各国所面临的具体任务是有区别的。在法国,主要是推翻独占政权的金融贵族集团的统治,建立资产阶级更为全面的统治,进一步发展资本主义。在德意志各邦国,主要是推翻封建专制制度,消除封建割据,实现国家的统一。在匈牙利、波兰、捷克和罗马尼亚等国,主要是反对异族的奴役,革命任务则是消除分裂状态,驱逐外国势力,建立统一的民族国家。尽管各国面临的任务不尽相同。但就其内容而言,都属于资产阶级革命的范畴。1848 年欧洲革命是一次资产阶级性质的民族民主革命。

由于 1848 年欧洲革命是在工业资本主义得到一定发展的背景下爆发的,因而当时的社会阶级关系已发生了深刻的变化。这就使它带有不同于 17、18 世纪早期资产阶级革命的新特点。一方面,无产阶级在革命中不仅提出了自己的要求,而且为实现自己的要求而试图领导革命,并且一直站在革命的最前列。另一方面,资产阶级也跟过去不同。尽管它领导了反对封建势力的斗争,但是它又日益害怕站在自己身边的生机勃勃的无产阶级,其革命性开始萎缩,乃至背叛了革命。

阶级力量的变化导致了近代欧洲社会的主要矛盾由资产阶级同封建统治阶级之间的矛盾转变为无产阶级和资产阶级之间的矛盾。1848 年革命是这一具有决定意义的转折点的重要界标。

资产阶级和无产阶级作为近代社会的两大对立阶级,曾在早期资产阶级革命时,携手并肩共同反对封建贵族。1848 年革命初期,资产阶级尚未主导社会,仍然面临着反对封建残余,使资本主义最终确立的任务,他们要求进一步扩大政治权利,进行各种社会经济改革。而要实现这样的目标,单凭资产阶级自己的力量是不可能的。因此,资产阶级发动和联合了无产阶级和其他下层群众打击封建制度及其残余。

然而,革命中无产阶级的独立的政治活动引起了资产阶级的不安。在资产阶级掌握政权后,他们便意识到,无产阶级的斗争已越来越成为它进行统治的威胁。在资产阶级看来,如继续与无产阶级结盟,就会引发社会主义革命,从而危及本阶级的全部利益。当务之急已经不再是联合无产阶级反对封建残余,而是镇压无产阶级的反抗以保证资产阶级在革命中的既得利益了。马克思在分析法国二月革命后的形势时指出:“在二月革命中,资产阶级和无产阶级为反对共同的敌人而斗争。当共同的敌人一被消灭,战场上就只剩下这两个敌对的阶级,它们两者之间就必然要开始决战。”[①]资产阶级的临时政府镇压了巴黎工人六月起义，他们和无产阶级的反封建联盟终于破裂。其他国家的无产阶级虽尚未像法国无产阶级那样广泛发动和组织起来，但这些国家的资产阶级却表现出较早期资产阶级革命时期的更大的软弱性和妥协性。其原因正如恩格斯评价德国资产阶级时所说的：“德国资产阶级与其说是害怕德国无产阶级，倒不如说是害怕法国无产阶级。1848年巴黎的六月战斗已经向它表明什么前途在等着它；当时德国无产阶级所表现的激愤足以向它证明：在德国也已撒下可以得到同样收获的种子；从这时起，资产阶级政治行动的锋芒就被摧折了。”[②]可见，欧洲资产阶级虽有进一步反对封建势力之意，更有对无产阶级的恐惧之心。为了维护自己的经济利益，他们宁愿以放弃政权和资产阶级民主为代价，向封建势力寻求妥协。这就导致了1848年革命的失败。

1848年革命给欧洲无产阶级留下的经验和教训是极为深刻的。对此，马克思和恩格斯于1850～1852年期间进行了认真的总结，写出了一系列垂范后世的著作，主要有《1848至1850年的法兰西阶级斗争》、《路易·波拿巴的雾月十八日》、《德国的革命和反革命》、《中央委员会告共产主义者同盟书》等。通过这些著作，他们进一步丰富和发展了无产阶级革命和无产阶级专政的学说。这对于指导以后的无产阶级革命运动具有特别重要的意义。

1848年欧洲革命虽然最终失败了，但是它体现了工业资本主义时代来临时的历史大潮，对封建势力和工业革命开始后仍在沿袭的落后体制产生了巨大的冲击作用。旧的统治者已不可能完全按老样子统治下去，他们不得不顺应资本主义的发展潮流，去完成1848年革命未竟的事业。1848年革命的掘墓人又成了它的遗嘱执行者。

19世纪50～70年代的民族民主运动是动摇欧洲既有政治格局的第三次冲击。

19世纪中叶，封建制度仍然牢牢地统治着欧洲。但是，随着资本主义的发展和阶级力量对比关系的变化，封建专制制度的统治越来越难以为继，迫使一些国家通过资产阶级改革、民族统一战争或革命的方式，完成了向资本主义道路的过渡。这一时期资产阶级民族民主运动的胜利，导致了资本主义制度的确立，资产阶级的自由主义思想日益成为社会的主流思想。

到19世纪中叶，已完成工业革命的英国正处于资本主义发展的黄金时期。在各个工业生产部门，英国都居于世界领先的地位，有“世界工厂”之称。在

① 《马克思恩格斯全集》第5卷，人民出版社1958年版，第532页。
② 《马克思恩格斯选集》第2卷，人民出版社1995年版，第627页。

1860年前后,英国的煤、铁产量约占全世界煤、铁产量的一半,纺织业加工的棉花占世界棉花加工量的一半以上。英国人口只占全世界人口的2%,占欧洲人口的10%,却具有相当于全世界近代工业能力潜力的40%～45%、欧洲潜力的55%～60%。英国拥有世界上最发达的铁路网,1850年其铁路总长度超过1万公里。英国的船厂为世界各国建造船只。60年代,英国已出现了1.3万吨级的远洋客轮。它垄断了国际航运业,全世界1/3以上的商船飘扬着英国国旗。在世界贸易中占有垄断地位的英国,获得了远超过其他国家的巨额利润。

造成19世纪中叶英国工业高涨的主要原因,首先是在40年代英国完成了工业革命,同时英国政府的自由贸易政策也促进了经济的发展,加之对殖民地的剥削和掠夺,这些因素促成了英国头号世界经济强国的地位。

与在经济上实行的自由贸易政策相适应,英国资产阶级在政治上也实行了"自由主义"统治。资产阶级通过国会使内阁执行自己的意志。国会是英国政权的真正中心,权力很大,各郡和地方也享有一定自治权。英国国内没有庞大的军事官僚机器,1815～1870年,英国军费开支占到国民生产总值的2%～3%,中央政府的费用不足10%。与欧洲大陆各国有所不同,英国的政治生活体现出较多的资产阶级民主自由,如言论、出版、集会、结社的自由,工人团体及民主团体可以合法存在,给予外国流亡者以政治避难的权利等。自由主义政治是英国国内经济迅速发展、阶级矛盾相对缓和的产物。

在此期间,英国两党制也发生了变化。托利党和辉格党分别改称"保守党"和"自由党"。保守党主要代表了土地贵族、大船主和大商业资本家的利益;自由党主要代表了工商业资产阶级的利益,而自由党的上层领袖又多是同资产阶级有密切联系的大贵族。这反映出资产阶级与贵族地主的利益已渐趋一致。

1832年国会选举制度改革使工业资产阶级得以参加对国家政权的管理,但工人阶级、小资产阶级和广大的乡村劳动人民没有选举权。工人阶级为争取普选权而进行的宪章运动虽然最后失败了,但是他们的斗争并未停止。从50年代末开始,工人阶级和中小资产阶级的广大阶层都参加了资产阶级激进派领导的争取国会选举制度改革的斗争。到60年代中期,这一运动的群众性大为增强,并形成了推动运动发展的两股力量,即资产阶级激进派科布登等人领导建立的"全国改革联盟"与由英国职工联合会和国际工人联合会(第一国际)领导的争取改革的运动。1867年,改革国会选举制度的方案终于得到通过。其内容主要包括:取消46个"衰败城镇"在下院的席位,将其转给工业城市;降低选民财产资格,扩大选民的范围。这次改革进一步巩固了资产阶级的统治地位。

与此同时,英国还进行了文官制度的改革,初步确立了公开竞争考试、择优录用的原则。它的应用,提高了政府官员的素质和工作效率,保障了国家内外政策的连续性和政局的稳定。

19 世纪初以来，沙皇俄国扮演了欧洲宪兵的角色，到处插手镇压革命，成为反对欧洲进步的主要堡垒。19 世纪初，沙皇俄国从瑞典手中夺取了芬兰，鲸吞了罗马尼亚的比萨拉比亚，侵占了波兰王国。19 世纪上半期，沙俄又从伊朗手中夺取了格鲁吉亚、阿塞拜疆的一部分和亚美尼亚等地区，后来又先后征服了中亚的布哈拉、浩罕和希瓦等汗国。沙俄是最早侵略中国的国家之一。早在 17 世纪中叶，沙俄就侵入中国的黑龙江流域。1858 年，俄国乘英法侵华联军进攻天津的时机，用武力迫使清廷签订了《中俄瑷珲条约》，割去黑龙江以北、外兴安岭以南 60 多万平方公里的中国领土。1860 年，又进而迫使清政府签订《中俄北京条约》，把乌苏里江以东约 40 万平方公里的土地强行划归俄国。在巴尔干地区，俄国早在彼得一世时就开始了扩张活动，沙俄在这一扩张中打出“泛斯拉夫主义”的旗号，宣称要把巴尔干地区的斯拉夫人从土耳其“异族”统治下“解放”出来，实际上是要把斯拉夫民族居住的全部地区都兼并到俄罗斯的版图之中。1828～1829 年，俄国对土耳其发动战争，击败了土耳其，大大加强了沙俄在巴尔干半岛的地位。1833 年，沙俄又利用土耳其与其附属国埃及作战之机，把舰队开进黑海海峡，并强迫土耳其签订条约，承认了俄国在黑海海峡的优势地位。1841 年，英、普、奥等国在伦敦会议上迫使俄国在海峡问题上作出让步。这次会议通过的《伦敦海峡公约》规定黑海海峡交由国际共管，平时禁止包括俄国在内的一切国家舰队通过黑海海峡。俄国的优势地位丧失殆尽，从而种下了俄、英之间矛盾的种子。

19 世纪上半期，俄国的社会生产力有了较快的发展，资本主义经济也缓慢发展起来。1804～1860 年，俄国工厂数目从 2400 家增至 15000 多家，棉纺织业、造纸、制糖等工业部门相继采用机器生产。然而，俄国的封建农奴制度严重阻碍了资本主义的发展，农奴制把农民束缚在土地上，使工业生产无法补充必需的劳动力，同时农奴要负担繁重的封建义务，生活水平十分低下，购买力极其有限，所以也限制了国内市场的发展。因此，同英、法等西欧先进国家相比，俄国远远处于落后的地位。1860 年，英国生铁产量超过俄国 11 倍，人均收入大约是俄国的 2～3 倍。从生产规模上看，俄国大部分工厂的雇佣工人不足 16 人，缺少资金和机械化设备，严重阻碍了俄国工业化的进程。1854～1855 年的克里米亚战争更加证实了俄国的落后。

克里米亚战争是沙俄与英、法等列强在近东争霸，特别是争夺黑海海峡霸权的矛盾激化的结果。1841 年《伦敦海峡公约》签订后，沙俄一直想重建自己在巴尔干和黑海地区的霸权地位。1848 年欧洲革命之后，沙皇尼古拉一世因充当了“欧洲宪兵”而身价倍增，于是自认为宰割土耳其、实现自己的扩张计划的机会已经到来。1853 年 10 月 4 日,俄国向土耳其开战。11 月 30 日,俄国黑海舰队突袭并歼灭了停泊在锡诺普港的土耳其舰队,从而控制了黑海。1854 年 3 月,英、法对俄国宣战,撒丁王国根据与法国的同盟关系,也出兵参战。战争主要集中在克里米亚半岛,所以称为"克里米亚战争"。

克里米亚战争充分暴露了农奴制度和沙皇专制制度的腐朽性。在战争中,俄国司令部指挥无能,军官贪污,后勤部门效率低下,前方缺乏弹药,士兵缺吃少穿。当时俄国舰队以帆船为主,而英法舰队则由汽船组成。英、法军队用的是来复枪和先进的散兵式作战战术,而俄国士兵用的是射程极短的滑膛枪,在战场使用的是落后过时的密集纵队战术。更为重要的是,俄国缺乏巩固的后方,农民起义的不断发生,大大削弱了它的对外作战能力。因此,俄国的战败是战争的必然结果。

1854 年 9 月 14 日,英法联军在克里米亚登陆,9 月 20 日,在阿尔玛河击败俄军主力,26 日包围了塞瓦斯托波尔。12 月,奥地利同英、法结盟,在多瑙河一线进行策应。1855 年 3 月 2 日,俄皇尼古拉一世在内外交困、走投无路的形势下服毒自尽,其子亚历山大二世即位。9 月 8 日,在经过长达 349 天的攻守战之后,塞瓦斯托波尔终于陷落,俄国彻底失败。1856 年 3 月 30 日,交战各方签订了《巴黎和约》,俄国被剥夺了在黑海保有舰队和海军基地的权利,并把一部分领土划给土耳其。

克里米亚战争的失败,加深了俄国内部久已存在的矛盾,引起了农奴接连不断的起义和革命民主主义者对沙皇专制制度更为激烈的抨击。形势迫使沙皇亚历山大二世进行解放农奴的改革。

1861 年 3 月 3 日,沙皇正式颁布了解放农奴的法令。规定对所有农奴都给予人身自由,农奴耕种的土地在农奴和贵族地主之间进行分配。贵族地主因土地被分配给农民而得到政府付给的长期国库债券,农民因得到一块供自己使用的份地而必须交纳赎地费,在 49 年内偿还给政府。废除农奴制的法令涉及俄国欧洲部分的 6000 万人口中的绝大多数,约有 5000 万人,因此其意义非同一般。从 1861 年以后的俄国经济状况来看,农奴的解放确实有力地促进了资本主义工业的发展。以前被束缚在土地上的农奴,现在可以自由从事工业劳动,他们生产的积极性大为提高。另一方面,解放农奴的过程又意味着贵族地主对农民的一次大规模掠夺。农民分到的土地按 1862 年市价计算,仅值 5 亿卢布,但到 1905 年,农民却交付了 20 亿卢布的赎金。由于改革时地主割走了最好的土地,把贫瘠土地分给了农民且数额减少,农民平均仅分到 3.4 俄亩的土地,他们在经济上不能自立,只有向地主租地,重新沦为地主的剥削对象。

60 年代,俄国还进行了一些其他改革。1864 年,在省、县建立地方自治机构。1870 年，在城市建立杜马和自治局。地方自治机构和城市自治机构分别把持在地方贵族和城市大资产阶级手中，其职权仅限于管理地方经济、卫生和教育。1864 年，俄国参照西方的司法制度，进行司法改革，建立陪审制和律师制度，但政治案件不在其适用范围，通常由行政机关直接处理。这种情况表明，60 年代的改革并未从根本上触动沙皇专制制度。但上述变革毕竟为俄国资本主义的发展创造了一定的条件。

作为 19 世纪 50～70 年代民主运动的结果，自由主义逐渐成为在欧洲流行一时的主流思潮。作为一种社会思潮的自由主义，起源于 17、18 世纪的天赋权利哲学，英、美、法等国的早期资产阶级革命使它具有特定的时代含义。作为从思想上反对封建专制制度的一面大旗，它强调公民与生俱来的自然权利即天赋人权，这种权利包括私有财产权、人身安全、信仰自由、言论自由、集会结社、契约自由等方面的内容。它关心公民权利的平等，主张建立立宪议会的政治制度。自由主义的人权理论在摧毁封建专制统治的革命风暴中，得到了广大人民群众的拥护，发挥了巨大的威力。

进入 19 世纪以来，自由主义得到进一步发展，它不仅反对维也纳会议后封建主义的复辟逆流，而且在主要方面日益成为指导政府决策和经济发展的社会政治理论。19 世纪的自由主义思想家主要有法国的贡斯当、英国的边沁和约翰·穆勒、法国的实证主义哲学创始人奥古斯特·孔德等人。他们的大量论著和宣传活动使自由主义得到更为广泛的传播。他们的思想并不一致，但大致有下面的共同点：第一，要求国家的当权者以自由主义作为治国的指导思想，提倡自由放任、自由竞争的经济原则，反对国家干预经济活动；第二，主张渐进的社会改良，反对革命；第三，反对当时土地贵族、金融贵族独占政权的做法，主张工业资产阶级对政权的全面参与。

同时，自由主义在各个国家的表现又有区别。如德国、意大利的自由主义支持国家的统一，不像英、美的自由主义那样反对国家权力统一和集中，反而在很大程度上支持建立集权政治。两者对待自由放任原则的态度也有所不同。

四、德意志统一和德意志帝国的建立

地处中欧的德意志在 1848 年革命后虽然有一个“德意志邦联”的政治名号，但仍旧维持着大小邦国林立的分裂局面，其中较为强大的两个邦国是普鲁士和奥地利。这种松散的政治结构使欧洲政治地图呈现出这样一幅景象：外围国家如英国、法国等力量较为雄厚，而中心地带则较薄弱。德意志政治上的不统一是其薄弱的主要标志。

然而，这种政治上的分裂与德意志经济的发展状况日益不能相容。19 世纪 50～60 年代，德意志经济取得了长足的发展，出现了工业建设的高潮。煤、铁和纺织业等基础工业的发展，由于铁路网的扩大而加速。1846 年全德煤产量为 320 万吨，到 1860 年增至 1230 万吨，1871 年又升为 2940 万吨，是法国和比利时产量之和。铁产量由 1850 年的 52.9 万吨增至 1875 年的 200 万吨。农业方面，以普鲁士为代表的邦国加快了农奴制改革的步伐，资本主义农业经济有了更大的发展。德意志的鲁尔、萨尔、普鲁士、西里西亚、萨克森等地成为境内发展最快的地区。德意志在这二十年中带来的成果比以前整整一个世纪取得的成果还要多。

德意志经济的发展对国家的统一提出了更为迫切的要求。普鲁士自 1834 年德意志关税同盟成立后就一直扮演着“盟主”的角色。普鲁士在这一时期的经济、政治和军事力量的发展中将老对手奥地利远远地抛在后面，表明领导德意志完成国家统一的重任已非它莫属。

多年来德意志存在的“诸侯君主专制”、保守势力盘根错节的状况，尤其是普、奥两国的互相猜疑和敌视，使普鲁士要完成统一，只能诉诸武力和战争。普鲁士的军国主义传统也导致它必然作出如此选择。1861 年，威廉一世继承普鲁士王位后，决心通过军事改革完成德国统一大业。但是他的改革计划在议会下院遭到资产阶级的反对而无从实施。为摆脱困境，威廉一世于 1862 年 9 月起用铁腕人物俾斯麦为普鲁士宰相。

俾斯麦(1815～1898 年)出身于普鲁士勃兰登堡世家，早年属于顽固的保守派，认为德国统一是一种幻想。1851 年任普鲁士驻德意志邦联议会的全权代表后，俾斯麦的政见发生了根本性的变化。他认识到德意志统一迟早都会发生，顺应这一潮流的最好方式是由普鲁士掌握统一运动的领导权，从而能够保证普鲁士君主政体和容克的特殊地位。50 年代末 60 年代初，俾斯麦先后出任普鲁士驻俄、法大使，积累了丰富的外交经验，对国际事务有着深刻的洞察力。他知道德国的统一将彻底打破维也纳会议后欧洲的均衡体系，这是它的东西强邻所不愿看到的，必然会百般阻挠。因此，普鲁士要统一德国，舍武力外别无他途。就任宰相后他在致威廉一世的一封信里写到：“普鲁士必须积聚自己的力量并将它掌握在手里以待有利时机，这种时机已被错过好几次了。维也纳条约所规定的普鲁士国界是不利于健全的国家生活的。当代的重大问题不是通过演说与多数议决所能解决的——这正是 1848 年和 1849 年所犯的大错误——，而是要用铁和血来解决。”①

① ［英］艾伦·帕麦尔著，高年生等译：《俾斯麦传》，商务印书馆 1982 年版，第 98 页。

于是,“铁血宰相”俾斯麦不顾议会决议,强行改革兵制和开支军费,以取缔新闻自由的办法排除舆论的干预。短短数年间,普鲁士的军备得到大力加强,涌现出洛恩、毛奇等一大批杰出的军事将领。同时,俾斯麦施展纵横捭阖的外交手腕,极力拉拢因在克里米亚战争中失败而感到失意的俄国,支持和帮助俄国镇压1863年的波兰起义,从而争得了俄国的好感。他还专程去法国拜访了拿破仑三世。他暗示说,如果法国在未来的普奥战争中保持中立,法国可以得到莱茵河左岸的土地作为补偿。拿破仑三世似乎禁不起这一诱惑,接受了俾斯麦的要求。这样,经过一番精心的准备,俾斯麦开始了统一德国的战争行动。

依照俾斯麦的最初设想,要排除那些妨碍实现统一的各种干扰,普鲁士必须首先要与奥地利在战场上一决高低。但是在发动对奥战争之前,德意志与丹麦之间却突然发生了领土纠纷。它的起因是施列斯维希、霍尔斯坦两公国的归属问题。这是两个以说德语为主的公爵领地,后者还是德意志邦联的成员。两个公国在名义上归丹麦国王领有,但一直没有合并。1863年,丹麦国王宣布将施列斯维希正式并入丹麦,此举遂引起德意志境内日耳曼人的反对,俾斯麦趁机挑起对丹麦的战争,并将奥地利作为“盟友”拉入战争。1864年2月战争开始,丹麦很快战败。根据10月签订的和约,丹麦将两公国交与普奥共管。稍后,普鲁士占领了施列斯维希,奥地利占有了和自己领土并不毗连的霍尔斯坦。

接着,俾斯麦开始全力准备对奥地利的战争。除了得到俄、法中立的保证外,他还与刚建立的意大利王国首相加富尔签订了同盟条约,使奥地利陷于外交上的孤立。在作了以上安排后,俾斯麦借口奥地利对霍尔斯坦管理无方挑起两国的争执,并导致1866年6月普奥战争的爆发。战争持续了七个星期。7月3日,普军在萨多瓦一役大败奥军。8月23日,普奥签订了《布拉格条约》,规定施列斯维希和霍尔斯坦归普鲁士所有,奥地利承认“没有奥地利帝国参加的新德意志组织”,同意在美因河以北成立一个以普鲁士为领导的德意志联邦。1876年,北德意志联邦宣告成立。统一运动由此迈出了关键性的一步。

但北德意志联邦的成立并不意味着统一任务的完成,因为南部仍有四个邦国置身于联邦之外,而最大的阻力来自法国。拿破仑三世曾经许诺在普奥战争期间居守中立,实际上他的目的是拖延战争。他自作聪明地认为战争持续下去,会使普、奥两国实力受到严重的消耗,这将有利于法国扩大对中欧局势的影响。然而,战争结果却出乎他的意料之外,使他大为懊丧。自1815年以来法国第一次感到普鲁士崛起的真正威胁。因此,寻求盟友、阻止德国统一就成为法国外交的主要目标。但是,法国拉拢俄国、奥地利和意大利的外交图谋均一一失败。而且拿破仑三世索取“补偿”的要求也遭到俾斯麦的拒绝。不仅如此,拿破仑三世的领土野心还引起德意志南部几个邦国的恐惧,迫使它们投向俾斯麦。在这场外交较量中，老奸巨猾的拿破仑三世被更为老奸巨猾的俾斯麦所欺骗和激怒，从而落入后者布下的陷阱。

1870 年 7 月，普法战争爆发。拿破仑三世亲临前线督战。但是法军并未做好切实应战的准备，后勤供应乏力，它所面对的是一支经过改造与屡次炮火洗礼的欧洲劲旅，战争一开始便注定了法国失败的命运。果然，在 9 月 2 日的色当决战中，法国军队一败涂地，拿破仑三世连同他的 10 多万士兵成了普军的俘虏。

色当战役后，普军深入法国腹部，兵临巴黎城下。法国临时政府吁请欧洲大国调停，但各大国反应冷淡。此间南德诸邦与北德意志联邦合并，成立了德意志帝国。1871 年 1 月 18 日，威廉一世在巴黎凡尔赛宫举行加冕典礼，正式即位为德意志帝国的皇帝。至此，德国统一终于完成。同年 5 月，普法战争也以《法兰克福和约》的签订而结束。

德国的统一结束了几个世纪以来的封建割据局面，极大地促进了生产力的发展，为德国迅速发展为欧洲和世界经济强国提供了坚实有力的政治保障。

德国的统一使国际关系发生了根本性的变化。德意志帝国在中欧的崛起，彻底破坏了欧洲旧有的国际关系格局，欧洲五强依靠势力均衡原则维持秩序的维也纳体系完全瓦解。现实主义的强权政治取代了梅特涅等人的"欧洲协调"的理论。柏林一跃成为欧洲新的权力中心，此后相当长的时期内欧洲事务更多地受到德意志帝国的支配。欧洲各国面对这一剧烈的变动，不得不对各自的外交政策进行相应的调整。欧洲力量的重新组合与配置，是这一时期国际关系的突出特点。

就德法关系而言，俾斯麦通过战争夺取了法国的阿尔萨斯和洛林，迫使法国交出 50 亿法郎的赔款。法国的大国优势被严重削弱，因此也埋下了法国怨恨和复仇的种子。法德矛盾构成了 19 世纪 70 年代欧洲国际关系的主要内容。

五、美国内战：两个世界的联结

19 世纪四五十年代是美国的资本主义经济迅速增长时期。北部的资本主义工业革命继续深入进行，工业化进程已经开始，西部资本主义农业随西进运动的蓬勃进行而快速发展，南部的种植园经济由于植棉业的兴起而空前繁荣。在此背景下。美国掀起了大陆扩张的狂潮。

1845 年，力主扩张的民主党人波尔克出任美国总统。同年 12 月，波尔克在国情咨文中对"门罗主义"作出新的解释和补充，并开始实施其扩张计划。1846 年 6 月，美英签订了共同瓜分俄勒冈地区的条约，美国的版图正式到达太平洋沿岸。1848 年，美国以战争手段打败了墨西哥，夺取了原属墨西哥的得克萨斯、新墨西哥和加利福尼亚等地。通过这次大陆扩张,美国共攫得320多万平方公里的土地。从此美国实力大增,成为在西半球同欧洲抗衡的泱泱大国。

美国40年代的扩张是在"门罗主义"的原则下进行的,其范围未超出北美大陆,其目标仍局限于在西半球构筑和完善隔绝于欧洲的美洲体系,所以这一扩张仍属于孤立主义外交体系的范畴之内。美洲从大陆走向海外,从美洲走向世界,这一历史性转折是在内战前后完成的。内战完成了美欧两个世界的联结。

早在50年代,美国的扩张矛头开始指向海外世界。此时,老一代政治家大都谢世,新一代扩张分子活跃在政治舞台。他们在"青年美国"口号的鼓噪下,提出打破孤立主义传统,要求关注和参与大陆以外的事务,在世界范围内推广美国式的政治制度和民主理想,用"年轻兴旺"的美国取代"老朽衰颓"的欧洲。他们不再满足于在荒野中缔造一个国家,而是要创建一个美利坚世界帝国。50年代,著名政治家、共和党人威廉·西沃德提出了建立"美利坚太平洋帝国"的扩张理论,基本上确定了美国对外扩张的方向。这一时期,美国还加强了海军建设,提高了美国海军的远洋作战能力。商船队也迅速扩大,海运业和对外贸易大幅度增长。

1853年,美国派舰队远征日本,用武力威胁的手段强行叩开日本的门户。1858年,美国迫使中国政府签订《天津条约》,扩大了在中国的特权。这一时期,美国加紧进行对太平洋海域的探险和勘测,并积极修建直通太平洋的铁路,架设联结欧、亚、美三大陆的电报通讯网。大规模的海外扩张正在紧锣密鼓地进行,新的扩张狂澜正在到来。正在这时,由于国内两种社会制度的矛盾激化,国内战争的浓云笼罩在美国上空,海外扩张的进程才得以延缓下来。

美国独立后,在北部建立了以雇佣劳动为基础的资本主义制度,而南部仍保留着以奴隶劳动为基础的种植园经济。当北部的资本主义工业快速发展时,南部的种植园经济也因植棉业的繁荣而急剧膨胀起来。到四五十年代,南北两种制度的矛盾日益激化,在市场问题、关税问题、西部土地问题上都展开了尖锐的斗争。奴隶制度作为美国社会机体上的一个"赘瘤",严重地阻碍着美国资本主义在全国范围的发展。

40年代末,南北双方在新侵占的墨西哥土地上建立何种制度的问题上发生争吵,1850年,双方达成妥协方案,规定加利福尼亚以自由州加入联邦,新墨西哥和犹他州的奴隶制存废问题由当地居民投票决定。由于这两州白人奴隶主居多数,所以等于承认在两州内建立蓄奴制。1854年,又达成新的妥协,规定新近申请加入联邦的堪萨斯和内布拉斯加两地的奴隶制问题也交由当地居民投票决定,这等于打破了1820年曾达成的把奴隶制限制在北纬36°30′以南的"密苏里妥协案"的规定,把整个西部向奴隶制开放。1854～1856年,堪萨斯在居民投票时发生武装冲突，表明南北两种社会制度的矛盾已到兵戎相见的地步。

奴隶主的倒行逆施，引起全国人民的反抗。19 世纪 50 年代，美国各地不断爆发反对奴隶制的起义，其中影响最大的是约翰·布朗领导的武装暴动。约翰·布朗是美国的一位杰出的废奴主义者，毕生从事奴隶的解放事业，在长期的反对奴隶制的斗争实践中，他认识到使用武力废除奴隶制的必要性。1859 年 10 月 16 日，布朗率领 22 人的小分队在弗吉尼亚的哈泼斯渡口举行起义。起义者俘获了几名当地种植园主，并占领了一座军火库。布朗等人英勇地同前来镇压的军队作战，最后因寡不敌众，起义失败，布朗本人重伤被俘。布朗在就义前发出如下誓言："我，约翰·布朗，现在坚信只有用鲜血才能洗清这个罪恶深重的国土的滔天罪行。"布朗起义促成了美国内战的爆发。

1860 年，反对奴隶制的共和党在大选中获胜，林肯当选为美国第 16 任总统，两种制度的斗争由争夺西部土地问题上升为政权问题，已经无法以和平方式得到解决。1861 年 2 月 4 日，南部 7 个蓄奴州宣布脱离联邦，成立"南部各州同盟"(后来"南部同盟"扩充为 11 个州)。4 月 12 日，南部同盟炮击北军要塞萨姆特堡。4 月 15 日，林肯宣布南部各州叛乱，号召人民为恢复联邦的统一而战，下令征召志愿军 7.5 万人。广大人民纷纷响应，迅即有 30 万人应征奔赴前线。内战终于爆发了。

占据人力、物力和政治方面优势的北部，由于在解放奴隶的问题上态度暧昧，对战争的艰巨性估计不足，再加上军事指挥的失误，在战争开始时遭到重大挫折。林肯政府的保守政策和北军的屡次败北，引起了人民群众的不满。纽约和其他城市的群众举行示威游行，要求政府早日宣布解放黑人奴隶，武装黑人，清洗政府中的反革命分子及异己分子，严厉打击反革命分子的破坏活动，将土地无偿地分给农民。他们还要求政府取缔奸商的非法牟利行为，对资本家征收重税，以充军费；要求军政当局采取更为坚决的军事行动，撤换无能的将领，以便扭转败局。总之，群众要求用革命的方法进行战争。到 1862 年夏秋之时，北部出现了这样的形势，在这种形势下，"如果林肯不让步(但是他会让步的)，就会来一个革命"[①]。林肯本人也意识到这一点，当时他说：如果"拒绝发表[解放]宣言的话，在北部会发生暴动"。

这样，前线的失败和后方人民群众运动的高涨，迫使林肯政府改变了保守政策，采取了一系列革命措施。

1862 年 5 月，林肯政府颁布了《宅地法》，规定任何人交付 10 美元的登记费

① 马克思：《致恩格斯(1862 年 8 月 7 日)》，载《马克思恩格斯论美国内战》，人民出版社 1955 年版，第 233 页。

就可以在西部领取160英亩的土地,在所领得的土地上耕种5年后,就可以成为这块土地的所有者。这一措施满足了广大农民渴望已久的要求,它极大地鼓舞了农民参加反对奴隶制战争的积极性,同时也加快了开发西部的步伐,保证了北军的军粮供应,使美国成为世界上最重要的产粮国之一。

1862年9月24日清晨,林肯发表了震动世界的《解放宣言》,宣布从1863年1月1日起,叛乱诸州的奴隶全部获得自由。这一伟大举动标志着美国的内战进入"以革命方式进行战争"的阶段。从此,解放奴隶成为北部作战的重要目标了。马克思高度评价了这个《宣言》,称它是"在联邦成立以来的美国史上最重要的文件",并指出:由于发布了这个《宣言》,"在美国历史和人类历史上,林肯必将与华盛顿齐名"①。不过当时林肯的《解放宣言》是作为"战时措施"颁布的,直到1865年1月在广大群众的压力下,国会才通过了宪法第13条修正案,禁止各州使用奴隶,正式在全国范围内废除奴隶制度。

《解放宣言》发布之后,林肯又实行了武装黑人的政策。这个政策一经宣布,马上就有大批黑人报名参军,编成特别团队开赴前线投入战斗,这就大大增强了北军的战斗力。同时,林肯又采取了严厉镇压反革命的措施,坚决撤换了作战不力的将领,调整了军事领导机构,任命有卓越军事才能的格兰特统一指挥军队。

由于实行了上述一系列革命措施和政策,大大激发了全国人民的革命热情,北部工人、农民及黑人积极参军参战;南部黑人奴隶为支援北军的战争,解放自己,不断起义,有力地打击了南部奴隶主,牵制了南军的作战力量;还有不少黑人奴隶逃往北部或解放区参加北军对奴隶主作战。由于广大人民群众的革命积极性被充分调动起来了,使北部对南部的战争变成了一场群众性的战争,使战场上的形势立即发生了根本性的变化,从而保证了北部在军事上的最后胜利。

1863年7月1日,北军在东战场取得了盖特茨堡战役的胜利。这次胜利成为整个内战的转折点。从此以后,战场上的主动权完全操在北部军队手中。7月4日,北军在西战场攻陷了密西西比河下游的维克斯堡。至此,基本上摧毁了南军的进攻力量,南军开始溃退。到1864年,南部已是财力空虚,兵源枯竭,陷入了山穷水尽的地步,而北部则是越战越勇。1864年春,北军最高统帅作了新的军事部署,决定在东、西两线同时展开强大的攻势。在东线,格兰特将军亲自指挥部队向"南部各州同盟"首府里士满进攻;在西线,9月2日,谢尔曼将军则率领6万大军从密苏里河攻入南部腹地,并把南部最大的军事工业城市亚特兰大拿了下来。两个月后,开始了有名的"向海洋进军",目标是萨凡纳,士兵们斗志昂扬,高唱"约翰·布朗的精神引导着我们前进",于12月21日占领了大西洋

① 《马克思恩格斯全集》第15卷,人民出版社1963年版,第586页。

沿岸的重要港口萨凡纳。1865 年 2 月 1 日，谢尔曼大军从萨凡纳出发北上，目的在于和格兰特将军所率军队会师。1865 年 4 月 3 日，北军攻陷了里士满，9 日，南军总司令李将军见大势已去，率残军 28 000 人在弗吉尼亚的阿波马托克斯城向北军投降。至此，延续四年之久的美国内战以北部的最后胜利而告终。奴隶主所拼凑的"国家"取消了。美国又恢复了统一。

美国内战是美国历史上第二次资产阶级革命。它粉碎了南部的奴隶制度，捍卫了联邦的统一，从而为美国资本主义在全国范围内的迅速发展开辟了广阔的道路。虽然内战后黑人仍没有得到真正彻底的解放，黑人问题仍然是长期影响美国社会发展的严重问题，但这次内战从根本上扫除了奴隶制的"赘瘤"，具有异常伟大的历史意义。

美国内战的意义远远超过了美国一国的范围。这次战争是 19 世纪五六十年代世界性民族民主运动的组成部分，它同英国人民争取扩大民主权利的斗争、意大利统一运动、德意志统一运动、俄国农奴制改革、日本的明治维新等汇合成一股强大的历史洪流，彻底扫除了欧美仍然残留的封建主义的最后阵地，在世界范围内实现了资本主义的完全统一。美国在内战后以大国的身份加入到世界资本主义体系中。从此，美国进一步介入世界事务，加快了海外扩张的步伐，参加了列强对世界的瓜分，并以"门户开放"外交原则为基调，把世界一体化进程推向新的历史时期。

六、改变日本命运的明治维新

19 世纪中叶的日本同亚洲其他国家一样，也是一个落后而封闭的封建国家。在德川幕府统治下，日本封建国家名义上的首脑是天皇，但实权操纵在将军手中。以天皇为首的由皇族公卿组成的京都朝廷形同虚设，毫无权力，并受到幕府所规定的制度和派驻京都的机构的严密限制和监视。幕府实际上是拥有全权的国家权力机关，一切政令都出自幕府。幕府的行政长官是由将军任命的"老中"，在非常时期则任命地位在老中之上的最高长官"大老"。

幕府为了维持其封建统治，实行严格的封建等级制度，把居民划分为"士、农、工、商"四个等级。"士"为统治阶级，包括将军、大名和武士。将军是政府的最高首脑和最大的封建领主，拥有全国 1/4 的土地。将军之下是诸侯，称为"大名"，他们的领地叫作"藩"，全国共有 260 多个。大名在藩内是全权的主宰，但他必须效忠于将军，负担军事等方面的义务。将军和大名又把自己的领地分割成更小的单位分赐给自己的家臣，这种居于将军和大名之下的家臣叫作"武士"。他们是职业军人，拥有佩刀的特权，负有跟随主人作战的义务。但其中也有很多人是知识分子。德川幕府时期，武士大部分都脱离农村，在城镇中过寄生生活。武士的上层拥有领地，并可担任国家要职，中、下级武士领取禄米，一般生活水平相当于富裕农民。

"农"、"工"、"商"是被统治阶级。农民占全国人口的80%，是德川幕府时期的基本生产者。农民向封建主领取一小块份地，进行分散的、个体的经营。他们负有向封建主缴纳贡赋的义务。法令禁止农民逃离本村，禁止种植规定以外的农作物，禁止买卖土地。幕府还实行"五人组"制度，把每五户农民用连环保方式控制起来，相互之间要对拖欠贡赋和"犯罪"行为负责。农民的生活也受到严格限制，农民不准吃大米，只能吃粗粮。农民不准穿丝、麻衣裳，衣裳的式样和布的颜色也有严格规定。此外，还禁止农民建筑宽大住宅和使用奢侈品，甚至娱乐活动都要受到限制。"工"主要指手工业者，"商"主要指商人。手工业者组织在行会("座")中，商人组织在帮会("株仲间"、"问屋")中，这些组织享有生产和销售某种商品的垄断权，但须缴纳大量捐税。"工"、"商"在政治上处于无权地位，甚至连人身也得不到法律保障，武士如果认为他们有"失礼"之处，就可以随意加以杀害。在"士农工商"之下还有三四十万所谓"贱民"。"贱民"在社会上受到严重歧视和残酷的压迫，只能住在指定地点，不得与平民杂居和通婚。

17世纪初，日本的海外贸易曾经一度显著活跃。后来幕府担心对外贸易的发展和天主教的传播，将会增强西南诸藩反对派大名的实力，促进农民的反封建斗争。因此，德川幕府于1633～1641年先后5次发布"锁国令"，实行闭关政策。除开放长崎同中国、荷兰进行有限贸易外，严禁同其他国家交往。幕府企图以此来抵制西方资本主义势力的影响，阻止日本社会的任何变化。

尽管如此，在德川幕府统治时期，随着生产力的提高和商品经济的发展，资本主义生产关系还是在封建制度内部逐渐成长起来。

德川幕府时期，养蚕业、缫丝业、棉织业得到了显著的发展，各个地区经济出现了专业分工。全国出现了许多工商业城市，最著名的是江户、大阪、京都，被称为"三都"。到18世纪初，江户人口为100万，大阪人口为38万，京都人口为35万，大批商人和手工业者集中到城市里来。以江户、大阪为中心的陆海路交通有了很大发展，陆路以江户为中心形成5条干线，海路仅在江户和大阪之间就有船只定期航行，对商品运输都起了重大作用。

18世纪中叶以后，商业资本渗入农村。商人以"换棉"和"出机"等形式控制农村家庭手工业。"换棉"是由商人供给皮棉，农民在家纺成纱或织成布，商人按成品数量支付现款或分给部分成品作为工资。"出机"是商人供应农民棉纱和织机，织成后按成品数量支付工资。"换棉"和"出机"开始具有了资本主义生产的因素。后来，一些批发行商人自立作坊，从贫苦农家招雇"机织下女"(即女工)，建立了以分工为基础的手工工场。当时除商人建立的手工工场以外，还有幕府和各藩建立的手工工场。18世纪后期，丝织品、棉织品、榨油、酿酒、砂糖、酱油、陶瓷等资本主义手工工场陆续出现，其中以丝织业、棉织业的手工工场发展最快。19世纪初，除原有的丝织业中心京都的西阵以外，关东、奥羽、越后、美浓等地区都出现了丝织工场。19世纪中叶，棉织业中心足利的手工工场已相当发达，每家拥有织机三五十架甚至一二百架。1854年，日本全国雇佣10人以上的手工工场约有300个，1867年增加到400多个。但是，当时资本主义工场手工业发展还不充分，又遭到代表旧生产关系的幕府和大名的抑制与破坏，所以，到明治维新前夕，手工工场在整个国民经济中还不占主导地位，资产阶级也没有成为独立的政治力量。

商品经济和资本主义因素的发展，引起了阶级关系的深刻变化。商品货币经济渗入农村之后，小农的经济日益被卷进商品流通范围，加之一些封建主还要他们缴纳不断增多的货币年贡，这就迫使他们落入高利贷者的罗网。高利贷者往往以抵偿债务为由，将农民抵押过期的土地收归已有，成为新地主，农民则变成了他们的佃农。新地主中的一部分人，往往兼营小型商业和手工业。他们一方面由于土地所有权没有得到封建主的承认，工商业经营又受到封建关系的束缚而同封建主发生矛盾；另一方面，在剥削农民和镇压农民的反抗方面，又同封建主有着共同的利益。

在城市中，大帮会商人以缴纳营业税和特许费为代价，取得了商业垄断特权，获取暴利。由于商品经济的发展，封建主为了供给自身的挥霍，也常常向市场抛售贡米，或直接控制领地内的某些土特产品，搞所谓"藩营专卖"。他们在一些城市中派驻财政代理人，代行经销大宗贡米和各地特产，清理金钱财务。帮会商人和封建主的财政代理人形成了城市大商业高利贷特权阶层，他们手中积累了巨额财富，其代表有三井、小野、鸿池等集团。特权的商人在经济上受到封建所有制的束缚，在政治上受到封建等级身份制的压制，因而同封建主有矛盾，但彼此又有密切的联系，因为他们的商业和高利贷活动依赖封建主，他们的商业特权来自封建主。

由于封建主挥霍无度，造成了财政支绌，他们经常停发或削减武士俸禄，使下级武士生活窘迫，另找新的生活。他们当中有些人沦为浪人，靠拐骗、盗窃、抢劫为生；一些人改行当教师、医生、小商贩和手工业者；有些人甚至做了商人养子或收商人为养子，直接同资产阶级结合起来。这些资产阶级化的下级武士，从其新的经济地位出发，也反对幕府的封建统治，要求实行对自己有利的资产阶级性质的社会改革。在从事教师、医生等知识分子职业的下级武士中，有些人开始向西方资本主义学习，鼓吹维新。总之，武士的特权地位发生动摇，对现状不满，部分下级武士产生变革现状的要求。

德川幕府统治时期，沉重的封建剥削和高利贷压榨，促使农民起义不断爆发。据不完全统计，1603～1853 年间，全国共发生 1100 次暴动和起义，其中最后50 年就有 400 次。每次参加人数多者达几千、几万乃至十几万人。起义农民提出了收回被抵押的土地、反对增加租税徭役、反对藩营专卖以及特权商人的垄断等要求。城市手工业者、小商人及其他城市贫民也经常举行暴动，反对封建统治者、大商人和高利贷者。暴动往往因投机商抬高米价引起，在日本历史上称作“米骚动”。1837 年，大盐平八郎领导的大阪市民暴动是 19 世纪上半期规模最大的一次米骚动。这些起义和斗争沉重打击了幕府的统治，加深了幕府统治的危机。

在封建制度危机日益深化的情况下，西南诸藩如长州、萨摩、土佐、肥前等开始实行改革。西南诸藩的改革是封建统治阶级为了稳定其统治而实行的自救运动，并未触动封建社会的经济基础，但其中的某些措施有利于发展资本主义，客观上具有一定的进步性。藩政改革的成功，增强了西南各藩的实力。此后，西南各藩成为倒幕势力的集结地。

19 世纪中叶，英、法、美等资本主义国家加紧向远东殖民扩张，日本也成了它们侵略的对象之一。首先用武力打开日本大门的是美国。1853 年 7 月，美国海军准将佩里率领 4 艘军舰驶入江户湾的浦贺港，要求幕府接受美国总统的信件，同意缔造通商条约。翌年 3 月，幕府被迫同美国在神奈川签订《日美亲善条约》(通称《神奈川条约》)。根据条约，日本开放下田、函馆两港口，为美国船只提供粮食、淡水和煤炭等必需品；允许美国在这里派驻领事，并享有最惠国待遇。《神奈川条约》的签订，使美国一举打开了日本的大门，冲破了两百多年的锁国体制，对日本国内是个很大的冲击。不久，英、俄、荷等国援美国先例，和日本先后签订了类似的条约。1858 年(安政五年)6 月，美国又强迫日本政府签订《日美友好通商条约》(亦称《安政条约》)，日本向美国开放函馆、神奈川、长崎、新潟、兵库五港通商，实行对美国有利的低关税率，承认美国在日本的领事裁判权。同年 7～9 月，日本政府又与荷、俄、英、法等国先后缔结类似条约。这一系列不平等条约使欧美资本主义列强在日本享有领事裁判权、协定税率和最惠国待遇等。这一切使日本面临沦为半殖民地的危险。民族危机加剧了国内社会各种矛盾，封建制度的危机进一步加深。开港以后，大量外国工业品充斥日本市场，破坏了农民家庭手工业。日本的工场手工业无法竞争，受到严重打击。由于生丝、棉花大量出口，影响了日本的丝织业和棉织业生产。不少织工流离失所，《安政条约》签订后三年，仅桐生一地就有 1500 名手工业工人破产。日本成为西方资本主义国家的销售市场和原料产地。

由于日本国内黄金同白银的比价是1∶5，而国际市场的比价是1∶15，西方商人和各国使馆人员利用日本黄金价格低于国际市场的情况，以墨西哥银元套购日本黄金，攫取暴利，使日本黄金大量外流，仅1859年6～12月，日本流出的黄金达100万两。从1860年起，幕府开始贬低币值，减少货币含金量85%以上，结果引起通货膨胀，物价飞涨。1858～1866年间，大米涨价近10倍。人民生活痛苦不堪。

至60年代，市民和农民的斗争又趋高涨。1866年5月，由于米价暴涨和在兵库、大阪等地征收巨额临时税，城市饥民掀起了大规模的"捣毁暴动"。暴动从兵库开始扩展到大阪，近畿和东海各地相继而起。9月末，江户也掀起比大阪更激烈的暴动。与此同时，全国各地农民也掀起了规模空前的起义。在幕府的根据地武藏、上野一带，农民和手工业者捣毁了官署和高利贷者的住宅，焚毁了土地清册和债券文书。起义农民提出了平分土地和财产的要求，因此，当时称之为"改革世间"(实行社会改革)和"平均世间"(使社会财富平均分配)的暴动。这一年全国的暴动共有40多次，严重地瓦解了幕府统治力量。

《安政条约》签订后，欧美资本主义国家不仅利用条约对日本人民进行压榨，而且积极策划影响日本政治。它们乘日本政局混乱之际进行武装侵略。1862年，萨摩藩武士在横滨附近的生麦村杀死一名英国商人。次年，英、法以保护侨民为借口，在横滨驻兵。同年7月，英国舰队炮击萨摩藩的鹿儿岛，勒索赔款。1864年8月，英、法、美、荷四国以报复前一年长州藩炮轰外国船只为理由，组织联合舰队炮击下关，占领下关炮台，迫使幕府支付300万美元赔偿战费。1866年，四国又强迫日本签订改税协定，把主要商品的进口税率一律降低为5%。日本的民族危机日益加深，日本只有实行维新改革才有出路。

1859年，纪州藩的德川家茂继承将军之位。西南各藩趁机发难，倡导攘夷排外，进行反幕府活动。当幕府奏请天皇批准《安政条约》时，以长州藩吉田松阴和萨摩藩西乡隆盛为首的下级武士聚集京都，进行反幕府活动，并挟持天皇，驳回幕府的奏请。主持幕政的大老井伊直弼决意报复，于1859年(安政六年)6月，处死吉田松阴等7人，下狱者数十人，史称"安政大狱"。

安政大狱激起中下级武士和部分大名的愤慨。1860年3月，水户、萨摩两藩的武士为安政大狱的被害者复仇，在江户的樱田门外刺死了井伊直弼。"樱田门事件"成了"尊王攘夷"运动迅速发展的信号。出身于长州、萨摩、土佐等藩的下级武士，利用农民和市民对幕府的冲击，同一部分公卿(宫廷贵族)和对幕府的抑制政策不满的资产阶级结成同盟，以"尊王攘夷"为口号，展开推翻幕府的斗争。

处在人民起义和倒幕运动夹攻下的幕府，采取怀柔和镇压并用的两手策略。

一方面放松参觐交代制，以笼络反对派大名，并谋求同朝廷妥协，企图结成天皇朝廷同以将军为首的大名和上级武士之间的联盟，以挽救时局；另一方面，用武力镇压盘踞在京都的西南诸藩武士，以保持对天皇的控制权。1863 年 8 月，幕府联合了萨摩藩保守势力发动政变，把反对派公卿和长州藩武士逐出京都。1864 年 7 月，长州武士重整旗鼓，再度向京都进兵，同幕府军在皇宫禁门外激战，但被幕府军击溃。史称“禁门之变”。事变后幕府控制了京都。同年 8 月，幕府发动第一次征讨长州的战争。当时掌握长州藩政的保守派对幕府表示恭顺，幕府军不战而胜。但倒幕派的力量并未因此而削弱。同时，1864 年英、美等四国舰队炮轰下关后，西南诸藩的下级武士改变了盲目攘夷的做法，集中力量打击幕府统治。1865 年，长州倒幕派高杉晋作重新掌握藩政，实行军事改革，建立以农民为主体的奇兵队，积极策划推翻幕府。以西乡隆盛、大久保利通为首的倒幕派也掌握了萨摩的藩政。1866 年 1 月，萨、长两藩在土佐藩武士坂本龙马的倡议下，结成了倒幕同盟。

1866 年 6 月，幕府发动第二次讨伐长州的战争。由于以萨摩藩为首的许多大名都拒绝助战，同时关东和东北地区等幕府直辖地的农民起义和市民暴动风起云涌，幕府军进退维谷。1866 年 7 月，德川家茂突然死亡，德川庆喜继任将军。他看到军事形势不利，就以举行家茂的葬礼为借口而退兵。1867 年 10 月，摩萨、长州、安艺三藩武士在京都召开秘密会议，决定组织联军正式讨幕，并把讨幕计划通过倒幕派公卿岩仓具视秘密上奏天皇。10 月 14 日，天皇颁发密诏给萨、长两藩，命令他们讨伐幕府。德川庆喜见形势不利，被迫提出了“奉还大政”的请求，表示辞去将军职位，还政天皇。至此，统治日本 260 多年的德川幕府在名义上宣告结束。

1868 年1月3日，明治天皇出面召开了有倒幕派皇族公卿、大名及下级武士参加的御前会议，颁布“王政复古”诏书，宣布废除幕府制，成立新的中央政府。新政府设总裁、议定和参与三职，总裁由皇族、议定由公卿、大名充任，参与则由各藩士充任。新政府的实权掌握在大久保利通、西乡隆盛、木户孝允等倒幕派武士手中。三井、小野等商家在财政上大力支持新政府。会议还决定勒令德川庆喜“辞官纳地”，彻底剥夺将军权力，交出领地和财产。德川庆喜不甘心失败，于1868 年 1 月集合军队向京都进军。以萨、长两藩为主力的政府军，在京都附近的鸟羽、伏见与幕府军发生激战，击败幕府军，德川庆喜逃至江户。2 月，天皇政府组织讨幕东征军向江户进军。4 月，德川庆喜投降，政府军进占江户。

9月间，政府军在当地人民的配合下，平定了本州北部其他藩的反抗。10月，改江户为东京。1869 年 3 月，迁都东京。1869 年 5 月，政府军进兵北海道，攻下幕府势力最后的据点。至此，历经一年半之久的国内战争以新政府的大获全胜而宣告结束。

明治政府从60年代末到70年代初实行了一系列资本主义性质的改革，进一步巩固了地主、资产阶级联合专政的明治政权，为日本发展资本主义开辟了道路。

1868年3月，明治天皇宣布了新政府的施政纲领——《五条誓文》，表达了地主资产阶级在政治、经济、文化、外交等方面进行改革的要求和决心。接着，明治政府展开了全面的改革运动。

日本明治维新的内容主要是以下几个方面：

第一，实行"富国强兵"，建立中央集权制的国家机构。首先，实行太政官制。1868年4月，明治政府颁布《政体书》，规定中央政府的组织形式为"太政官"，下设行政、议政、司法三个部门，地方设置府或县，受中央政府统一领导。《政体书》标榜三权分立，实际上大权集中在天皇及其重臣手里，是一种君主专制制度。其次，实行"奉还版籍"和"废藩置县"，取消大名对本藩的统治权，废除藩政，将全国划分为三府七十二县，由中央派知事治理，旧藩主移居东京，领取世袭俸禄。再次，废除封建等级制，取消武士特权，废除"贱民"称谓，实现"四民平等"。最后，建立近代常备军和警察。

第二，变革土地制度，进行地税改革。1871年，政府颁布法令，允许农民自由种植作物。1872年，废除土地买卖禁令，承认土地私有权和买卖自由，颁发土地执照。这样，新兴地主在法律上取得了对土地的所有权。自耕农的土地所有权也得到法律承认，但广大佃农被剥夺了永佃权。1873年，实行地税改革，废除过去以土地收获量为标准，水田纳米、旱田纳款的旧税制，改行水、旱田一律按地价交纳现款；新税率为地价的3%，附加税为地税的1/3，丰年、荒年地税不变；新地税不问土地归谁经营，一律向土地所有者征收。由于新税制是以不减少政府收入为前提制定的，所以，总的说来，农民所受的剥削并未减轻。

第三，贯彻"殖产兴业"，大力扶植资本主义。1868～1870年间，实行了废止各藩关卡、取消商人专利的同业公会、奖励贸易、整顿币制和统一全国汇兑等项措施，为资本主义在全国的发展扫清了不少阻碍。明治政府还大力发展资本主义工业，实现资本主义工业化。明治初年，政府首先接收幕府和各藩经营的军工企业和矿山，并引进西方先进技术设备加以改造、充实和扩大，使它们成为当时资本主义工业的主导力量。除此之外，政府又在各种工业部门中建立了一批"模范工厂"，以此发挥示范作用，推动私人资本主义的发展。后来，大部分国营民用企业都以低价处理给与政府密切勾结的特权商人。政府还创办了银行，1872年制定了国家银行条例，1873年由三井商行和小野商行出资250万日元在东京创办了第一国立银行，到1879年，国立银行的数目增加到153家。此外，政府还普及工业教育，建立工业试验所，推广新技术，以推动国内工业的发展。明治政府推行的“殖产兴业”政策，是日本从封建制转化为资本主义过程中所采取的根本措施，政府始终把它作为自己的一项中心工作，这是明治初年日本经济得到迅速发展的一个重要原因。

第四，大搞“文明开化”，实行教育改革。明治政府建立后不久，便尽一切可能引进西方资本主义国家各种文化制度和科学技术。为了深入了解西方国家的情况，明治政府于 1871 年 11 月派出一个以岩仓具视为首的庞大代表团，赴欧美各国访问。同时还向西方国家选派留学生，聘用西方国家的各种技术专家和教师，引进技术和设备。明治政府为了使教育适应资本主义经济发展的需要，实行了教育改革。1871 年设立文部省，统辖全国的教育事业。1872 年 8 月，文部省颁布了第一个重要法令《学制》，正式开始进行有纲领、有计划的教育改革。政府在进行教育改革中，特别注重小学基础教育，力行普及初等教育。1872 年 9 月在东京创办师范学校。1874 年，又在东京设立女子师范学校，其他许多城市也相继设立师范学校，以解决师资问题。为了尽快地掌握欧美的先进科学技术，培养科学技术人才，还努力兴办高等教育。1877 年，创办东京大学，设法、理、文、医四个学部，积极引进欧美先进科学技术，聘请外籍教师，培养造就高级科学技术人才。这些措施对培养日本的科技队伍，起了很大的作用。

日本在经过明治维新后，成为亚洲唯一的实行西方式政治和经济现代化的国家，并且依靠对亚洲邻国朝鲜和中国的积极扩张，迅速发展为帝国主义国家，跻身于世界强国之林。

造成日本发生这种巨大变化的原因是多方面的：

第一，日本在遭受外部资本主义势力的入侵后，能够快速地作出正确的反应。日本列岛位居太平洋上西北地区的边远之处，和西方工业国家距离遥远，加上德川幕府统治者严格的锁国政策，使它在 19 世纪中叶之前一直没有受到外来势力的影响，而当西方资本主义来临时，恰恰因为日本地理位置的偏远和市场的相对狭小，没有使日本像中国和其他亚洲国家那样承受那么大的压力。而且日本列岛之间联系紧密，这既有利于民族的统一性，又便于新思想和文化的传播，一旦遭受外国的压迫，日本国民自然容易形成共同的危机感，进而作出相应的反应。

第二，日本历史上有善于吸收和接纳外来先进文化的悠久传统，而不是盲目地加以排斥。日本曾提出“和魂汉才”的口号，积极地、有选择地大量吸收中国文化。在被迫“开国”后，又提出“东洋道德，西洋技术”的口号，把移植西方文化视作当然的事情，只要能够适应形势，任何需要的东西都可以从海外引入。所以它能够以西方国家为榜样，较为顺利地实现了本国的社会变革。

第三，明治维新前夕，在日本封建社会的内部逐渐形成的资产阶级革命的前提条件虽然尚不成熟，但对实现明治维新的改革具有十分重要的意义。幕府末期的日本在商品经济发展的基础上，资本主义因素产生和初步成长起来。尽管资本主义的发展水平不高，还处于工场手工业阶段，资产阶级因自己力量的弱小还不能领导革命，但是由于日本封建制度的僵化和统治阶级内部的重重矛盾，从武士等级中分化出一部分资产阶级化的下级武士，代替资产阶级充当了革命的领导者。而不断发生的农民起义和市民暴动，动摇了德川幕府的封建统治。这样，日本才得以在资本主义因素不够成熟的条件下，成功地进行了资产阶级革命。

第四，倒幕维新运动的领导人在1868年夺取政权并实现了国家的统一后，一方面立即着手对旧制度的改造，先后采取“奉还版籍”、“废藩置县”、废除封建身份制度和取消武士特权的措施，加强了中央集权；另一方面又致力于发展本国的资本主义，推行“殖产兴业”、“文明开化”和“富国强兵”的政策。这些资产阶级革命和改革尽管很不彻底，保留了天皇制、半封建的地主土地所有制等旧制度的残余，从而使日本在摆脱半殖民地的民族危机后，又走上对外侵略扩张的军国主义道路，但它毕竟促使日本在较短的时间内建设成为先进的资本主义国家。因此，明治维新是具有重大进步意义的事件。

第五，当时日本面临的国际环境有利于明治维新的进行。19世纪五六十年代，欧洲国家忙于内部的事务和它们之间的利益争夺，亚洲人民掀起了反殖民主义的斗争风暴，减轻了日本所承担的外部压力，这就使日本国内的社会变革，能够较为顺利的实现。

明治维新是一次以农民为主力、资产阶级同资产阶级化下级武士结成联盟、以资产阶级化下级武士为领导的资产阶级革命。这次革命推翻了幕府的封建统治，建立了地主资产阶级联盟的中央集权国家，为日本资本主义经济的发展开拓了道路，成了日本从封建社会进入资本主义社会的转折点。在人民群众的推动下，明治政府实行了一系列资产阶级性质的改革，加速了资本主义的发展，也摆脱了沦为殖民地的危机。

但是，明治维新是一次很不彻底的资产阶级革命。由于资产阶级的软弱性和尚未形成独立政治力量，明治维新的领导权掌握在代表地主资产阶级利益的武士集团手中，因而使这次革命进行得很不彻底。明治维新后，在国家的政治、经济等方面仍然存在着大量的封建关系。农民的土地问题没有解决，保留了大量的封建残余，地主阶级始终在政权中占主导地位，使地主资产阶级专政从一开始就具有对内残酷镇压人民，对外大肆侵略扩张的性质。此后，日本迅速地走上军国主义的道路。

七、亚洲的危机和非洲的"开发"

在19世纪以前，亚洲只有部分国家和地区遭受到西方殖民势力的入侵，亚洲从整体上仍然游离于资本主义全球市场之外，它既没有像东欧和拉丁美洲那样被纳入全球市场经济而成为其中的一个部分，也没有像非洲和中东那样成为全球市场经济的外缘地区。形成这种差别的原因是多方面的。第一，地理因素的影响。在近代交通运输工具蒸汽船、洲际铁路出现以前，亚洲的南部和东部与西欧之间的遥远距离造成了一个有效的缓冲地带，西方殖民势力鞭长莫及，一时难以渗入。而地理上与欧洲毗邻的奥斯曼土耳其帝国则相对容易受其军事、经济和文化的侵略。第二，直到19世纪，亚洲各国仍处在封建制度的统治下，自给自足的封建自然经济占主导地位，缺乏对欧洲商品的大量需求。而且在工业革命前，西方工业品竞争力不强，无法打开亚洲市场。第三，亚洲国家如印度、中国等国拥有较完备的政治组织和相当强大的军事力量，西方殖民者不可能像在美洲那样一味依靠武力征服的办法，把不平等的贸易关系强加于亚洲。西方商人只好局限于在沿海岸线一带建立少数商站，作为他们从事贸易活动的据点。

虽然欧洲人在亚洲海域享有决定性的海军优势，这使他们控制了新开辟的环球贸易的通道。但由于亚洲国家自给自足的经济的作用，亚洲产品在以欧洲为中心的国际贸易中的地位远远落后于美洲种植园的产品。如1751年，英国仅从一个牙买加岛的进口贸易额就等于从整个亚洲进口的3/4①。当时，除了印度的一些沿海地区和东南亚的一些岛屿之外，亚洲广大国家还没有受到日渐加强的西方扩张的影响。

进入19世纪以后，随着工业革命的进行和资本主义的发展，资产阶级日益要求开辟更为广阔的商品销售市场。于是亚洲成为以英国为首的西方列强侵略的主要目标。列强以坚船利炮为后盾，以鸦片贸易和商品倾销为手段，以自由贸易为口号，征服了许多国家。其中菲律宾、印度尼西亚、印度等国先后沦为殖民地。而中国、伊朗等一些国家被迫走上半殖民地的道路。

西方机器工业品源源不断地流入亚洲市场，对亚洲各国社会经济的发展产生了极为深刻的影响。一方面，它使亚洲各国的传统手工业和农业受到强烈的冲击，封建统治的基础自然经济遭到破坏，封建统治的危机随之加深；另一方面，西方文化和思想意识接踵传入，在"西学东渐"的口号下，亚洲国家的传统观念也

① 参见[美]斯塔夫里亚诺斯著，迟越等译《全球分裂：第三世界的历史进程》上册，商务印务馆1993年版，第160页。

受到强烈震撼，这些又为未来亚洲走上资本主义道路创造了必要的条件。但是，这两方面并不是同步进行的，往往是旧的基础破坏了，新的资本主义关系并没有相伴而生，表现出一种滞后性。此外，西方殖民者为维护其殖民权益，扶持和利用亚洲各国封建势力，使后者成为它们殖民统治的支柱。因此，亚洲各国人民除了遭受殖民主义者的欺压与剥削之外，还要遭到本国地主、买办阶级和高利贷者的盘剥，经济生活状况十分悲惨。

到19世纪中期，西方殖民者的大规模扩张和侵略，扩大和加深了被压迫民族同殖民者的矛盾，也进一步加剧了亚洲各国内部人民群众同封建统治者之间的矛盾。在此背景下，出现了近代以来亚洲第一次民族运动的高潮。这次高潮包括下述主要事件：1825～1830年印度尼西亚爪哇人民大起义；1839～1842年阿富汗人民第一次抗英战争；1848～1852年伊朗巴布教徒起义；1851～1864年中国太平天国运动；1857～1859年印度民族反英大起义；1858～1868年日本倒幕运动。下面以伊朗和印度为例，概述这次民族运动高潮的大致过程。

1. 伊朗

卡扎尔王朝统治下的伊朗是一个落后的、多民族的封建专制国家。国王是国家的最高主宰，国王之下设立由宰相和大臣组成的枢密院，负责管理国家日常事务。全国划分为30个省和州，省的总督和州的州长由王亲国戚充任。这些总督和州长拥有很大的权力，王室对于各州的内政很少过问。游牧部落的酋长是本部落的统治者，他们俨如世袭的封建君主，享有更大的独立性，甚至名义上也不承认国王的政权。各地封建诸侯之间经常发生争土地、争牧场、争水源的武装斗争，弄得民不聊生，生产凋敝。

伊斯兰教什叶派是伊朗封建统治的精神支柱，高级阿訇同时也是大地主，除掌管宗教事务外，还负责裁判民事案件，他们往往滥用职权，压榨人民。

农民是封建贵族残酷剥削的对象。他们被禁锢在封建地主的土地上，对封建主保有人身依附关系。为了使用土地、水源和种子等，农民每年要把收成的4/5交给地主。除地租外，农民还要向封建主缴纳许多实物贡赋，如羊毛、食油、鸡蛋、燃料等。封建主的残酷压榨、经常不断的战争、连年发生的饥荒以及鼠疫霍乱，造成广大农民生活低下、水利失修、农田荒芜、草场破坏，农村和牧区呈现一片凄凉景象。

伊朗的手工业本来是比较发达的，但是，由于封建主的割据和战乱，州长、僧侣的横暴勒索，道路上的盗匪抢劫和关卡林立，度量衡的不统一以及各地方随意规定价格，严重地妨碍了商业和手工业的繁荣，破坏了资本原始积累，大大阻碍了社会经济的发展。

伊朗的这种贫穷落后、内部纷乱的局面，为欧洲殖民主义势力的侵入造成了可乘之机。英、俄、法、德等列强纷纷入侵伊朗,将伊朗变为它们的半殖民地。伊朗人民不堪忍受封建势力和外国势力的压迫和剥削,于是利用宗教的形式进行反抗。1844 年,赛义德·阿里·穆罕默德创立"巴布教",宣称伊斯兰教救世主即将降临,将要指导人们建立人人平等的正义王国,而穆罕默德自称"巴布"("巴布"一词在阿拉伯语中是"门"的意思,意即救世主的意志通过此门传达给人民)。巴布以其主张自由平等的教义在人民群众中影响很大,发展很快,到 1849 年 2 月全国已有教徒 10 余万人。

最初,巴布教着重在封建上层中进行宣传活动,但遭到失败,巴布本人也被封建主囚禁。广大教徒接受教训,决心以武装斗争的方式推翻封建政权。1848 年 9 月,伊朗国王逝世,统治阶级内部争权夺利,互相倾轧,陷入一片混乱,巴布教趁机在马赞德兰省举行起义。在击溃了当地的驻军之后,起义者转移到塞克·塔别尔西陵墓的森林中。在那里,起义者建立起根据地,准备实现自己的社会理想。他们筑城堡,挖战壕,击退了来犯的当地封建主的军队;他们生产武器和军需品,制造劳动工具和缝制衣服。他们废除了私有制,在群众中平分财物,实行共餐。起义者受到了周围附近农民和手工业者的支援,农民给他们送来粮食、牲畜和其他财物,手工业者帮助他们制造武器。其他地区的巴布教徒也远道而来,起义队伍很快增加到 2000 人,并多次击退前来镇压的王军。

敌人看到用武力镇压要付出惨重代价,于是就玩弄欺骗手段。国王的叔父面对《古兰经》宣誓:只要起义者放下武器,就保留他们的生命与自由。巴布教徒轻信了敌人的诺言,放下武器。但反动派背信弃义,立即对起义者实行屠杀,起义者无一人幸免。

塔别尔西陵墓起义失败后,巴布教运动仍在继续发展。1850 年 5~6 月,巴布教徒在赞詹和尼里兹等地又举起义旗,但最后都遭到王军的血腥镇压。

1848~1852 年的伊朗巴布教徒起义是一次反封建反殖民主义的斗争。虽然起义的主要锋芒指向卡扎尔封建王朝,但由于封建统治者是外国势力在伊朗的代理人,因此这次起义客观上打击了外国的殖民势力,因而就具有反殖民主义、争取民族独立的性质。

2. 印度

16 世纪以来的印度处于莫卧儿帝国的统治之下。由于国家的统一,社会局面较为安定,所以印度的经济有较大的发展。当时农业已出现了专业化和商品化的倾向,在此基础上城乡贸易出现了繁荣景象。城市手工业进一步脱离农业,到 17 世纪中期,在孟加拉、旁遮普等地生产出口棉织品的农村手工业者已有几十万户。印度的棉织品远销东南亚、西亚、非洲东南岸,远达俄国和西欧。城市一些富商投资工业,印度出现了近代工业的萌芽。商品货币经济的发展加速了封建国家土地所有制和农村公社的瓦解，村社内部发生了阶级分化，莫卧儿帝国陷入危机。

1658 年，奥朗则布在伊斯兰教封建主支持下，登上了帝国皇帝的宝座。在他统治的半个世纪中，奥朗则布顽固维护伊斯兰教大封建贵族的利益，肆意扩大封建剥削，迫害印度教徒，镇压人民运动。奥朗则布一系列的反动政策严重破坏了社会经济，激化了社会矛盾、民族矛盾和宗教矛盾，点燃了印度人民反对帝国的起义怒火。17 世纪后半期，德里、旁遮普、阿格拉等地先后爆发起义，沉重打击了帝国统治。尤其是马拉特人国家的兴起，更使帝国陷于严重的危机之中。1707 年奥朗则布死后，莫卧儿帝国开始解体。1739 年和 1748 年伊朗和阿富汗先后入侵印度，加速了帝国的分裂。在此情况下，西方殖民者乘虚而入，开始了对印度的殖民征服活动。最早侵入印度的是葡萄牙人，他们从 16 世纪初就在印度的马拉巴尔海岸建立起商站。到 17 世纪，荷兰、英国和法国相继东来，在印度展开了争夺殖民优势的斗争。

英国通过 1600 年成立的东印度公司控制了马德拉斯、孟买和加尔各答，并先后把荷、法殖民者从印度排挤出去。1774 年，英国侵占敖德，以后又接连攻占迈索尔、德里、信德，1849 年又占领了旁遮普，至此英国完成了对整个印度的占领，印度沦为英国的殖民地。英国殖民者对印度征服的过程也是对印度野蛮掠夺的过程。17～18 世纪，正是英国处于资本原始积累的时期。这一时期英国对殖民地掠夺的主要手段是：海盗抢劫、不等价贸易、直接搜刮。除此之外，英国殖民者还通过各种捐税剥削农民和手工业者。东印度公司还垄断食盐、烟草和鸦片等项贸易，获取巨额利润。英国殖民者从印度掠夺来的大量财富源源不断流入英国，据统计，从占领孟加拉以后的 50 年间，英国从印度榨取了 10 亿英镑的财富。这些财富促进了英国的工业革命，使它成为世界上头号资本主义工业强国。但是，残酷掠夺却严重破坏了印度的社会经济，使印度变成了一个极端贫穷、哀鸿遍野的国家。

18 世纪末 19 世纪初，随着工业资本主义的发展，英国工业资产阶级的实力不断加强，因此他们要求开放印度市场，参与对印度的剥削和掠夺。1813 年，英国议会通过《英属印度法令》，取消了东印度公司对印度的贸易垄断权。从此，开始了英国工业资本对印度掠夺的新阶段，印度日益成为英国的商品销售市场和原料供应地。大量的英国棉纺织品涌入印度，印度的手工业遭到毁灭性的打击，千百万城乡手工业者失业、破产，陷入绝境。号称“印度的曼彻斯特”的达卡城，迅速衰落萧条，人口大量减少。据统计，在 1824～1837 年间，人口从 15 万人减少到 3 万人。1834 年印度总督本丁克向伦敦报告说：“悲惨的情况在商业史上是无与伦比的，棉织工人的白骨已使印度平原白成一片了。”殖民统治下的印度农民生活境遇更为悲惨,农民除了向封建王公、地主缴纳地租外,还要向殖民当局缴纳高额田赋。由于田赋要以货币来缴纳,农民不得不低价出售农产品,或向高利贷者借债,90%的农民都负债。19世纪上半期,印度连续发生了7次大饥荒,约有150万人死亡。

印度籍士兵对英国殖民当局的怨恨也日益增长。起义前夕,在印度的24万英军中就有20万是印籍士兵。他们主要从破产农民和手工业者招募而来。士兵们不但经常被英籍军官无故克扣薪饷,而且还遭受种种侮辱。如英国军官不尊重他们的民族习惯,强迫他们到外地去作战,下令要他们剃掉胡子,摘掉耳环,出操时不准他们带种姓标志,等等。这些都引起了印度籍士兵的强烈不满。

英国殖民者也损害了部分印度封建王公的利益。他们的世袭待遇被剥夺,俸禄被缩减,而需要缴纳的赋税却大为增加了。英国当局还随意兼并部分封建王公的领地,剥夺他们的年金。总之,英国殖民当局残酷的统治、残暴的掠夺和沉重的剥削进一步激化了印度各阶层同英国殖民者之间的民族矛盾。一场反对英国殖民统治,争取民族独立的民族起义在印度各地区广泛地酝酿着。

1857年初,英国殖民当局发下了一种涂有牛脂和猪油的纸包装的新子弹,使用时要用牙咬开。这对伊斯兰教和印度教士兵是莫大的侮辱(印度教视母牛为神圣,伊斯兰教禁忌食猪肉),引起了他们的强烈不满,成为民族大起义的导火线。这年2月,驻巴拉克普尔的士兵首先发难,引发了反英大起义。起义共有三个中心——德里、勒克瑙和詹西,参加起义的除农民、手工业者和士兵外,还有部分封建地主和王公也卷入起义的行列,其中还出现了一些优秀的领导者,如詹西女王拉克什米·葩伊、马拉特王公的养子那那·萨希布等。起义者同英国殖民当局派去镇压的军队进行了殊死搏斗,但由于实力相差悬殊、上层封建王公的动摇和叛变、起义者的战略战术失误等原因,起义的三个中心先后被英军攻克,英军对起义者和印度人民进行了灭绝人性的屠杀和洗劫。此后,起义者分散到全印各地进行游击战争,一直坚持到1859年底,才被陆续镇压。

印度反英大起义虽然失败了,但它在印度历史上占有重要地位,具有重大的历史意义。首先,起义深刻教育了印度人民,唤醒了人民的民族觉悟,增强了各民族、各宗教之间的团结愿望,坚定了印度人民反英斗争的意志,积累了反殖民主义斗争的经验,为以后的资产阶级民族民主运动准备了条件。其次,起义沉重打击了英国在印度的殖民统治,英国殖民者为镇压起义消耗了4000多万英镑战费,大批殖民官员和士兵被消灭,税收和贸易的损失更是巨大的。其三,这次起义是19世纪中期亚洲民族解放斗争高潮的重要组成部分,在客观上援助了亚洲其他国家的革命斗争。由于印度起义的爆发,英国被迫把派赴伊朗和中国的侵略军调往印度,从而间接支援了伊朗和中国人民的反英斗争。最后,起义也加速了印度资本主义的发展。在大起义的打击下，英国决定撤销东印度公司，英国工业资本大量涌入印度。这虽然加强了对印度的剥削，但铁路、工厂和各种加工工业大量发展起来，从而在客观上促进了印度资本主义的发展和产业工人队伍的形成，为彻底埋葬殖民统治准备了社会力量。

亚洲各国的民族运动因国情相异而具有不同的特点，但是这次运动总的来说是一场反殖民主义的运动。同时，这次运动又大都属于旧式的运动，而不是近代资本主义性质的运动。这些国家的民族运动因自身的诸多局限性没有取得成功，没有砸断西方殖民主义的枷锁。唯有日本例外，经过明治维新，走上独立发展资本主义的道路。

从 15 世纪起，以葡萄牙为先锋的西方殖民者就开始了对非洲的入侵。在 19 世纪末被帝国主义列强瓜分以前，非洲的撒哈拉沙漠以北的埃及、阿尔及利亚、突尼斯等少数国家已进入封建社会，东非、西非的一些国家处于奴隶社会向封建社会过渡阶段，而南部非洲的班图族和科伊桑族还没有脱离原始社会的状态。

早在欧洲资本原始积累时期，西方殖民者就对非洲进行了一种极为肮脏的勾当，即奴隶贸易。西欧各国，甚至北美英属殖民地的新英格兰地区都有许多奴隶贩子，从西部非洲海岸劫掠、欺骗和廉价购买大批黑人，把他们作为奴隶运到美洲高价出售，奴隶贩子从中牟取暴利。罪恶的奴隶贸易持续了四个世纪之久，使非洲损失了大约 4000 万人的精壮劳动力，对非洲社会的发展产生了严重的破坏作用。

到 18 世纪末和 19 世纪初期，奴隶贸易招致了欧美人道主义者和进步舆论越来越激烈的抨击。在英国，主张废除奴隶贸易和奴隶制度的改革者于 1787 年成立了废除奴隶贸易协会，致力于结束奴隶贸易和奴隶制，他们信奉贸易自由、信仰自由和契约自由的原则，主张以农产品的“合法贸易”取代违背了“上帝旨意”的奴隶贸易。而美洲种植园奴隶不断的反抗活动更加强了人们的这种认识。同时，工业革命的进展使资产阶级为制造品寻找海外市场的要求更为迫切，奴隶制剥削方式已变得陈腐过时。这些因素促使英国议会于 1807 年通过法案，宣布禁止奴隶贸易。1832 年，议会又通过一项在英国领土彻底禁止奴隶制并向蓄奴者提供 2000 万英镑补偿的法令。英国派出军舰在非洲、巴西、加勒比海等海岸一带巡弋，取缔奴隶贸易，但是非法的奴隶贸易仍禁而不止。直到 19 世纪中后期美国、巴西、古巴等美洲国家废除奴隶制后，对奴隶贸易的取缔活动才得以成功。

到 19 世纪上半叶，随着欧洲资本主义国家工业革命的发展，资产阶级奔走于全球各地，寻找更广阔的商品销售市场和原料产地。他们开始调整对非洲的政策，通过发动战争、强迫签订不平等条约和贷款等手段，逐渐把北非各国变成了他们的保护国。同时，英、法和葡萄牙等国又把各自在非洲沿岸的殖民据点扩大为殖民地。这些殖民地成了日后列强向内地推进和瓜分非洲的基地。

但是，欧洲人对非洲内陆仍保持着一种“神奇”的观念，对非洲河流的发源地、流向、湖泊的大小，山脉的分布，风土人情和自然资源等情况知之甚少。因此，对非洲内陆的探险和科学考察成为殖民者瓜分非洲的必要前提。

对非洲大陆的系统探险始于1788年非洲协会的建立。这个协会由英国科学家约瑟夫·班克斯领导，在成立后决定首先解开尼日尔河之谜。1795年，协会派苏格兰医生芒哥·帕克前往考察，他证实了尼日尔河向东而不是向西流入大海的事实，推翻了尼日尔河是塞内加尔河和冈比亚河支流的假说。不久，理查德·兰德沿尼日尔河顺流而下，到达贝宁湾，找到了尼日尔河的海口。1856年，英国人斯皮克和伯顿从非洲东海岸深入内地，先后发现了坦噶尼喀湖和尼罗河的源头维多利亚湖。

与此同时，著名的探险家戴维·利文斯顿独自勘探了恩加米湖，并于1854年从西到东横越了南部非洲大陆。1857～1863年间，利文斯顿率领一支探险队考察了赞比西河地区。在利文斯顿考察的基础上，《纽约先驱报》的记者、探险家斯坦利环航了坦噶尼喀湖和维多利亚湖，沿刚果河顺流而下，直到它的出海口。

在英国宣布废除奴隶贸易后，欧洲和非洲之间逐渐兴起了被人称为“合法贸易”的商品贸易。主要集中在西部非洲，那里出产欧洲需要的各种商品，如棕榈油、花生、树胶、木材以及贵重的黄金和象牙。作为交换，西非进口棉、毛织品、烈性酒、火药和枪支等商品。这种新的贸易使西非到19世纪中叶完成了从以奴隶贸易为基础的经济到以出售天然物产为基础的经济过渡。在财富和影响力上，非洲商人超过了传统的酋长。虽然仍缺少统一的货币和银行，但无疑人们的生活已日益依靠国内外贸易。非洲大陆正越来越多地参加到世界经济一体化的过程当中。

【导　读】

1. ［法］乔治·勒费弗尔著，河北师大外语系译：《拿破仑时代》（上、下卷），商务印书馆1997年版。全书共分为6编，叙述了法国大革命后1799～1815年拿破仑从取得政权到失败这一时期的历史，是西方资产阶级史学界公认的关于法国大革命历史的优秀作品。作者把拿破仑帝国与法国大革命的历史紧密联系在一起，分析二者之间的连续性；同时又把拿破仑帝国的历史和欧洲各国的历史联系起来，说明拿破仑帝国在历史上的地位。由于勒费弗尔的阶级局限，他对拿破仑的思想和行为，对欧洲民族主义反对拿破仑帝国的斗争没有给予足够的阶级分析，没有摆脱资产阶级的“英雄”史观的影响。

2. [美]亨利·基辛格著，顾淑馨等译:《大外交》，海南出版社 2012 年版。本书作者是当代美国著名的现实主义外交家和学者，他凭自己长期致力于外交事务的亲身体验，以其渊博的理论学识，洗练的笔法，展示了世界外交史上诸多重大事件，分析了近代以来国际关系格局的演变过程，并重点揭示了美国外交政策的思想渊源及美国外交思想的实质，对影响国际关系发展进程的重要政治家、外交家的外交思想和外交风格进行了较为深刻的理论阐释。该书是作者所发表的著作中最新和最有代表性的一部。可参阅该书第 2、3、4、5、6 章的内容。

3. 杨生茂主编:《美国外交政策史:1775～1989》，人民出版社 1991 年版。该书系当代中国学者研究美国外交政策史的第一部通史性的重要著作。该书从“总体”的角度诠释美国外交政策史，认为扩张是贯穿整个美国对外政策史的一条主线和理解美国外交政策发展的关键。作者把美国外交政策的发展历程划分为三个时期，即大陆扩张时期(1775～1897 年)、海外扩张时期(1898～1945 年)和全球称霸时期(1946 年至今)，对各个时期美国的国内经济、政治和社会思想发展以及外部的国际环境进行了系统深入的剖析。该书取材广泛，资料翔实，线索清晰;既吸收了国内外最新研究成果，又体现了作者自己的创见。

4. [美]塞缪尔·埃利奥特·莫里森等著，南开大学历史系美国史研究室译，纪琨校:《美利坚共和国的成长》(上、下卷)，天津人民出版社 1980 年版、1991 年版。该书按年代顺序，从美洲人类的起源，一直记述到 1968 年。是同类美国通史的著作中较有影响的一种。内容涉及美国历史上各个时期经济、政治、军事、社会文化方面的情况，范围广泛，有较高的资料价值。在编写上颇具特色，可读性强。可参阅该书上卷第 22～41 章的内容。

5. [美]保罗·肯尼迪著，陈景彪等译:《大国的兴衰:1500～2000 年的经济变迁与军事冲突》，求实出版社 1988 年版。该书以广阔的视野审视了 1500 年以来世界各大国兴盛衰亡的过程，探讨了各国在各个时期发展或停滞的经验教训。指出:大国的兴起起于经济和科技领先以及随之而来的军事强盛和对外扩张;大国衰落则衰于国际生产力转移、过度侵略扩张并造成经济和科技相对衰退落后。其观点多有新颖之处。可参阅该书第 4、5 章。

6. 王玮主编:《美国对亚太政策的演变:1776～1995》，山东人民出版社 1995 年版。该书以“门户开放”政策为主线论述了美国亚太政策形成和发展的过程，探讨了美国扩张的历史取向。立论富有新意。如作者认为，“从一定意义上讲，一部美国历史就是告别太平洋，穿过西部荒野，走向太平洋的历史”。该书还对“门户开放”政策的思想渊源及该政策与老殖民主义的不同进行了深入细致的剖析。

7. 王玮、戴超武:《美国外交思想史(1775～2005 年)》，人民出版社 2007 年版。

8. 刘祚昌:《美国内战史》,人民出版社 1978 年版。

9. [美]斯塔夫里亚诺斯著,迟越等译:《全球分裂:第三世界的历史进程》(上、下册),商务印书馆 1995 年版。

10. 李元明:《世界近代国际关系史》,中共中央党校出版社 1988 年版。

11. [德]埃米尔·路德维希著,梁锡江等译:《拿破仑传》,商务印书馆 2012 年版。

12. 万峰:《日本近代史》,中国社会科学出版社 1978 年版。

13. 伊文成、马家骏主编:《明治维新史》,辽宁出版社 1987 年版。

14. 丁建弘:《德国通史》,上海社会科学院出版社 2007 年版。

15. [联邦德国]卡尔·艾利希·博恩等著,张载扬等译:《德意志史:从法国革命到第一次世界大战》,商务印书馆 1991 年版。

16. [英]艾伦·帕麦尔著,高年生等译:《俾斯麦传》,商务印书馆 1982 年版。

17. [美]丹尼尔·J·布尔斯廷著,谢延光译:《美国人:民主的历程》,上海译文出版社 2012 年版。

18. [美]卡尔·桑德堡著,云京译:《林肯传》,东方出版社 1987 年版。

19. 吕一民:《法国通史》,上海社会科学院出版社 2007 年版。

【思考与讨论】

1. 分析拿破仑战争的性质及其影响。
2. 维也纳体系是怎样形成的?它有何特点?
3. 拉丁美洲独立运动爆发的原因是什么?拉丁美洲的独立具有怎样的世界意义?
4. 怎样认识门罗主义的性质和历史作用?
5. 维也纳体系形成后所受到的第一次冲击表现在哪些方面?
6. 综述 1848 年欧洲革命的性质、任务和历史地位。
7. 分析 19 世纪 50～70 年代欧洲民主民族运动高涨的原因和特点。
8. 日本明治维新为什么能够取得成功?
9. 德意志统一是怎样实现的?应如何评价俾斯麦在德国统一过程中的作用?
10. 评述威廉·西沃德海洋帝国的扩张思想。
11. 美国内战的背景和历史意义是什么?
12. 亚洲的危机是怎样形成的?具体表现如何?

第五章 帝国主义时代的来临

19 世纪五六十年代是世界资本主义发展的高潮期。欧美主要国家及亚洲的日本开展的资产阶级民族民主运动，确立了资产阶级在世界范围内的统治地位，主要资本主义国家在此期间先后完成了第一次工业革命或正在深入开展这一革命，建立了符合本国国情的资本主义政治、经济体制，这些都加速了全球一体化的进程。在此基础上，资本主义各国从 70 年代开始，发生了第二次科技和工业革命。一系列重大的科技发明及其在生产领域的广泛应用，使资本主义由蒸汽时代跨进电气时代，电力、电器、化学、石油等新兴工业部门的出现，使主要资本主义国家的产业结构发生了深刻变化，开始由轻工业为主导转变为以重工业为主导，并基本上实现了工业化。第二次工业革命产生了更为巨大而深刻的社会改造作用，人类社会登上了全球一体化的新高峰。

资本主义生产力的高速发展和新产业结构的形成推动了生产关系的演进，导致资本主义各国的经济形态发生重大的变革，帝国主义运动成为 19 世纪后半期世界历史发展的主流。由于新产业和重工业的发展，资本主义生产的股份制迅速发展起来，资本的积聚和生产的集中日益加强，于是在资本主义经济生活中出现了垄断组织。

19 世纪末 20 世纪初，英、法、德、美、俄、日等世界主要资本主义国家先后进入帝国主义阶段。由于经济发展水平及历史背景不同，各国进入帝国主义阶段后也形成了不同的特点，如英国为殖民帝国主义，法国为高利贷帝国主义，美国为托拉斯帝国主义，德国为容克—资产阶级帝国主义，俄国、日本则发展为具有军事封建性的帝国主义。同时，资本主义经济政治发展不平衡的规律在帝国主义时期也日益加剧，这种不平衡性在经济上表现为两种发展类型：一是以美、德、日为代表的后起资本主义国家快速发展；二是以英、法为代表的老牌资本主义国家相对缓慢式发展。经济发展不平衡，造成资本主义各国资本和实力对比发生剧烈变化，这种变化导致对原有世界格局、国际秩序的巨大冲击，一种新的国际秩序呼之欲出。

世界经济的巨大变革，导致政治、社会、思想的大变动，以及资本主义社会的大调整。19世纪后半期,资本主义世界在政治上出现新的趋向:国家机器加强,行政权力膨胀,政府结构完善,政治民主扩大,政党政治正式形成。在社会方面,各国加大了国家调控的力度,实施了一系列的社会立法、劳动立法和福利政策,明显地具有社会化的倾向。这一时期社会政治思想也发生了巨大变化,原来处于支配地位的功利主义、自由主义逐渐让位给一些新的思想流派,如新唯心主义、社会达尔文主义、唯意志论等,社会政治学说的形式呈现出多样化的特点,这些思想都反映了从自由竞争向垄断过渡时期的资产阶级的愿望和要求。资本主义社会的变动和调整是资本主义各国在新的经济基础之上的应变性调节,它暂时缓和了资本主义社会的矛盾,有利于政治稳定和经济发展,表明资本主义已步入较成熟的阶段。

19世纪末的帝国主义运动以及由此引起的资本主义世界社会政治、经济政策的调整,从长远观点看有利于资产阶级统治秩序的稳定和巩固。但这种调整并没有消除资本主义社会的基本矛盾,即资本主义生产的社会化和生产资料私人占有制之间的矛盾,反而使这一矛盾在新的基础上更加深化。这主要表现为无产阶级和资产阶级的对立和斗争,并且在社会变革的大背景下,国际无产阶级运动形成新的高潮,无产阶级的斗争方式也日益趋于成熟。这主要体现在两个方面:一是巴黎公社革命,它建立了世界上第一个无产阶级的革命政权;二是无产阶级的国际团结加强,出现了无产阶级的国际性群众组织——第一国际和第二国际。

19世纪末是世界一体化的重要时期,是继地理大发现和第一次工业革命后新的一轮全球化高潮。此时,资本主义世界市场正在走向开放,资本主义已成为世界性体系;而各国资产阶级的政策调整、欧美无产阶级的革命运动和社会主义运动以及殖民地半殖民地人民反殖、反帝、反封建斗争,也逐步纠正着一体化过程中出现的不合理、不平等和非正义现象,世界秩序向合理化迈进了一大步。

一、科技和工业革命的新浪潮

19世纪中期,欧美主要资本主义国家大都完成了第一次工业革命,建立起近代工业部门。在此基础上,从19世纪70年代起,欧美各国又先后开始了新的科技和工业革命。

这次科技和工业革命的到来不是偶然的,是由多种因素引发的。

第一,自然科学的巨大发展为这次革命准备了技术条件。自然科学的研究工作处于19世纪进入空前活跃并取得重大突破的高峰期,因此,19世纪被称为“科学的世纪”。在物理学方面:英国的焦耳在40年代发现能量守恒和转化定律;法拉第于1831年发现电磁感应现象,提出发电机的理论基础,使电力工业得以建立。在生物学方面:30年代末,德国植物学家施莱登和动物学家施旺在前人研究基础上,创立了细胞学说;1859年,英国生物学家达尔文出版《物种起源》一书,提出生物进化论学说。在化学方面:俄国的门捷列夫于1869年发现了化学元素周期律,奠定了无机化学的基础;有机化学的绝大多数重要原理也在此期间基本确立;物理化学也在19世纪形成和发展起来。这些都推动了化学工业的建立。

第二,自然科学的发展带来了工业生产中一系列新的技术突破。工业生产的大发展对技术进步提出了更高的要求。例如,机器普及后需要有更加精密、机械化程度更高的机器,机械化程度提高后又要求在能源动力方面进行改进,机器的普及还提出了不断改进工业材料的要求。总之,生产的发展迫切要求技术上的重大突破。同时,西方各国为争夺世界市场上的优势,展开了更为激烈的竞争,拼命增强自己的经济实力。竞争的需要推动各国竞相进行发明创造活动,并在生产中迅速应用和推广新的科技成果,以提高生产效率和产品的质量和数量。

第三,工业生产的大发展还为新的技术和工业革命提供了有利的物质条件。随着资本主义经济的发展,资产阶级对工人劳动的剥削日益加深,资本家攫取到越来越多的剩余价值,这些剩余价值又越来越多地转化为资本积累。在19世纪后半期,西方各国资本积累的速度几乎都呈上升趋势,其中美国和德国最为突出,这两个国家也正是技术革命浪潮中最活跃的国家。资本积累为技术革命准备了充足的资金,新技术革命正是在西方国家资本积累已达到相当规模的背景下发生的。

第四,经过19世纪五六十年代的民族民主运动之后,资本主义各国都不同程度地巩固了资产阶级的统治,建立和健全了适合本国国情的政治和经济体制,国家机器更加强大和完善,这就从政治上为新的科技和工业革命提供了有力的保障。

第二次科技和工业革命的主要内容如下:

第一,电力的广泛应用及电气工业和相关工业的发展,使人类进入了“电气时代”。第一次工业革命是以煤作能源、以蒸汽机作动力的,但蒸汽机体积庞大,启动不便,且费用昂贵,从而制约了生产力的更大提高。生产的发展要求新的能源和动力,电的发现和使用应运而生。从19世纪六七十年代起,出现了一系列电气发明。1866年,德国工程师西门子研制成功第一台自激式发电机;1870年,比利时人格拉姆发明了电动机,电力开始被用来带动机器,成为补充和取代蒸汽动力的新能源;1870年,美国发明家爱迪生发明了电灯照明系统。此后,电报、电话、电车、电焊、电镀、电解法、电冶法等如雨后春笋般涌现出来。生产和生活领域各种电器的广泛使用,产生了对电力的大量需求。1882 年,法国学者马·德普勒实验高压直流输电成功;同年,爱迪生在纽约创建了美国第一个火力发电站,把输电线连接成网络。电力作为一种新能源不仅提供了方便而价廉的新动力,而且有力地推动了一系列新兴工业的诞生。以发电、输电、配电为主要内容的电力工业和以制造发电机、电动机、变压器、电线电缆等为主要内容的电气设备工业迅速发展起来,人类开始从"蒸汽时代"进入了"电气时代"。

第二,石油资源的开发及与此相关工业的诞生。由于运输业的发展、各种机械的普遍使用以及照明的需要,引起对润滑油和燃料油的强烈需求,从而导致了石油工业的发展。1859 年,美国钻出第一口油井。1897～1906 年,俄国铺设了第一条输油管。世界石油开采量,1860 年只有 6.7 万吨,1900 年就达到 2000 万吨。石油开采和运输新技术的运用以及随之而来的石油化学工业的诞生,使石油的生产急剧增长,从而成为重要的新能源。石油的开采和利用为内燃机的发展提供了前提。一些德国工程师为内燃机的发明做出重大贡献:1876 年,奥托制造出一台以煤气为燃料的四冲程内燃机;1883 年,戴姆勒制成以汽油为燃料的内燃机,这种汽油机马力大、体积小、效率高,特别适用于作交通工具的动力;1892 年,狄塞尔发明了柴油机,它结构更简单、燃料更低廉,成为重型运输工具理想的发动机。内燃机的发明,为工业、农业和运输业的发展创造了新的条件。1886 年,卡尔·本茨设计的世界第一辆由内燃机驱动的汽车行驶在慕尼黑的大街上。从 90 年代起,许多国家都建立起汽车工业。随后,以内燃机为发动机的内燃机车、远洋轮船、飞机、拖拉机和军用装甲车等也陆续出现了,并带动了相关的新兴工业部门的发展。

第三,远距离传递信息的新发明。1844 年,摩里斯在美国拍发有线电报成功。1857～1866 年,美国铺设了第一条横跨大西洋的海底电缆。1876 年,英国侨民贝尔在美国试验有线电话成功。80 年代,德国物理学家发现了电磁波。1895 年意大利人马可尼、1896 年俄国人波波夫分别成功地进行了无线电传播试验。1901 年,马可尼横越大西洋发报成功。不久,很多国家建立了广播电台,普及了收音机。1895 年,法国人奥古斯特·吕米埃发明的电影逐渐风靡世界。电讯技术的发展,使信息传递的速度日益加快,适应了社会化大生产蓬勃发展的需要,促进了工农业生产和交通运输业的大发展,把整个世界从经济上联成一体,大大促进了世界的一体化进程。

第四,化学工业的建立及应用技术的重大突破。在无机化学工业方面,60～70 年代发明了以氨为媒介生产纯碱和利用氧化氮为催化剂生产硫酸的新方法。在有机化学工业方面,从 80 年代起,人们开始从煤焦油中提炼氨、苯、人造染料等化学产品。1884 年,法国人圣·夏尔东发明人造纤维,后来人们开始用粘胶丝来生产人造丝。1869年，美国人黑特发明赛璐珞；十年后，德、英、法等国出现了赛璐珞工业。1867年，瑞典人诺贝尔发明炸药；1888年，又发明“无烟火药”，并加以改进，在军事上广泛应用。

第五，新的技术革命带动了一些老工业部门的发展。其中最突出的是钢铁工业。1856年，英国人贝西默发明的“吃气精炼”操作法很快得到推广，从60年代起许多国家都修建了贝氏转炉。1864年，法国人马丁和德国人西门子兄弟同时宣布发明了“平炉炼钢法”，它不仅可以熔化生铁和熟铁，还可以熔化废钢，使之变成优质钢。1875年，英国人托马斯发明碱性转炉，使用含磷矿石也可炼出优质钢。冶炼技术的不断改进使钢的质量明显提高，产量持续增长。1868～1900年，英、美、法、德四国的钢产量由24万吨增加到2355万吨，增加了近100倍。

第二次工业革命与第一次工业革命相比，表现出以下几个特点：

首先，新技术发明更多地以自然科学实验为基础，技术进步与科学进步的关系更加密切，也就是说，技术本身越来越科学化。在第一次工业革命时期，科学和技术尚未真正结合，许多技术上的发明都是一些不具备科学理论知识的工匠依据实践的经验而取得的成果。但在第二次工业革命期间，几乎所有工业部门都受到科学新发现的影响。在19世纪，自然科学特别是热力学、电磁学、化学等方面的新发展，开始与工业生产紧密地结合起来，在技术上取得一系列重大的突破，并带动了相应的许多新兴工业部门的兴起，如电气技术的发展完全依赖于电学的发展。总之，科学成为推动生产力发展的最重要因素，它与技术的结合使第二次工业革命取得了更大的成果。

其次，从地理上看，第一次工业革命范围较小，发展缓慢，且发展不平衡。它是以英国为中心，逐渐影响他国的。第二次工业革命几乎同时发生在几个欧美强国，且德国、美国处于领先的地位。因此，新的技术和工业革命一开始就超出了一国的范围，而且具有更广泛的规模，发展的进程也比较迅速。在涉及的技术领域上，第一次工业革命主要涉及能源动力和工作机本身，而第二次工业革命不仅有能源动力革新，而且扩展到材料、信息及运输技术的全面革新，形成了以电能为中心的技术体系。动力系统的革新和信息技术的出现，改变了企业内生产的空间组织形式，使生产过程自动化成为可能。

第三，在第二次工业革命开始时，除英国和美国北部已完成、法国接近于完成第一次工业革命外，其他国家有的正处于它的高潮期，如美国的南部、德国和俄国；有的则刚刚起步，如远东的日本和中国。对一些后进国家来说，两次工业革命是交叉进行的，它们出现跳跃式发展，迅速成为世界强国，如德国就是如此。它一方面积极地吸收、消化第一次工业革命的技术成果，另一方面又直接利用第二次工业革命的新技术，因而发展的速度异常迅速。起步更晚的日本，则同时吸收两次工业革命的技术成果，在短期内就取得跳跃式的发展。

第四，第二次工业革命的重心从第一次工业革命的纺织业和采掘业转移到重工业，建立起一系列新的属于制造业的重工业部门，如化学工业、汽车工业、石油工业等。由于这些工业的连锁反应，整个经济中新的分支部门不断涌现。

正是由于第二次工业革命具有如上的一些特点，它的影响也远比第一次工业革命广泛和深远。它在工业生产领域内引起一系列的变革，直接促进了生产力的发展，使整个人类社会在经济、政治等方面发生了深刻的变化，也为资本主义向较为成熟的阶段——垄断阶段过渡准备了条件。

第一，它促进了生产力突飞猛进地向前发展，使欧美主要国家产业结构发生了变化，开始由轻工业为主导转变为重工业为主导，基本上实现了工业化，并为其工业的进一步发展奠定了物质技术基础。

第二，采用先进技术需要巨额的资金，而只有资本雄厚的企业才有力量这样做，这样，以先进技术装备的大企业增强了竞争能力，更多的中小企业被排挤和兼并，促进了资本和生产的集中及垄断组织的形成。这一时期的技术进步成为垄断资本主义形成的社会物质条件。

第三，它使资本主义生产组织和管理方式发生了变革。第一次工业革命使工厂制度代替了过去的手工工场，但企业基本上是中小企业。第二次工业革命后，一些新兴的工业部门或者由于生产技术和产品结构复杂，或者由于需要大型的生产设备，只有大批量生产才能赢利，因而企业的规模日益扩大。为适应扩大企业规模的要求，股份公司得到广泛的发展。在企业生产过程中，过去由于动力和传动装置限制而将同种机器并列的工艺组织，已被按产品加工工艺组成的流水线代替。以流水作业为基础，产生了新的劳动组织和现代管理体制，这就是美国的“泰勒制”和“福特制”。这是“一系列的最丰富的科学成就，它分析劳动中的机械动作，省去多余的笨拙的动作，制定最适当的工作方法，实行最完善的计算和监督方法等等”①。这种体制大大提高了劳动生产率。

第四，使西方各国经济发展的不平衡日益加剧。在激烈的国际竞争中，老牌资本主义国家（如英国和法国）受到陈旧设备和旧投资的拖累，不如新兴国家（如美国和德国）采用新技术、建设新部门的发展速度快，这使新兴国家出现了跳跃式发展。起步较晚的俄国和日本也以跃进的步伐前进，而英、法等国发展速度相对较慢。各国发展不平衡的加剧，使资本主义国家间的矛盾尖锐化。同时，与欧美先进国家的技术飞速进步相比，亚洲、非洲、拉丁美洲被压迫国家由于无法问

① 《列宁选集》第3卷，人民出版社1995年版，第492页。

津先进技术，其技术和生产显得更为落后了，世界性的贫富分化进一步拉大。

第五，交通运输业和信息传输业也发生了革命，使世界一体化程度提高。汽车、飞机的发明和飞速发展，电话、无线电通讯的发明和广泛使用，使世界各个地区都被卷入到资本主义经济体系中来，为资本主义世界经济发展成为一个囊括全球的体系提供了技术上的前提。技术和工业革命的新高潮，预示并标志着世界一体化高潮的到来，人类社会即将进入一个新的转折时期。

二、从自由竞争到垄断：帝国主义的历史地位

在第二次工业革命的推动下，世界资本主义好似注入了兴奋剂，充满了青春的活力，资本主义经济处于高速发展的“黄金时代”。这一时期经济发展的主要特点为：(1)各主要资本主义国家经济发展不平衡加剧。新兴的美、德、日等国后来居上，经济发展速度远远超过了老牌的英、法等国，导致世界工业排名发生变化。美、德分别超过英国成为世界经济的冠、亚军，英国排到第三，法国仅列第四。(2)工业生产取得巨大飞跃。1870～1900 年间，世界工业总产值增长了 2 倍多，其中钢产量从 52 万吨增加到 2830 万吨，石油产量从 80 万吨增加到 2000 万吨。主要资本主义国家的工业总产值超过农业，从轻工业国转变为重工业国。(3)交通运输业获得显著的发展。1870 年世界船舶的总吨位为 1680 万吨，1900 年增长到 2620 万吨，其中汽船所占比例由 16%上升到 65%，海上运输工具基本上实现了现代化。1870～1900 年间，全世界的铁路长度从 21 万公里扩展到 79 万公里，初步形成了环绕世界的铁路网。(4)世界贸易获得巨大的发展。1870～1900 年，世界贸易总额从 445 亿法郎增长到 1182 亿法郎，增加了约 1.6 倍。资本主义国家普遍扩大了本国工业品的出口，对外贸易已成为国家经济生活中的一个重要因素。世界贸易格局发生了巨大变化。在 19 世纪五六十年代，英国是“世界工厂”，到 19 世纪末 20 世纪初，由于一批新兴工业国家的崛起，英国的贸易垄断地位被打破，世界贸易形成了多中心的格局。(5)主要国家农业实现机械化。工业的发展和城市人口的增加，刺激了农业生产，而科学技术的发展和推广，也推动了农业的技术改造。20 世纪初，英、美、德等国实现了农业现代化，各种农业机械逐步取代了畜力和手工操作，美国西部、加拿大、阿根廷、澳大利亚等地涌现出机械化的大农场，成为世界的重要商品粮基地。但从总体上看，农业生产仍远远落后于工业。(6)经济危机更为频繁。资本主义内部矛盾及各国经济发展不平衡，造成比例失调，工业产品的增长幅度暂时超过了世界市场需求的增长幅度，结果使价格和利润普遍下降，资本主义的经济危机更加频繁。进入 19 世纪 70 年代以后，在 1873 年、1882 年、1890 年、1900 年共发生四次世界性经济

危机，且危机的间隔时间明显地缩短，危机的破坏性也大大加强。基于上述现象，有些人把19世纪最后30年称为世界经济史上的“大萧条时代”。但从总体上考查，应该说资本主义经济在这一时期的发展还是相当快的，世界经济作为一个整体也是繁荣的。资本主义经济的发展，把世界各地，包括经济落后的亚、非、拉广大地区相继卷入资本主义的经济旋涡，形成了世界资本主义体系。资本主义已成为极少数列强对世界大多数国家施行殖民压迫和金融统治的世界体系。

资本主义的发展，从简单协作、手工工场到机器生产的工厂制，再到自动化的现代工厂，其生产组织越来越精密，规模越来越大。企业的规模越大，要求的资本也就越多，于是股份公司这种集资经营方式开始得到广泛的发展，资本与生产愈趋集中。此外，19世纪后半期连续几次大规模的经济危机，使大批中小企业纷纷破产，资本主义的激烈竞争也加速了大资本吞噬小资本的进程，促使生产和资本的集中达到更高的程度。生产的集中导致垄断组织的产生。垄断形成的历史可分为三个时期：(1)19世纪60年代和70年代初是垄断组织的萌芽时期。在这个时期内，工业资本还在自由竞争中迅速发展着，垄断组织只在少数国家和少数工业部门中存在着。(2)1873年经济危机之后的20年是垄断组织广泛发展时期，但还不巩固，在国民经济中也不占统治地位。(3)19世纪末20世纪初是垄断组织确立其统治地位时期。1900～1903年的经济危机期间，垄断组织在资本主义国家普遍发展起来，并逐渐居于统治地位，成为全部经济生活的基础。垄断组织是以生产高度集中、个别企业规模越来越大为前提形成的，它既是一种旨在攫取高额利润的独占生产和市场的企业联合，又是一种生产高度社会化的超大型企业或企业集团。垄断组织的主要形式是卡特尔、辛迪加、托拉斯和康采恩等。

在工业生产集中并形成垄断的同时，银行资本的集中和垄断也达到很高的程度。银行原先的主要业务是在支付中起中介作用，把不活动的货币资本变成活动的生息资本，把所有的货币收入集合起来交给资本家支配。19世纪末，银行的作用逐步改变。首先，大银行不断联合吞并小银行，银行资本越来越集中，于是一些较大的银行达成垄断协定，组织银行托拉斯，控制国家的经济命脉。如美国的资本基本上被摩根和洛克菲勒两大银行集团所控制，而德国则由“德意志银行”等九大银行、法国由“法兰西银行”为首的四大银行、英国由“银行五巨头”分别控制了各国的银行资本。其次，随着银行的日益集中，大工业更加依赖于少数大的银行资本，工业家只有通过银行才能支配资本，银行家日益变成工业资本家。这样，工业资本和银行资本融合成长，形成金融资本，而掌握这种金融资本的金融寡头则在经济中居于统治地位，并逐渐控制国家的政权。

垄断组织获得了高额的垄断利润，积累了巨额的过剩资本。垄断资本家便把过剩资本输往发展中国家或落后国家，在那里投资、设厂或贷款，以获得更高的垄断利润，因此，资本输出具有了特别重要的意义。19世纪末，英国和法国是两个主要资本输出国。1902年，英国资本输出额为620亿法郎，法国为270亿～370亿法郎，德国也达到125亿法郎。

资本输出的增加和垄断组织国外联系的扩大，使各国大垄断组织之间对势力范围的争夺进一步加剧。为了减少由于竞争带来的风险和损失，它们纷纷签订关于瓜分市场的国际协定，成立国际卡特尔。1884年，英、比、德成立的"国际钢轨卡特尔"就是第一个国际垄断同盟。到1897年这类组织增加到40个，1910年达到100个。各垄断集团间争夺投资场所、原料产地和瓜分市场的斗争，直接表现为资本主义国家之间瓜分世界的斗争。19世纪末，主要资本主义国家掀起瓜分世界的狂潮，世界很快被瓜分完毕。但是资本主义发展不平衡规律决定了各国经济政治实力处于不断变化之中，后起的资本主义国家，特别是德国强烈要求按照资本和实力的大小来分割殖民地和势力范围，这样一来，重新瓜分世界的问题不可避免地被提上议事日程。

列宁说："垄断代替自由竞争，是帝国主义的根本经济特征。""如果必须给帝国主义下一个尽量简短的定义，那就应当说，帝国主义是资本主义的垄断阶段。"①19世纪末20世纪初，随着垄断组织统治地位的最后确立，英、美、法、德、俄、日等主要资本主义国家先后完成由"自由"资本主义向垄断资本主义的过渡，进入帝国主义阶段。美西战争(1898年)、英布战争(1899年)、日俄战争(1904～1905年)以及1900～1903年经济危机是世界进入帝国主义时代的主要历史标志。

垄断组织是一种生产高度社会化的超大型企业或企业集团。它的出现，对于缓解在自由竞争中发生的生产无政府状态，合理地配置和利用资源，改善企业的经营管理，获得更大"规模效益"等，都具有一定的积极意义。具体说来，其积极作用主要表现在以下几个方面：第一，在一定程度上适应了资本主义经济进一步发展的需要。垄断组织是在激烈的竞争中出现的，它使企业的规模进一步扩大，这自然有利于劳动生产率的提高。同时，它也使技术发明和改良的过程社会化了。资金雄厚的垄断组织所能提供的条件，在客观上使科学技术的研究能够更有组织有计划地以更大的规模进行，有利于科学技术的突飞猛进。第二，具有一定的"调节生产"的作用，使生产适应市场的变化。19世纪后半期，资本主义世界出现价格、利润普遍下降，经济危机更加频繁、深刻、持久的现象，在这种情况下，垄断组织粉墨登场，它以调节生产为目的，规定产品的总产量，在各垄断组

① 《列宁选集》第2卷，人民出版社1995年版，第704、650页。

织中间加以分配，并强制实行预先规定的价格。可见，各种形式的垄断组织都是为了调节生产而建立的经济联盟。这实质上是“资本家本身不得不部分地承认生产力的社会性”①。第三，有助于改善企业经营管理，降低生产成本，提高产品质量，从而提高企业效率。建立高级形式的垄断组织，在某种程度上就是为了把原有的企业之间的缺乏组织的外部关系转化为有组织的企业内部关系，以便在更大范围内组织好生产，充分发挥垄断组织在生产和经营管理方面的优越性，从而获得更大的经济效益。

垄断组织虽有促进生产发展的积极一面，但也有消极的一面。这表现在以下几点：第一，垄断组织的产生、垄断局面的形成必然导致资本主义经济发展的某一阶段出现某种暂时的停滞趋势。在垄断资本的控制下，时常人为地阻碍技术的进步和新发明创造的应用，借以维持原有商品的垄断价格。有的资本家依靠其垄断地位，不肯改进陈旧的技术设备，而将资本投向国外和殖民地，以致造成国内经济发展滞缓下来。占有广大殖民地的英、法被后起的美、德超过就是明显的例子。第二，垄断组织垄断市场，垄断价格，获取更高利润，势必加强对劳动人民的剥削，从而降低其生活水平。第三，垄断资本的形成，就是“大鱼吃小鱼”的结果，它导致大批中小企业的破产，其间充满暴力、欺诈等不公正的行为及卑鄙丑恶的手法。第四，导致寄生的食利者阶层出现。他们靠海外投资及向外国放贷，坐享超额利润及高利息收入，过着游手好闲、养尊处优的寄生生活。第五，垄断组织的形成推动了殖民扩张。垄断资本的胃口更大，它不但继续要求扩大商品销售市场及原料供应地，而且也要求扩大资本输出市场，因此出现了瓜分世界的狂潮，在短时间内使整个世界几乎都沦为它们的殖民地、半殖民地。第六，垄断资本是战争的根源。西方国家的殖民扩张，必然导致它们之间争霸斗争的加剧，各国竞相扩军备战，建立军事联盟或集团，最终导致战争。第一次世界大战就是明显的例证。

资本主义国家发展成为垄断的过程，即为帝国主义运动。这一运动自 19 世纪 70 年代开始，到 19 世纪末 20 世纪初完成，它是伴随着资本主义经济的迅速发展和改组出现的。帝国主义运动促成了资本主义经济全球霸权地位的确立，促进了世界一体化进程，同时也使不平等、不公正现象在各资本主义国家内、在全世界范围内加剧。正是在这样一个历史进程中，世界历史进入一个新的转折时期。

---

① 《马克思恩格斯选集》第 3 卷，第 759 页。

三、西欧主要帝国主义国家

西欧是资本主义的发源地。长期以来,西欧一直处于资本主义世界的领先地位,形成欧洲体系(维也纳体系)的核心,确立了对世界的霸权。到19世纪后半期,随着世界经济、政治形势的变化以及资本主义各国经济发展的不平衡,西欧各国表现出不同的发展特点,西欧的霸权地位也随之发生动摇。

在西欧国家中,英国长期占主导地位。从工业革命到19世纪五六十年代以前,英国一直处于"世界工厂"的地位。1870年,英国在世界工业生产中居第一位,占世界工业生产总值的1/3。但70年代后,英国的经济发展缓慢下来,1870～1900年英国工业年平均增长率为1.6%,比1850～1870年的3.12%下降了一半,远远低于美国和德国。80年代英国的工业产值被美国超过,20世纪初又被德国超过,退居世界第三位。这说明,英国工业的优势已不复存在。英国丧失工业垄断地位,主要是资本主义国家发展不平衡加剧的结果。一方面,新兴的资本主义国家特别是美国、德国抓住第二次工业革命的时机,出现跳跃式的发展;另一方面,英国工业本身的发展由于种种因素交互作用而停滞下来。这些因素主要是:第一,英国是老牌的资本主义国家,资产阶级对第二次科技革命重视不够。英国工业力量主要建立在纺织、煤炭、冶金等旧的工业部门,到了70年代,这些部门的技术、设备均已陈旧落后,资本家普遍不愿接受技术和设备更新带来的巨大耗费,技术革命难以展开,使工业持续高速发展缺乏后劲。1903年,英国旧的传统工业产值仍占工业总产值的93.5%。第二,英国拥有广大的殖民地,殖民地有丰富的原料和廉价的劳动力,国外投资比国内投资更有利可图,造成英国资本大量输出,阻碍了国内固定资本的更新和扩大。第三,英国政府在国际市场竞争日益激烈,美、德等国纷纷提高关税保护民族工业的情况下,仍顽固坚持自由贸易政策,妨碍了资本的集中,使企业的竞争能力削弱。另外,频繁的经济危机的冲击和农业的衰退也严重影响了英国工业的发展。

19世纪末,英国虽然丧失了工业垄断地位,但仍然是占世界第三位的工业强国,保持了国际金融中心和最大的殖民帝国的地位,并且维持着自17世纪以来所建立的海上优势。19世纪末20世纪初,在资本主义经济缓慢发展过程中,英国同其他资本主义国家一样,过渡到帝国主义阶段。

英国进入帝国主义阶段,除具备帝国主义的一般特征外,也有它独特的特点。与美、德相比,英国工业垄断组织发展速度缓慢,不仅数量少,而且垄断程度低。但英国银行业非常发达,其银行资本的垄断程度超过了美、德。早在1865年,英国有250家股份银行,1900年只剩下98家,到1913年又减为61家,其中

21家银行的存款占全国存款总数的85%。英国银行几乎在世界各地都有支行。1904年,英国仅在其殖民地开设的银行支行就有2279家。因此,英国银行不仅支配着本国和殖民地的金融市场,而且影响着整个世界的金融市场。就垄断组织的形式而言,英国的垄断组织一般都是经过激烈的竞争、由若干家大企业合并改组为大股份公司,并进行一系列兼并活动后形成的生产上的联合,而在销售领域较少实行垄断。垄断组织在各工业部门中的发展是不平衡的:在重工业方面,特别是新兴工业中发展较快,垄断程度也较高,并开始出现跨部门的垄断联合企业;在轻工业方面,特别是在棉纺和棉织这两个部门中甚至尚未形成垄断组织。

英国是世界上拥有殖民地最多的国家。1914年,英国殖民地面积达3350万平方公里,相当于本土的110倍,成为地跨五大洲的"日不落"殖民大帝国。殖民地是英帝国主义的生命线,它为英国提供了倾销商品的市场、廉价劳动力和原料的来源以及资本输出的场所。据统计,1913年,英国的海外投资达40亿英镑,其中半数以上投放到殖民地和半殖民地。殖民地使英国获得巨额的财富,英国最早的垄断组织就是在殖民地形成的,其他许多垄断组织也与掠夺殖民地有关。来自殖民地的收入、庞大的资本输出和对外贸易,使英国获得巨额利润,成为最大的国际剥削者。这样,在英国国内便出现一个庞大的靠"剪息票"为生的食利者阶层,英国由一个典型的工业国变成了典型的食利国。20世纪初,英国的食利者阶层已达100多万人,他们挥金如土,过着奢侈豪华的生活。在他们的影响下,英国社会风气明显逆转,讲究绅士气派、追求享乐成为时髦。英国明显地表现出帝国主义国家的寄生性和腐朽性。总之,殖民地对英国帝国主义的发展有着决定性的意义,所以列宁把英帝国主义称为"殖民帝国主义"。

普法战争后,法国经济发展速度虽较缓慢,但工业生产得益于第二次科技革命,仍有一定的发展。1870～1900年,工业总产值增长94%,其中重工业增长更快。煤和铁的产量都增长1倍以上,钢产量则增长15倍。但是,法国工业的发展速度远远落后于美、德等国,尤其在1883～1896年,发展速度低于整个19世纪的平均水平,被称为"19世纪最严重的危机"。19世纪中叶,法国工业总产值仅次于英国,居世界第二位,到80年代却退居第四位,落后于美、英、德。导致法国工业发展相对缓慢有下面的原因:一是普法战争的影响。普法战争使法国失去了包括军费和赔款在内的200亿法郎资金,并割让了拥有丰富煤、铁资源的阿尔萨斯和洛林。二是法国资本家注重国外投资以获取超额利润。仅1890年对外资本输出即达200亿法郎,且法国金融资金发达,工业资本相对削弱,严重影响了本国原有工业的改造和新兴工业的发展速度。三是法国工业中存在大量小企业,阻碍了新装备和新技术的采用。据统计,1906年10人以下的小型工业企业占工业企业总数的93%强,而100人以上的大型企业只占总数的0.8%弱。

四是小农经济占优势。19世纪末农业人口占61%,小农户占农户总数的84%。农业分散经营,阻碍了农业机器的使用,直接影响了工业的发展。五是法国政局动荡,影响了经济发展。巴黎公社后,资产阶级共和派和保皇派斗争激烈,政界丑闻不断,发生了布朗热事件、巴拿马丑闻和德雷福斯案件,使政局动荡不安。

法国经济发展缓慢是相对美、德等国而言的,实际上仍有很大发展。在19世纪末,垄断组织也纷纷出现。辛迪加是法国垄断组织的最普遍的形式。它们控制了本国的生产,分割了国内市场,随后向国外扩张,与各国垄断组织结成垄断同盟,达成瓜分世界市场的国际协定。20世纪初,垄断组织统治地位确立,标志法国进入帝国主义阶段。由于法国工业发展比较缓慢,因此,工业垄断程度远不如美、德等国。20世纪初,法国的中小企业仍占很大比重。集中和垄断的发展,在各工业部门中也极不平衡,轻工业落后于重工业,旧工业部门落后于新工业部门。同工业相比,法国银行资本的集中过程却非常迅速,集中程度也较高,远远走在其他国家的前面。19世纪末20世纪初,银行资本主要集中在法兰西银行、里昂信贷银行等几家大银行手中,这些银行控制了全国70%的存款,尤其是法兰西银行具有发行纸币、支配商业债务的垄断权力。银行资本和工业资本互相融合,形成了由200个家族组成的一小撮金融寡头的统治集团,它们掌握着国家的经济命脉,操纵国家的政治权力。法国垄断资本家把积累的巨额过剩资本大部分输往国外。1914年,全国资本输出总额是600亿法郎,仅次于英国,居世界第二位。但是,与英国资本输出主要投放于殖民地工业不同,法国国外投资的主要对象是欧洲,并且是以借贷资本的形式输往国外。这种高利贷性质的资本输出,使垄断资本家获得了巨额利润。据统计,1909～1913年间,法国高利贷利息收入每年达17亿到18亿法郎。其结果与英国一样,在国内形成了一个庞大的食利者阶层。第一次世界大战前夕,这一阶层的人数有200万,连同其家属在内,则达到500万之多,占全国总人口的1/8。这种情况明显地表现了法国帝国主义的寄生性和腐朽性,影响了法国的社会政治生活。列宁形象地称之为“叮在数万万不文明的民族身上的寄生虫”,并把法国命名为“高利贷帝国主义”。

德国统一的完成,扫清了资本主义发展的种种障碍,形成了统一的国内市场和独立的经济体系,为资本主义发展开辟了广阔的道路。从法国勒索50亿法郎的军事赔款,吞并拥有丰富煤铁矿的阿尔萨林和洛林,为发展工业增加了巨额资金和丰富的矿产资源。德国作为后起的资本主义国家,工业革命较晚,不存在技术设备老化问题,还可以利用第二次科技革命的最新成果,大批企业一开始就建立在新技术设备的基础上,加强了竞争能力。此外,德国政府采取了一系列促进资本主义发展的措施,如统一全国法律、货币和度量衡,保护关税,降低铁路运费,军事订货,发展教育等。多种有利因素促使德国工业在70年代以后跳跃式地向前发展。在19世纪最后30年,德国工业生产的增长速度仅次于美国,居世界领先地位。1870～1900年间,工业生产指数(以1913年为100)由17.5上升到64.7,增加了约2.7倍。在此期间,德国重工业得到迅猛发展,煤、钢、铁产量分别增长了4.4倍、39倍、6倍。新兴的化学工业发展也特别迅速,酸、碱等基本化学原料的产量增加了7倍,染料增加了3倍,均居世界首位,1900年世界所用染料的4/5是由德国制造的。机器制造业、电气工业也取得巨大的成就。到20世纪初,德国在最新技术基础上建立起完整的工业体系,成为重工业占主导地位的工业强国。它在世界工业总产值中的比重超过了英国,仅次于美国,居世界第二位。与此同时,德国的农业也迅速发展起来,农业机械化程度和农业产量迅速提高。

随着资本主义经济的高速发展,德国工业生产也走向集中并出现垄断组织。德国垄断组织以卡特尔为主。第一个卡特尔出现于1857年,1879年增至14个,1890年达到210个,1905年则达到385个。19世纪末20世纪初,工业部门的卡特尔向更高级的形式转化,发展成辛迪加,并出现了少数托拉斯和康采恩,各主要工业部门都被几个大财阀所控制。工业资本和银行资本也日益结合,形成金融资本。到第一次世界大战前,德国国民经济实际上被300个金融资本巨头所操纵。19世纪末20世纪初,德国正式进入帝国主义阶段。

同经济发展速度一致,德国的垄断组织在欧洲各国中出现得最早,发展得最快。就世界范围看,德国垄断组织发展速度也仅次于美国,是垄断组织最发达的国家之一。德国的最后统一是在普鲁士容克地主阶级的领导下通过王朝战争实现的。在经济上,容克地主不仅占有全国一半以上的耕地,在保存封建残余的基础上,进行资本主义经营,而且他们还投资于工业和银行业,参加卡特尔,成为许多银行和公司的股东。许多垄断资本家也购买大批地产或获取爵位,成为大土地所有者。可见,在资本主义经济发展过程中,容克地主和垄断资产阶级互相渗透,融为一体。在政治上,德国统一后,保留了君主政体和军阀制度,容克地主在国家政权中居于领导地位,包揽了帝国的一切军政要职。在统一战争中,容克地主为资产阶级扩充了地盘,资产阶级也需要借助容克地主的半专制国家,实行保护关税政策,保证商品对外倾销,争夺欧洲和世界霸权。这样,垄断资产阶级和容克地主互有所需,相互利用,日益合流,形成所谓“容克—资产阶级”。统一后的德意志帝国沿袭了普鲁士的军事体制和军国主义的好战传统。同时,德国国内市场狭小,粮食和原料供应不足。而德国又是一个后起的帝国主义国家,它的工业生产超过了英、法两国,但国外市场和殖民地却远远少于英、法。垄断资产阶级迫切要求按资本和实力的大小重新瓜分世界,因此,德国帝国主义是最富于侵略性的军国主义国家。总之,进入帝国主义时期的德国,政治上是容克地主和资产阶级的联合专政，经济上两者利益合流，对外关系上彼此协调一致。垄断资产阶级争夺市场和扩张领土的欲望与容克地主的军国主义精神结合起来，使德国帝国主义具有极强的侵略性和冒险性。因此，列宁称其为“容克—资产阶级帝国主义”。

四、美国帝国主义的形成：美国走向世界

19 世纪后半期，美国是世界上工业发展最迅速的国家。1860 年，美国工业生产居世界第四位，到 1894 年便跃居第一位。1870～1900 年间，煤产量从 3310 万吨增至 26970 万吨，铁产量从 190 万吨增至 1378 万吨，石油从 2 亿加仑增加到 27 亿加仑。1900 年，铁路总长度已达到 19.34 万英里，超过西欧各国铁路长度的总和。20 世纪初，美国机械制造业的总产值相当于欧洲各国产值总和的一半，电气、汽车等工业的发展在世界上遥遥领先。轻重工业的比重，1860 年为 2.4∶1，1900 年已改变为 1.2∶1。1889 年，工业产值已超过农业约 2 倍。19 世纪末 20 世纪初，美国的工业化已基本完成，由农业国转变为以重工业为主导的工业化国家。美国经济取得迅速发展的原因主要是：内战扫除了南方的种植园奴隶制，解放了社会生产力，形成了统一的国内市场和资本主义自由发展的局面；内战后，国内政局稳定，加上周边国家都很软弱，没有外患，长期处于和平安定的状态；资产阶级利用国家政权竭力发展资本主义，特别是大力发展教育事业，奖励科技发明，实行保护关税政策；拥有丰富的自然资源，西部和南部土地的开发为工业发展提供了坚实的基础；外国移民的大量涌入，使自由劳动力增多；大量输入欧洲“过剩资本”，解决了资金不足；作为后起的资本主义国家，无成套旧设备的拖累，第二次工业革命得以顺利发展。

美国工业生产和资本的集中程度十分惊人，其中充斥了欺骗、暴力和其他不正当的行为。早在内战期间，大商人和工业家就利用战时的困难，通过投机倒把和盗窃国家财富等卑鄙手段聚敛钱财。内战后，铁路公司通过国家赠送土地和进行土地投机而大发横财。有的企业主为了发财还采取了野蛮的暴力手段。石油大王洛克菲勒时常派出暴徒，用炸药把竞争者的企业或油田炸毁或烧毁，为的是垄断石油价格。1870 年，洛克菲勒成立了美国第一个托拉斯组织——美孚石油公司。进入 80 年代，美国垄断化就以“神话般的速度”进行。1899 年，美国工业产值的 2/3 是托拉斯创造的。1904 年，美国共有 445 家大型托拉斯，资本为 204 亿美元，控制全国工业产品的 3/4 左右。随着工业资本的集中和银行资本的积累，二者融合成金融资本，出现了八大财团，其中仅摩根和洛克菲勒两大财团在 1913 年就拥有全国总财富的 1/3。20 世纪初，美国各个工业部门已为少数

大托拉斯所控制,它们控制了全国95%的石油,66%的钢铁,77%的金属工业,81%的化学工业,80%的汽车制造业、制糖业和烟草业。托拉斯已成为美国经济生活的统治力量,掌握了国家的经济命脉。一小撮金融寡头不仅支配着美国经济,而且控制着美国的政治,他们操纵政府,左右国家的对内对外政策,并对文化教育和社会生活进行渗透。所以列宁称美国为典型的"托拉斯帝国主义"国家,美国垄断的集中程度超过任何一个国家。

美国经济迅速发展的过程,也是美国展现其实力、开始走向世界的过程。这一过程表现为两个方面:一是美国加入世界经济体系,参加了国际经济竞争;二是美国加入列强瓜分和重新瓜分殖民地的斗争,开始了争夺世界霸权的历程。

19世纪末,美国上升为世界头号工业强国,它在世界贸易中的实力和地位也日益增长。到1913年,美国在国际贸易中所占的比重仅次于英国和德国,居世界第三位。按世界贸易中的比重增长速度来说,它是最快的。美国不仅在输出入商品的构成上已打破原来的格局,表现出发达工业国的面貌,而且从1876年起,对外贸易一直稳定地保持着顺差。美国商品的主要市场是欧洲(占美国出口的74.6%)和美洲(占16.3%)。在欧洲,美国不仅把一部分英国产品从其本国市场上排挤出去,而且机器和钢铁制品对英国的出口额也大为增加。在拉丁美洲市场上,美国逐渐排挤英、德而跃居首位。美国也顺利地打入了中国市场,成为仅次于英国而占第二位的国家。1900年,美国正式确立了金本位制,美元和国际货币接轨,纽约、芝加哥成为国际贸易中心,在整个世界多边性贸易支付体系中,美国实际上起到了半中心的作用。美国的垄断资本也积极参加国际垄断组织,争夺世界市场,登上国际经济竞争的大舞台。美国化学工业的垄断巨头杜邦公司占领了加拿大的化学制品市场;国际收割机公司在加拿大、瑞典和其他许多欧洲国家拥有自己的工厂,其销售机构更遍及世界各地。另外,像美孚石油公司、巴尔门面粉贸易股份公司、诺贝尔信托公司、通用电气公司等也都是著名的国际垄断组织。美国在资本输出方面是后起者,但其增长速度却居世界第一。据统计,1897年美国对外输出资本为6.8亿美元,1914年激增至35亿美元。

在帝国主义列强瓜分和重新瓜分世界的斗争中,美国也不甘寂寞,加入竞争者的行列。早在19世纪40年代,美国的扩张主义者就鼓吹"天定命运"论,把美国领土从大西洋扩张到太平洋说成是上帝所命。随着西部领土扩张完毕,边疆消失,扩张主义者的目光转向海外。社会达尔文主义传入以后,"适者生存"、"种族优劣论"成为扩张的理论依据。美国进入帝国主义阶段后,自由竞争时代的扩张主义传统和垄断时期的帝国主义欲望结合成一种更强烈的侵略扩张主义。海军军官马汉提出"海上力量论",叫嚣:"不管美国人愿不愿意,现在他们必须目光向外看。"他主张美国应建立强大的海军,在加勒比海地区建立优势,并以菲律宾为基地,夺取太平洋和远东地区的霸权。上述种种构成了一股以海外扩张为主要内容的“新天定命运”的扩张思潮,有力地推动了19世纪末海外扩张狂潮的到来。19世纪末20世纪初,美国对外扩张的目标主要是亚洲、太平洋地区和拉丁美洲。1853年、1854年美国两次派舰队侵犯日本,打开了日本的门户。1866～1882年又四次侵犯朝鲜,最后迫使朝鲜签订了不平等条约,使美国资本渗入朝鲜。1887年美国取得在珍珠港建立军事基地的权利,1893年进一步控制了整个夏威夷群岛,1898年正式吞并了这个岛国。1899年,根据美、英、德三国条约,美国占领了太平洋上的东萨摩亚。在拉丁美洲,美国利用“泛美主义”和1889年建立的“美洲共和国国际联盟”(即“泛美联盟”),对整个拉美进行控制。1898年,美国挑起美西战争,打败西班牙,控制了古巴、波多黎各和西印度群岛中的一切西属殖民地以及太平洋上的关岛和菲律宾。之后,美国在拉丁美洲交替使用“大棒政策”和“金元外交”,逐渐完成了对拉美的控制。

美国在追求武力扩张的同时,也兴起一种新型的扩张主义理论,即商业扩张的“门户开放”。美国自立国以来,一直重视商业利益,要求贸易机会均等。1868年,美国与中国签订《蒲安臣条约》,公开提出反对租借主义,维持贸易机会均等。国务卿西华德提出:要发展商业,强调商人利益,通过无形的商业扩张建立门户开放式的商业帝国,而不是通过有形的武力扩张,建立封闭性的帝国。他鼓吹美国的商业重心应在太平洋。历史学家特纳也提出在海洋中开辟美国的商业边疆。与这一思想一致,在帝国主义列强瓜分中国的狂潮中,1899年、1900年国务卿海约翰两次提出了“门户开放”政策,主张保全中国领土及行政的完整,维护各国在中国各地平等公正贸易的原则。“门户开放”政策体现的是美国的利益,其目标是要求实现美国在中国无边界的商业利益,提高美国在亚太地区的政治地位。与美国在国内实行贸易保护主义、对外推行武力扩张相对比,“门户开放”政策具有机会主义色彩和矛盾性,体现了一种不平等的国际关系,必然引起门户开放对象国的反对。但是这种政策又具有时代性,是美国对外扩张的战略总方针,是一种新型的殖民主义政策。它要求把世界变为开放型的世界,符合世界一体化的总进程。

五、东欧(俄国)和东亚(日本)卷入世界帝国主义旋涡

在欧美资本主义国家向帝国主义过渡的同时,后起的俄国和日本的资本主义工业也获得迅速的发展,在19世纪末20世纪初加入了帝国主义国家的行列。

俄国在1861年农奴制改革后,资本主义发展十分迅速,只用了数十年时间就完成了欧洲其他国家几个世纪才完成的转变。在80年代,俄国基本上完成了

工业革命。1860～1900年,俄国工业总产值增长了6倍,煤产量增加了55倍,铁产量增加了9倍,铁路线长度增长了3.5倍。20世纪初,石油产量跃居世界第一位,机器制造业产值1890年比1860年增加了50倍。国内形成了一些重要的工业中心,彼得堡以机器制造业为主,莫斯科以纺织业著称,乌拉尔和乌克兰成为冶炼和采矿的基地,巴库发展了石油工业。俄国工业发展迅速的首要原因是农奴制度的废除保证了工业发展所需要的自由劳动力,扩大了工业品的国内市场。同时,沙皇政府也采取了扶植工业发展的政策,如实行国家订货、发放补助金、保护关税、大量吸收外资等。此外,俄国资本主义发展起步较晚,可以利用其他资本主义国家已有的经验和技术成就,如蒸汽机、打谷机等在俄国增加幅度很快。

明治维新后的日本,经济发展特别迅速,甚至比俄国还要快10倍。棉纺织业是日本近代大工业发展的突破口,1890年,日本从棉织品进口国变为出口国。90年代前半期,以棉纺织业为中心的轻工业部门已基本上实现了机械化生产,铁路线长度由1883年的182英里扩展到1893年的1926英里。1894～1895年中日甲午战争大大促进了以军火工业为中心的重工业和交通运输业的发展。1897年,日本建立了八幡制铁所;1901年,该厂生产的生铁和钢分别占全国总产量的53%和82%。1904年,铁路线长度延长到7539公里。19世纪末,日本初步实现了工业化。日本经济迅速发展的原因是:首先,明治维新推翻了幕府的封建专制统治,日本政府进行了一系列资产阶级政治经济改革,为经济发展开拓了道路。其次,日本政府大力创办国营企业,扶植私人企业,促进了工业的发展,而且还发行公债和进行地税改革,增加了资本积累。再次,对朝鲜、中国的侵略掠夺也促进了日本经济的发展。最后,日本充分利用了第二次科技革命的成果,向西方学习先进经验和引进先进的科学技术,促成了经济起飞。

尽管俄国和日本在19世纪后半期经济发展非常迅速,但由于经济基础过分薄弱,且国内仍存在着大量的封建残余,因此,两国的经济发展水平和技术水平都比欧美列强落后很多。1900年,两国在世界工业生产中所占比重分别为5%和1%。

在此期间,俄国和日本也出现了资本和生产积聚与集中的趋势,在许多工业部门中出现了垄断组织,两国在19世纪末20世纪初也进入帝国主义阶段。

俄国垄断资本主义的特点在于:它的资本主义生产关系是在保留大量农奴制残余的条件下发展起来的,因而它在经济、政治等许多方面都带有严重的半封建性质。尽管俄国整个经济水平落后于其他西方国家,但在国家大规模干预经济的情况下,其垄断程度却达到相当高的水平,国家垄断资本在军事工业中尤为发达。同时,由于俄国的经济基础薄弱,又是比较晚才过渡到垄断阶段,所以,它在经济上尤其是财政和技术上对外国资本尤其是西欧资本有很大的依赖性，因此被称为“西欧殖民地”。这一切决定了俄国帝国主义是一种复杂的混合体：经济上资本主义生产关系和封建主义残余并存，政治上是代表贵族地主与大资产阶级联盟的沙皇专制统治；它既依赖于外国金融资本，又残酷掠夺国内的少数民族和国外的殖民地。正如列宁所指出的那样，“俄国的帝国主义，如所周知，资本的色彩较淡，可是军事封建的色彩却较浓”[①]。

日本也是在半封建的基础上发展起资本主义生产关系的。20 世纪初，它才进入帝国主义阶段。日本的现代工业是在国家政权的直接扶持和保护下，由官办企业和大封建家族中的官商经营的企业演化而来的，其核心是以军事工业为主的国家垄断资本企业。日本的垄断资本主义与俄国极其相似，也具有浓厚的封建残余。日本是具有军国主义传统的国家，进入垄断阶段后，由于国内市场狭小，原料缺乏，出世较晚、经济实力尚弱的日本垄断资本无力通过经济竞争和其他列强争夺世界市场，于是走上了侵略扩张、武力征服的道路。因此，日本和俄国、德国一样，也是一个具有军事性、封建性的帝国主义国家，它对外国金融资本的依赖虽不如俄国强，但其军国主义的发展程度却比俄国有过之而无不及。

六、资本主义世界政治、社会、思想的大变动

从 1870 年到 20 世纪初，伴随着科学技术和工农业生产的飞速发展以及帝国主义运动，资本主义世界在政治、社会、思想领域也发生了剧烈的变化。

由于资本主义世界经济基础的巨大变革，欧美主要资本主义国家的社会经济结构和阶级斗争格局都发生了剧烈变化，旧的结构中的某些环节已经不能适应了。为了维护资产阶级的统治，也为了使资本主义社会经济和政治结构能够顺利地运行下去，政治调整势在必行。具体说来，进行政治上的调整有以下几个原因：第一，在向垄断过渡时期，资本主义的阴暗面更加突出，社会不公正现象更趋严重，国民财富的剧增使两极分化更加悬殊，社会矛盾更加尖锐。由于马克思主义在工人中广泛传播，劳动人民觉悟空前提高，伴随工人阶级政党和工会组织的建立，工人阶级已经成为有组织的、强大的政治力量。资产阶级面临着严重的挑战。第二，列强加紧对海外殖民地的掠夺，使瓜分殖民地和势力范围的斗争空前激烈，国家承担的军事职能日益加强。第三，19 世纪后期是社会化大生产时代，社会经济生活日趋复杂，工业化与城市化同步发展，新的问题层出不穷，这些问题单靠社团或私人力量无法解决。第四，在工业化时代，政府工作的专业性更

① 《列宁选集》第 2 卷，第 475 页。

强了，但旧的政治体制弊病很多，官僚主义等腐败现象丛生。第五，由于资产阶级已牢牢掌握政权，为了缓和阶级矛盾，维护政治稳定，在政治上必须要更加宽容。

欧美主要国家在政治上的变动表现为以下几个方面：

第一，国家机器进一步加强。欧美各国均加强了官僚军事和警察机构，强化国家机器的镇压职能，并加强国家的干预职能。英国从70年代起，逐步调整了政治机构，减少地方自治，加强中央权力。1872年设立内政部，并逐步在内阁中设立了劳工、卫生、教育等机构，充实了中央政府的管理机构，以加强对地方的指导、监督和管理。比如，把郡的行政警察权力从治安法官手中转到由富人选出的郡务会议手中，用地方纳税人选出的县务会议代替了过去的县评议会，这就剥夺了地方贵族及国教僧侣的权力。英国还增加了国内的驻军数量，把全国分为若干军区，每个军区招募两营常备军。大规模扩充海军，实行所谓的"二强标准"制。此外，英国还建立了一支职业警察队伍。美国国会允许各州可以从联邦政府领取武器，改善民兵装备，增加民兵数额，并扩大陆海军建设。美国还设立了司法部，增加了警察人数。1908年，又成立联邦调查局，作为监视国内人民和进行国外间谍活动的主要工具。德国也大力加强陆海军建设，增加军费投入，整个德国几乎变成了一座大兵营。俄、法、日等国也与此相似。随着国家机器的加强，资本主义各国的统治者经常使用国家暴力机器镇压劳动人民，并强化对社会生活各个领域的干预和控制。

第二，行政权力的膨胀和加强。1870年以前，各国议会都享有很大的权力，然而到1870年以后，议会的权力和作用开始缩小，行政机关的权力不断膨胀。英国的内阁原是秉承议会旨意管理国家的"执行委员会"，但是，根据1882年制定的关于议会议事程序的"普通规程"及"委托立法"制度，议会的相当一部分立法权转入内阁手中，而议员个人很少有提出议案的机会。内阁有时甚至篡夺了议会的财政权。1875年，内阁首相狄斯累利未经议会许可，就擅自借款400万英镑，购买了苏伊士运河一半的股票。随着政党组织的完善和"党魁"权力的加强，议会的监督职能也逐渐淡化。总之，英国议会的黄金时代已经过去，"内阁专横"的政治格局正在出现。美国政治体制的特点是行政、立法和司法三权分立。在"南方重建"时期，也曾形成所谓的"国会政府"，但不久权力重心便开始向总统方面靠拢，国会把越来越广泛的自由裁决权授予总统，立法否决权作为总统牵制国会立法活动的强有力武器被越来越经常地使用。总统还通过提交国情咨文等渠道影响国会立法，同时总统的军事权力也得到加强。到20世纪初的威尔逊时代，美国终于出现了"强有力的总统统治"。

第三，政府结构日趋完善。为了适应大工业时代政府工作专业化的现实，清除腐败，提高工作效率，欧美国家都对政府结构进行了改革。英、美两国都进行了文官制度改革，其内容大体是一致的，即：对文官的录用实行公开竞争的考试办法，量才取仕，择优录取；定期考核，按能力和政绩大小予以升降奖惩；文官常任，不与执政党共进退，在政治上保持中立。这就在一定程度上减少了政府中的腐败现象，改善了文官的素质，激发了公职人员的积极性，提高了政府的工作效率，促进了文官的专业化及政府管理的科学化，保证了资本主义社会的正常运行。政府机构的完善还表现在专家的科学管理方面。美国在城市改革运动中，就由市民选出的市政委员会再聘用技术专家担任领导，管理城市事务，因而大大提高了市政管理效率。

第四，政治民主进一步扩大。欧美各国在加强国家机器、稳固自己统治的同时，也逐步放宽加大人民享有的民主权利。英国就把口头表决改为秘密投票的方式，保护了选民的投票自由。1884 年的议会改革将选民扩大到农业工人，大大增加了选民人数。在选区划分上，除 22 个城市外，其他各城市和各州一律实行单一代表选区制，基本上接近于平等代表制原则。此外，议会还通过了《取缔选举舞弊及非法行为法》、《议会法》等，把每届议会期限从七年缩短为五年；实行下院议员薪金制，并限制了上院的权力，扩大了下院权力。除英国外，比利时、奥地利、意大利、希腊、法国、西班牙、荷兰等国均在 19 世纪后期实现了成年男子的普选制。20 世纪初，美国在政治上也进行了一系列民主改革，如人民直接提名候选人、人民的立法创制权、人民对行政官员甚至法官的罢免权、人民直接选举联邦参议员、秘密投票制等。日本在这一时期，发生了自由民权运动，迫使日本政府于 1889 年颁布了《大日本帝国宪法》，依照三权分立的原则确立了资产阶级君主立宪制，并规定了人民的某些基本权利，日本迈进了资产阶级代议制的门槛。总的说来，19 世纪后半期和 20 世纪初资本主义各国政治的进一步民主化，一方面是劳动人民斗争的结果，另一方面也是资产阶级深谋远虑的结果。这种政治民主可起到“安全阀”的作用，对劳动人民来说也是一副有效的麻醉剂，资产阶级采用镇压与扩大民主的“双刃剑”，来维持其统治的长治久安。

第五，两党制与政党政治的正式形成。在此期间欧美主要国家形成了两党制、多党制及其他形式的政党制度，它与议会制度共同协调，保持了政局稳定。在近代英国出现的最早政党是托利党和辉格党。1832 年议会改革后，托利党改称为“保守党”，辉格党改称为“自由党”。之后两党在组织上不断加强，在议会中成立了严密的议会党团组织及党的领导核心，在地方上建立选区委员会，并建立了全国性的党的组织系统。随着垄断组织的出现，两党都代表垄断资本的利益，成为垄断资产阶级的政党。1870 年后两党轮流执政，两党制在英国正式形成。20 世纪初，工党取代自由党登上政坛，但英国两党制的总格局依然如故。美国内战后,政坛上表现为共和党与民主党对抗。随着南方奴隶制经济向资本主义经济过渡、垄断组织的形成和工农运动的发展,两大政党的阶级基础都发生了变化。共和党成为代表金融和大工业资产阶级的政党,民主党成为南部资产阶级化了的大种植场主、富农及资产阶级的政党。两党的基本差别消失了,都是垄断资产阶级的政党,只是分别代表两个不同的利益集团。从内战结束到第一次世界大战前夕,共和、民主两党轮流执政,而共和党执政的时间较长。这样,在19世纪末,美国也正式形成两党制。由于历史背景和社会经济政治条件的差异,资本主义各国的政党政治也表现出不同的特色。美、英等国的两党制是常态,还有三个变态,即法国为多党制,意大利为典型的无政党国家,德国虽有政党但只是装饰品。本质上两党制下的政党都是垄断资本的御用工具,垄断资本通过两党操纵政局。两党均有垄断财团作后盾,两党之间没有根本利益冲突,仅在一些次要问题上出现分歧和争论。以两党制为代表的政党政治可以起到互相监督的作用,在一定程度上遏制执政党滥用权力,也有利于实现人民群众的某些要求。然而,两党制也助长了人民群众对资产阶级民主的幻想,麻痹了人民的斗志,阻碍了第三党上台,从而有利于巩固资产阶级的统治。

19世纪最后30年,主要资本主义国家在作了一系列政治调整的同时,在社会领域内也进行了多方面的调整。德国在社会调整方面走在最前面。俾斯麦政府在颁布《非常法》镇压工人运动和社会主义运动的同时,也采取一些福利措施诱使工人群众背离社会民主党而向帝国政府靠拢。自80年代以后,德国议会相继颁布了《疾病保险法》、《意外灾难保险法》、《老年及残疾保险法》、《青工保护法》等法律,还建立劳资仲裁法庭处理工人和雇主的纠纷。英国也颁布了一系列劳工立法:《工会法》承认了工会的合法地位;《企业主和工人法》宣布劳资双方在法律上地位平等;《工人阶级住宅法》改善了工人的居住条件;《工人赔偿法案》、《防止虐待儿童法案》、《工厂争议法》也维护了劳工的利益。此外,英国还颁布了一系列关于卫生、环境的法律。法国也颁布了许多类似的社会立法。与欧洲国家不同,美国这一时期的社会进步是通过一场有声有色的资产阶级改革运动——进步运动实现的。这一改革运动出现于社会的各个层次,如知识分子的"丑恶揭发运动"、市政改革和州级改革、解决童工和女工问题的"社会正义运动"、争取妇女权利和地位的"女权运动"、联邦政府的反托拉斯运动等。社会调整还涉及教育。在此期间,英国、法国、美国都实现了初等义务教育,日本也实现了小学义务教育。社会调整一般是由国家干预进行的,调整主要涉及劳工和社会福利、经济和教育卫生等领域,它使劳工在生产和生活上得到某些保障,也使社会各阶层的居民在生活、环境、健康、教育等方面都得到一定的改善,同时也减轻了资本主义社会的不公正及财产分配上的巨大不平等,缓和了阶级矛盾和阶级斗争，从而巩固了资产阶级的统治。换言之，资产阶级国家通过立法手段对社会进行的调整，为资本主义注入了某些活力，延长了它的寿命。但这些社会调整都是在资本主义框架内进行的，没有触动资本主义的基础，而且也使工人阶级满足于现状，失去了革命的远大理想，工人政党愈益倾向于与资本主义社会现实妥协。

19世纪后半期，欧美国家在政治、经济及科技领域内发生的巨大变化，对社会政治思想产生了深刻的影响。功利主义、自由主义等思想的影响逐渐减弱，而让位于一些新的思想流派，其中社会达尔文主义、唯意志论、新唯心主义的影响最大。社会达尔文主义的代表人物是英国思想家赫伯特·斯宾塞。斯宾塞不加区别地借用达尔文的生物进化论来解释人类社会的基本构成及行为准则。他认为人类社会是一个有生命的有机体，这个有机体凭借内在的生命，不断沿着由简单到复杂、由低级到高级的过程向前发展，最后目标是一种理想的静止状态。他认为，人类社会的这种理想境界只有通过自然选择才能实现，即社会发展的规律同生物进化的规律一样，也是生存竞争，优胜劣败，适者生存。因此，强者荣华富贵、弱者卑微贫贱都是社会进化过程中的必然现象，是自然的严厉惩罚。同时，为了确保人类自然选择的顺利进行，政府应保障人们的政治自由。斯宾塞鼓吹的以自然选择为外衣的自由主义，有利于向垄断阶段过渡的资产阶级，所以，他的社会政治思想在英、美等国受到垄断资产阶级的热烈欢迎。德国思想家弗里德里希·威·尼采是唯意志论的主要代表。尼采受叔本华“生命意志”说的影响，提出“强力意志”说。他认为，强力意志是生命本能的冲动，意志是世界上决定一切的力量。尼采认为基督教道德为奴隶道德，只有推翻上帝，基督教奴隶道德才会崩溃，新的道德价值观才会产生。尼采理想的“新道德”即所谓“自主道德”，它肯定人生，鼓励人朝着更高的方向发展。新道德的产生有赖于“超人”的出现，只有“超人”才能体现强力意志，创造一切。“超人”是当人具备超越的潜能，完全掌握自我，创造自身价值时出现的，是一位“充实、丰富、伟大而完全的人”。“超人”为了实现自己的强力意志，可以不择手段达到自己的目的。尼采的唯意志论赢得德国容克资产阶级的热烈喝彩，并成为后来法西斯主义的思想武器。总之，这一时期人类思想发生了划时代的变化，这种变化表现为主观主义代替了客观主义，相对主义代替了绝对主义，多元主义代替了一元主义。这场思想革命，突出了人，突出了世界的复杂性和可变性，迎合了垄断资产阶级的愿望和要求，也反映了急剧变化的时代特征。因此，19世纪、20世纪之交被称为“反叛传统”的世纪之交。

七、走向成熟的国际无产阶级运动

19 世纪后半期，随着两次工业革命的深入发展，资本主义世界经济获得长足的进步，生产的社会化程度日益提高，这反而使资本主义社会的基本矛盾——资本主义生产的社会化和私人占有制之间的矛盾——日益激化，经济危机周期性地发生。同时，社会经济的发展，人类财富的猛增，并没有改善无产阶级和广大劳动人民的生产和生活水平，无产阶级所受的剥削和压迫反而日益深重。在这种情况下，作为资本主义社会主要矛盾的无产阶级和资产阶级之间的矛盾迅速激化，无产阶级的革命运动在更大的规模、更深刻的程度上发展起来。

马克思主义在 19 世纪 40 年代诞生后，在各国工人阶级中广泛传播，影响越来越大，无产阶级由“自在”的阶级变为“自为”的阶级，无产阶级的革命斗争也由自发的斗争发展为自觉的斗争。因此，19 世纪后半期，国际无产阶级革命运动日益走向成熟。这主要表现在两个方面：一是无产阶级的斗争规模越来越大，斗争水平越来越高，以至发展为无产阶级夺取政权的斗争——巴黎公社革命，在人类历史上建立了第一个无产阶级专政的国家政权；二是随着资本主义世界体系的形成，无产阶级的国际主义精神得到传播，国际团结加强，工人运动愈来愈具有国际性的特点，出现了国际无产阶级的群众性组织——第一国际和第二国际。

巴黎公社革命是 19 世纪以来国际工人运动的重大成就和总结，它的爆发有着深刻的历史背景。首先，巴黎公社革命是第二帝国后期阶级矛盾和民族矛盾发展的必然结果。拿破仑三世统治的法兰西第二帝国是代表大资产阶级利益的专制独裁政府，它剥夺了各阶级甚至资产阶级的政治民主权利，依靠庞大的军事官僚机构实行统治。但第二帝国鼓励资本主义发展，在第二帝国时期，法国完成了工业革命，产业工人的队伍壮大了。帝国末期，无产阶级的反抗斗争高涨起来，蒲鲁东的小资产阶级社会主义、布朗基的空想共产主义思想广泛传播。也有一些人，如瓦尔兰受到马克思主义影响，认识到夺取政权的重要性，倾向革命。广大农民、小资产阶级民主派和资产阶级共和派对帝国政府的不满情绪也日益增长。60 年代后期的经济危机进一步激化了阶级矛盾，使反政府斗争逐渐高涨。其次，巴黎公社革命是在法国面临严重的民族危机的情况下爆发的。拿破仑三世为了维护自己的统治，于 1870 年 7 月挑起对普鲁士的战争。在色当决战中，法军大败，法军主力连同拿破仑三世都做了普鲁士军队的俘虏，这就加速了帝国的崩溃。在这种情况下，9 月 4 日巴黎爆发革命，推翻了帝制，建立了共和制的资产阶级临时政府，即法兰西第三共和国。此后，普军继续侵略法国，9 月 19 日巴黎被普军包围。临时政府虽然声明要抗战到底，并自称“国防政府”，实际上却成了向普军乞和投降的“卖国政府”。1871 年 2 月，梯也尔新政府同德国签订了《法兰克福和约》，法国向德国赔款 50 亿法郎，割让阿尔萨斯和洛林东部。在严重的民族危机面前，巴黎无产阶级建立了 194 个营的国民自卫军，成为实现巴黎公社革命的主力军。巴黎人民成立了各区警备委员会及其中央机构二十区中央委员会。1871 年 3 月 15 日，国民自卫军成立了中央委员会，代替二十区中央委员会成为领导巴黎人民斗争的战斗指挥部和工人阶级政权。3 月 18 日，中央委员会领导巴黎无产阶级发动武装起义，很快占领了巴黎，梯也尔政府逃到凡尔赛。3 月 26 日，巴黎人民选举产生了公社委员会。公社委员会成员中有 35 名工人，其次是职员、新闻记者、教师、医生等革命知识分子，他们中许多人也是工人阶级的代表。所以，马克思说：“它实质上是工人阶级的政府。”[①]3 月 28 日，在市政厅广场隆重举行了巴黎公社成立大会，人类历史上第一个无产阶级的政权诞生了。

巴黎公社成立后，在政治、经济和文化教育等方面采取了一系列民主改革措施，取得了伟大的成就。改革的主要内容包括：

第一，打碎资产阶级的国家机器，建立立法、行政合一的政权机关。3 月 29 日，公社颁布第一道法令，宣布“巴黎公社为现今的唯一政权”。法令宣布：废除资产阶级常备军，代之以人民武装——国民自卫军；废除旧的警察、宪兵和法院，选举产生人民治安委员会、司法委员会，由工人纠察队维持社会治安。组建新的民事法庭，颁布了上诉和审判条例，从而建立了人民的司法与治安机构。宣布政教分离，没收教会财产，铲除了资产阶级国家机器的精神支柱。建立法制，颁布了许多法令以保障人民的人身自由和各项民主权利。公社统一领导执行、军事、司法、治安、粮食、财政、劳动和交换、社会服务、对外联络和教育等 10 个委员会（相当于部）。公社是行使立法权、行政权的最高权力机关，它的决策程序是民主的，实行集体领导下的分工负责制。

第二，选举产生各级人民政府。公社实行普选制和比例代表制及无记名投票方式，民主选举了人类历史上第一个民主政权——巴黎公社。公社以下各级政权和国民自卫军各级指挥员、司法部门均由选举产生。

第三，为防止权力蜕变，建立“人民公仆”制度。这是公社民主的核心。其做法是：实行公职人员低薪制，取消公职人员的各项特权，切实保障人民对公职人员的罢免权。

第四，建立民主监督机制。主要措施有：领导者相互监督，定期向人民汇报工作，建立从上到下的监督渠道，实行舆论监督。

---

① 《马克思恩格斯选集》第 3 卷，第 59 页。

第五，在社会经济方面实行了许多旨在保护工人利益的措施。如：没收逃亡企业主的企业，把它移交给工人合作社管理，企业主回来时给予补偿；对没有逃亡的企业主的企业，公社派代表监督和参加管理；禁止拍卖典当物品；一切债务延长三年偿还，取消利息；废除面包工人夜班制；禁止企业主对工人罚款和克扣工资；取消帝国职业介绍所，设立劳动就业登记处；等等。

第六，以教育作为民主基础。为提高人民的文化素质，使之更好地行使民主权利，公社提出实行“全民教育”和非宗教义务教育，以排除教会对学校的控制。公社还提高教师的待遇和社会地位，实行男女教师同工同酬，并注意开办职业教育、妇女和幼儿教育以及保护文化遗产、发展文化事业等。

第七，坚持无产阶级国际主义原则，声明“公社的旗帜是世界共和国的旗帜”，欢迎外国人参加公社，并允许担任领导职务。公社还下令拆毁象征拿破仑沙文主义的旺多姆广场上的凯旋柱，把广场改名为国际广场。

梯也尔政府逃到凡尔赛后，竭力拼凑反革命武装，伺机反扑。4月2日，凡尔赛对公社发动了进攻。第二天，公社兵分三路进击凡尔赛，因伤亡惨重被迫撤退。5月20日，凡尔赛对巴黎发动了总攻，21日攻下圣克卢门和附近的堡垒。凡尔赛军进入巴黎，公社战士在公社委员会领导下同敌人进行了顽强的巷战，开始了历史上有名的“五月流血周”。5月23日，公社战略据点蒙马特尔高地失守。24日，市中心被占领。27日，守卫在拉雪兹神甫公墓的200名战士同5000名凡尔赛匪徒展开了殊死搏斗，最后弹尽粮绝，全部壮烈牺牲。28日，凡尔赛匪徒占领了整个巴黎，存在72天的巴黎公社失败了。凡尔赛匪帮随之进行报复，白色恐怖笼罩着整个巴黎。

巴黎公社失败的原因，从主观上说是由于当时法国工人阶级在政治上还不成熟，因而公社在政治、经济和军事上犯了一系列的错误。首先，在3月18日革命中，没有全歼反革命，而是听任梯也尔政府带着仅存的正规军的一个师逃到凡尔赛；革命后，没有乘胜向凡尔赛进军，给敌人以反扑的机会；在保卫巴黎的战斗中，缺乏统一的军事指挥中心，并错误地采取了消极防御的战略。其次，没有严厉镇压巴黎的反革命，取缔在巴黎出版的反革命报刊；没有没收法兰西银行以加强自己的经济力量，而是听凭其资助凡尔赛。再次，在公社内部，忽视必要的集中，始终没有形成一个有权威的领导核心，在宗派斗争中浪费了不少时间和精力，从而削弱了革命的力量。最后，公社对团结农民的重要性认识不足，未能建立工农联盟，使巴黎孤立无援。但革命失败的根本原因在于，当时法国的无产阶级还缺乏取得革命胜利的客观历史条件。其一，70年代初的法国，小生产仍占绝对的优势，经济发展的状况还没有成熟到可以铲除资本主义生产方式的程度；其二，从世界范围看，资本主义还处于稳定发展时期，国际无产阶级还没有联合起来，互相支持，而国际资产阶级却结成反革命联盟，共同绞杀巴黎公社革命。

巴黎公社虽然失败了，但它的伟大历史意义永远不可磨灭。巴黎公社是无产阶级民主的第一次尝试，是历史上第一个无产阶级的国家政权，为后来的无产阶级革命提供了极其宝贵的历史经验和教训。公社在国际工人运动、社会主义运动和马克思主义发展史上具有划时代的历史意义，巴黎公社的民主原则对无产阶级革命事业具有深远的影响。

19世纪60年代，随着大工业的发展，资本主义社会的基本矛盾日益明显地暴露出来，无产阶级反对资产阶级的斗争也重新高涨起来。这一时期的工人运动表现出以下特点：第一，工人阶级的觉悟和组织程度日益提高。60年代，欧洲产业工人已有874万，手工工人1124万，各国工人纷纷建立了自己的组织。1859年，伦敦建筑工人为缩短工作日举行罢工并取得胜利，在此基础上成立了英国各行业工人的联合组织——工联伦敦理事会。1863年，法国工人提出工人必须参加立法机构选举的要求，1864年又迫使政府取消了禁止工人结社的《勒夏普利埃法》。德国工人在1863年成立了全德工人联合会。美国也在1863年初建立了全国性的工人联合会。第二，欧洲各国无产阶级加强了国际合作。50年代末60年代初，欧、美和亚洲民族民主运动的新高涨，不仅激起了各国工人的同情和支持，也使他们的国际团结思想日益增加。“全世界无产者联合起来”的战斗口号已被越来越多的工人理解和接受。第三，马克思主义和各国工人运动日益密切结合。50～60年代，马克思、恩格斯进行了艰苦细致的理论研究工作。1859年，马克思出版《政治经济学批判》一书，1860年起又开始撰写《资本论》，深入探讨资本主义社会的发展规律。同时，马克思、恩格斯竭力在道义上、物质上帮助各国的工人领袖，并从理论上培养、提高他们。在这一时期，英国宪章派左翼领袖哈尼和琼斯以及德国的流亡革命家威廉·李卜克内西、弗里德里希·列斯纳等都得到了马克思、恩格斯的帮助和支持。这样，马克思主义和工人阶级的结合不仅在思想上，而且在干部上为建立新的无产阶级国际组织准备了条件。

1864年9月28日，欧洲各国近2000名工人代表在英国伦敦圣马丁教堂召开了声援波兰人民起义的国际性工人大会，马克思以德国代表的身份应邀参加大会。大会决定成立国际工人组织，并选出临时中央委员会。该委员会后来改称为“总委员会”。10月，总委员会将组织定名为“国际工人协会”，简称“国际”（第二国际成立后，被称为“第一国际”）。英国工联领导人奥哲尔当选为主席，马克思任德国通讯书记，但实际上，马克思一直被公认为是国际的领袖。马克思为第一国际起草了纲领性文件——《成立宣言》和《临时章程》阐明了无产阶级的斗争策略和组织。以后国际的几乎所有的纲领性文件和决议草案都出自马克思的手笔或体现了他的思想。

第一国际成立后，便积极在各国建立支部，力争把欧美各国的工人团体团结到第一国际中来。到 1866 年 9 月，就已建立了 20 多个支部。第一国际对英国、法国、比利时、瑞士等国工人的罢工斗争都曾给予积极的声援和支持，并使许多次罢工取得胜利。同时，第一国际也大力支持各国工人争取民主权利的斗争，如大力支持和参与英国争取选举改革的群众运动，促进 1867 年议会改革的进行等，对波兰、爱尔兰等国的民族解放运动也给予极大的关怀和支持。

在大力开展革命活动的同时，第一国际内部又进行了反对各种机会主义的斗争。前期(1864～1869 年)主要是反对蒲鲁东主义。蒲鲁东主义是一种小资产阶级社会主义，反映了遭受破产威胁的手工业者和小生产者的愿望和要求，在法国、意大利、比利时等国非常流行。蒲鲁东主义者主张通过组建互助合作协会和“国民银行”建立一种介于资本主义和共产主义之间的小生产者的私有制社会，他们反对任何形式的国家，反对社会革命和任何政治斗争及工会运动，并妄图控制第一国际。对此，第一国际在马克思的指导下，在 1869 年 9 月前的四次代表大会上，与蒲鲁东主义者展开了激烈的斗争，使之最后分化瓦解。与此同时，第一国际前期还批评了只搞经济斗争的工联主义。

第一国际后期(1869～1876 年)主要进行了反对巴枯宁主义的斗争。巴枯宁是一个极端的无政府主义者，他认为，要实现阶级平等，就要废除一切国家，而废除继承权是社会革命的起点。他反对任何权威、任何国家和政府，反对无产阶级进行政治斗争，反对无产阶级政党和无产阶级专政，主张建立一个没有任何权威、没有国家的绝对自由的“无政府状态”的社会。巴枯宁主义反映了陷入破产境地的小生产者的绝望心理和情绪，在意大利、西班牙、法国、瑞士等国有相当广泛的市场。巴枯宁在组织上大搞宗派活动，阴谋分裂第一国际，篡夺其领导权。在 1869 年第一国际巴塞尔第四次代表大会上，马克思主义者同巴枯宁分子在继承权问题上展开了尖锐的斗争，巴枯宁篡夺第一国际领导权和篡改第一国际宗旨的阴谋，均遭到失败。

巴黎公社失败以后，欧洲各国资产阶级政府对国际进行了疯狂的迫害，巴枯宁分子也乘机加紧分裂国际的活动，国际的处境更加困难。1872 年 9 月，国际在海牙召开代表大会，把巴枯宁及其追随者开除出国际，并决定将总委员会迁往美国。1876 年 7 月，第一国际在美国费城举行了最后一次代表大会，宣告解散。

第一国际完成了它的伟大使命，在国际工人运动史上建立了不朽的功勋。首先，第一国际用无产阶级国际团结的思想教育了各国工人，使国际主义深入人心；其次，在第一国际内部，批判了各种机会主义思想，促进了马克思主义在工人中的传播；最后，推动了欧洲各国工人运动的发展，并培养了一批工人运动的骨干，为在各国建立无产阶级政党奠定了基础。列宁说：“第一国际的活动对所有国家的工人运动做出了很大的贡献，留下了深远的影响。”①

巴黎公社革命失败以后，随着第二次工业革命的展开及资本主义经济的迅猛发展，“西方结束了资产阶级革命。东方还没有成熟到实现这种革命的程度”②，因此，资本主义社会处于和平发展时期。由于大工业的发展，工人阶级的人数迅速增加，就业人数也比过去大幅度增加。19世纪末，美国有产业工人750万，德国有1020万，英国有1430万，法国有380万，俄国有200万。同时，资产阶级在这一时期更加注重剥削相对剩余价值，因而对工人的文化素质也提高了要求，工人工资明显提高，劳动和生活状况也有所改善，并享有了一些社会福利政策。在政治上，由于各国的社会政策调整，工人基本上享受到选举权、集会结社权等民主权利。在这种情况下，工人运动形成了以下一些特点：第一，随着工人阶级队伍的壮大，工人运动开展得更加广泛，并超出了西欧和美国的界限，席卷了整个资本主义世界。第二，随着生产的日益集中和大企业的不断增多，工人的集中程度也不断提高，而且工人阶级的组织性大为加强，各种工会组织大量出现，工人政党和社会主义团体普遍建立起来。1875年，德国的拉萨尔派和爱森那赫派合并为“德国社会民主党”。该党领导工人阶级取得反对《非常法》的胜利，并在议会斗争中取得巨大成就。法国在1879年建立了工人党，英国出现了“费边社”和“独立工党”，美国出现了“劳动骑士团”、“社会主义工党”及“美国劳工联合会”，俄国出现了普列汉诺夫领导的“劳动解放社”。第三，在和平环境中不具备革命的形势，工人运动多数带有合法性，并以经济斗争为主。第四，随着工人文化素养的提高，马克思主义得到更加广泛的传播，工人运动更具理论性。

1883年3月14日，马克思溘然长逝。恩格斯继续其未竟的事业，为指导工人运动做了大量工作。他整理出版了马克思的《资本论》第二、三卷，写出了许多光辉著作，丰富和发展了马克思主义。同时，恩格斯为建立新的国际组织做了大量卓有成效的工作。德国的威廉·李卜克内西、奥古斯都·倍倍尔，俄国的普列汉诺夫，法国的盖德、拉法格，美国的左尔格等，都在介绍和传播马克思主义方面起了很大作用。

19世纪80年代末，随着国际工人运动的重新高涨、马克思主义的广泛传播和各国工人政党的建立，各国工人阶级要求加强国际联系和团结的愿望日益迫切。在这种情况下，为防止法国“可能派”、英国工联分子取得国际工人运动的领导权，马克思主义者于1889年7月14日在巴黎召开了国际工人代表大会，通过了《国际劳工立法》草案和关于《庆祝“五一节”的决议》。这次会议被公认为第二

① 《列宁全集》第16卷，人民出版社1988年版，第64页。

② 《列宁选集》第2卷，第306页。

国际的成立大会。

第二国际是第一国际的继续和发展。第二国际的主要力量均是第一国际的骨干，活动方式也以召开代表大会为主。但两者也有差异：第一国际实行较紧密的民主集中制，第二国际则是一个无中央机构的松散的组织，它无纲领、无章程、无机关报、无纪律。1900 年建立的社会党国际局只是各国党的通讯和组织中心，各国党都有自己的独立性。

为了引导工人运动走上正确的斗争道路，第二国际从成立大会到 1896 年的伦敦代表大会，一直开展反对无政府主义的斗争。无政府主义的代表有法国的无政府工团主义、德国的“青年派”和荷兰的纽文胡斯分子。他们反对无产阶级专政，否定政治斗争，鼓吹恐怖思想，主张怠工和通过国际性的经济总罢工，实现工人的解放。在历次大会上，无政府主义者的主张都遭到反对并被否决。1896 年的伦敦大会把无政府主义者排除在外。

第二国际在前期的活动中基本上遵循了马克思主义路线，取得了较大的成绩，主要表现在：(1)促进更多的国家建立了工人政党。欧美各国绝大多数都有了自己的工人政党。(2)推动各国工人进行议会斗争并取得很大胜利。许多国家的工人代表当选为议员，有的还加入了内阁，并迫使各国资产阶级政府作出让步，在不同程度上提高了工人的政治、经济地位。尤其是德国党迫使议会废除了《非常法》等反动法律。各国工人党还大力开展反对殖民主义和军国主义的斗争。(3)推动各国工人运动进一步发展。表现在：欧洲、拉美、亚洲、大洋洲的工人运动蓬勃展开，规模更大，发生了全世界无产阶级统一的联合行动——“五一”大游行。“五一”节成为全世界无产者团结战斗的共同节日。社会主义影响也传到了亚洲、拉美和大洋洲。不过也有不足之处，集中表现在：过分注重和平过渡到社会主义的道路和议会的合法斗争，反对暴力革命的道路。对此，晚年的恩格斯以极大的精力和革命热情进行了大量的理论研究，指导各国特别是德国的工人运动。他撰写了一系列重要文章，在理论上有许多新的创见。他指出，无产阶级如果没有独立的政党，如果不夺取政权，就不可能得到解放。他认为，股份公司是“为许多结合在一起的人谋利的生产。如果我们从股份公司进而来看那支配着和垄断着整个工业部门的托拉斯，那么，那里不仅私人生产停止了，而且无计划性也没有了”[①]。他强调，在“半专制制度”的德国奢谈“和平长入”社会主义是荒谬的，只有在议会民主制发达的英、法、美等国家，才可以设想“旧社会可能和平地长入新社会”[②]。他还特别指出，1848 年他和马克思关于资本主义社会行

---

① 《马克思恩格斯全集》第 22 卷，人民出版社 1965 年版，第 270 页。

② 《马克思恩格斯全集》第 22 卷，第 273 页。

将灭亡的预言是不对的,“我们以及所有和我们有同样想法的人,都是不对的”。“旧式的起义,在1848年以前到处都起过决定作用的筑垒的巷战,现在大都陈旧了。”德国党向世界各国的同志提供了“最锐利的武器中的一件武器,他们向这些同志们表明了应该怎样利用普选权”。[①] 1895年8月5日,恩格斯与世长辞,这是国际工人运动的巨大损失。

在19世纪末,由于资本主义发展到帝国主义阶段,马克思、恩格斯又先后去世,新时代出现了许多新问题,工人运动中的许多理论家试图从理论上进行探索。1899年,伯恩施坦发表了《社会主义的前提和社会民主党的任务》一书,系统地阐述了他的修正主义思想体系。伯恩施坦在“发展和完善”马克思主义的名义下,提出要使马克思主义“适应”新的政治和经济形势。在哲学方面,他宣扬庸俗进化论和折中主义,否定革命的辩证法,认为唯物史观既“自相矛盾”又“缺乏根据”。在政治经济学方面,他认为剩余价值学说只不过是“以假设为根据的公式”,垄断组织的出现可以消除经济危机。在科学社会主义方面,他美化资本主义,反对暴力革命和无产阶级专政,认为只要坚持渐进的、和平改革的策略,就可以促使资本主义和平长入社会主义,并提出“最初的目的是微不足道的,运动就是一切”的修正主义公式。伯恩施坦修正主义一出现,就得到英国费边社分子、俄国经济派、法国米勒兰派等的支持,迅速发展成一股国际思潮。修正主义的出现有其历史的必然性。第一,在资本主义发展稳定的情况下,工人生活状况有了明显改善,各国工人党的合法斗争也取得一定的成果,于是一些人对资本主义的本质看不清了,对工人政党的最终奋斗目标动摇了。许多工人运动的领导人已过上了富裕的生活,他们厌恶革命,只谋求利己的改良。第二,资本主义各国所进行的社会、政治、经济政策的调整,使资产阶级民主得到进一步发展,缓和了资本主义社会的矛盾,转移了工人阶级的斗争视线,使无产阶级对资本主义社会出现的新现象、新问题认识不清,产生了思想上的混乱。总之,修正主义是资本主义社会大变动在无产阶级思想意识上的反映,在短时期内,顺应了资本主义社会的发展趋势。

修正主义思想的出现引起了工人队伍中间思想和理论上的混乱,引起第二国际内部的激烈斗争。1900年9月,第二国际在巴黎召开第五次代表大会。与会代表围绕“米勒兰入阁”问题展开了激烈的争论,并由此形成左、中、右三派。米勒兰是法国独立社会主义联盟的成员,他于1899年加入资产阶级内阁,任工商部长。以伯恩施坦、饶勒斯为代表的修正主义者支持米勒兰入阁,宣称此举是无产阶级夺取政权的第一步,称为“入阁派”。卢森堡、盖德等坚决反对社会主义

① 《马克思恩格斯全集》第22卷,第601页。

者入阁,坚持传统的暴力革命和无产阶级专政的主张,称为“反入阁派”。第二国际领导人考茨基提出“橡皮决议案”,认为社会主义者加不加入资产阶级内阁“这只是一个策略问题,不是一个原则问题,国际大会对此不必有所表示”。“橡皮决议”虽然暂时防止了国际分裂,但它实际上是对米勒兰入阁行为的肯定,从而为以后第二国际的分裂埋下了种子。

八、全球性资本主义市场走向开放

西方各主要国家从自由资本主义过渡到帝国主义的过程,也是全球性市场形成的过程。垄断统治是该时期国际贸易最根本、最深刻的特征。垄断组织不仅控制了国内生产和贸易,而且控制了国际贸易。争夺世界市场是垄断组织追求最大限度利润的一种重要手段。在垄断时期,资本主义生产在广度和深度上都继续发展。生产的商品越多,越需要占有市场进行销售,以获得利润。而国内市场已难以消化大批商品,必须开发国外市场,发展对外贸易,否则商品生产很难进行。因此,对外贸易已成为资本主义生产中必不可少的重要环节。此外,资本主义生产需要各生产部门保持一定的比例关系,但资本主义生产的不平衡规律,使各部门不是均衡发展的,而是互相超越着的,有的部门发展较快,有的较慢。发展较快的部门为了追求利润,绝不会等待发展较慢的部门赶上后,再出售商品和购买原料进行再生产,因此要在国外寻找市场,以克服市场与生产之间的矛盾,这就要发展外贸。由于垄断时期资本主义发展不平衡日益加剧,几乎每一生产部门都不同程度地同世界市场有直接的利害关系。而垄断资本具有无限扩大生产的倾向,它们为了获取高额利润,必须提高生产率,降低成本,扩大销路,才能战胜竞争对手,生存下来。垄断资本家攫取利润的贪欲是无止境的,因而扩大生产的倾向也是无限制的,这就需要无限扩大市场,但国内市场空间毕竟有限,只有扩大国外市场。它驱使资本家奔走于世界各地,到处落户和创业,到处建立联系,使其市场不断扩大。垄断资本家的生产和活动已超出了地理的、民族的和国家范围的限制。可以说,世界市场是垄断资本的生命线。

虽然早在垄断前,世界市场就形成了,但垄断时期的市场已与以前大相径庭。以前的世界市场是商业资本占统治地位的市场,商业资本家不从事直接生产。而在垄断时期,由于新的技术革命使生产力进一步提高,新的市场建立在新的、更雄厚的物质技术基础和经济基础之上,是真正意义的世界市场。垄断资本家身兼商人、生产者和银行家三重身份,不但控制生产,还控制销售和资金的供应,从而使世界市场的实质内容有了进一步发展,由原来的商品销售市场为主,发展为兼有资本市场和金融市场这两个新的内容,从而真正成了囊括全球的、统一的资本主义世界市场。这个新的世界市场有以下几个特点：

第一，建立在新技术革命基础上的国际交通、通讯业是世界市场的技术保障。由于第二次工业革命时期技术的飞跃发展，电力和内燃机的广泛应用，使世界的交通运输和通讯事业发生了革命。其中，铁路发展尤为迅速。1870 年，世界铁路总长 21 万公里，到 1900 年已达 76 万公里，增长了 2.6 倍。铁路主要分布在欧美国家，同时，亚、非、澳三洲的铁路也有了很大发展，初步形成了环绕世界的铁路网。当时飞机还没有发明，船舶是唯一可以把被海洋隔绝的国家和地区联系起来的交通工具。但木帆船的货舱小，航速慢，风险大，运费也高，远不能适应世界贸易发展的需要。蒸汽轮船虽然装货多，速度也快，但因锅炉体积庞大，还要装载大量燃煤，十分笨重。而装了内燃机的轮船，发动机体积小，速度更快，装货更多，加上钢壳船体，因此，更安全，运费也低，能较好地适应世界贸易发展的需要。全世界汽船数猛增，从 1870 年 270 万吨增至 1900 年的 1620 万吨，占全部海洋运输船舶总吨位的 62%，其中大多数是内燃机轮船。① 海上航运业基本上实现了现代化。与此同时，1869 年苏伊士运河通航和 1914 年巴拿马运河通航，大大缩短了世界各大洲之间的海运路程，加快了货物的周转量。以往从英国到东亚要航行一年多，现在只要十几个星期。运速加快、航程缩短使这期间的运费大约下降了一半。还出现了由新型油轮和冷藏船组成的各种专业运输船队，使牛奶、肉类、水果等难以保存和长途运输的货物也可以大量进行国际贸易。

与交通工具革命同步进行的是通讯技术的革命。1866 年，第一条横贯大西洋的海底电缆建成。不久，海底电缆业有了迅速发展。各大洲大城市间都几乎铺通了海底电缆，1914 年，海底电缆已达 51.6 万公里②。加上电话的发明和应用以及电力技术的普及推广，世界各地市场借助电报、电话和电力传输设备形成了一个统一网络。全球各地市场行情可以相互迅速传递。各种交易活动可以通过电报、电话进行联系，再也无需商人们亲自奔波于世界各地联系业务。而且还出现了电汇的形式，使国际贸易的支付大大加快，更加方便了。

第二，形成了世界资本市场和金融市场。伴随国际贸易飞速发展，为之服务的支付和资金周转业也有了巨大发展。各国均实行了金本位制，使种类繁多的各国货币有了一个相对统一的标准。各国货币均按其含金量作为其价值标准，这样，两种不同货币就可以相互换算、汇兑。也就是说，黄金在某种意义上成了国际货币，各国均以它作为最后的清算手段。由于各国货币的含金量是法定的、相对稳定的，从而为各国货币汇率的相对稳定提供了客观基础。统一的、相对稳

① 参见齐世荣主编《世界史·近代史编》下卷，高等教育出版社 2001 年版，第 241 页。

② 参见[美]斯塔夫里阿诺斯著，吴象婴等译《全球通史：1500 年以后的世界》，第 562 页。

定的世界货币,对世界市场的发展是巨大的推动和促进,大大促进了国际贸易、国际资本流动和国际信用的增长。在此基础上,形成了以英国为中心的多边支付体系和统一的世界市场价格。由于英国长期在国际市场中占据主要地位,又拥有世界最发达的金融业,伦敦成了世界金融中心。各国国际贸易都以英镑结算,各国间贸易的债权债务也大多通过伦敦的银行结算。世界各个地区国际收支不平衡状况,通过在英国进行集中结算,可以得到一定的调剂和缓解,从而使国际间的商品和货币流通能够正常运转,不致中断或引起紊乱。因此,以英国为中心的国际支付体系是世界市场开发和扩大的一个重要条件。

由于有了以上统一的价值尺度和支付手段,加上运输条件的巨大改进,在19世纪末,欧洲大陆及一些殖民地和附属国出现了一些规模较大的贸易中心,如伦敦、利物浦、纽约、芝加哥和加尔各答等。这些中心交易规模大,其商品价格对世界市场的价格有举足轻重的影响。而且这些中心的交易价格经过竞争已趋于一致,于是世界市场统一的商品价格形成了。各地同种商品基本一致,只因汇率和运费等原因有很小的差异。这种大体统一的世界市场价格大大推动了国际贸易的发展。

第三,世界贸易规模有了极大增长,但增长速度却放慢了。交通运输的革命及金融、资本的促进,使世界贸易额剧增。1870年国际贸易额为106亿美元,1900年为275亿美元,增长了1.7倍;而1840～1870年增长了3.4倍。[①]

第四,世界贸易格局也发生变化。在19世纪五六十年代,英国是“世界工厂”,向世界各地供应工业品,而其他国家仍以农业为主,向英国出口农业品及初级产品。但到了19世纪末,一批新兴工业国家崛起,英国的贸易垄断地位被打破,尽管其仍为世界第一,但所占份额却从1860年的20%降至19%,1913年更跌至13.1%。[②] 世界贸易形成了多中心的新格局,在世界贸易所占份额中,美国为12%,德国为13%,法国为9%。[③] 由于技术的突破及资本的扩张,以前各国和各地区市场的封闭性已被打破,世界市场也有了分工:发达西方国家成了世界的“城市”,它们输出工业品、技术和资金;亚、非、拉广大殖民地附属国成了世界的“农村”,主要输出农产品和原料这些“初级产品”。工业发达国家和初级产品输出国家之间的国际分工及相互依赖程度更加密切了。在垄断资本主义发展的前提下,世界各国和地区在经济上更紧密地联结成为一体。世界市场的分工加重了发达国家对不发达国家的剥削。西方工业国大力向不发达国家输出资本,就地设厂开矿,

① 参见许心礼《国际贸易与金融》,中国财政经济出版社1992年版,第20页。

② 参见许心礼《国际贸易与金融》,中国财政经济出版社1992年版,第21页。

③ 参见刘祚昌等主编《世界史·近代史编》下卷,高等教育出版社2001年版,第243页。

使用当地廉价劳动力，并将环境污染严重的企业外迁或建在不发达国家，以节省大量环保费用。这时期西方国家通过输出资本获得了比商品更高的利润率。

第五，国际条约盛行。主要有卡特尔瓜分市场的协定和各国的贸易条约。垄断时期，各国争夺商品和资本市场的斗争空前尖锐，为减少相互竞争造成的损失，垄断组织往往相互作出妥协和让步，达成瓜分市场的协议，来达到垄断市场、防止更多垄断组织参与的目的。如垄断铁轨市场的国际铁轨卡特尔、美国通用电气公司和德国电气总公司瓜分世界市场的协议等。此外，各国间的贸易关系通过贸易条约将双方承担的权利和义务确定下来，其中最惠国待遇是贸易条约的重要原则和内容。19 世纪末以来，国际贸易条约和最惠国原则广为推行，为商品的国际流通创造了更好的条件，使各国在国际贸易中的矛盾得到暂时的解决，从而对促进国际贸易的发展起了一定的推动作用。

总之，这时期在技术革命推动下，生产力有了巨大发展。资本主义列强在向垄断过渡的过程中，加大了商品和资本的输出，使世界市场变得更加开放，效率更高，规模也更大，为世界一体化的实现起了“催化剂和加速器”的作用。

【导　读】

1. 列宁：《帝国主义是资本主义的最高阶段》，载《列宁选集》第 2 卷，人民出版社 1995 年版。在该书中，列宁论述了帝国主义的五大经济特征，提出了“帝国主义是资本主义的垄断阶段”的著名论断；指出了帝国主义的寄生性和腐朽性，批判了考茨基的“超帝国主义论”；分析了帝国主义的历史地位，阐明帝国主义发展的特殊阶段必然要过渡到社会主义，帝国主义是无产阶级革命的时代，是无产阶级革命的前夜。

列宁：《帝国主义论》，载《列宁选集》第 2 卷，人民出版社 1995 年版。该文是马克思主义的重要文献，是马克思《资本论》的继续和发展，是列宁关于帝国主义学说的代表作。列宁通过对他所处时代的帝国主义的特征、本质和矛盾的分析，制定了帝国主义时代无产阶级革命的理论、战略和策略；批判了机会主义、修正主义。列宁的帝国主义论是对马克思主义理论的发展，是马克思主义发展到列宁主义的重要标志之一。

2. [法]普·利沙加勒著，柯新译：《一八七一年公社史》，三联书店 1962 年版。作者以公社参加者的身份和新闻记者对政治的敏锐观察力，以真实、可靠的史实对巴黎公社作了客观公正的评价，是迄今为止介绍巴黎公社比较优秀的作品。由于作者有着鲜明的阶级立场和爱憎分明的政治观点，作品中肯定了 3 月 18 日革命的伟大意义，并对公社及其领导犯下的错误进行了批评。

3. 马克思：《法兰西内战》，载《马克思恩格斯选集》第 3 卷，人民出版社 1995

年版。这是马克思在巴黎公社失败后的第三天发表的有关巴黎公社方面内容的著作,是学习科学社会主义的必读经典著作之一。

4. [德]弗·梅林著,青载繁译:《德国社会民主党史》,三联书店1963年版。全书主要叙述了从19世纪30年代法国七月革命到19世纪末德国工人运动的发展历史。该书是一部运用历史唯物主义的观点和方法,第一次全面叙述德国工人运动史的著作。但在一些具体的问题上,梅林的研究还存在缺点和错误,如对魏特林、拉萨尔的评价等。

5. 马克思:《资本论》第1卷,人民出版社1975年版。本卷包括7篇序言、跋及正文部分的内容。序言和跋中的前4篇主要是说明《资本论》的研究对象和方法。《资本论》是马克思为了揭示资本主义产生、发展和必然被社会主义所代替的客观规律而写成的,研究的对象是资本主义的生产关系,研究的方法是唯物辩证法,运用唯物辩证法分析资本主义经济。正文由三部分组成:第一部分主要分析商品和货币,说明资本关系产生的历史前提。第二部分通过对剩余价值生成过程的分析,揭示了剩余价值产生的秘密。第三部分分析了资本积累过程,说明资本关系产生、发展直至灭亡的历史趋势。

6. [苏]安·米·潘克拉托娃主编,张蓉初等译:《苏联通史》,三联书店1978年版。在书中,作者坚持运用马克思列宁主义的辩证唯物主义的史学观研究苏联的历史,强调人民群众和个人在历史上的作用。在写作上,采用厚今薄古的方式,用一卷的篇幅叙述了第一次资产阶级民主革命到1953年的历史,史论结合,史论统一,是学习和了解原苏联历史的权威性的著作之一。但在一些具体的问题上,如对沙俄的殖民扩张、对布哈林的评价上存在缺陷。

7. 苏联科学院世界历史研究所著,马龙闪等译:《一八七一年巴黎公社史》,重庆出版社1982年版。

8. 朱庭光:《巴黎公社史》,中国社会科学出版社1982年版。

9. 宋则行、樊亢:《世界经济史》,经济科学出版社1993年版。

10. [法]米歇尔·博德著,吴艾美等译:《资本主义史(1500～1980)》,东方出版社1986年版。

11. 齐世荣主编:《世界史·近代史编》下卷,高等教育出版社2001年版。

12. 张友伦:《美国工业革命》,天津人民出版社1978年版。

13. 顾銮斋主编:《西方宪政史》,人民出版社2013年版。

14. [日]井上清著,宿久高等译:《日本帝国主义的形成》,人民出版社1983年版。

【思考与讨论】

1. 简述19世纪后期世界科技取得的重大成就和影响。
2. 简述工业和科技革命在历史上的作用。
3. 比较第一次工业革命和第二次工业革命的异同。
4. 简述垄断组织产生的原因和作用。
5. 如何评价帝国主义运动?
6. 分析西欧主要帝国主义国家的特点。
7. 试述英、法两国19世纪末经济发展缓慢的原因。
8. 试述19世纪后半期美、德、日经济迅速发展的原因。
9. 为什么德、俄、日帝国主义都具有军事封建性特点?
10. 简述英国和美国的政党制度。英国政党制度有哪些特色?
11. 试分析19世纪后期资本主义国家政治发展的趋势。
12. 为什么说巴黎公社是无产阶级专政的国家政权?
13. 试论巴黎公社失败的原因和历史意义。
14. 比较第一国际和第二国际的特点。
15. 试述19世纪后期资产阶级政治思想的变化及代表人物。
16. 试分析19世纪末各主要资本主义国家在社会领域进行调整的历史原因。

第六章 19世纪最后30年世界格局的历史性转折

19世纪的最后30年，是世界历史发生重大转变的30年。世纪末的转变集中体现为欧洲国际关系格局的重新组合以及由此而引起的整个世界的巨大变动。这种变动从程度和性质上都具有划时代的意义，是一种时代性的质变。

总的来看，整个世界的变动是由欧洲格局的变化引起的，而欧洲格局的变化又肇始于1871年德意志的统一。统一的德意志帝国的建立，具有重要的世界意义。

19世纪最后30年所发生的世界格局的变化表现为以下几个方面：

第一，1815年维也纳会议所创立的欧洲多极均势体系宣告崩溃，欧洲开始构筑以军事集团对抗为表现形式的松散和局部的两极格局。

第二，世界已被帝国主义列强瓜分完毕，大国对世界的争夺越来越剧烈，海外利益对列强的意义越来越重要。欧洲的世界地位开始跌落，它对世界事务发挥的作用日益减弱。美、德、日上升为世界大国，他们同原来维也纳体系中大国之间的矛盾越来越深刻、尖锐。殖民主义体系内部结构发生了重大改变，旧有的封闭、排他、以占有土地为目的的殖民主义体系面临危机，难以为继；随着开放思想的产生和发展，新殖民主义顺应时代而出现。

第三，亚、非、拉落后国家和地区进一步纳入世界一体化进程，它们的现代化发展问题成为世界历史的重要问题。

以上三方面的变化决定了新时代的到来，决定了更高层次的世界一体化进程的开始。一体化进程始于15世纪、16世纪之交，到19世纪、20世纪之交共有400余年的历史，其中经历了三种模式的国际关系格局。这种演变表现为操纵国际事务的大国（“极”）的数量有减少的趋势，从一定意义上讲，“极”数的减少意味着国际政治结构趋于简单化和集中化。这一趋势一直延续到第二次世界大战结束后真正意义上的两极时代的到来。

世界一体化的内涵也有层次性的演化，即国际政治经济结构内部的开放机制的形成。这种开放机制是建立在自由贸易基础之上的。自由贸易思想始于

18世纪70年代亚当·斯密的古典经济学[①]，但实际上资本主义各国在他们的发展之初都不同程度地为自己设置了壁垒保护。19世纪20年代，英国为打开西班牙垄断的拉丁美洲市场，曾提出过反对封闭型殖民体系的主张，但它自己却在英帝国的范围内实行严格的贸易保护，它在拉丁美洲的所作所为也不过是以自己的垄断来代替西班牙的垄断。与此同时，北德意志各邦在组建关税同盟的过程中，也主张取消或减少各邦之间的关税壁垒，但这也仅局限于北德意志的范围之内，并且更多的是普鲁士为与奥地利争夺对德意志的领导权而采取的政治方略。直到40年代末英国废除《谷物法》和《航海条例》以及1851年自由党上台执政，英国才作为世界上最大的资本主义经济强国开始实行自由贸易政策。但是，大英殖民帝国的基础仍然是对殖民地的空间占领和直接掠夺，所以它实行的自由贸易政策并未从根本上改变老殖民主义的性质。这期间，刚刚完成大陆扩张的美国出现了“开放”的思想。威廉·西沃德所构想的“太平洋商业帝国”，实质上就是构建基于开放原则的新殖民体系。90年代又有“商业边疆”和“海上实力”等理论出现，也可以从中看到“开放”的影子。“新天定命运”的海外扩张喧嚣从70年代一直延续到世纪之末，这个过程中诞生了“门户开放”这一专有词汇，并被美国政府宣布为对外政策的基石。就这样，在19～20世纪的转变时期，殖民主义体系的变换具有非凡的历史意义，“一体化”只有与“门户开放”有机地联系在一起，才可使之具有真正的内涵。“门户开放”为世界近代史的结束与世界现代史的开始树立了一块历史界标。凭靠旧殖民主义而成为世界主宰的欧洲从历史的巅峰跌落下来，世界文明的生长点由大西洋东岸向西岸的转移成为新时代的发展潮流。

19世纪最后30年中，亚、非、拉各民族表现出不同的历史命运，走上现代化的不同道路，它们以不同的身份加入到世界一体化潮流中来，体现出一体化进程的多样性发展模式。

因此，1871～1900年成为近代世界政治和经济格局演变历史中极为重要的30年，也是世界历史由近代走向现代的关键的30年。

一、欧洲维也纳均势格局的终结与集团政治的形成

1815年在拿破仑帝国的废墟上建立的维也纳欧洲政治体系，是由俄、普、奥、法等大国在欧洲大陆保持相对平衡状态下的多极实力均衡格局。英国置身

① 参见亚当·斯密的《国民财富的性质和原因的研究》（简称《国富论》），该书初版于1776年，系统地提出了“生产活动和商业活动自由”的理论。

于欧洲大陆之外，以自己的实力作为砝码，维持大陆的均衡天平。它的策略是利用俄国抵制和削弱法国，使法国不能东山再起，不再对英国的海上霸权构成威胁；同时让奥、普两国在中欧互相牵制，为达到这一目的，必须保持德意志的分裂状态。俄国也希望中欧存在着一种分裂的局面，以便乘隙向欧洲腹地发展并向巴尔干地区渗透。法国也认为，维持普、奥竞争以及保持德意志的封建割据，是保证自己在欧洲重建优势的重要条件。1848 年，主张以普鲁士为核心统一德意志的“小德意志派”在全德国民议会取得胜利，继后，作为统一德意志行动计划的第一步，普鲁士出兵占领了丹麦所辖施列斯维希和霍尔斯坦公国，引起了列强的关注。英、俄、法奥联合行动，对普施加外交和军事压力，迫使普鲁士不得不从两公国撤军，并承认奥地利继续保有在德意志邦联中的领导地位。德意志的分裂就这样在列强的干预下和普、奥两国的争斗中维持下来。

总的来看，支撑整个维也纳体系大厦的柱石有以下几个：第一，正统原则保护下的君主制度；第二，俄国通过神圣同盟在欧洲大陆建立的霸权；第三，英国的砝码作用；第四，德意志的分裂局面和奥地利在德意志的领导地位。有的学者认为，经过三次欧洲民主运动，尤其是 1848 年席卷欧洲的革命浪潮的冲击，维也纳体系已经面临崩溃。实际上，几次民主革命仅仅动摇了体系的第一根支柱——正统主义的君主制度，然而还不能说是从根本上改变了欧洲的多极均势格局，维也纳体系只是被撼动了，然而还没有到被推翻的程度。1854 年克里米亚战争中，俄国因战败而从欧洲霸权的地位上跌落下来，维也纳体系的第二根支柱不复存在。英国因直接介入欧洲大陆的事务，出兵参加对俄战争，从而失去了其砝码作用。所以到了 70 年代，维也纳体系仅仅由一根纽带维系着，那就是以德意志问题为中心的中欧问题了。分裂的中欧是东西欧冲突的缓冲地带，是欧洲均势赖以存在的政治和军事空间，一旦德意志实现了统一，均势会走入绝境。另外，中欧的战略位置异常重要，它地处东、西欧之间，是列强纵横捭阖、逐鹿中原的大猎场，谁据有中欧，谁必得到全欧。因此，60～70 年代发生的三大事件对欧洲格局造成了决定性的影响：其一是意大利的统一。其二是普奥战争。这两个事件使奥地利(1867 年改组为奥匈二元帝国)失去了大国地位和对德意志的控制权。其三是德意志帝国的建立。这结束了中欧的分裂局面，破坏了欧洲原有的均势，从而给摇摇欲坠的维也纳体系以致命的最后一击。至此，维也纳体系的所有特性和基础已经不复存在，欧洲新的政治格局开始重新组合。

德意志问题是欧洲敏感而重要的问题，在 19 世纪和 20 世纪，德国历史上已有过两次统一(1871 年和 1990 年)，这两次统一都使欧洲乃至整个世界格局发生结构性的震荡。这不是历史的巧合，而只能说明中欧战略地位的重要。因此，1871 年可以成为欧洲体系发生转变的标志，也是世界近代史最后一个历史阶段的起点。

德国作为一个新兴的大国出现在中部欧洲。由于地处能左右东欧和西欧的有利地理位置，更由于它迅速崛起的国家实力以及军国主义的黩武和冒险精神，德意志帝国建立后不久，就成为欧洲政治的中心，欧洲的一切重大国际事务都离不开德国的参与，欧洲的一切矛盾都围绕着德国发生和展开，欧洲两大政治军事集团的形成，也与德国有着密不可分的关系。从1871年到第一次世界大战爆发，这一时期欧洲国际关系的历史，大体上以1890年为界分为两段：1890年以前是俾斯麦任首相的时期。他把德国的对外政策的重点放在欧洲大陆，具体目标是摧毁法国，建立德国在欧洲大陆的霸权，德国与法国的矛盾构成这一时段的主要矛盾。1890年俾斯麦下台，政权由新近登位不久的德皇威廉二世亲自执掌。他改变俾斯麦的"大陆政策"，代之以"世界政策"，把政策重点转为争夺欧洲以外的世界，具体目标是建设强大的海军，大力扩张海外殖民地，按实力大小重新瓜分殖民地和势力范围，夺取世界霸权。由于德国的"世界政策"首先危及到英国的海外殖民利益，所以德英矛盾代替德法矛盾成为这一时段的主要矛盾。欧洲的矛盾不断尖锐化，促成了两大军事集团——同盟国集团和协约国集团的最终建立。一种新的格局——两大军事集团互相对抗的松散的两极格局在欧洲逐渐形成。

新格局的形成大致经历了如下几个步骤：

1."三皇同盟"的缔结和1875年德法战争危机

普法战争结束后，德国通过《法兰克福和约》对法国进行掠夺，企图在经济和军事上削弱法国，阻止法国复兴。外交上，俾斯麦积极拉拢英、俄、奥，以孤立和击溃法国，确保德国在欧洲的地位。法国在战后虽然元气大伤，但它并不甘心忍受割地赔款的耻辱。为了重振国力，恢复其霸主地位，法国政府也展开了积极的外交活动，寻找盟友，抗衡德国。法国的活动令俾斯麦十分不安，他一方面积极准备对法国发动新的战争，一方面加紧改善同俄、奥两国的关系。

当时俄国同英国在西亚和中亚地区的争夺十分剧烈，感到有必要改善同德国的关系，以加强自己在英俄对抗中的地位。奥匈帝国在巴尔干地区同俄国有着深刻的矛盾，它惧怕德、俄联手会威胁到它在巴尔干的利益，因此决定抢在俄国的前面向德国示好。1871年8～9月间，德、奥两国君主频频会晤，商谈结盟事宜。俄国则不愿看到自己的西邻出现一个反俄国盟，为了拆散德奥结盟，它必须设法拉住奥国，奥国也有意利用俄国来牵制德国。在此情况下，俄皇决定赴德，同正在德国访问的奥皇晤面。而这一切正中德国下怀，于是俾斯麦正式向俄皇发出邀请，谋划建立三国同盟，实现他孤立法国的外交战略。1872年9月，三国皇帝在柏林会见，就三国间有关问题进行磋商和协调。次年10月，三国皇帝在维也纳正式缔结协定，即所谓"三皇同盟"。协定规定，当它们之间发生利益冲突时,“要进行磋商”以消除分歧;当缔约一方受到他国侵犯时,三国应互相协调,采取共同的行动方针。“三皇同盟”虽然是君主之间达成的协定,具有旧时“神圣同盟”的影子,但这个新神圣同盟更多的是利益上的相互利用,而很少对君主制度的信念维护;另外,它已不再体现欧洲大国的均势,而是完全以德国为核心,带有国际关系中的“极”的色彩。“三皇同盟”的缔结首开欧洲集团政治的先河,是欧洲新格局的开端。

“三皇同盟”缔结后,俾斯麦认为条件已经成熟,遂于1875年春挑起德、法冲突。德国御用报刊大肆鼓吹沙文主义,制造战争舆论。德国军队以法国为假想敌,进行多次军事演习。战争一触即发。但是,俾斯麦借助“三皇同盟”争取俄国支持的计划没有成功。俄国同德国结盟的目的不是同法国对抗,而是为了在同英国争夺中近东地区时得到德国的支持,同时,俄国不愿看到西邻的德国因击败法国而过分强大。英国为了维持它传统的均势政策,也反对德国对法国用兵。迫于英、俄的压力,俾斯麦不得不停止对法国的战争计划。这次战争危机虽告平息,但“三皇同盟”的内部裂痕已暴露无遗,德、俄矛盾日益加深,俄、英、法在抑制德国的问题上渐趋一致,欧洲两大集团的分野大势已初见端倪。

2.1875～1878年近东危机

1875年7月,巴尔干半岛的黑塞哥维那和波斯尼亚的斯拉夫民族举行反对土耳其奥斯曼帝国统治的起义。巴尔干问题本来是被压迫民族反对土耳其的奴役、争取民族自治和独立的解放运动,但由于大国的插手,巴尔干的矛盾变为一场愈演愈烈的国际斗争,该地区终成导致欧洲长期动荡不宁的火药库。

俄国在巴尔干和黑海海峡有着至关重大的利益,它力图利用与巴尔干的斯拉夫人同宗同族的特殊关系,在“泛斯拉夫主义”的口号下,打着支持巴尔干人民反土斗争的旗号,实现自己在克里米亚战争中严重受挫的扩张计划。奥匈帝国一直对波黑地区怀有野心,它企图趁巴尔干地区的动乱局势,借助俄国的力量实现其扩张目的。但是,奥匈帝国又担心巴尔干起义会波及哈布斯堡王朝统治下的几百万南斯拉夫人,因此对波黑起义持反对态度,尤其反对俄国肢解土耳其。

1875年8月,俄国外交大臣哥尔查科夫向奥国建议给波黑以自治权,遭到奥国外交大臣安德拉西的拒绝。12月30日,安德拉西提议由1865年《巴黎和约》签署国出面,要求土耳其在波黑实行改革措施,但这项“改革”提议因遭到波黑方面的反对而未能取得预期效果。1876年5月,“三皇同盟”的外交大臣在柏林开会,通过了《柏林备忘录》。这一文件是俄、奥妥协的产物,它一方面要求“改善(波黑的)居民命运而不破坏政治现状”;另一方面又规定三国在必要时采取具体措施,以“防止战祸进一步发展”。但是,这一备忘录遭到英国的拒绝。

此时,巴尔干局势又趋紧张。首先,保加利亚爆发了反土起义。6月底,已获得自治地位的塞尔维亚和门的内哥罗也向土耳其宣战。俄奥为协调立场,于7月8日在捷克的莱希斯塔特会谈,达成口头协议:若土耳其获胜,则要求土耳其根据《柏林备忘录》作出安排;若塞尔维亚获胜,则不协助成立大斯拉夫国家。显然俄国作出了让步。协议还有如下内容:奥国可占领波黑,俄国可占领黑海沿岸的土耳其领土。实际上,奥国在满足自己野心的条件下,默许俄国对土耳其作战。1877年1月15日,俄奥签订《布达佩斯协定》,以书面形式确认了莱希斯塔特会谈达成的口头协议,作为交换,奥国将在未来的俄土战争中保持中立。

1877年4月24日,俄国对土宣战,俄土战争爆发。俄军很快进入土耳其本土,于次年1月20日占领亚得里亚那堡,直逼土耳其首都君士坦丁堡。英国立即作出反应,派军舰进入黑海海峡,防止俄军攻打君士坦丁堡。奥匈帝国这时则担心俄国独占巴尔干,遂改变立场,也反对俄军进一步扩大战果。俄国迫于形势,只好停止军事行动。1878年3月3日,俄、土双方在君士坦丁堡附近的圣斯特法诺签订和约。和约规定:塞尔维亚、门的内哥罗和罗马尼亚独立;波斯尼亚和黑塞哥维那自治;保加利亚成为独立公国(名义上仍为土耳其属国),其领土北起多瑙河,南至爱琴海,东达黑海,西抵塞尔维亚边界,包括马其顿、东鲁米利亚、弗拉加等地,俄军占领保加利亚两年;土耳其割让喀尔斯、巴统和阿达罕给俄国;俄国还从罗马尼亚手中获得南比萨拉比亚,罗马尼亚则从土耳其得到多布鲁查北部作为补偿。

《圣斯特法诺和约》引起各国的反对。希腊、塞尔维亚和罗马尼亚等国不愿意看到受俄国控制的保加利亚成为巴尔干强国,所以坚决反对建立"大保加利亚";英国也反对"大保加利亚"成为俄国在巴尔干地区扩张的桥头堡;奥匈帝国则因没有得到波黑而同俄国反目成仇;德国貌似公正,实际上站在奥国一边反对俄国。俄国陷于孤立,被迫让步。1878年6月13日,在德国的建议下,俄、奥、英、德、法、意、土以及巴尔干各国代表在柏林集会,经过一个月的激烈争吵,于7月13日签订《柏林条约》以代替原来的俄土《圣斯特法诺和约》。《柏林条约》仍承认塞、门、罗的独立,承认俄国对土耳其和罗马尼亚的领土兼并;保加利亚的疆域被缩小到巴尔干山脉以北,山南的东鲁米利亚成为奥斯曼帝国的自治省,弗拉加和马其顿仍划归土耳其;奥匈帝国占有波黑(名义上仍附属于土耳其);英国从土耳其手中取得塞浦路斯岛。

柏林会议暂时解除了"近东危机"。但是,巴尔干各族人民民族解放的任务并没有彻底解决,土耳其的民族奴役还没有根除,而一些地区,如保加利亚在"沙皇式解放"以后又沦为"俄国的附庸"①。近东危机使列强的矛盾进一步加深,俄

① 《马克思恩格斯全集》第22卷,人民出版社1965年版,第48~51页。

国同德、奥的关系显著恶化，而德奥关系则日益密切，“三皇同盟”开始分裂。

3. 三国同盟的形成

1875 年德法战争危机和 1875～1878 年巴尔干事件使欧洲的根本矛盾浮上水面，以德、奥为一方，以俄、法为另一方的阵线划分渐趋明朗。1878 年，“三皇同盟”不再续订。在这以后，俾斯麦开始同奥国进行外交接触，商谈以德奥同盟来填补因“三皇同盟”解体造成的欧洲政治真空。德国建议两国缔结一项既针对俄国又针对法国的盟约，而奥国仅同意同德国缔结一项反俄协定，这一点俾斯麦作出了让步。1879 年 10 月 7 日，德奥在维也纳签订了秘密军事同盟条约。盟约规定：如果缔约一方受到俄国的攻击，另一方则有义务以其全部兵力加以援助；如果缔约一方遭到俄国以外的国家的攻击，只要俄国不介入，另一方则保持善意中立；如攻击国得到俄国支持，另一方则应全力援助。条约有效期为 5 年。德奥同盟实际上构成了欧洲一个军事集团的基础。

德国对德奥同盟并不满意，它的心腹之患是法国，俾斯麦的目标是构筑针对法国的同盟体系。因此，俾斯麦采取了两个措施，以对德奥同盟加以补充和修正。

首先是缓和与俄国的紧张关系，阻止俄法接近。当时俄国也有意以德国来抵制英国，并通过德国对奥国施加压力，使其在巴尔干问题上对俄作出让步。1881 年 6 月 18 日，德、俄、奥三国在柏林再次签订《三皇同盟条约》。与 1873 年的“三皇同盟”相比，新的同盟仅是一个中立协定。它规定：缔约一方与其他国家交战时，缔约另两方保持中立；遵守禁止各国军舰通过海峡的原则；保证奥国有对波斯尼亚等地合并的权利。俄国从这一盟约中直接获利，在外交上为抵御英国的进攻设置了一道屏障。德国则通过与俄国关系的缓和，可以无后顾之忧地开展反对法国的外交。

第二个措施是缔结反法同盟。1881 年，法国占领突尼斯，引起法国同意大利的矛盾。经俾斯麦的拉拢，意大利于 1882 年 5 月 20 日与德、奥签订《三国同盟条约》。条约的主要内容是：如意大利遭到法国攻击，德、奥予以“全力支援”；如德国遭到法国攻击，意大利则给以支援，奥保持中立，并尽全力阻止俄国参加法国一方作战；任何一个缔约国若遭到同盟以外两个或两个以上国家的攻击，其他两个缔约国均应参战，但若仅遭到除法国以外的一个国家的攻击，则其他两缔约国保持善意中立。1883 年，罗马尼亚也加入了三国同盟。三国同盟的建立标志着以德国为盟主的一个帝国主义军事集团的最终形成。

4. 德俄关系的疏远

德俄关系的疏远表现在以下的事件上：

(1)巴尔干危机。俾斯麦对外战略的主要目标是孤立法国，对俄国外交则具有两重性:一方面拉拢俄国,阻止法俄接近;另一方面又利用英、奥、意来对付俄国,尤其在巴尔干问题上抑制俄国,以此来拉住奥国。因此,一旦巴尔干局势紧张,势必引起德俄关系的恶化,俾斯麦对俄的走钢丝式的平衡外交必然因失衡而倾倒。1885年9月,东鲁米利亚发生起义,起义者推翻了土耳其总督,并宣布与保加利亚合并。塞尔维亚等国担心保加利亚势力膨胀会称雄巴尔干,对合并一事极力反对,最后导致塞保交战。英、俄、奥对保加利亚事件的态度发生微妙的变化。由于保加利亚大公执行亲奥政策,所以俄国改变1875～1878年近东危机时的立场,转而反对保加利亚扩大领土。奥国开始时策动塞尔维亚发动战争,但马上又转而支持保加利亚亲奥政权。英国企图扩大俄保矛盾,于是也改变它在1878年的立场,转而支持保加利亚。1886年2月,土、保根据英国提出的方案签订了协定,规定东鲁米利亚名义上仍属土耳其,但由保大公担任该省行政长官。从此,英、奥两国在保加利亚确立了优势地位。为挽回败局,俄国于8月发动政变赶走了保加利亚大公,但在奥国的干预下,保加利亚又任命了一位亲奥的大公,这一事件激化了俄国同奥、英之间的矛盾。德国一直置身于巴尔干事务之外,甚至一度还支持俄国的对保政策,但由于俄奥关系紧张,为了维护三国同盟,德国最终同奥国站在一起,这便引起俄国的极大不满。

(2)1886年德法战争危机。1886年,以鼓吹复仇而闻名的布朗热出任法国陆军部长,俾斯麦以此为借口,又掀起同法国的战争危机。俄国表示在道义上支持法国,反对德国的战争政策,俾斯麦因此未敢贸然发动战争,这导致了德俄关系更加恶化。

(3)《地中海协定》。德国在实现自己的战略目标的问题上无法指望俄国的支持,就转而把目光投向英国。在德国的促动下,英、意、奥三国于1887年2月12日签订了《地中海协定》,规定三国在维持地中海现状方面采取共同行动。12月,三国又签订第二次《地中海协定》,规定共同维持近东现状,保护黑海海峡和土耳其对保加利亚的宗主权,三国共同采取措施保护土耳其免受俄国进攻,或防止土耳其同俄国接近。该协定带有反俄性质,其策划者实际上是德国。

(4)《再保险条约》。1887年6月18日,德国与俄国签订双边条约,主要内容是:缔约一方如受第三国侵犯,另一方持善意中立;德承认俄在巴尔干的权利;德在俄占领黑海海峡时保持善意中立。对德国来说,继1879年德奥同盟之后,德俄条约再一次保证了自己的后方安全,所以该约被称为《再保险条约》。实际上,《再保险条约》与德奥同盟甚至与德意奥三国同盟互相矛盾。根据德奥同盟,一旦奥、俄交战,德应对奥全力支持,而不是如德俄条约规定的对俄善意中立。因此在对该约进行解释时,德国坚持认为其中的"善意中立"条款对奥俄战争不适用,俄国则回敬说,如德法交战,"善意中立"条款也不适用。所以,德俄关系反而更加恶化。1890 年 3 月《再保险条约》期满，俄要求再续订 6 年，遭德国拒绝，两国的裂痕已无法修补。

5. 法俄协约的缔结

1890 年 3 月，俾斯麦辞职，德皇威廉二世抛弃了俾斯麦拉拢俄国以孤立法国的策略，其结果是把俄国推向法国的怀抱。

法、俄两国在政治上有着共同利益，他们都害怕德国势力过分强大，法国希望在德法战争中能得到俄国在东线的支援，而俄国也希望法国能策应它同奥国在巴尔干的竞争。两国在经济上也日益接近。自 1888 年以来，法国连续向俄国提供贷款，到 1889 年底，俄已欠法国贷款达 26 亿法郎，而此时德国却拒绝向俄提供任何贷款，这样，俄国在财政上紧紧地依附于法国了。

1890 年 7 月，德、英签订《赫尔果兰条约》，在东非问题上达成妥协。这个条约使法国感到孤立，于是加速了同俄结盟的步伐。1891 年 5 月，德、奥、意三国同盟第三次续订。6 月，意大利首相在宣布三国同盟续订的消息时，提到英、意、奥的《地中海协定》，法国因此怀疑英国也参加了三国同盟，于是决定采取外交行动。8 月，法、俄以外交信函的形式，订立了《政治协定》，确定了在有可能受到攻击的情况下两国应就形势和采取的措施“获致谅解”。次年 8 月 17 日，法、俄又签订了秘密的《军事协定》。该协定规定：如果德国或意大利在德国支持下进攻法国，俄国应全力进攻德国；如果德国或奥国在德国支持下进攻俄国，法国应全力进攻德国；如果三国同盟国家动员其军队，法、俄两国无需协商便立即动员其全部军队，并调往边境；法国用于对付德国的军队应为 130 万人，俄国用于对付德国的军队应为 70 万～80 万人；双方不得单独媾和，不得泄露协定秘密；协定的有效期与三国同盟条约相同。至此，欧洲出现了以德奥意为一方和以法俄为另一方的两个对立的集团，欧洲的两大军事集团互相对抗的格局初步形成。

1890 年是欧洲国际关系史上关键的转折点。这一年，俾斯麦因与德皇威廉二世政见不同而辞去首相之职。因一个人在政治舞台上的去留问题而影响整个欧洲格局的，历史上并不多见，在近代史上曾有过拿破仑，他的下台导致欧洲新格局的产生。俾斯麦去职的历史作用之大，只能用统一的德国在欧洲政治中举足轻重的地位来解释。总的来看，如果说 1890 年以前由于俾斯麦的缘故造成德、奥、意和法、俄两大集团并立争雄的局面，那么也可以说，1890 年德国外交因俾斯麦的退场而发生的变化，则迫使英国离开它恪守多年的“光荣孤立”政策的轨道，陷入欧洲集团政治的泥潭，从而最后完成了两大集团对抗的新格局的组建过程。

19 世纪中期以来，德国的经济迅速发展，直逼英国。到 90 年代，英国的年均工业增长率仅为 1.6％，而德国高达 4.8％，德国的工业产值超过英国，居世界第二位（仅次于美国）。一些新兴的工业部门，如化学工业、电气工业、机器制造和造船业,德国已居世界领先地位。世界贸易方面,英国的垄断地位已被打破,到1900年,英国在世界贸易所占份额下降为19%,德国上升为13%。德国实力雄厚的垄断财团,如德国电气总公司、西门子公司、德国钢业协会、克虏伯公司等,都参加了对世界市场的争夺和分割。德国作为新崛起的世界经济强国,直接向英国的经济地位提出挑战,同时也对英国的海外殖民利益构成威胁。德国为夺取"阳光下的地盘"而推行的"世界政策",直接把英国推向法、俄一边。到19世纪末为止,包括英、法、俄在内的协约国集团的组成,已经成为不可阻止的趋势,20世纪将迎来一个分裂的欧洲,迎来一次空前惨烈的世界大战。

二、帝国主义瓜分世界的斗争及欧洲世界中心地位的动摇

现在我们把目光从欧洲移向整个世界。整个世界格局的变化虽然无法以1871年为界一刀切开,但这一历史性变化无疑发生在19世纪最后30年帝国主义最初形成的时代,并且这种变化是同欧洲格局的变化息息相关的。

帝国主义的形成为西方国家的殖民活动增加了新的动力。第一,资本主义列强的经济实力又上升到一个新的水平,与亚、非、拉落后国家和地区的差距增大,后者更难于抵御前者的侵略和征服。第二,西方国家国内经济的高度垄断加剧了对市场的争夺,当国内市场的分割基本结束时,海外市场越来越成为资本集团的生命线,海外殖民扩张的意义也就越来越突出。第三,由于资本的大量输出,西方大国的垄断资本集团对海外殖民地的需求不仅只建立在商品输出的基础之上,而且还增加了一个目的,即寻求和扩大投资场所。由于以上原因,70年代以后殖民扩张又掀起了一个新的高潮,而世界几近瓜分完毕,又引发了列强为重新分配世界的激烈斗争。正如列宁所说:"毫无疑问,资本主义向垄断资本主义阶段的过渡,即向金融资本的过渡,是同瓜分世界的斗争的尖锐化联系着的。"①

到19世纪70年代,欧洲资本主义国家已占有相当规模的殖民地。其中英国是最大的殖民帝国,其殖民地遍及全球,号称"日不落帝国",包括大洋洲的澳大利亚、新西兰,美洲的加拿大,亚洲的印度、斯里兰卡、马来亚,非洲的开普敦等。法国占有非洲的阿尔及利亚、塞内加尔和法属几内亚,亚洲的越南南部和柬埔寨等。西班牙虽已衰落,但仍占有菲律宾、古巴、波多黎各以及非洲的一些地区。葡萄牙占有非洲的莫三鼻给和安哥拉等。荷兰占有印度尼西亚和苏里南。

---

① 《列宁选集》第2卷,第641页。

俄国的势力已从西伯利亚伸进了外高加索、中亚和中国的黑龙江流域。美国则控制了拉丁美洲的政治、经济命脉。

19 世纪最后 30 年资本主义国家对世界的争夺有下面几个焦点：

1. 英、俄在西亚、中亚的争夺

西亚的伊朗在俄国夺取南亚的“南下”战略中居重要地位，而英国要想巩固其在印度洋的霸权，也必须据有伊朗，两国在西亚发生碰撞，斗争异常激烈。英、俄的斗争主要围绕着扩大在伊朗的经济利益如石油开采、森林采伐、铁路建筑、电报租让、关税征收、水利工程兴修、运河开凿、烟草生产和销售、财政监督等方面而进行。到 19 世纪末，英、俄两国在伊朗的势力范围已大致划定：俄国在伊朗北部占据优势，而英国则控制了伊朗的中部和南部。然而英、俄的争夺并未停止，它们竞相操纵伊朗政府，培养自己的政治代理人。由于俄国地理位置优越，所以它对伊朗政局的影响往往超过英国。

在中亚，俄国早在 19 世纪前期就吞并了高加索等地，70 年代又相继吞并了希瓦、浩罕和布哈拉三个汗国。英国在 1878～1880 年发动了第二次侵略阿富汗的战争，强迫阿富汗承认了英国的“保护”。1884 年，俄国南侵，占领了俄国属地与阿富汗之间的莫夫，次年又占领了班吉。为此，英、俄之间几乎发生火并。1885 年 9 月 10 日，英、俄签订条约，确定了俄国同阿富汗的边界，才暂时缓和了两国的矛盾。90 年代，英国采取措施加强对阿富汗的控制，1893 年 11 月，英国迫使阿富汗签订《喀布尔协定》，以英国提供的地图为准划定了阿富汗同英属印度的边界，由此，英国控制了通往阿富汗的一些山隘，获得了重要的战略上的优势地位。英、俄在西亚和中亚的斗争直接影响到欧洲格局的重新组合。

2. 英、法对北非的争夺

1869 年苏伊士运河通航后，埃及和尼罗河流域成为英、法的必争之地。埃及原在法国控制之下，到 70 年代中期，英国逐步渗透，掌握了运河公司 44%的股票。1876 年，英、法两国趁埃及财政破产之机，对埃及财政实行“双重监督制”。1878 年，英、法又派人参加埃及内阁。1882 年，英国借口镇压埃及人民起义，炮轰亚历山大港，随后占领了埃及。此时，法国身陷同德国的欧洲霸权之争以及忙于侵略摩洛哥，无力顾及埃及，所以埃及沦为英国独占的殖民地，成为英国在非洲实现所谓“2C 计划”（从开罗到开普敦建立纵贯非洲的殖民帝国的计划）的北端战略要地。法国为防止英国继续扩大在非洲的势力，占领了扼守红海出口的吉布提（法属索马里），企图以此为起点建立一个由索马里到塞内加尔的横贯非洲的法属殖民帝国，即所谓“2S 计划”。1896 年，法国组成远征军从法属西非向东推进，于 1898 年 7 月 10 日抵达尼罗河上游的法绍达村。与此同时，英军也从埃及出发沿尼罗河上溯，于 9 月 19 日也到达法绍达村。两军对峙，互不相让，战争一触即发。由于法国国内局势紧张，在欧洲又陷入困境，所以被迫对英让步，撤兵法绍达。1899年，英、法签订划界协定，英国取得了全部尼罗河流域的独占权。

3. 刚果之争

1876年，在比利时国王的倡议下，在布鲁塞尔召开了国际地理学会议，讨论勘察和开发刚果河流域的问题。会后，比利时派出探险队赴刚果活动。1883年，探险队以比王的名义迫使刚果河下游各酋长签订联合条约，将这一地区的领土转到比王的统治之下。法国不愿看到比利时独占刚果，遂组织远征军由加蓬深入非洲腹地，于1880年到达刚果河下游北岸，取得了该地的保护权。与此同时，已据有安哥拉的葡萄牙在英国的支持下，也对刚果提出要求。葡萄牙的要求遭到法国的强烈反对，所以围绕刚果问题展开的斗争表面上是比、法、葡三国的矛盾，实质上是英、法两强在殖民地问题上发生的尖锐矛盾。1884年11月15日至1885年2月26日，为解决刚果问题，在柏林召开了国际会议，出席会议的有英、法、德、比、葡、意、俄、西、美等15国代表。会上，法国同英国展开激烈争吵，德国为同英国争夺南非，在会上同法国站在一起。最后英、葡退出对刚果的争夺，会议承认了比利时国王在刚果的统治权。

4. 英、德在南非和东南非的冲突

为实现“2C计划”，英国继占有开普敦和纳塔尔后，又图谋布尔人建立的奥兰治自由邦和德兰士瓦共和国，但是，英国在南非却遭遇到德国的挑战。1884年，德国夺取了西南非洲(今纳米比亚)和非洲中部的多哥、喀麦隆，1885年又占领了坦噶尼喀(德属东非)，不久又相继占领了卢旺达、布隆迪。德国企图沿赤道横贯东西非洲，与英国的计划发生了冲突。1890年，德、英签订条约，双方划分了在东南非的势力范围，德国取得坦噶尼喀，英国获得肯尼亚和乌干达，但条约并未最终制止两国的争夺。90年代初，英国占领了贝专纳(今博茨瓦纳)，并支持殖民主义分子罗得斯组成远征军占领了尼亚萨兰(今马拉维)、赞比亚和罗得西亚(今津巴布韦)。德国则同德兰士瓦签订商约，控制了该国的全部对外贸易。1894年，德兰士瓦又准许德国承担修筑铁路。1895年1月，两艘德国军舰进入莫桑比克的德拉戈阿湾向英国示威，德国政府公开表示要充当布尔人的保护者，支持德兰士瓦对英采取强硬立场。是年年底，英军800人侵入德兰士瓦，但被布尔人击退。德皇威廉二世立即致电德兰士瓦总统克鲁格表示祝贺，英国认为德皇此举是一种挑衅行为，英德关系十分紧张。1898年，英、德签订了分割葡属非洲的条约，两国关系才告缓和。由于德国停止了对布尔人的支持，英国才得以在1899年发动了对德兰士瓦的“英布战争”。

5. 俄、日、美在远东的竞争

俄国早在17世纪就开始侵略中国，到19世纪末，已把150多万平方公里的土地并入自己的版图。日本是新兴的帝国主义国家，70年代开始对外扩张，1872年侵占了琉球，1874年侵略中国的台湾未果，1875年又入侵朝鲜，取得开放港口和领事裁判等特权。1885年，日本迫使清政府订约，使日本在朝鲜取得了与中国同等的权利。当时英、美等国企图利用日本排挤俄国在中国和远东的势力，在英、美的背后支持下，日本于1894年7月25日发动了侵略中国和朝鲜的中日甲午战争。清政府战败后，于次年被迫同日本签订了《马关条约》，日本得到中国的台湾、澎湖列岛和辽东半岛，勒索白银2亿两，并取得了对朝鲜的控制权。中日战争使俄国同日本发生了尖锐的矛盾，俄国联合法、德两国进行干预，迫使日本将辽东半岛有偿"退还"给中国。俄国以"还辽"功臣自居，独霸了中国东北，取得了修筑东清铁路(后改称"中东铁路")以及在铁路沿线的行政、驻兵、司法、采矿及贸易等权利。1898年，又强行租借了旅顺口和大连湾，并得到东清铁路支线(哈尔滨至大连)的修筑权。东北成为俄国的势力范围。俄国势力的加强使日本更加靠向英、美。至此，在远东形成俄、法、德为一方和日、美、英为另一方的对立态势。

美国是在亚洲太平洋有重大利益的国家。1895年以来，美国对华贸易增长很快，对华投资也已起步，但是，俄国对中国东北的控制使美国面临失去重要的中国市场的危险，美国国内许多垄断财团纷纷要求政府采取措施打开中国市场。当时美国主要是利用日本来同俄国对抗，然后从这种"均势"政策中获取自己的利益。远东的这种均势一直到1905年的日俄战争才被打破。

6. 美国的殖民扩张活动

美国的早期对外政策是建立在"孤立主义"基础之上的，因此它的扩张范围局限在美洲。19世纪70年代，美国国内一部分扩张分子不满足在西半球的扩张，开始鼓吹走向海外，同其他列强在世界范围内争夺殖民地和势力范围。1898年4月，美国首先对西班牙开刀，发动了"美西战争"。西班牙战败求和，美国夺得菲律宾、关岛和波多黎各，古巴形式上独立，实际上沦为美国的保护国。战后美国进一步染指远东事务，参与了列强在远东地区的角逐。为了获取更多的利益，美国于1899年提出"门户开放"原则，从而以帝国主义大国的身份在亚太事务中占据了一席之地。在美洲，美国为了巩固自己的霸主地位，把拉美变成自己独占的势力范围，于1889年牵头召集了第一次泛美会议，成立了"泛美同盟"。从此，美国在"泛美主义"的旗号下，一步步把拉丁美洲变成了自己的"后院"。

综观19世纪最后30年列强瓜分世界的整个态势，欧洲老牌殖民主义强国(如英、法、俄等国)仍然具有优势。到1900年为止，世界殖民地面积共计7300

万平方公里,人口达5.3亿。其中,英国占有3270万平方公里,人口3.6亿;法国占有1098万平方公里,人口5600万;俄国吞并邻近各国1700多万平方公里的土地,人口2500万。但是,到19世纪末,后起的帝国主义国家也迎头赶上,成为英、法、俄所建立的殖民主义体系的强大竞争对手,其中跻身前三的当数德、日、美三国。它们重新瓜分世界的呼声最高,夺取殖民地的欲望最为贪婪,侵略扩张活动最为疯狂。相比之下,英、法、俄等国在世界殖民主义体系中的地位呈下降趋势,尤其是在殖民地争夺战的热点地区,如非洲和远东,德、日、美已成为最主要的角色。19世纪末,欧洲的局势吃紧,当欧洲大国陷入欧洲的集团政治中不能自拔之时,美、日两国脱颖而出。进入20世纪之后,远东事务基本上是由美、日两国共同安排的,其他国家无从插手。当然,欧洲的衰落过程到第一次世界大战结束才正式开始,但是,衰落的趋势在19世纪后期已显征兆,欧洲世纪已进入尾声。

三、新殖民主义的兴起及其历史意义

19世纪最后30年,世界格局最深刻也是最重要的一个变化,就是殖民主义体系内涵的转换,即封闭的、垄断的、地域性切割的旧殖民主义体系被一个开放的、以自由贸易为基础的、无形的新型殖民主义体系所代替。这一转变具有划时代性质的历史意义,最能表明世界一体化进程向更高层次的演进。以往人们对新老殖民主义的本质性区别注重不够。如果把殖民主义问题只放进阶级斗争的框架中进行考察,只根据"民族问题就是阶级问题"的前提去分析,新老殖民主义在掠夺和剥削殖民地方面的确无本质区别,掠夺和剥削的程度大小也与殖民主义体系的模式无直接关联。但如果把这个问题放进世界历史的总过程,置于全球一体化进程中为之定位,这种本质性区别就会凸现出来。

近代史开始以来的殖民体系,是建立在重商主义的基础之上的,其对资本原始积累以及资本主义的早期发展起到了有力的推动作用。三百多年来,这种殖民制度遍布整个世界,已经基本成形。总的来看,这种旧殖民主义体系具有下面三个特征:

第一,资本主义强国对弱小国家和民族用武力征服的方式进行吞并式占领,变成自己的殖民地、附属国、割让地、租借地或者势力范围。

第二,宗主国在其占领的殖民地内实行直接统治,直接控制和操纵殖民地的行政、财政、治安、军事、外交等权力。

第三,宗主国在殖民地实行垄断式的保护政策,对殖民地同宗主国以外的国家和地区的贸易以及资金流动进行种种限制,甚至完全禁止殖民地与他国之间的一切往来。因此，这种殖民制度带有极大的封闭性和隔绝性。

19世纪后期，整个世界的政治和经济结构发生了重大变化。随着垄断资本主义的出现，资本主义世界市场逐渐形成，世界经济秩序朝着自由贸易的方向进行了调整，商品、资本和劳力、技术等方面的流动越来越具有世界性。在此情况下，旧有的殖民主义体系越来越不适合历史潮流的新变化，上述三个特征越来越变成致命的弊病。

第一，武力吞并带有空间占领的性质，自然会带来空间上的局限。资本主义发展的早期阶段，殖民制度刚刚起步，只有美洲被欧洲国家视为主要殖民对象，亚洲的殖民地化还未开始，中国和日本尚处于闭关锁国状态，印度的莫卧儿帝国到18世纪还没有解体，18世纪中期英国才开始染指孟加拉地区。非洲的殖民地进程虽然开始较早，新航路开辟后不久欧洲殖民者就在非洲建立了一系列殖民据点，但是直到19世纪中期，西方殖民者的足迹还只限于非洲大陆的边缘沿海地带，非洲作为"黑暗大陆"的腹地基本上还没有被"开发"。因此，资本主义国家的殖民扩张还有足够的地域空间。然而到了19世纪后半期，这种空余地域已所剩无几，尤其到了19世纪末，整个世界已被瓜分殆尽。这样，以分割土地、领土吞并的方式构筑的殖民主义体系很难再有发展余地。虽然帝国主义列强之间可以按实力大小进行殖民地再分配，但由于总体空间的有限性（而且随着民族独立运动的高涨和民族独立国家的增多，这种有限性更为突出），殖民主义体系如不自我更新，势必会被扼杀在日益狭小的空间内。马克思在论述俄国扩张时曾说："对于一种地域性蚕食体制来说，陆地是足够的。"①当陆地不再是"足够"时，这种"地域性蚕食体制"就会难以为继。旧殖民主义的这种弊病，不但导致殖民主义的危机，而且由于殖民地的重新瓜分和殖民利益的重新分配，会激化帝国主义国家之间的矛盾，引发帝国主义战争，其结果会造成整个资本主义体系的总崩溃。

第二，宗主国对殖民地实行直接统治，可以牢牢地控制殖民地的政治和经济命脉。但是到19世纪，这种统治方式实际上已经很难维持，异族的直接统治的基础已经越来越薄弱。从根本上看，这主要有两个原因：首先，维系一个民族的纽带，除了政治、经济以外，还有文化，共同的文化内涵是民族最大的凝聚力。文化同政治、经济并不是呈正比发展的关系，一个民族在政治经济实力相对落后的情况下，其文化基础不一定薄弱。历史上形成的文化淀积深深潜藏在民族的细胞当中，坚船利炮可以摧毁一个国家的城池，征服一个民族的躯体，却无法消灭或同化这个民族的文化灵魂。这种文化上的互相排异和冲突存在于殖民主义体

① 马克思：《十八世纪外交史内幕》，转引自《历史研究》1978年第1期，第15页。

系内部，成为一种潜在的离心力，使之时刻面临瓦解的命运。另外，直接统治会把整个民族都推向宗主国的对立面，宗主国将时刻面临着整个殖民地的抵制和反抗，不得不动用很大的力量去进行镇压，这样，殖民地会越来越成为宗主国不堪重负的包袱，大量的行政和军事支出会危及宗主国的经济发展。同时正如马克思所言："一个民族当它还在压迫其他民族的时候，是不可能获得自由的。"① 对殖民地的镇压也会危及母国的资产阶级民主制度，从而激化国内矛盾，导致危机。

第三，由领土吞并和直接统治造成的殖民主义体系的封闭、垄断的保护性机制，导致体系内部运转具有停滞和窒息的趋向。排他性、歧视性垄断和保护主义源于近代早期的重商主义政策，在工业资本代替商业资本占据主导地位之后，尤其是帝国主义时代到来时，资本和商品的自由流动逐渐成为时代要求之后，旧殖民体系的封闭垄断机制就显然已经过时，已同资本主义的自由原则格格不入。因此，资本主义本身的发展必然要淘汰重商时代遗留下来的、正失去生命力的旧殖民主义。这是 19 世纪后期的历史潮流。

19 世纪后期旧殖民主义面临的挑战有两个：第一个是殖民地民族意识的觉醒、民族主义的兴起、资产阶级性质的民族运动的开展。其中以亚洲最为典型。首先，亚洲具有博大精深的古老文明，具有抵御外来文明侵袭的基础和实力。其次，西方资本主义入侵破坏了亚洲本土的封建结构，注入了资本主义成分，促成了殖民地近代民族意识的觉醒。此外，亚洲各国从日本迅速走上富国强兵的现代化道路的范例中获取了民族解放的信心。重要的事例有：1896～1898 年菲律宾的资产阶级革命、1884～1885 年朝鲜的民族民主运动、1885 印度国大党成立后印度的民族民主运动、80 年代以后越南的文绅运动和随后的文化启蒙运动、19 世纪 70 年代以来土耳其新奥斯曼党领导下的立宪运动、19 世纪末伊朗立宪运动和反对烟草专制的斗争、中国 19 世纪六七十年代的洋务运动和 19 世纪末的维新运动等。这些革命或运动作为殖民主义的对立面，看上去似乎是游离于资本主义一体化之外，但由于它们已不是简单意义上的民族主义，而是带有资产阶级的色彩、属于世界资产阶级运动的组成部分，所以也应视为推动世界一体化的重要力量。

旧殖民主义面临的第二个挑战是新殖民主义体系的产生和发展。新殖民主义是从旧殖民主义的土壤中滋生出来的，是在旧殖民主义处于危机的情况下，帝国主义宗主国对其殖民政策和制度进行革新的结果。其中最为突出的是英国和美国。

---

① 《马克思恩格斯选集》第 1 卷，第 309 页。

英国是资本主义发展最早、也是最先完成工业革命的国家。早在18世纪末,就有"自由放任"和"自由贸易"理论提出。19世纪中期,英国凭借其"世界工场"的地位,开始实行自由贸易政策。主要措施是:1835年取消了机器向外国出口的禁令,1846年废除《谷物法》,1849年废除《航海条例》,1860～1865年先后同法、比、意、奥等国签订互相降低关税的通商条约。自由贸易政策极大地影响了英国的殖民政策。在19世纪20年代,英国出于粉碎西班牙贸易垄断体系的目的而出面支持拉美独立;1838年,又以武力迫使埃及政府放弃了对贸易的垄断;1854年,允许加拿大同美国签订互惠贸易条约;19世纪末,又倡议在中国实行"门户开放"原则。这就是有的学者所称的"自由贸易帝国主义"[①]。但是,英国并未改变它对殖民地的地域占领和直接统治[②],而且在印度问题上,它一直是违背了自由贸易原则,干涉印度的经济[③]。

新殖民主义的倡导者和设计者当属美国。美国自19世纪中期完成了在北美大陆的扩张后,即开始谋求在太平洋的利益。50年代末,美国共和党的重要骨干威廉·西沃德(内战时任林肯政府的国务卿)提出了较为完整的"太平洋商业帝国"的构想,其核心内容有三:第一,扩张的目标是追逐商业利益,而商业利益要求一种"公平"竞争的自由贸易原则,不能搞歧视和垄断;第二,"不割让主义",即反对从地域上分割殖民地和势力范围;第三,"保全"中国的行政实体,即实行间接统治。西沃德选中亚洲太平洋地区作为他实施其扩张计划的实验区,是颇有远见的。他预言亚太地区将是列强争夺的焦点,那里有美国提出对外政策基本原则的最佳契机。西沃德的这一预见在半个世纪后得到了验证。

19世纪末,尤其是1895年中日甲午战争之后,远东的政治格局发生了剧烈变化,列强在中国达成的均势被打破,它们掀起了瓜分中国的狂潮。其中,俄国独占了中国东北;日本继攫取台湾和澎湖之后,又把福建置于其势力范围;德国强占了胶州湾,把山东变为其"势力范围";法国强行租借了广州湾,其势力范围遍及滇、桂、粤、川等地;英国租借了九龙和威海卫,并宣布长江流域为它的"势力范围"。列强们导演了瓜分中国的狂潮,又受这一狂潮的驱动而无法止步,中国面临亡国的危险,列强之间的矛盾也愈演愈烈。西方各国在各自的势力范围内大都实行排他性殖民政策,这严重损害了因忙于美西战争未能在中国占有一席之地的美国的商业利益。尤其是俄国封锁了中国东北市场,不准美国商品和资

---

① [美]斯塔夫里亚诺斯:《全球分裂:第三世界的历史进程》上册,第170页。

② 英国反而加强了对印度的直接统治。1858年,它结束了东印度公司在印度的统治权,宣布印度直接受英国议会和政府的监督,派总督代表英国女王行使对印度的统治权。

③ 参见[美]斯塔夫里亚诺斯《全球分裂:第三世界的历史进程》上册,第254页。

本进入，成为美国的心腹之患。虽然当时美国的对华贸易总额并不是很大，但垄断财团早就看中了中国市场的潜在价值，它们向政府施加了强大压力，要求政府采取行动。英国出于自身利益，也向美国建议以"门户开放"原则来规范各国的对华贸易，协调各国的在华商业利益。在此背景下，美国国务卿约翰·海于1899年9月6日向英、法、德、俄、日、意等国递交了一份照会，提出各国在其势力范围和租借地内对他国货物和船只不得课以歧视性关税、港口税和铁路运费，照会的核心就是"自由贸易"原则。次年7月3日，海又发出第二封照会，除重申"平等公平贸易"原则，还提出要"保全"中国的领土和行政完整。两次照会组成了美国对外政策的"门户开放"原则，这个原则的内容与旧殖民主义有着根本的区别：(1)反对以武力征服的方式从空间上对殖民地实行独占，建立"无边界"的殖民体系；(2)不主张对殖民地实行直接统治，而提倡保留殖民地原有的行政实体，实行间接统治；(3)反对垄断式的保护主义，主张"门户开放"，实行"公平"的自由贸易竞争。这样，"门户开放"原则实质上全盘否定了旧殖民主义赖以存在的基础，构筑了新殖民主义的框架体系。

对"门户开放"的评价历来存有很大争议。我们认为，应当建立如下的认识：

第一，"门户开放"不能仅视为美国作为迟到者想参与瓜分中国市场的应急举措，它是美国旨在建立世界性殖民帝国的"大政策"，是美国长期以来一贯奉行的对外政策的基本原则。

第二，"门户开放"不能仅视为美国针对中国的政策，它是美国推行的世界性政策，只不过当时远东和中国是列强争夺的焦点，又是新旧两种殖民体系发生碰撞的临界区，所以中国为美国提出"门户开放"提供了机会。

第三，美国的"门户开放"仍是一种殖民主义，本质上仍是对弱小国家和民族的征服、奴役和掠夺，是凭借强权进行统治的制度。但是，不能因此而简单地用"一丘之貉"把"门户开放"和老牌帝国主义国家所施行的殖民政策等同起来。"门户开放"是一种新型殖民主义政策，它同旧殖民主义在模式上有着重大区别，它的核心是自由贸易为基础的开放式商业帝国，它的重点不是在所控制的范围内排斥他国的利益，不是搞封闭式垄断，而是凭借强大的经济实力，打着自由贸易和公平竞争的旗号，打破列强的保护主义壁垒，把全世界变成美国操纵的具有无边界外延和开放内涵的新型模式的殖民帝国。

第四，英国虽然曾倡导过"门户开放"，但这一政策只是美国的政策。英国在开放市场问题上较为彻底，但它有庞大殖民帝国的包袱，在殖民地问题上仍然固守旧殖民秩序，在开放问题上与美国存在着分歧。这一分歧一直延续到"二战"和"二战"之后。有关"帝国特惠制"和"托管制"的争吵和妥协就反映了两国对"门户开放"理解的巨大差距。

第五,“门户开放”并非理想主义的乌托邦,它是美国为维护自身利益而提出的民族利己性质的政策,是一种虚伪的政策。主要表现在“门户开放”的单向性和片面性,即只要求列强的殖民地和势力范围对美国开放,只要求其他国家的市场对美国开放,而美国的市场却对他国紧锁大门,并且它所独霸的拉丁美洲和菲律宾等地也实行严格的排他性的殖民统治。所以“门户开放”具有强权政治的色彩,体现了国际政治、经济秩序的不合理和不平等。

尽管如此,新殖民主义毕竟反映了世界由分散走向整体的一体化的历史趋势,标志着自15世纪末开始的一体化进程跃上了一个新的层次,历史就是这样穿过洞开的门户进入到20世纪。

四、世界资本主义运动的边缘:亚、非、拉的现代化道路

仅有欧洲和北美的世界是不完整的世界。欧洲和北美以外的亚、非、拉是国际社会的重要成员,也是近代世界殖民主义体系的有机组成部分。如果我们深入到殖民主义体系内部去探索考察,就会发现和承认一个显而易见的事实:亚、非、拉在近代之所以成为欧洲、北美的殖民地和半殖民地,之所以走上一条不同于欧洲、北美的现代化发展道路,陷入相对贫穷落后的不发达状态,归根结底就是一个根源——不平等。这样我们就回到本书的主题上来:不合理的国际秩序、不平等的国际关系和由此而引发的消除这种不合理、不平等的斗争,以及这种斗争同全球一体化进程的对立统一关系。

关于亚、非、拉的现代化发展模式问题,学术界有各种看法。“趋同论”和“社会进化论”认为,欧美资本主义先进国家的现状就是欠发达的亚、非、拉的发展结局,两者处于不同的发展阶段,是“早发”和“后发”的区别,现代化是一个朝着欧美型的社会、经济和政治系统演变的过程,对亚、非、拉来说,现代化发展就是一个“追赶”的问题。[①] “依附论”和“世界体系论”则认为,发达与欠发达国家并不是处于不同的历史发展阶段,而是同处于一个阶段,是相生相伴的两种发展模式,它们的区别只是在世界经济体系中所处的位置不同。欧美强国因掠夺、剥削亚、非、拉欠发达国家和地区而致富,而亚、非、拉对欧美强国的依附性的不合理关系则是这一地区贫穷落后的原因。

学术界对亚、非、拉现代化发展模式形成的历史根源也作了深入的研究和讨论。各种流派涌现,新论迭出,见仁见智,各有所长。[②] 大体说来,可以分为“内

① 参见[以]S. N. 艾森斯塔德著,张旅平等译《现代化:抗拒与变迁》,中国人民大学出版社1988年版。

② 见本书“下编”第二章。

因论”和“外因论”两大派别。

部分学者从亚、非、拉国家内部寻找欠发达的原因，主要的讨论集中在国家政权的性质和作用上。国家政权的集权性、专制性是现代化的条件还是障碍，学者们各执一端。一般认为民族国家的兴起和王权的强大为西方国家资本主义萌生和商业资本的积累提供了有力的保障，但近年来有些学者反对这种说法。布罗代尔认为：“凡在国家势力太强的地方，资本主义就不能得到充分的发展”，所以，“不事先彻底摧毁国家——无论是封建国家或非封建国家——，资本主义永远也不可能发展起来”。[①] 他以中国为例，说明国家政权的强大阻碍资本主义发展的两条理由：(1)强大的专制国家不断破坏社会等级制度，从而加强了社会的纵向流动，导致社会结构的不稳定，影响了资本积累和制度创造。(2)强大的专制国家不断破坏知识积累的进程，使资本主义扩张的技术基础无法形成。[②] 近年来以“全球史观”而蜚声史坛的斯塔夫里亚诺斯提出“社会变异说”，认为资本主义产生于社会变异，而以集权为核心的超稳定结构的帝国政权抑制了这种变异的出现。[③] 这一论断与布罗代尔有异曲同工之处。

讨论的另一重点是经济因素。布罗代尔认为，交换和市场是资本主义的温床，但交换和市场并不都能产生资本主义。他把市场分为初级和高级，把交换分为底层和顶层，他认为在东方占统治地位的是底层交换和初级市场，因此造成了资本主义的不发达。[④] 不少学者还注意，到技术革命之花始终没有在东方开放，所以结不出资本主义之果。

德国的韦伯则认为资本产生于资本主义精神，东方（如中国、印度）在16、17世纪已具备了产生资本主义的物质前提，但由于缺乏西方所具有的资本主义精神，所以长期以来停滞在原来的状态，不能进入资本主义。[⑤]

更多的学者倾向于从外部来研究欠发达国家的发展障碍，比较突出的当属“依附论”和“世界体系论”。这两种理论的核心是：(1)强调整体性分析，即把世界作为一个整体，然后把亚、非、拉的发展问题放到这个整体（世界体系）中去认识。(2)外部因素对社会发展的影响更为重要。具体来说，“依附论”认为西欧商业资本主义的海外扩张导致了世界经济即世界体系的形成，在这一格局中，西欧成为体系的中心，而亚、非、拉则处于边缘位置，居于中心的是霸权国家，而居于

---

① 参见[法]费尔南·布罗代尔著，顾良等译《资本主义论丛》，中央编译出版社1997年版，第54～55页。

② 参见[法]费尔南·布罗代尔著，顾良等译《资本主义论丛》，第97～99页。

③ 参见[美]斯塔夫里亚诺斯《全球分裂：第三世界的历史进程》上册，第23～24页。

④ 参见[法]费尔南·布罗代尔著，顾良等译《资本主义论丛》，第74～80页。

⑤ 参见[德]马克斯·韦伯著，于晓等译《新教伦理与资本主义精神》，三联书店1987年版。

边缘的是依附从属于中心的不发达国家和地区。"世界体系论"又在二者之间加上一个"半边缘"(又称"次边缘")。亚、非、拉就是以这种不平等关系进入世界体系之内的,而这种不平等的经济关系就是导致亚、非、拉贫穷落后和殖民地化的原因。正如斯塔夫里亚诺斯所言:"所谓第三世界,既不是一组国家,也不是一组统计标准,而是一组关系——一种支配的宗主国中心与依附的外缘地区之间的不平等关系。"[①]这种不平等是隐藏在等价交换和公平竞争后面的不平等,比如由于以初级产品为主的出口所带来的贸易比价上的不合理,对资源占有和开发的不公平。

"外因论"立足于全球史观的高度探讨现代化问题,具有视野宽广、视线宏远的长处,并且这种理论深刻揭示了西方的殖民主义造成的国际不平等关系给亚、非、拉带来的厄运,指出了西方发达国家对亚、非、拉不发达状况应负的责任,从而具有历史的真实性,所以,在学术界影响较大,许多学者如布罗代尔等都不同程度地接受了这种理论。

亚、非、拉的现代化发展是一个十分复杂的问题,导致这些地区贫穷落后的原因也是综合性的,仅强调内部或外部原因都不免有失片面。亚、非、拉之所以没有像西欧和北美那样迅速走上资本主义的道路,有各方面的原因,但总的来看,是受三方面的因素制约的。第一,国内封建传统的力量大小和顽固程度,其中最突出的是封建政权的稳定与否以及对整个社会政治经济是否有强有力的控制力。第二,西方殖民主义势力渗透的广度和深度,本民族土生土长的资本主义因素受到西方资本主义的竞争威胁有多大,国内市场是否完全被外国资本所占领。第三,是否抓住现代化发展的历史机遇。一个国家或民族,只有在以上三个方面同时具备有利条件,才能搭乘现代化的快车,顺利地发展本国资本主义,完成资本主义现代化的历史任务。三个因素中,前两个较好理解,而对最后一个机遇问题应稍作分析。所谓机遇,主要是技术革命和工业革命浪潮的到来。在近代史中,这种机遇出现过两次:一次是 18 世纪后期,出现了英、美、法等一批走上资本主义道路的先进国家;另一次是 19 世纪 60～90 年代,日本、俄国和德国也先后完成了现代化的任务。这两个时段都是处于技术和工业革命的浪潮之中。在这里,机遇是很重要的,如果没有赶上机遇,即便是具备了前两个条件,或是在机遇到来时只具备前两个条件中的一个,仍然不能摆脱不发达甚至殖民地化的厄运。

18 世纪后期,英国开始了工业革命,工业资本的时代到来。北美当时作为殖民地,内部没有封建主义的政权结构,相反,英国移民把母国的代议制度移植到了新大陆。同时,英国政府在北美长期实行的是"放任"政策,七年战争之前对

① [美]斯塔夫里亚诺斯:《全球分裂:第三世界的历史进程》上册,第 17 页。

殖民地的管理是相对宽松的。这些因素加在一起,导致了美国的独立以及后来走上现代化进程,融入世界性工业革命的浪潮中去。

19世纪后期,第二次科技和工业革命浪潮给全球性的现代化发展带来了第二次机遇。由于情势的变化,亚、非、拉的命运呈现出一定的复杂性和多样性,大体上看,表现为三类典型的实例。第一类是中国。中国的问题是内部封建帝制过于强大和顽固,长期的闭关自守使清政府牢牢控制了国内政治和经济的运转。1851年爆发的太平天国革命未能动摇封建政权的根基,革命的失败造成的一个重要后果就是使中国丧失了现代化发展的一次机遇。因此,虽然当时西方殖民主义刚刚打开中国大门不久,尚未深入到社会的深层,但由于封建专制问题没有解决,中国没能发展起自己的资本主义。到20世纪初,辛亥革命虽然推翻了清政府这个封建专制堡垒,但已经错过了19世纪后期这一时机,终使辛亥革命的成果付之东流,被淹没在封建主义的回潮之中了,而西方殖民主义势力已经牢牢控制了中国的命脉,瓜分中国的狂潮已经掀起,所以中国面临的完全不是现代化,而是进一步殖民地化的民族危机。第二类是印度。同中国相反,印度的封建专制并不牢固。札吉尔制度和柴明达尔制度使封建贵族拥有很大的权力,帝国的集权受到削弱,导致了莫卧儿帝国的解体。到19世纪50年代,帝国皇帝的政令只能达到德里、信德等几个大城市,孟加拉、海德拉巴、敖德等省的总督实际上已经脱离了皇帝的控制,马拉提则处于分立状态。然而,英国势力迅速占领了因帝国解体而造成的空白,1757年英人占领了孟加拉,后来又控制了马德拉斯、孟买、海德拉巴等地,19世纪上半期又侵吞了信德和旁遮普,从此,印度已沦为英国的殖民地。1857～1859年印度民族大起义的失败,使印度在殖民主义泥潭中越陷越深。因此,第二次现代化机遇给印度带来的不是现代化发展,而是完全的殖民地化。第三类是日本。日本长期处于德川幕府的封建统治之下,但是幕府统治的封建性远远不逮中国,资本主义得以萌芽的缝隙较多,到18世纪,已经形成以江户和大阪为中心的全国商业网,19世纪初又出现了称为“株仲间”的商业垄断组织。幕府的集权性也弱于中国,各藩的地方势力拥有实权,往往拥兵自重,打出“尊王”的旗号,屡屡掀起“倒幕”运动。1854年日本开国后,幕府统治的危机加重,已呈风雨飘摇的状态。另一方面,西方资本主义势力打开了日本门户之后,还没有来得及深入到日本社会的内部,对日本经济结构的触动还不很大,日本国内新生的民族资本主义发展尚未受到外国势力的干扰和破坏。这两方面的因素正好在19世纪后半期这一历史时机到来时相遇,导致日本资本主义的胜利,成为在这一时期摆脱民族危机、迅速实现资本主义现代化的典范。同日本相似的还有俄国和德国。

总之,在亚、非、拉广大地区,除日本外,大都因各自的原因失去了现代化的历史机遇,国内原有的资本主义因素因为受到内外的压制,呈畸形发展的状况。由于内部统治集团本身没有明确的现代化取向,外部的殖民主义势力又不允许亚、非、拉地区的产品分享世界市场的份额,所以当世界一体化的旋涡把亚、非、拉卷入资本主义世界经济当中之时,它们只能手持殖民地或半殖民地的身份证搭上现代化的历史快车的末等车厢,它们在世界格局的坐标系中只能处于边缘的位置。亚、非、拉的现代化的实现只有等待下一次历史机遇了。

五、觉醒前的亚洲

同拉美和非洲相比,亚洲走上殖民地化道路的时间较晚。在拉美已经被纳入全球市场经济、非洲已成为世界体系的边缘之时,亚洲仍被视为是游离于"体系之外"的一个区域。这种状况一直持续到19世纪到来之时,当时只有位于欧亚航线中段的印度的沿海地带和东南亚的一些岛屿受到西方的影响,亚洲的其他地区仍然保持着自给自足的闭关锁国状态。欧洲强国虽然已控制了亚洲海域,但它们的势力尚未深入到亚洲大陆。亚洲的殖民地化实际上开始于19世纪中期,主要标志是:鸦片战争后中国被迫同英国签订了第一个不平等条约;印度的旁遮普被英国吞并,从而完全沦为英国的殖民地;日本的门户被美国打开;东南亚各国一个个变成西方的殖民地或保护国。此时,拉美已经依附于美国组成了美洲体系,而亚洲正一步步滑向殖民主义的深渊。

19世纪70年代之后,刚刚进入帝国主义时期的西方强国加紧了对亚洲的侵略和瓜分,亚洲(日本除外)成为资本主义环球性扩张的重要一环,其殖民地化已达到极限。另一方面,西方资本主义的入侵破坏了亚洲原有的封建基础,客观上也激活了亚洲各国民族资本主义的萌生和发展,资产阶级也在东西方传统与变异互相冲突的夹缝中艰难而畸形地成长起来,使亚洲出现了历史上第一次资产阶级性质的民族民主革命和改革的高潮。沉沦与变革是19世纪后期亚洲历史的两个主题,亚洲处于觉醒的前夜。

19世纪最后30年,亚洲革命风暴和改革运动的中心有中国、朝鲜、越南、菲律宾、印度、土耳其等。

1. 中国

西方资本主义的入侵一方面使中国面临民族危机;另一方面又破坏了中国的封建经济,促进了中国商品经济的发展,资本主义就这样在中国古老的土地上畸形地成长起来。中国人在此背景下开始摸索现代化之路。

19世纪60年代兴起的"洋务运动"是中国现代化运动的一次尝试。洋务运动是外国资本主义和中国的封建势力相结合的产物,是由封建阶级内部的部分革新派发起和主持的。19 世纪 60～70 年代是洋务运动的第一阶段，重点是建立近代军事工业，目的是加强清政府的军事力量，当时兴办的重要企业有安庆军械所、江南制造总局、金陵制造局、福建船政局和天津机器局等。70～90 年代为洋务运动的第二阶段，重点是筹建海军和围绕军事工业而建立民用企业，主要有轮船招商局、开平煤矿、唐胥铁路、汉阳铁厂、湖北织布局和漠河金矿等。洋务运动的性质较为复杂，它具有浓厚的封建色彩，目的是强化封建专制；但又带有资本主义性质，它力图把西方的生产技术、管理方式和近代工厂制度嫁接到中国，客观上导引了中国民族资本主义工业的产生。1872～1894 年，资本在 1 万元以上的民办企业有 54 家，总资本达 480 万元，集中在缫丝、轧花、纺织、面粉、印刷、火柴等轻工业部门。民族资本主义企业一般投资少、规模小，设备简陋，技术落后，分布不平衡，大部分工业集中在通商口岸地区。甲午战争后，清政府开始准许私人投资设厂。1895～1898 年间，民办大厂有 62 家，资本额在 1240 万元以上。但是，由于受到国内封建势力的束缚和外国资本的排挤，中国民族资本主义工业的发展十分艰难。

19 世纪末，中国面临被西方列强瓜分的危险，民族危机十分严重。1894 年，日本发动了侵略中国的甲午战争，中日双方在黄海海面、辽东半岛和威海卫进行海陆作战，中国的北洋舰队不敌日本海军，几遭全军覆没。1895 年，中日签订《马关条约》，中国被迫承认日本对朝鲜的控制，并把辽东半岛、台湾及澎湖列岛割让给日本（在俄、法、德的干涉下，日本被迫将辽东半岛归还中国，中国向日本交付 3000 万两白银），中国赔款白银 2 亿两。日本的侵略引发了列强新一轮瓜分中国的高潮。在此背景下，中国又开始了新的现代化探索与尝试。

甲午战争后，中国的先进知识分子开始注意吸收西方先进的思想和文化。其中较为杰出的是严复，他于 1898 年翻译出版了赫胥黎的《天演论》，用进化论启发国人争取实现现代化发展的决心和热情。他把西方的天赋人权观和议会民主政治介绍到中国，从而为维新变法运动做了舆论准备。

由康有为和梁启超等人领导的戊戌变法运动是一场资产阶级政治运动。维新派主张政治上实行君主立宪制，经济上实行有利于民族资本主义发展的政治，同时还要求保障民权，提倡西学。变法虽然失败了，但是它把中国的反封建的斗争提高到变革体制的高度，为以后的资产阶级民主革命打下了基础。

戊戌变法失败后，帝国主义列强并未停止瓜分中国的步伐。在民族危亡关头，中国又爆发了反帝爱国的义和团运动，沉重地打击了帝国主义侵华势力。为此，西方列强组成八国联军公然入侵中国，于 1900 年 7 月攻陷天津，8 月又占领北京，义和团运动在中外反动势力的联合绞杀下失败了。1901 年 9 月，列强迫使清政府签订了《辛丑条约》，中国到了亡国灭种的边缘，中国人民又到了重新选择救亡图存道路的关键时刻。孙中山的民主革命思想应运而生，由他发动和领导的资产阶级民主革命拉开了中国革命的新的一幕。

2. 朝鲜

19 世纪 70 年代，日本开始侵略朝鲜。1875 年 9 月，日本军舰“云扬”号非法驶入朝鲜的江华海峡，向江华岛进行炮轰，制造了所谓“云扬”号事件。次年 2 月，日本政府以追究“云扬”号事件责任为名，派遣 7 艘军舰和 1000 余名陆战队员来到江华岛，蛮横地要求朝鲜政府派全权代表进行缔结条约的谈判。朝鲜政府在威迫之下，和日本签订了所谓《朝日友好条约》，即《江华条约》。根据《江华条约》，朝鲜除釜山之外，向日本开放仁川、元山两个港口。条约还规定，朝日自由通商，日本在汉城设立使馆、在各港口派遣领事，日本人享有领事裁判权，等等。《江华条约》严重地破坏了朝鲜主权，朝鲜开始沦为日本的半殖民地。

《江华条约》签订后，日本商品在朝鲜市场上急剧增加。1875～1881 年，朝日贸易总额增加了 17 倍，朝鲜进口总额增长了 26 倍。不平等的贸易使农民的家庭手工业和城市手工业破产，物价上涨，农民生活贫困化。开港后，政府日常经费和宫廷费用都急剧增加，国家财政发生严重危机。统治朝鲜的闵妃集团为了挽救财政危机，便公开卖官鬻爵，横征暴敛，加重了人民的租税负担，使广大农民、手工业者濒于破产边缘。

在日本资本主义与本国封建主义的双重残酷压榨下，朝鲜各地接连爆发反对日本侵略者和封建统治者的起义。人民群众的斗争也影响了政府的士兵。1882 年(壬午)7 月 23 日，驻在汉城的数千名士兵举行起义。起义军队与汉城贫民起义相汇合，占领武器库，夺取武器，冲进监狱，释放被捕的士兵和无辜群众，袭击日本公使馆，并杀死几名日本官员。次日，起义队伍冲进王宫，闵妃化装成宫女逃走。但是起义士兵缺乏明确的政治方向，一部分人对反对闵妃集团的大院君抱有幻想。于是大院君乘机入宫，掌握大权。但他的地位并不稳固，8 月下旬，在闵妃集团的请求下，清政府派遣 3000 人的军队镇压起义，拘捕了大院君。闵妃集团重新执政。

随着民族危机的加深，在朝鲜统治阶级内部出现了一批要求革新政治的人物，他们觉察到清朝政府的腐败，对清军进驻朝鲜干涉内政深为不满。他们要求效法资本主义制度，特别是仿效日本明治维新，实行开放政策，因而称这部分人为“开化派”。开化派的领导人有洪英植、金玉均、林泳孝、徐光弼、徐光范等，他们都出身于贵族，在政府中担任要职。

开化派的主张得到部分中小官吏、中小地主、城市商人和部分儒生的支持。他们在政府的同意下曾实行一些革新措施：改革警察制度，在汉城建立巡警局；设立治道局以修筑道路；设立邮政局以代替驿马制度；开办新式农场，研究农学；

出版《汉城旬报》,介绍国内外形势,宣传改革内政的必要。为了培养革新人才,他们还从两班以外的平民中选派青年到日本留学。这些措施都具有一定的进步意义。

壬午兵变后,开化派改良运动迅速发展,开化派和闵妃集团守旧派的斗争日益激烈。日本侵略者企图在朝鲜建立亲日政权,而开化派也正寻求日本政府的帮助。1884年(甲申)12月4日,开化派借庆祝邮政局落成的机会,与日本公使竹添进一郎共同策划,发动政变。开化派依靠日本军队,杀死守旧派的主要官员尹泰骏、闵台镐、闵泳穆、赵宁夏等。次日,又挟持国王,组成新政府,宣布同清政府断绝外交关系。6日晨,新政府发表政纲,提出废除门阀、四民平等、革除冗官、惩处奸吏、改革租税、整编军队、限制国王和宫廷权力等,但缺乏具体措施,更未触及当时社会根本问题即土地问题。开化派的政变完全脱离群众,因而没有得到人民群众的支持。12月6日下午,清军应闵妃集团的请求入宫,与日军展开战斗。日本公使见形势不利,率军逃跑。洪英植等为清军所杀,金玉均等亡命日本。开化派举行的甲申政变宣告失败。

甲申政变是一次带有资产阶级改良主义色彩的政治事件。开化派的革新措施及其政纲在一定程度上反映了朝鲜幼弱的资产阶级的要求,有其积极的一面。但开化派不敢依靠人民群众,反而乞援于人民所痛恨的日本侵略者,想借日本的势力消灭守旧派,使日本借机干涉朝鲜内政。开化派的这种行为违背了民族利益,因此注定要失败。

甲申政变以后,资本主义列强争夺朝鲜的斗争更加激烈。俄美两国都在朝鲜封建统治集团里极力寻找和培植代理人。英国于1885年2月占领巨文岛。日本利用开化派政变的阴谋失败后,便加紧扩充军备,准备发动大规模的"征韩"战争,进而侵略中国。在经济上,各资本主义列强,特别是日本利用不平等条约所取得的各种特权,通过倾销商品和收购粮食、原料等对朝鲜进行掠夺。1878~1882年,日本输往朝鲜的商品总值平均每年只有70多万元,1892年增至250余万元。朝鲜进口货物中,棉织品占50%以上,出口货物主要是大米、大豆、棉花、皮革等产品。日本商人用高利盘剥的手段收购农产品,春天借给农民少量款项,秋天夺取收成的一半。此外,日本资本家还控制了朝鲜的金融、渔业,他们又兴办各种运输公司,垄断了朝鲜的运输事业,控制了朝鲜的对外贸易。欧美商品也由中国买办商人源源不断地运入朝鲜。1887年,朝鲜还须付给日本巨额赔款,加以王室的糜烂奢侈,致使国库日益空虚。无穷无尽的压榨激起了农民的反抗斗争。从19世纪80年代中到90年代初,在黄海道、京畿道、全罗道、庆尚道、忠清道等朝鲜南部各地都爆发了农民起义,为席卷全国的甲午农民战争揭开了序幕。

19世纪末,东学道在朝鲜南部盛传,于是农民起义便和东学道结合起来,东学道成了农民政治斗争的工具。东学道是由没落两班、乡班、衙吏发动的，在迷信和幻想色彩掩盖下进行的反对朝鲜现实的思潮和运动。它反映了人民群众反对封建统治阶级贪污腐化、横征暴敛和外国侵略的思想，曾提出“惩办贪官污吏”、“斥倭斥洋”等口号。

1893 年发生大灾荒，饥民遍野，流离失所，而贪官污吏和土豪劣绅却依然榨取人民。全罗道古阜郡守赵秉甲漠视人民疾苦，非法征收水税和杂捐，古阜农民忍无可忍，愤而起义。赵秉甲立即逮捕起义首领，处以死刑。赵秉甲的残暴行为激起农民更大的愤怒。1894 年 1 月 15 日，古阜、泰仁一带 1000 余农民在东学道首领全蒽准领导下举行起义。起义者攻克古阜郡城，占领武器库，惩处贪官污吏，释放囚犯，开仓分粮，烧毁土地文契，得到了附近村民的纷纷响应。

1894 年 3 月 29 日，全蒽准率领起义队伍占领古阜白山，以此为根据地，向各地发出檄文。檄文明确提出反对本国封建统治和日本侵略者，获得了广大群众的拥护，城市贫民、贱民、没落两班与儒生等纷纷投奔起义军，起义军的队伍迅速扩大。全蒽准被拥戴为总大将，金开南、孙化中为总管领，金德明为总参谋。起义军高举“辅国安民，尽灭权贵，逐灭洋倭”的旗帜，头系白巾，手持竹枪，形成了“立则白山，坐则竹山”的威武雄壮的队伍。4 月 6 日，农民军在黄土岘以巧妙的伏击战一举全歼官军 1000 余人。这一胜利大大鼓舞了起义军的士气。4 月 23 日，在长城会战中又获胜利。4 月 28 日，在农民群众大力支援和城市贫民起义的配合下，起义军又一举攻克了南方重镇全州。农民军声势大振，得到了各地农民纷纷响应，起义军迅即席卷了平壤以南整个朝鲜2/3的地区，形成了全国性的农民战争。

农民军占领全州后，封建统治者极为恐慌。国王召开紧急会议，决定乞援于清政府，同时向起义军求和，企图获得喘息时间，伺机反扑。农民军受骗议和，停止进军，与封建政府签订了《全州和约》。政府被迫同意农民军提出的 12 项要求，其中包括停止迫害起义者和东学道徒，严惩不法两班贪官污吏、横暴富豪和私通日本者，平分土地，取消一切公私债务和苛捐杂税，解放奴婢，改善贱民待遇，等等。缔约之后，农民军退出全州，撤到顺天、南原一带。同时，农民军在全罗道 53 郡建立了农民政权执纲所，由执纲一人、议事若干人组成，负责执行各项议和条款，维护农民利益。

议和不久，清军于 6 月 6 日在牙山登陆。日本以清军登陆为借口，立刻派军队 10000 余人于 7 月 6 日在仁川登陆。7 月 23 日，日军占领汉城，发动宫廷政变，组成以金弘集为首的亲日派政府。亲日政府同日本签订了《朝日暂定合作条款》和《朝日攻守同盟条约》，宣布把驱逐清军于朝鲜的一切权限“委托”给日本。7 月 25 日，日本向中国不宣而战，爆发了中日甲午战争。此后起义军的斗争锋芒转向日本侵略者。9月末，在全罗道集结的起义军达10余万人，士气极为振奋，积极准备北进，直取汉城，驱逐日军，推翻傀儡政府。

在这一关键时刻，起义军领导集团却发生分裂。东学道首领崔时亨一派宣称使用暴力和武器为教义所禁止，反对北进，并且进行公开的分裂活动。经过激烈斗争，全蕙准仍坚持北进，但崔时亨的分裂活动已经在起义军中产生了不良影响。10月间，起义军进攻忠清道首府公州，先头部队接近汉城。经过6天激战，由于武器悬殊，加之崔时亨投降活动的影响，最后起义军失败。11月下旬，在论山战役中，起义军与敌人血战11天，因力量对比悬殊，又遭到严重损失，被迫分散成小股部队转战于全罗道和忠清道。全蕙准率领一部分军队转战到全罗道淳昌一带准备重新集结力量继续战斗，但由于叛徒告密而被俘。1895年3月11日，全蕙准慷慨就义。威震全国的甲午农民战争在日本侵略者及其走狗的联合镇压下遭到失败。

甲午农民战争是朝鲜历史上一次规模最大的农民战争，它充分显示了朝鲜人民伟大的革命力量，沉重打击了封建统治和日本侵略者，进一步唤醒了朝鲜人民的民族意识，是朝鲜民族民主革命的序幕，在朝鲜近代史上写下了光辉的篇章。

3. 越南

1802年，越南阮氏王朝建立。阮氏王朝为了巩固封建统治，加强了中央集权制，全国分为南、北、中三圻，定都顺化。任命武官为地方长官，对农民起义较多的地区和战略要地都驻兵镇压并以严酷刑律统治人民。阮氏王朝派往各地的官吏肆意欺压掠夺人民，因此，从阮氏王朝初建时起，人民起义就不断发生。到19世纪中叶，阮氏王朝的封建统治已面临日益严重的危机。

当19世纪中期越南阮氏王朝的统治面临严重危机的时候，法国殖民者加紧了吞并越南的侵略步伐。19世纪40年代，法国一再派遣炮舰，侵犯南圻的土伦、西贡等地。1860年底，法国又一次派兵进攻南圻。1861年春，法国侵略军占领了定祥、嘉定、边和三省。尽管南圻人民奋起抗战，捍卫民族独立，但阮氏王朝竟屈膝投降，于1862年同法国签订了丧权辱国的第一次《西贡条约》。条约规定：割让嘉定、边和、定祥和昆仑岛给法国；开放土伦、巴叻、广安三港为商埠；允许法国商船和军舰在湄公河及其支流自由航行；保证法国商人自由贸易；偿付战费400万比阿斯特(西班牙银元)；越南必须通过法国才能与其他国家办理交涉。从此，法国开始控制越南的内政外交。《西贡条约》是越南沦为法国殖民地的开端。1874年，法国又以武力强迫越南签订第二次《西贡条约》。条约规定：越南外交受法国监督；法国占有整个南圻；开放红河和河内、海防、归仁三港；法国在越南享有治外法权。第二次《西贡条约》是法国侵占整个越南的一个重要步骤。

1883年8月，法国殖民者又迫使阮氏王朝签订《顺化条约》，确定法国对越南的保护权，又规定越南一切对外交涉由法国控制。1885年中法战争结束后，清政府在同法国签订的《天津条约》中，承认了法国对越南的统治。至此，越南成为法国的殖民地。

法国为巩固在越南的殖民统治，采取“分而治之”的政策，在南、中、北圻分别建立了不同形式的殖民统治制度，南圻划为“直辖领地”，废除原有机构，由法国总督直接统治。中圻划为“保护领”，保留阮氏封建统治机构，同时法国派出总监总揽一切。北圻划为“半保护领”，形式上由阮朝傀儡政权统治，实际上一切听命于法国殖民统治者。1887年，法国把印度支那半岛上的法国侵占地区合并，称为“印度支那联邦”，归西贡的法国总督统治。印度支那联邦最初包括越南和柬埔寨，19世纪末，又把老挝合并了进去。法国不断在越南、柬埔寨、老挝之间制造矛盾，防止它们联合反法。

法国殖民者在政治上加强统治的同时，在经济上对越南人民进行残酷的掠夺与剥削，其主要方式是掠夺土地、征收重税等等。处于水深火热中的越南人民不断掀起反法斗争。勤王运动和农民游击战争是这个时期抗法斗争的主要内容。

1885年7月，阮朝大臣尊室说在顺化发动起义，袭击法国侵略军。咸宜帝号召“文绅”勤王，史称“勤王运动”。1885～1896年，各地爱国文绅和封建官吏纷起响应，从北圻的兴安、清化到中圻的广治、平定，勤王起义此伏彼起，持续不断，给法国侵略者以沉重打击，直到19世纪末才被法国镇压下去。勤王运动是封建士大夫阶层领导的民族运动，但它是20世纪初越南资产阶级民族民主运动的先声。

越南人民早期抗法斗争的主流是农民游击战争。法国入侵越南后，南、中、北各圻的广大农民就开始了不屈不挠的斗争，其中规模最大、持续时间最久的是黄花探领导的安世地区农民游击战争。起义军利用游击战的作战方式，四处伏击骚扰法军。法国殖民当局采取镇压和欺骗利诱等办法，企图扑灭越南人民的斗争烈火，均未得逞。1909年，法军采取恐怖措施，截断人民与义军的联系，义军遭受重大挫折。1913年2月10日，黄花探在安世森林被殖民当局收买的叛徒刺死，起义才被镇压下去。黄花探领导的抗法起义从1887年一直坚持到1913年，范围从安世地区发展到河内至谅山一线，规模之大，坚持时间之长，是越南民族解放斗争史中所罕见的。

4. 菲律宾

1565年，菲律宾沦为西班牙的殖民地。西班牙殖民者在菲律宾强制推行封建庄园制度，把掠夺的土地连同土地上的居民授给西班牙官吏、军官和天主教修道会，强迫人民缴纳各种捐税和从事各种无偿徭役。西班牙殖民政府和在拉丁美洲一样，严禁菲律宾同其他国家进行贸易，并竭力使菲律宾与外界隔绝。19世纪初，西班牙国势衰落，在列强的压力下被迫放松了对菲律宾与外界联系的控制，陆续开放了马尼拉等六个港口，实行自由贸易政策。到19世纪中期，菲律宾进一步卷入世界市场，变成欧美列强的商品销售市场和原料产地。专门种植甘蔗、烟草、马尼拉麻等出口作物的种植园日益增多。于是，加工工厂、铁路、船厂、兵工厂也相继建立起来。

随着社会经济的发展，菲律宾社会阶级结构也发生了变化。19世纪60～70年代，菲律宾民族资产阶级开始形成。富裕的美斯狄索，即西班牙或华人同菲律宾人的混血种，成为新兴的资产阶级的核心。他们由于经营种植园、造船工业、商业高利贷和岛际贸易而发财致富。菲律宾民族资产阶级与外国资本及本国封建势力有着密切的联系，经济地位十分脆弱，他们一方面力图摆脱外来资本的控制，另一方面由于脱离和害怕工农群众，也就缺乏彻底的反殖民主义、反封建主义的勇气，幻想通过改良主义和与殖民者妥协的办法，实现本阶级的政治经济目的。

菲律宾的无产阶级比本国资产阶级出现还早。在外国资本经营的工厂和企业中出现了第一批菲律宾工人阶级队伍。新兴的菲律宾无产阶级站在民族解放运动的最前列。1872年1月2日，甲米地海军船坞工人在菲籍炮兵团士兵支持下举行武装起义。起义者高呼“打倒西班牙”、“打死西班牙修道士”的口号，炮兵团士兵解除了军官的武装，杀死了军队中作恶多端的人，占领了圣菲利普要塞。接着，起义队伍在附近农民支持下，向总督府所在地马尼拉进发。但是由于准备不足，组织也不健全，起义被镇压下去。这次起义后，西班牙殖民当局乘机杀害了极力主张改良和教会菲律宾化的爱国牧师布尔戈斯、戈麦斯和扎莫拉，并流放了一批菲律宾资产阶级代表人物。甲米地起义虽然失败了，但它唤醒了菲律宾人民群众的民族解放意识，标志着西班牙殖民者同菲律宾人民之间的矛盾已空前尖锐化。

菲律宾的资产阶级知识分子接触西方文化较早，有些人还直接参加过西班牙的资产阶级革命。他们在国内外革命浪潮推动下，于80年代掀起了一个“宣传运动”，即改良主义运动。运动的主要领导人是菲律宾著名的政治活动家和诗人何塞·黎萨。他从青年时代就宣传爱国主义思想，揭露殖民主义的罪恶。他的两本小说《不许犯我》及其续篇《起义者》，在19世纪末期曾对菲律宾民族解放运动起过重要作用。1888年，他同洛佩斯·哈埃纳等人在马德里建立了“西班牙菲律宾协会”，出版了《团结报》，揭露和抨击西班牙殖民者，提出改革殖民制度、民族平等、派代表参加西班牙议会、教会菲律宾化以及言论、出版、集会、结社自由等要求。1892 年 7 月，黎萨等人在马尼拉创立了“菲律宾联盟”，参加者大多是地主资产阶级知识分子。联盟的纲领要求在菲律宾实现经济政治统一，发展工业、农业、商业，反对西班牙殖民者野蛮强暴的行为。但联盟幻想通过合法途径建立统一的民族国家和发展民族经济。联盟成立不久，黎萨就被逮捕流放，尽管他提倡采取非暴力的改革，结果却遭到反革命的暴力镇压。随着殖民当局对革命者的迫害以及内部分歧的加剧，联盟被迫宣告解散，主张和平改良的宣传运动最后以失败而告终。

此时，以安德烈·旁尼发佐为首的资产阶级激进派，不满黎萨等人的改良主义主张，于 1892 年 7 月在马尼拉创立秘密团体“卡蒂普南”(意即人民儿女最高尚的尊贵的联合)。卡蒂普南在菲律宾历史上第一次提出依靠人民群众、用武装斗争取得民族独立的纲领。这个纲领代表资产阶级和小资产阶级利益，也部分反映了劳动人民的愿望。1893 年，菲律宾联盟解散后，联盟中的小资产阶级激进派加入了卡蒂普南，从此卡蒂普南成为反西班牙斗争的领导力量。1895 年，卡蒂普南开始准备武装起义。这时卡蒂普南的会员已增至 3 万人，并和起义的农民建立了联系。

1896 年 8 月，卡蒂普南的组织和作战计划被殖民当局发现了。殖民当局到处搜捕和屠杀革命者。在此紧张情况下，旁尼发佐作出了提前起义的决定。8 月 24 日，旁尼发佐在马尼拉近郊的巴林塔瓦克镇发出武装起义的号召，立即得到了各地卡蒂普南的响应和人民群众的热烈拥护。从吕宋岛到棉兰姥和苏禄群岛，革命烈火普遍燃烧起来，成千上万的手持刀矛棍棒的农民、手工业者纷纷集结到旁尼发佐一边，形成一支强大的革命军。起义者迅速解放了广大乡村和城市，在许多地方夺得政权。

起义爆发后，殖民当局逮捕了大批带有自由主义色彩的地主资产阶级人士，并没收他们的财产。12 月 30 日，在马尼拉杀害了与这次起义无关的黎萨。反动派的屠杀更加激起了人民的愤怒，从前犹豫不决的资产阶级分子也纷纷投身于革命洪流之中，从而扩大了革命阵线。

参加革命阵线的地主资产阶级只要求民族平等和发展民族经济；农民、工人和手工业者以及小资产阶级激进派则要求实行社会经济改革，没收修道会的土地。因此，起义后不久，革命阵线内部便产生了分歧。以阿奎那多为首的地主、资产阶级一派力图攫取革命领导权，使革命按照他们的意图发展。

1897 年 3 月 23 日，卡蒂普南在特黑洛斯召开大会。阿奎那多控制了大会进程，大会作出成立新政府代替卡蒂普南的决定，并选举阿奎那多为新政府总统。会后，旁尼发佐宣布不承认这次选举和会上所作的任何决议。阿奎那多以阴谋推翻合法选出的总统的名义绑架并杀害了旁尼发佐。

旁尼发佐被谋杀和卡蒂普南组织被破坏，使革命力量遭到严重损失。正值此时，西班牙总督里维尔率领18000人的军队向革命军反扑。同时又提出一些“诺言”，引诱阿奎那多投降。阿奎那多在西班牙殖民者的威迫利诱之下向敌人投降。1897年11月18日，阿奎那多的代表和里维尔在比阿克纳巴多签订条约。阿奎那多在12月16日发表宣言，宣布立即停止军事行动，新政府自动解散。随后阿奎那多从里维尔那里领取了80万比索，流亡香港。

阿奎那多虽然投降了，但菲律宾革命并没有停止，吕宋岛的许多省份仍控制在革命军手中。1898年4月17日，革命军占领区召开代表大会，成立中吕宋政府执行委员会，并颁布了临时宪法。由于革命的胜利发展，促使地主资产阶级分子又重新参加反西班牙的活动，阿奎那多也在香港成立了“爱国联合会”。但革命局势因国际环境的变化而更趋复杂化。

1898年4月，美西战争爆发。美国一面派军舰到马尼拉湾，一面派领事和军事特使与阿奎那多秘密谈判，诡称支持菲律宾人民反对西班牙的民族独立战争。5月1日，美国海军在马尼拉湾消灭了西班牙舰队。5月末，阿奎那多乘美国军舰回到菲律宾。6月12日（今菲律宾国庆日），阿奎那多在甲米地发表独立宣言，成立革命政府。在独立宣言鼓舞下，菲律宾革命军连战连捷。到8月，除马尼拉和南部某些地区外，几乎全部领土都摆脱了西班牙的统治。1898年9月15日，菲律宾革命议会开幕，制定了宪法。1899年1月，议会正式通过菲律宾共和国的成立，阿奎那多任总统，马比尼任内阁主席。菲律宾共和国的成立，标志着西班牙在菲律宾三百多年的殖民统治的终结。

正当菲律宾人民反对西班牙的革命斗争取得决定性胜利的关键时刻，美帝国主义立即撕去了“盟友”的假面具，强行占领马尼拉。美、西在巴黎签订的和约规定，西班牙将菲律宾“转让”给美国。美国以2000万美元的代价从西班牙手中取得了对菲律宾的统治权。从此，菲律宾人民同美国帝国主义之间的矛盾变为主要矛盾。1899年2月4日，美国侵略军向驻在马尼拉附近的菲律宾革命军发动突然袭击，2月5日，菲律宾共和国正式向美国宣战，刚刚从西班牙统治下解放出来的菲律宾人民，又投入抗击美帝侵略的正义战争。由于叛徒的出卖，菲律宾人民的抗美战争最终失败，菲律宾沦为美国的殖民地。

5. 印度

19世纪末，随着英国世界工业垄断地位的丧失，英国殖民者对其最大的殖民地印度的殖民掠夺更加迫切了。这一时期，英国殖民者除继续依靠军事政治权力对印度人民无情搜刮、扩大商品倾销、加紧掠夺粮食原料外，资本输出已逐渐成为主要的剥削手段。据估计，到1910年，英商在印度的公债和企业投资总计为4.5亿英镑，每年获得的利息约4000万英镑，远远超过英国对印度的外贸收入。英商投资的主要门类是殖民政府的公债、铁路、矿产、造船、船运、种植园等。殖民者为了加速输出印度的矿产资源、粮食原料，扩大商品倾销，加强军事统治，从 70 年代起便开始大规模地修筑铁路，铁路线增长极快。1871 年有 5000 多英里，1900 年达到 25371 英里，1913 年已达到 34656 英里。随着铁路网的修筑，英商为适应掠夺原料矿产的需要，还兴办了许多工矿企业，如煤炭、石油、锰矿、金矿等，控制了商港、造船、航运、电机，参与丝织、棉织、造纸、榨油等部门。

在农业方面，英商经营各种水利工程和茶叶、橡胶等种植园。由于殖民政府的强制和英商的操纵，印度的农业生产商品化有了发展，很多地区变成了单一种植区。例如，阿萨姆、孟加拉、南印度种植茶叶、橡胶，孟买、马拉特种植棉花，孟加拉种植黄麻和蓝靛，旁遮普种植小麦，马德拉斯种植花生，等等。与此同时，英国殖民者还利用封建土地关系加强对农民的剥削。60 年代以后，殖民政府颁布了一系列田赋法案，巩固了柴明达尔地主的地位，保障了地主、商人、高利贷者对农民的剥削权利。这一时期，英国从印度掠夺的粮食原料与年俱增。1901～1906 年和 1892～1897 年比较，输往英国的小麦增加了 176%，棉花增加了 43%，黄麻增加了 27%。这样，英国进一步巩固了在印度的原料基地和商品市场，加速了印度经济的殖民地化。

英国资本输出的增长，近代工业的出现，特别是铁路网的修建，在客观上促进了印度民族工业的发展。19 世纪下半期，印度民族资本主义开始形成和发展。1851 年，孟买出现了第一个印度资本的棉纺厂。到 1861 年，孟买已有 10 家纺织厂。1900 年，全印度共有纺织厂 193 家，拥有 495 万纱锭，4 万台纺织机，雇佣 16 万工人。印度资本家还拥有银行信贷机构、钢铁厂水电站、水泥厂以及印刷、造纸、榨油等小型企业。印度资本主义的发展以及印度资产阶级形成的条件，决定了印度资产阶级的特点。印度资产阶级的前身大部分是买办商人、高利贷者、地主和封建王公，只有一小部分是从小商人和手工工场主形成的。印度民族工业的资金和技术装备都依赖英国，因而印度资产阶级和英国垄断资本家存在着依附关系。但是，印度资产阶级和英国资产阶级之间仍存在着不可调和的矛盾。英国资本家依仗殖民政权，采取经济的和非经济的手段阻挠印度民族资本发展。殖民政府根据垄断资本家的利益，制定关税政策，加强英国商品在印度市场的竞争能力。例如，1862 年，英国政府应兰开夏制造商的要求取消了对输入印度的棉织品的一切进口税。英国资本家还几乎全部控制了印度的近代交通工具，抬高国内各地区之间的运价，阻挠货物流通，限制民族资本的发展。直到 19 世纪末，印度资本主义工业仍然是半封建殖民地经济大海中的一个小岛。印度资产阶级既依赖于英帝国主义，又和英国存在矛盾，这就决定了印度民族资产阶级的两面性。

随着近代工业的产生，在印度出现了第一批产业工人。最早的近代工人是受雇于英国资本家工厂的，印度无产阶级的历史早于印度资产阶级。19世纪末，印度已有50万以上的产业工人。他们大部分来自破产农民和手工业者，季节性工人较多，流动性较大，女工和童工占1/3。他们所得工资微薄，劳动沉重，工作日长达14～15小时，根本没有假日。工人不仅受资本家剥削，而且还有工头从中克扣他们的工资，进行种种勒索。沉重的劳动严重损害了印度工人的健康，很多人被折磨致死。这一时期印度无产阶级人数不多，政治上还不成熟，但却与先进生产方式相联系，是一个不断发展的、组织性和革命性最强的阶级。他们和广大手工业者、小商人、小业主等城市小资产阶级构成为城市里反英斗争的主要力量。随着殖民掠夺和封建剥削的加强，各种社会矛盾，尤其是印度人民和英国殖民主义的矛盾日益激化。全印度各地到处开展大规模的农民运动和工人罢工，同时兴起的还有资产阶级的改良运动。19世纪60～70年代资产阶级改良主义运动有了较大的发展，并且出现了各种地方性的资产阶级地主的改良主义政治组织。如1870年梵教派领导人凯舍夫在加尔各答创立的印度改革协会，1875年苏伦德拉·纳特·巴纳吉创立的印度协会以及孟买出现的达伊·纳奥罗哲和马哈捷·戈文德·拉那德所代表的印度国民经济学派等。他们反对英国殖民束缚，要求实行自上而下的社会改革，普及欧式教育，发展民族工业，改革税制，司法平等，建立陪审制度，实现在英帝国范围内的自治。资产阶级改良主义运动反映了当时印度自由派地主和资产阶级的要求。他们要求改革，但又和封建地主有密切联系，惧怕农民斗争。他们反对英国的殖民束缚，但又幻想依赖英国求得经济的发展和政治上的平等权利，只求有限的自治，不求民族的独立。改良主义运动严重地脱离群众，在政治生活中没有产生重大的效果。但改良主义者反对中世纪的社会习俗，要求发展民族工业，争取民族平等的活动，在当时仍有其进步意义，它促进了资产阶级民族运动的兴起，对印度人民的民族觉醒起了启发作用。

工人运动、农民起义和资产阶级改良主义运动三者同时进行，虽然互相没有联系，但山雨欲来的形势，引起了英国殖民者极大的恐惧。英国殖民者为了防止工农运动和资产阶级运动的结合，在残酷镇压农民起义的同时，又极力拉拢地主资产阶级上层分子，力图把资产阶级改良主义运动纳入合法的轨道，以便控制，于是便支持他们的代表建立全国性的改良主义政党。80年代初，各改良主义团体的代表们也开始接触，酝酿建立全国性的政党。

1885年12月28日，在英国殖民官吏休谟的导演下，印度国民大会党(简称"国大党")在孟买举行成立大会。出席大会的有孟买、旁遮普和其他英属各省的代表。其中不少是印度改革协会和印度协会的领导人。代表中半数是资产阶级知识分子,半数是地主商人和高利贷者。大会的中心议题是要求民权和自治,最后通过了九项决议。要求实行行政改革,在参政院中增加民选议员,实行保护关税政策,谴责殖民政府的军费开支,恢复上缅甸独立等。

国大党是在英国同意下成立的地主资产阶级政党,主要反映地主和上层资产阶级的要求,带有浓厚的改良主义色彩。其奋斗的目标不是民族独立,而是参与政权。国大党成立初期的活动,只限于在报刊上宣传鼓动,向英国国会呈递请愿书,以及召开例行年会。宣传内容包括揭露英国殖民官吏的专横行为,要求民族平等,反对英国官吏和农场主杀害印度人民等。它的宣传鼓动对提高印度人民的民族意识起到了一定的作用。

国大党成立不久,有一批激进主义者参加进来,党内遂分成两派。以苏伦德拉·纳特·巴纳吉为首的温和派掌握领导权,代表地主和上层资产阶级的利益,主张和英国妥协合作。以巴尔·甘格达尔·提拉克(1856～1920年)为首的激进派,代表小资产阶级、富农、小地主和自由职业者的利益,他们极力反对温和派的妥协合作路线,认为英国殖民奴役是印度贫穷落后的根源,主张联合人民群众的力量,运用各种斗争形式包括暴力来推翻英国殖民统治,实现民族独立。但提拉克鼓吹狭隘的印度教民族主义,把印度教作为思想武器,不能团结广大的伊斯兰教徒,也没有提出解决土地问题的纲领,没有把反帝斗争与反封建斗争结合起来。尽管如此,提拉克坚决的反英活动有很大进步意义,也获得了广大小资产阶级各阶层的热烈支持。英国殖民当局把提拉克视为死敌,1897年将他处以监禁,但在印度人民的抗议下,殖民当局被迫把他提前释放。提拉克在印度人民中的威望日益增长,到19世纪末20世纪初,他已成为印度资产阶级民族运动的代表人物。

6. 土耳其

土耳其的地理位置与欧洲毗邻,因此较易接受西方资产阶级思想文化的影响。西方关于民主、自由、平等的思想传入土耳其后,在古老的奥斯曼帝国内部引起了改革与立宪运动。1865年6月,纳米克·凯末尔组成新奥斯曼党。70年代,流亡国外的新奥斯曼党人纷纷回国开展活动。1876年5月31日,新奥斯曼党发动政变,另立阿卜杜尔·哈米德二世为苏丹,成立了改革派组成的新政府,并制定了宪法,仿照西方模式建立了君主立宪制度。1877年,哈米德二世在俄国的支持下解散了政府,并将改革派驱逐出境。1878年,苏丹下令解散议会,取消宪法,立宪运动乃告失败。但是土耳其的资产阶级运动并未停止,民族危机的加深,国内民族矛盾和阶级矛盾的激化,终于引起了1908年的资产阶级革命的爆发。

此外,还有伊朗19世纪80～90年代发生的立宪运动。

总之,19世纪后半期的亚洲正处于民族觉醒和资产阶级革命的前夜。应当指出的是,这一时期亚洲各国发生的民族运动不是某一个国家的孤立事件,而是遍及整个亚洲的一场旨在变革旧秩序、实现民族独立的风暴,体现了亚洲人民摆脱殖民统治、走上资本主义现代化道路的共同趋向,所以应当对亚洲各国发生的事情作整体分析。

六、殖民主义笼罩下的非洲

19世纪70年代在非洲的殖民史上是一个重要的转折。转折的标志是:1869年11月苏伊士运河竣工通航及由此引起的尼罗河流域的开发;1871年英籍美国人斯坦利探险抵达坦噶尼喀湖寻找到英国人利文斯通率领的探险队。从此,西方殖民者的足迹已经沿尼罗河对非洲实现了南北贯通,又沿刚果河和赞比西河东西横越了整个大陆,西方的殖民活动已由非洲沿海边缘深入到非洲腹部地区,从而开始了非洲大陆沦为西方殖民国家的完全殖民地的过程。到第一次世界大战爆发时,非洲除埃塞俄比亚和利比里亚之外,已被欧洲列强瓜分完毕。非洲作为欧洲的殖民地,被纳入到全球性市场经济中去,这就使非洲远远落后于欧洲,无法沿着现代化道路实现民族的独立、繁荣和富强。

非洲大陆加入全球体系的过程,等于它的殖民地化的进程,这就是说非洲走的是一条与欧洲截然不同的道路,同亚洲也略有差异,它的殖民地化在广度与深度两个方面要来得更为彻底。原因是:(1)非洲毗邻于欧洲,两者之间仅有地中海相隔;(2)非洲在殖民地化之前的社会形态较为落后,除北非的少数国家,其他地区缺少拥有强大实力的国家,互相之间又封闭隔绝,无法共同御敌,所以很难抵御欧洲人的入侵;(3)恶劣险要的自然环境是唯一能抵挡欧洲殖民者的屏障,但第二次科技革命期间欧洲在技术上的进步,如内河航行、铁路、电报、医学、武器等的改进和发明,使欧洲人掌握了向非洲大陆内地渗透的手段;(4)非洲的战略地位和经济价值,更使非洲成为帝国主义列强激烈争夺的对象。

帝国主义在瓜分非洲的过程中,总是按照自己的模式来重塑非洲的政治和经济结构。

政治上,列强们根据自己的利益和欧洲的实力均势来划定各自占有的殖民地的边界,根本不考虑非洲的人种、历史和自然条件。它们把历史上形成的国家和地区强行割裂,把人种和语言相同的民族分开,严重破坏了非洲各部族和国家形成的正常过程,使非洲从传统向现代型社会的嬗变扭曲为一种畸变。在列强瓜分非洲的过程中,逐步形成了一套完整的殖民统治制度。各国在非洲的殖民统治虽然手法上稍有区别,但大体上可分为直接统治制度和间接统治制度两种类型。英国最初对征服地区实行直接统治，到19世纪后期，由于人力短缺、经费不足，改行间接统治，即收买当地上层封建主或部落酋长充任代理人，由他们代管当地的行政事务，并保留了传统的政权形式和司法制度，省一级和中央政权则由英人直接控制。法国一般采用直接统治制度，由政府委派总督和行政官吏进行统治，推行法国的政策法令，当地的司法、治安、军事等权力牢牢掌握在法国手里，酋长们只保留了一些次要的并且易受当地人民抵触的职责，如征收捐税、征募劳力和征兵等。德国也实行直接统治制度，政权由军事长官掌握，把国内的军国主义统治制度搬到了殖民地。葡萄牙则把殖民地划为本国的行省，实行同化政策，进行直接统治。不论是直接统治制度还是间接统治制度，都是对非洲国家政治独立的侵犯，都是对非洲人民一切政治权利的剥夺。

经济上，列强对非洲实行多种形式的剥削和掠夺。为了把非洲变成原料供应地，各殖民国家都大力推行单一作物制和强迫劳动制度。如：英国强迫黄金海岸（即加纳）单一生产可可，尼日利亚和塞拉利昂生产棕榈油，苏丹和乌干达生产棉花，桑给巴尔生产丁香；法国在塞内加尔推行花生种植，把肯尼亚变成剑麻、咖啡和棉花的供应地。单一作物制使殖民地的农业完全依附于外国垄断资本，使非洲的粮食作物的种植面积迅速缩减，以致不得不从国外进口粮食。其结果是，非洲极易受到世界市场物价剧烈波动的影响。这就是非洲进入全球一体化的悲惨的一面。

殖民当局在非洲还推行强迫劳动制度。该制度主要盛行于赤道非洲的森林采伐业和南部非洲的采矿业。在刚果，殖民者强迫当地居民到森林里采集橡胶，如果采集者没有完成定额，会受到断肢或枪杀的处罚。在南非的矿井中工作的非洲土著人只能领取极少的工资，而每年有大量的矿石源源不断地流向英国。到1898年，英国在南非共设立了642家采矿公司，仅采金业就投资了2200万英镑。德国和美国也竞相向南非渗透，投资采矿业。

列强对非洲的经济掠夺，严重破坏了非洲经济的正常发展，使非洲的经济现代化落入依附性的陷阱当中。

欧洲殖民者还有意识地改变非洲的民族文化和社会生活，主要手段是传教、行医和教育。其结果是两方面的：一方面是粗暴干扰和破坏了非洲的传统文化，巩固了欧洲对非洲的殖民统治；另一方面也把欧洲先进的思想文化、科学技术和教育制度带到了非洲，客观上起到改变非洲落后面貌的作用。同时，西方的教育为非洲培育了一批具有民主自由思想的知识阶层和中产阶级，他们接受了西方式的教育，其中一部分人能够深入地思索和分析非洲贫困的根源和现代化的方向问题，因此成为非洲第一代民族主义者，改变了非洲民族独立运动的面貌，使这一运动带有越来越多的资产阶级的色彩。

殖民主义、帝国主义对非洲的政治奴役和经济压榨，激起了非洲各地人民强烈的反抗。重点有以下几个：

(1)埃及阿拉比领导的抗英斗争。苏伊士运河的修筑增加了埃及的财政负担，加上其他开支，到1876年埃及外债已达9100万英镑，仅付债息就耗去年财政收入的2/3，因此，埃及政府宣告财政破产，停偿债务。英、法以此为由，对埃及财政实行了共同监管。1878年10月，又直接参加了埃及内阁，操纵了埃及的行政大权。在反对所谓"欧洲人内阁"的斗争中，1879年出现了埃及第一个资产阶级政党——祖国党。该党由爱国军官和知识分子组成，领袖是埃及军官阿拉比。祖国党以保卫民族独立、实行宪政制度为宗旨开展斗争。1881年9月，土耳其总督杜非克企图把具有爱国情绪的驻军调离开罗，阿拉比立即率军起义，迫使杜非克改组内阁。1882年，祖国党内阁成立，阿拉比任陆军部长。7月，英军炮轰并占领了亚历山大港，杜非克投降，阿拉比领导埃及人民进行了艰苦的抗英战争。由于上层封建集团的叛变以及阿拉比军事上的失误，开罗于9月14日陷落，阿拉比被俘。1883年，英国派贝林为驻埃及总督，从此埃及成为英国的半殖民地。

(2)苏丹马赫迪反英起义。英国占领埃及后，即开始沿尼罗河向非洲内地扩张，苏丹是这一计划的首要目标。苏丹是土耳其奥斯曼帝国的一部分，但实际上由埃及统治。英国利用埃及政府驻苏丹官员的名义，逐步取代埃及人担任苏丹各省省长和苏丹总督。1881年，自称"马赫迪"(救世主)的穆罕默德·艾哈麦德发动对侵略者的"圣战"，击退了英军的多次进攻，并解放了苏丹全境，成立了政府。这次起义坚持了20年，1900年才被英军镇压下去。英埃签订《管理苏丹协定》，苏丹成为英国的殖民地。

(3)埃塞俄比亚抗意卫国战争。埃塞俄比亚是一个具有三千多年历史的古国。1895年，意大利为了把埃塞俄比亚变为自己的保护国，在英国的支持下向埃大举进攻，埃塞俄比亚皇帝麦纳利克领导人民进行了抵抗，最终歼灭侵埃意军，捍卫了国家的独立和完整。抗意战争是反殖民主义斗争取得胜利的典范，极大地鼓舞了非洲人民的反帝斗争。在19世纪、20世纪之交，"埃塞俄比亚"一词成为非洲民族精神的象征，许多非洲民族主义组织都以此命名，表明自己反对欧洲殖民统治的决心。

(4)北非马格里布各国的斗争。1871年春，阿尔及利亚发生民族起义，曾一度把法军从东部地区赶走，斗争烈火燃遍阿尔及利亚全境。起义坚持到1872年才被法国镇压下去。起义失败后，法国把阿尔及利亚变成法国的一个省，法国殖民当局剥夺了阿尔及利亚人民的各种权利，并大规模移民，企图对阿尔及利亚实行"同化"政策。

突尼斯是法国继占领阿尔及利亚之后的又一目标。1878年的柏林会议上，法国在突尼斯问题上得到了英、德的支持。1881 年 4 月,法国派兵侵入突尼斯,迫使突尼斯在接受法国保护的条约上签字。突尼斯人民立即举行全国性起义,顽强抗击入侵的法军。1883 年,起义遭到血腥镇压。7 月,法国又强迫突尼斯签订新的条约,突尼斯正式接受法国的"保护",虽然突政权仍然保留,但国家权力完全操纵在法国人手中。

到 19 世纪末,北非只有摩洛哥还保持着独立,但由于国内改革运动的失败,摩洛哥最终失去了抵御帝国主义入侵的实力。20 世纪初,摩洛哥终于沦为法国的"保护国"。

(5)西非人民的抗英斗争。从 19 世纪初,英国就企图侵略西非阿散蒂人的国家,均遭失败,仅在黄金海岸建立了一些分散的殖民据点。1873 年春,英军 4000 余人向阿散蒂发动进攻,双方激战到次年 2 月,阿散蒂人被迫从首都库马西撤退。3 月 14 日,阿散蒂被迫同英国签订了和约,放弃了沿海地区的主权。1896 年 1 月,英军再次占领库马西,宣布阿散蒂为英国的"保护国"。阿散蒂人民掀起抗英起义,起义一直坚持到 1901 年底才告结束。阿散蒂从此被英国吞并,成为英国的直辖殖民地。

此外,在西非还有几内亚人民反抗法国殖民者的斗争。

(6)南非祖鲁人抗击英国殖民者的斗争。1806 年,英国从荷兰手中夺取开普殖民地后,大批布尔人(荷兰殖民者的后裔)向北迁移,侵入非洲土著祖鲁人居住的纳塔尔地区,建立了"纳塔利亚国"。40 年代,英国势力侵入纳塔尔,把祖鲁人赶到东北部的保留地内。70 年代,祖鲁国家复兴,并做好了抗击来侵英军的准备。1879 年 1 月,5000 英军侵入祖鲁国家,遭到祖鲁人的顽强抵抗。英军依靠先进的火炮和步枪,才吞并了祖鲁人的国家,将其并入纳塔尔殖民地。

此外,还有东非马达加斯加人民的抗法斗争、南非马塔别列人的反英斗争,等等。

非洲民族解放斗争具有以下特点:第一,以武装斗争作为主要斗争方式。第二,由于非洲总体上社会发展水平较为落后,所以大部分地区的斗争是由封建阶级领导的。只有埃及等少数先进地区的斗争具有资产阶级民族运动的性质。第三,民族斗争带有浓厚的宗教色彩。第四,由于非洲的封闭隔绝状态,各地的斗争缺少联合,没有像美洲和亚洲那样形成席卷整个大陆的革命风暴。

非洲的殖民化程度比起拉丁美洲和亚洲要更为严重,所以,非洲现代化的道路比拉丁美洲和亚洲都更为曲折和漫长。拉丁美洲在 19 世纪 20 年代即已形成自己的体系,亚洲在 20 世纪初开始觉醒,而非洲直到第二次世界大战后才真正融入第三世界运动,实现民族的解放和独立。

七、泛美体系中的拉丁美洲

拉丁美洲在 19 世纪初取得独立后，并没有走上西欧、北美模式的资本主义现代化道路。拉美各国在政治上虽然得到独立地位，但是这种独立的基础却是一种依附型的经济体系，对内仍保留着封建制度的遗迹，对外则成为西欧北美资本主义强国的经济殖民地。拉丁美洲的政治经济和社会结构具有以下特点：

第一，保存和发展了大地产制。其原因是：(1)独立战争的主要领导人是土生白人(克列奥人)地主，他们利用手中的军政大权，霸占了从西、葡殖民者没收来的大量土地，并用公开掠夺、廉价收购、丈量土地、强迫迁移等手段大肆吞并印第安人的土地。(2)各国军事独裁政权实行封地制，把土地赐给文武官员。如墨西哥独裁者迪亚斯执政 30 年中，把 1.35 亿英亩的土地赐给自己的亲信。阿根廷的独裁者在 19 世纪最后 20 年中，把 1.5 亿英亩的土地无偿赠给大官僚、大商人和大地主。(3)随着外国移民的增加和外国垄断公司的增多，加速了对土地的争夺和兼并过程。(4)19 世纪后半期，世界市场对拉美农产品需求增加，使大庄园经济有利可图。由于以上原因，大地产制在拉美得到了充分发展。19 世纪拉美并入大地产的土地等于以前三个世纪的总和。当时各国庄园的规模都很大，墨西哥占地 2.5 万英亩以上的庄园有 300 多个，占地 6.25 万英亩的有 160 个，占地 25 万英亩的有 11 个，最小的庄园也不少于 2500 英亩。在委内瑞拉，80%的土地属于大地主，每户地产都在 4000 英亩以上。在巴西，2000 个大庄园主所占土地面积比意大利、荷兰、比利时、丹麦四国面积的总和还大。在阿根廷，最大的牧场占地达 120 万英亩。每个庄园是一个自我封闭的生产和生活单位，保持着自给自足的自然经济的特色。19 世纪中期以后，虽然一些庄园的经营方式日益资本主义化，但大量存在的是封建式的租佃制，劳动者每年要用 1/3 的时间为庄园主服劳役，或是交纳实物或货币地租。不少人沦为债农，世世代代被迫依附于庄园主，成了变相的奴隶。

大地产制给拉美经济带来严重的危害。其一，使广大农民陷入贫困和破产，激化了社会矛盾。其二，造成农业耕作技术和劳动工具落后，生产效率低下，土地利用率降低，森林资源破坏，水土大量流失，农业产量急剧减少。其三，严重阻碍了近代民族工业的发展。庄园主为了保持地位，竭力维护自给自足的自然经济，反对发展国内交通和商业。另外，农民因贫困而购买力低下，庄园主所需的商业大多来自国外市场，他们力主实行自由贸易，反对保护关税。这些都使拉美市场萎缩，工业落后，使拉美各国长期以来摆脱不了农业国家的状态。

大地产制还是国家分裂和动乱之源。拉美每个国家实际上是若干个大庄园的松散集合体,各地庄园不仅相互孤立,而且因经济利益的冲突而相互敌视,从而造成国家内部的离心力。

第二,保持了单一型和依附型的经济发展模式。比如,巴西在18世纪初以前以生产蔗糖为主,到19世纪中期,出现了黄金热和钻石热,后来又转向咖啡和橡胶;智利则主要生产小麦、硝酸盐和铜;中美洲到处是生产香蕉的种植园。这种畸形的生产完全依国际市场的需求而盲目定向,并且主要是向国外出口资源性原料和初级产品。由于对国外市场的过分依附,所以国内经济的发展表现出极大的不稳定性,国外市场上的每一次波动都将给国内经济造成极大的震撼。

第三,与西欧、北美资本大国的纵向经济联系要比当地民族经济内部的横向联系更占优势。国内生产的大宗货物绝大部分都通过沿海港口输往国外,运往国内各地的仅占少数。修建铁路、公路和港口主要是为便利海外贸易,而不是发展国内的商业。拉美各港如里约热内卢、圣保罗、蒙得维的亚等与欧洲的交通要比与国内各省的交通快捷得多,国内交通网远没有形成,影响了国内市场的形成。外资企业在拉美与当地社会高度隔绝,对当地经济毫无扩散效应。世界贸易的繁荣竟然是以拉美人民的贫穷、落后、分裂为代价而维持的。

第四,政治上长期保留着"考迪罗主义"。"考迪罗"这一拉丁词语原意是"军事首领",后成为拉美军事独裁者的通称。考迪罗绝大多数出身于军官或大地主,他们依仗当地地主集团的支持,掌握了军权,成为该地区至高无上的统治者。他们不同于欧美资本主义国家由选举产生的政治领袖,与封建时代世袭的君主和领主也有不同,他们是通过武装政变或战争的途径夺取政权的。每个考迪罗统治时间长短不一,多则几年、几十年,少则几个月、几天、几小时。这种政治方式在拉美各国极为流行,给拉美带来严重的危害:(1)造成国内政局的动荡不定和暴力统治。如玻利维亚在74年内共发生60次政变,哥伦比亚在前70年中爆发过27次内战,秘鲁独立后100年内更换过50多个总统。考迪罗的统治具有极大的不稳定性,因此每个独裁者上台后,都大肆搜刮,贪污受贿,造成国库空虚,财政紊乱,民不聊生,严重破坏了经济发展和政治风气。(2)维护和加强了大地产制。考迪罗都是依靠该地区大地主集团的支持才得以上台的,因此,新上台的考迪罗总是把大片土地赠送给拥戴和支持他的大地主,并利用国家政权保护他们的利益,这就造成拉美国家无法进行任何社会改革,社会发展处于停滞和落后状态。(3)瓦解和破坏了拉美各国人民的革命斗争,每一次革命斗争往往到最后都成为考迪罗们夺取政权的工具,考迪罗频繁变更,而社会性质却无根本性变化。(4)为帝国主义向拉美各国渗透打开了大门。考迪罗为了夺取和巩固政权,往往需要帝国主义的财政和军事援助,为此,一旦上台,他们就变成帝国主义的代理人,把国家主权出卖给列强。

第五,社会等级划分严格。社会的顶层是由克里奥人的后裔组成的大地主和庄园主,他们垄断了法律界、政府的高层部门和企业金融界。中层是混血种人以及19世纪后期到拉美来的欧洲新移民,他们主要从事商业、医生、工程师、教师等职业,属拉美的中产阶层。最底层是广大印第安人和黑人,他们在庄园牧场和厂矿里终年劳作,生活极端贫困,在社会中得不到任何地位和机会。等级制加上种族主义,阻碍了社会的纵向流动,制约了整个社会潜力的发挥。

以上种种,使拉丁美洲在政治上独立后,经济和社会生活仍然停留在滞后状态,对国外市场的依附使拉丁美洲长期以来受制于欧美帝国主义国家,实际上陷入半封建半殖民地的深渊。

拉美的经济命脉长期以来控制在英国手中。英国主要是通过贸易、贷款和投资等方式,向拉美各国进行经济渗透,然后攫取各种特权。尤其是19世纪60年代法国势力从拉美撤退后,英国加强了对拉美的投资,这些资金大多用于修建铁路和港口,开辟轮船航线,收购土地,开发矿山,等等。通过这些方式,英国资本控制了拉美各国的农副产品加工业、采矿业以及交通、铁路和港口等。1870年,英国对拉美投资为8500万英镑,到第一次世界大战前夕上升为10亿英镑,成为拉美的主要投资者和债主。

英国在拉美的主要竞争对手是美国。美国在拉美的战略是在拉美构筑"门罗主义"保护下的由美国领导的美洲体系,把拉美变成美国独霸的势力范围。内战结束后,美国的垄断资本在国内占据了统治地位,寻找海外贸易和投资市场日趋迫切。1873年,美国发生经济危机,为了渡过危机,美国各地开始泛滥海外扩张的思潮,扩张分子鼓噪要向海外扩张,其中就包括向拉美扩张。

1889年10月2日至1890年4月19日,美国邀集拉美各国在华盛顿召开泛美会议。当时美国对拉美的贸易由于受到英国的排挤而出现逆差,因此,扩大美国在拉美的市场和维持有利于美国的贸易平衡,成为美国召开这次会议的直接目标;另外,从长远看,美国想打出"泛美主义"的旗帜,把拉美各国牢牢拴在美国手中。会议的中心议题是建立美洲关税联盟和美洲仲裁法庭。由于拉美各国对美国的意图怀有戒心,上述两项议题未获任何成果。会后成立了"美洲共和国国际联盟"(后改称"泛美同盟"),由美国国务卿任永久主席。从此,美国以"泛美主义"为武器,向拉美进行政治干涉和经济渗透。

19世纪初,委内瑞拉同英属圭亚那发生边界纠纷。1876年起,美国以"门罗主义"的名义多次要求出面仲裁,均遭英国拒绝。1895年,委内瑞拉事件又起波澜,美国政府决定以此作为加强"门罗主义"政策和争夺拉美市场的契机,同英国展开一场外交决战。7月20日,美国国务卿奥尔尼向英国发出一份措辞强硬的照会,要求英国接受美国的调停,并以战争相威胁。当时英、德矛盾激化,英国不愿同美国交恶,遂作出让步,同意成立有美国参加的仲裁法庭,确定委内瑞拉同英属圭亚那的边界。从此,美国可以在仲裁的名义下干预拉美事务,把拉美各国置于美国的卵翼之下。

1898 年,美国趁古巴人民反对西班牙的民族独立战争即将胜利之机,发动了对西班牙战争,夺取了西属波多黎各,并把古巴变成美国的保护国。1900 年,美国又迫使英国废除 1850 年签订的关于美、英两国共同控制中美地峡运河的条约,重新订立了新的运河条约,使美国取得了单独开凿和管理运河的特权。从此,美国逐步把英国势力从拉美排挤出去,拉美遂成为美国的后院。

为了改变拉美的命运,使拉美赶上现代化的进程,拉美人民展开了各种形式的运动和斗争。1888 年,巴西人民经过艰难曲折的努力,终于废除了奴隶制度,并在资产阶级共和派的领导下,于 1889 年废黜国王,宣布成立联邦共和国。古巴人民从 1868～1898 年,连续两次发动反对西班牙殖民统治的起义,以解放西属拉美的最后一块殖民地,最后终于击败了西班牙,取得了胜利。拉美其他地区也出现了人民群众要求改革土地制度和争取民族权利的斗争高潮。工人运动也在拉美各国兴起。19 世纪中叶,阿根廷、智利等国出现了早期的工会组织,一些先进的知识分子开始传播马克思主义。墨西哥成立了第一国际支部,1871 年开始出版《社会主义报》,1878 年 7 月成立了社会党。1872～1876 年,阿根廷成立了四个第一国际支部,1896 年宣告成立社会党。此外,在巴西、智利、古巴、乌拉圭等国,先进的工人和知识分子也出版了宣传科学社会主义的报刊,成立了各种工人团体,开展各种革命活动,掀起多次罢工斗争。拉美的资产阶级人士也在设计和实施各种社会改革方案。总之,拉美工人、农民和资产阶级各阶层都从各自的利益出发,以各自的方式探索拉美的现代化之路,他们都在努力使拉美成为国际社会的平等一员投入到世界一体化的洪流中来。

八、世界走向更高层次的"一体化"新时代

在 19 世纪的最后 30 年中,整个世界经历了时代性的重大变动,世界历史即将由近代向现代过渡。时代变动和历史过渡的最主要的内涵是世界一体化进程从旧模式向新模式转换,从低层次向更高层次飞跃。这种转换和飞跃表现为以下几个方面:

第一,第二次科技和工业革命的浪潮席卷整个资本主义世界。这场革命把世界带进电气时代,用电来推动世界高速运转;这场革命将化学工业和石油工业为历史列车的行驶提供了新的能源;这场革命将电报、电话和铁路的触角伸向世界各地,把分散隔绝的地球逐渐连成一体。这场革命不但促进了生产力的发展,

而且从根本上改变了欧美主要国家乃至整个世界的经济结构，改变了人们的观念意识和思维方式，因而它比一般意义上的政治、经济、思想文化领域内的革命都要深刻。可以说，它使整个世界大厦的最深层产生极为强烈的震荡，它把世界的各个部分，包括最为偏远的角落，都卷进资本主义运动的旋涡，它是世界一体化向更高层次前进的原动力。

第二，资本主义由自由竞争向垄断时期的发展进程开始启动。这是资本主义生产方式内部的质变，是资本主义的结构性改造和重组。它是由新科技和生产革命造成的结果，它毫无疑问是资本主义发展史上极为深刻、极为重大的历史事变。进入帝国主义时期之后，生产和资本更加集中，生产不再是个别的和孤立的行为，而变成联合和统一的产业流程，生产的社会化程度比自由竞争时期大大提高。银行资本同工业资本的结合更使资本主义国家的工业生产和资本流动形成网络。这样，首先在统一国内市场方面实现了真正意义上的一体化。从外延方面来看，垄断造成的国内生产的一体化必然会波及国家之外，生产的社会化已超出一国范围而具有世界意义。残酷的竞争使垄断资本将世界市场视为生命线，资本的输出又为世界市场的争夺增添了新的动力和内容。这样，资本主义发达国家以外的地区，甚至原来处于“体系之外”的国家和地区，在19世纪最后30年中都先后被卷进资本主义的世界体系中来。帝国主义运动实际上就是世界一体化的历史过程。

第三，欧洲的政治格局发生了转换。1815年建立的维也纳体系经过20～40年代三次民主革命高潮的冲击，君主制度已走入绝境。1856年克里米亚战争之后，俄国在欧洲的霸权地位丧失，折断了维也纳体系的一根重要支柱。但对维也纳体系的最后一击应当定在70年代，德意志统一结束了中欧分裂的历史，德意志帝国的建立完全打乱了欧洲现存的政治均衡，到此时为止，维也纳体系才最后寿终正寝。19世纪的最后30年当中，欧洲正处于新旧格局交替的转折期，国际关系复杂多变，但总体上是朝着两大政治军事集团的对立格局的方向发展。到19世纪末，欧洲混乱的政局已基本澄清，尘埃已初步落定。同盟国集团正式形成，协约国集团的主体——法俄同盟也已缔结，英国的“光荣孤立”已无法维持，加入欧洲结盟为时不远，实际上新的格局已经成型。格局的转换往往是时代变迁的最明显、最直观的表征，这在19世纪、20世纪之交得到了最好的印证。多极结构的寿命终止在19世纪之末，以两极结构为主要特征的20世纪已浮出了地平线。

第四，19世纪、20世纪之交最具历史意义的事情莫过于殖民主义制度自身的更新转变了。新的殖民主义体系是在世界资本主义进入帝国主义时期、世界基本上被帝国主义列强瓜分完毕、殖民地的民族解放运动蓬勃开展、旧殖民主义难以为继的历史条件下出现的，主要标志是英国自由贸易政策和美国的“门户开放”政策。新殖民主义虽然同旧殖民主义一样，是建立在掠夺、剥削殖民地的基础之上的制度，是人类历史上最不合理的历史谬误，但是，它却因自身的某些特点而具有时代性，代表了历史发展的主方向。它最根本的特点是它的开放性。内部开放的机制使新殖民主义以无形帝国的形式而无处不在，并具有强大的生命力。新殖民主义另一个重要特点是它的商业性。它更加侧重对殖民地进行经济控制，用商业和资本的纽带维系整个殖民体系。全球一体化的基础是遍及世界的商品流通和商业贸易活动，而开放门户则保证了商业流通能在没有任何壁垒和阻碍的条件下自由进行。一体化离不开商业流通，也离不开门户开放的市场秩序，因此，“门户开放”政策和原则在新旧世纪交替的时刻正式提出，绝不是历史的偶然。

第五，亚、非、拉广大地区自觉或不自觉地卷入了资本主义世界体系。美洲早在19世纪20年代就脱离了欧洲的政治体系，但它从来没离开过世界资本主义体系，在经济上摆脱资本主义大国的控制还需要一个长期的历史过程。非洲的殖民地化已从沿海边缘地带深入到大陆腹地，整个大陆已成为欧洲体系的外缘。亚洲在19世纪中叶还处在以欧洲为中心的体系之外，到世纪的后半期逐渐被西方敲开门户，从而结束了闭关锁国的隔绝状态，以殖民地和半殖民地的身份成为世界资本主义文明的一部分。

以上五个方面的历史变化，概括起来就是世界一体化正走向新的层面，五条支流到19世纪末已汇成一体化的滚滚洪流。

从另一方面看，整个近代史的一体化进程是建立在世界秩序不合理的基础之上的，这是人类在走向一体化时不得不付出的代价和牺牲。这种不合理表现在以下几个方面：(1)世界的命运操纵在几个资本主义大国手中，它们凭借实力和霸权地位，任意欺辱弱小国家和民族；(2)资本主义国家内部存在着阶级压迫和阶级剥削，其中最主要的是资产阶级对无产阶级和其他人民群众的压迫和剥削；(3)宗主国对殖民地进行残酷的征服、掠夺甚至屠杀。之所以有这些不合理、不平等的现象存在，主要原因在于世界一体化进程中各国、各民族及各地区之间的发展始终处于不平衡的状态之中。解决这种不平衡的问题本来有两种途径：一种是用强权把落后者强行拉进先进国家的运行轨道，用暴力剥夺弱小民族的自决权利，强迫他们接受不属于自己的文明；另一种是把不平衡带来的差异视为互补关系，通过世界性的平等交往，包括经济、政治和文化的交流，来弥平这些差异，实现真正意义上的一体化。但在世界历史的近代时期，维持这个不合理的世界运转的是不公平的规则和非理性的道德标准与价值取向。这种规则上的不公平体现在许多方面，其中较突出的有两个：第一个是社会进化的思想支配着人们的世界观。生存竞争被认为是人类社会的本能，削弱和掠夺他人被看成是使自己繁荣富强的唯一途径。第二个是“实力至上论”成为指导国际关系的唯一准则。国家的国际地位完全取决于实力，实力成为价值判断的尺度，战争成了解决国际争端的正当手段。国际公法中还没有写入非战方面的内容。上述种种都是中世纪带到近代世界的不合理的遗产，现在却同近代国际关系有机地融合在一起。它伴随着一体化进程而来，同时也在危害着一体化进程本身。

为了消除世界一体化进程中的不合理因素，世界近代史接连不断地发生着各种类型的斗争和革命，包括弱小国家反对霸权和强权的斗争、殖民地人民争取民族独立的斗争、无产阶级反对资本剥削的斗争、广大人民群众争取民主权利和生存权利的斗争等等。这些斗争和革命体现了人类内部的隔膜、对抗、冲突和分裂，代表了与一体化相悖的裂变趋势，但是它们有助于纠正人们之间不合理、不公平的关系和准则，从而优化了全球一体化的进程，使之在更高层次上健康发展。实际上它们本身也成为世界一体化的不可分割的一个组成部分。在19世纪的最后30年中，争取合理化的斗争逐步摆脱了孤立隔绝的状态，成为世界规模的国际行动。如，无产阶级的斗争已走出国界，成为国际工人运动和国际共产主义运动，第一和第二国际已把全世界无产者联成一体；再如，亚、非、拉的民族解放运动已逐渐走向国际化。虽然全球性第三世界尚未形成，但地区性的联合行动已经出现，并且这些斗争的资产阶级性质越来越浓厚，走上现代化道路的自觉性也越来越强烈。这也代表了全球一体化的一个侧面。

总之，到了19世纪末，世界即将进入一体化的新时期，世界性的联系比以往任何时期都更加频繁和紧密，地球上的每一个角落所发生的事件，都会影响到其他地区，都会牵动着整个世界的神经。国际局势变得更为复杂，国际格局变得更为不稳定，一切矛盾和冲突在新旧时代转换之际变得更加尖锐剧烈，与高度一体化同时存在的是更加严重的裂变趋势，世界的聚合和离散共存于一体，把全人类的生死命运紧紧结合在一起的竟然是一场代表着人类大分裂的世界大战。这就是历史的辩证法。新世纪将在大战的炮火硝烟中和旧世纪的废墟中降临世界，人类就如同传说中的不死鸟，在熊熊炮火中获得新生。

世纪之交与人类的命运有着非常奇妙的不解之缘，它总是成为人类历史进程的重要里程碑。世界近代史始于世纪之交，400年后又结束于世纪之交，历史即将引导人类进入一个更加一体化、更加合理化的新世纪。

【导　读】

1. 王绳祖主编：《国际关系史》，法律出版社1986年版。该书叙述了17世纪中叶至1945年国际关系的演变和发展。主要特点是：注意到经济因素对国际政治的影响；加强从理论上进行分析；从国际法的角度对国际条约进行评析。但该书的叙述过于简略,宏观框架以及历史主线不够突出。

2. 陈传金、吴瑞主编:《近代国际关系》,江苏教育出版社 1993 年版。该书是陈英吴等主编的"国际关系系列"中的一部。书中对 17 世纪中叶至 1918 年的近代国际关系史作了较为详尽的论述,叙述脉络清晰,内容丰富,尤其对经济关系给予一定的关注,但在编纂体例和结构框架方面缺少明显的突破。

3. [印度]R. C. 马宗达等著,张澍霖等译:《高级印度史》,商务印书馆 1986 年版。该书研究了印度文化的深厚传统和丰富的历史遗产,对英国殖民主义政策进行了谴责,对英国殖民统治的双重作用进行了全面评价。该书特点是:注意文化史的探讨和研究,从而开辟了印度文化史的研究方向;关注地方史的研究,开创了逐邦分撰印度历史的通史体例;审视和批判了英国的印度史学,力图站在民族主义立场上恢复印度历史的本来面目。但作者没有以社会生产方式的演变作为分析的基础,对印度的现代化问题没有涉及。

4. [美]威·爱·伯·杜波依斯著,秦文允译:《非洲——非洲大陆及其居民的历史概述》,世界知识出版社 1964 年版。作者是美国著名黑人学者和黑人解放运动的重要领袖。该书站在非洲人的立场上,歌颂了非洲的古老文明,批判了西方史学家的一些错误观点,提出黑人不是劣等民族,而是同白人一样,为世界文明的发展做出了卓越的贡献。作者尖锐地批判和揭露了资本和资本主义文明的实质,揭示了帝国主义衰落和崩溃的原因,指出非洲必须走社会主义道路才能争取民族的真正解放。在研究过程中,作者把非洲史的研究和世界史的研究联系在一起,强调非洲历史在世界历史上的地位和影响。本书存在的缺点是对非洲历史的叙述缺乏连贯性。

5. 刘祚昌、王觉非主编:《世界史·近代史编》(上、下卷),高等教育出版社 2001 年版。该书打破国别史的界限,以社会经济形态的变化作为主线,叙述了 1500～1900 年世界由分散到整体的历史,在编写体系上有重大突破。其中的第 6 章论述了 1871～1900 年欧洲和世界的历史,内容丰富,论述精辟,尤其是加强了社会史和思想史方面的内容。但本章对整体史的编纂体系贯彻得尚嫌不足,对亚、非、拉国家的现代化问题没有涉及。最后的结束语写得非常精彩,为全书的点睛之笔。

6. [法]费尔南·布罗代尔著,顾良等译:《资本主义论丛》,中央编译出版社 1997 年版。作者是法国著名史学家,是"年鉴派"的第二代宗师。该书以专题论文汇编的形式,从不同侧面分析了资本主义兴起和成长的整个过程,其中的"经济分析"和"长时段"的史学观,在史学发展史上占有重要地位。作者对世界体系所作的结构主义分析,也具有创新性。作者在对比东西方社会发展的不同道路时能做到突破囿见陈说,使人耳目一新。

7. 罗荣渠:《现代化新论——世界与中国的现代化进程》,商务印书馆2004年版。该书是我国学者探讨现代化问题的一部力作。作者以宏观的史学视角,把现代化作为全球性经济模式的历史转变过程进行整体性研究,首次提出以生产力为社会发展中轴的一元多线历史发展观。全书借用了跨学科的社会科学方法,突破传统的研究方法和理论观点,提出了不少精辟独到的见解。

8. [美]塞缪尔·亨廷顿等著,罗荣渠主编:《现代化:理论与历史经验的再探讨》,上海译文出版社1993年版。本书汇集了包括亨廷顿在内的多名学者对现代化问题的研究成果。全书共分为4编,就社会发展的实质和目标、工业化道路、政治现代化以及东亚的现代化模式等问题展开了多层次、多角度的讨论。

9. 王玮、戴超武:《美国外交思想史(1775~2005年)》,人民出版社2007年版。本书从思想的角度分析和探讨了美国外交的起源、形成、发展演变和未来走向的历史过程,并对美国自建国以来到2005年的外交作出了恰如其分的历史定位,对美国各届政府外交的特点、性质、成就以及面临的困境也进行了深入分析。参见该书第7章对新旧殖民主义的论述以及对于"门户开放"的政策的论述。

10. [美]斯塔夫里亚诺斯著,迟越等译:《全球分裂:第三世界的历史进程》上册,商务印书馆1995年版。可参阅该书第2、3编。

11. [英]杰弗里·巴勒克拉夫著,张广勇等译:《当代史导论》,上海社会科学院出版社1996年版。

12. 李春辉:《拉丁美洲史稿》(上、下册),商务印书馆1973年版。

13. 杨生茂主编:《美国外交政策史:1775~1989》,人民出版社1991年版。参见该书第5、6章。

14. 王玮主编:《美国对亚太政策的演变:1776~1995》,山东人民出版社1995年版。参见该书第3~5章有关美国"门户开放"政策的评述。

15. [以]S. N. 艾森斯塔德著,张旅平等译:《现代化:抗拒与变迁》,中国人民大学出版社1988年版。

16. 王助民等:《近现代西方殖民主义史(1415~1990)》,中国档案出版社1995年版。

17. 何芳川:《崛起的太平洋》,北京大学出版社1991年版。

18. 艾周昌、程纯:《早期殖民主义侵略史》,人民出版社1982年版。

19. 高岱、郑家馨:《殖民主义史·总论卷》,北京大学出版社2003年版。

20. 列宁:《亚洲的觉醒》,载《列宁选集》第2卷,人民出版社1995年版。

21. 马克思:《不列颠在印度统治的未来结果》,载《马克思恩格斯选集》第1卷,人民出版社1995年版。

22. 林承节:《印度民族独立运动的兴起》,北京大学出版社1984年版。

【思考与讨论】

1. 欧洲的维也纳体系是如何终结的？
2. 德意志统一的世界意义是什么？
3. 欧洲的两大军事集团对立的格局是如何形成的？
4. 列举帝国主义国家瓜分世界的活动。
5. 比较新殖民主义和早期殖民主义的异同。
6. 简述新殖民主义产生的原因和历史意义。
7. 试评“门户开放”政策。
8. 试比较19世纪末亚、非、拉民族解放运动。
9. 试论拉丁美洲的现代化道路。
10. 你如何理解“19世纪、20世纪之交是世界走向更高层次的一体化新时代”这一论断的含义？

下　　编

第一章 世界近代史的发展主线和历史分期

历史的发展主线和分期是两个密切关联的重要问题——以不同的历史现象作为历史的发展主线，往往会伴随产生不同类型的历史分期法，而这两个问题又涉及能否科学地认识历史，正确地总结和阐释历史的经验教训、发展规律、各种复杂的历史现象、重大历史事件和历史人物等一系列重要问题，因此历来是史学家们研究讨论的重点。

一、阶级斗争史观与世界近代史的历史分期

由于受前苏联史学的影响，在"文革"前的十余年中，以阶级斗争和政治兴替作为历史发展主线的观点在史学界十分盛行。其论据是：

第一，自从阶级社会出现以来，一切社会的历史都是阶级斗争的历史。无产阶级革命导师在《共产党宣言》等经典著作中已清楚地阐明了这个问题。

第二，阶级斗争是历史发展的直接动力，而政治兴替则是阶级斗争所导致的重大后果，也是历史不断向前发展的里程碑。

第三，政治、思想、文化等都是阶级斗争和政治兴替的表现与反映。

持这种观点的人认为：既然世界近代史是资本主义社会产生、发展和日益走向没落的历史，那么，它所研究的历史内容主要有三项：(1)资产阶级和广大人民群众反对封建专制主义的斗争；(2)无产阶级和一切被剥削的劳动群众反对资产阶级的斗争；(3)殖民地、半殖民地人民反对殖民主义、帝国主义的斗争。① 由于把阶级斗争和政治上层建筑领域的历史活动看得如此重要，因此，持这种观点的学者在解决历史分期问题时，往往以具有世界意义的重大政治事件作为断限的标志，由此而产生了一系列历史分期法。就近代史的起点而言，有两种分期法影响比较广泛。

① 参见周一良、吴于廑主编《世界通史·近代部分》上卷，人民出版社 1962 年版，第 1 页。

1. 尼德兰革命说:认为应该以发生于16世纪末叶的尼德兰革命作为世界近代史的开端。

这种观点认为,革命前的尼德兰是一个殖民地国家,其宗主国西班牙是当时最大的殖民国家,它顽固地维护封建制度,压制资本主义关系的发展,是封建势力的主要堡垒。尼德兰是当时资本主义最发达、新教思想最活跃的地区,面对日益残酷的阶级压迫和民族压迫,尼德兰民族毅然走上了推翻西班牙封建殖民统治,建立民族独立国家的革命道路。尼德兰革命的领导者是以商业资本家为主体的资产阶级和贵族反对派,其主力军则是广大城市平民、农民和渔民,打击的主要对象是西班牙封建专制殖民统治。因此,尽管当时尼德兰的资本主义关系尚未完全成熟,但这次革命依然具备了早期资产阶级革命的一般特征。如:革命时尼德兰处于资本主义手工工场阶段,资本主义同封建主义的矛盾已经互不相容;在宗教外衣下进行革命;资产阶级与一部分贵族结成联盟,领导了革命,并使之具有保守色彩;革命后产生的新政权是资产阶级与部分贵族的联合专政;革命后走上了资本主义性质的殖民扩张道路;等等。尼德兰革命是人类历史上第一次成功的资产阶级革命,给世界带来重大而深远的影响:在经济方面,这个17世纪的标准的资本主义国家有力地促进了世界市场的扩大和资本主义经济的发展;在政治方面,既沉重打击了西班牙的殖民霸权,又破坏了封建主义的国家机器,走上了建设资产阶级政权的道路。

2. 英国资产阶级革命说:认为应该以1640年英国资产阶级革命作为世界近代史的上限。

这种观点认为,尼德兰革命是一次不彻底的资产阶级革命,它的成功是有限的,仅仅在尼德兰北部地区取得了胜利,对欧洲和世界的影响十分微弱。更重要的是,这次革命并没有使尼德兰走上工厂资本主义发展的道路,因此不能把它作为世界近代史的开端。而1640年爆发的英国资产阶级革命就大不相同了,英国革命是一场具有全欧意义的资产阶级革命,对世界历史的发展产生极为深远的影响。

第一,在政治方面,它首次在欧洲的一个大国宣布实行资产阶级的社会和国家原则,推翻了封建王权,建立起了以君主立宪政体、议会制度和两党政治为特征的新政治制度。英国革命促进西欧、北美爆发了一系列资产阶级革命运动,它所实行的政治制度为后来许多资产阶级国家所效法,加速了世界范围内封建制度的崩溃。

第二,在经济方面,英国革命的胜利为本国资本主义经济的迅速发展开拓了广阔的道路,不仅使英国最早发生了工业革命,发展成为世界首屈一指的经济大国,而且使欧美各国也深受影响,在工业和农业方面,都沿着资本主义的方向迅跑。

第三，在意识形态方面，英国革命期间和革命后产生了先进的资产阶级政治思想和哲学思想，对世界的影响十分深远，促进了唯物主义世界观的发展；在文化史上，为18世纪资产阶级启蒙运动的兴起创造了充分的条件。

因此，许多学者认为世界近代史应该从英国革命开始，这样分期断限会使许多重大历史问题得以圆满解决。

以上两种观点都以1917年俄国十月社会主义革命作为世界近代史的下限，其理由的要点如下：

世界近代史是人类社会的资本主义阶段，而1917年爆发的十月社会主义革命开创了世界历史的一个新纪元。在列宁的领导下，俄国无产阶级在世界1/6的版图上，推翻了资产阶级的统治，建立了无产阶级专政，改变了整个世界历史发展的方向，使人类历史进入了一个新时代。以世界资产阶级民主革命为标志的世界近代史结束了，开始了以世界无产阶级社会主义革命为标志的世界现代史。毛泽东同志曾经说过："十月社会主义革命不只是开创了俄国历史的新纪元，而且开创了世界历史的新纪元。"①所以，应该把十月社会主义革命作为世界近代史的结束、世界现代史的开端。

关于世界近代史内部的分期，这派观点基于以重大政治事件作为界标的原则，一般是把无产阶级反对资产阶级的重大事件——巴黎公社(1871年)作为世界近代史前后期的分野。其根据是：(1)主要社会矛盾由资产阶级同封建主阶级的矛盾转变为无产阶级同资产阶级的矛盾；(2)资产阶级由革命的阶级转变为反动的阶级；(3)推动历史前进的动力由资产阶级民族民主运动转变为无产阶级革命运动；(4)资产阶级生产关系由适应生产力发展转变为阻碍生产力，从此，社会主义革命提上日程。

二、社会经济形态史观与世界近代史的历史分期

自80年代中期以来，以社会经济形态的发展变化作为发展主线的历史观在国内史学界兴起，并格外引人注目。一些学者认为："马克思主义史学也采用四阶段分期法，其基础是历史唯物主义关于社会经济形态发展的理论，与以政治兴替或其他'重大事件'为分期标准者有本质的不同。"②这种观点的理论依据是：经济是基础，政治属于上层建筑，是经济决定政治，而不是政治决定经济，这是唯物史观最基本的原理。因此，世界历史的分期应以有世界意义的经济形态的重

① 《毛泽东选集》第1卷，人民出版社1991年版，第303页。

② 吴于廑、齐世荣主编：《世界史·近代史编》上卷，高等教育出版社2001年版，第4页。

大变化作为主要依据。由于对历史发展主线有了新的认识,便有了新的分期法——“19世纪说”和“1500～1900年说”。

1.“19世纪说”:认为世界近代史始于19世纪。

一些学者认为,世界近代史到来的根本原因,是产业革命及其大工业生产力向全球范围传播能力的形成,是西方的商品输出和资本输出。由于这一切,占世界人口绝大部分的亚、非、拉各大洲在19世纪进入了近代阶段,这样,世界才在真正意义上进入了近代,而此前,世界只有局部地区(即欧洲)进入了近代历史。

这些学者进一步分析道,15世纪后期是欧洲从中世纪进入近代的转变期,到16世纪初,欧洲正式进入近代,但直到18世纪末为止,世界历史只是处在近代史的准备期。其理由是:

第一,马克思在论及英、法革命的意义时明确指出,英国和法国革命是“欧洲范围的革命”,因此英国资产阶级革命只能算作欧洲进入近代史的标志。

第二,虽然进入近代史阶段的区域在17世纪扩大了,但这种扩大仍是局部的。

第三,16～18世纪是欧洲手工工场和资本原始积累时期。因劳动生产率比较低,所以工场手工业不可能被欧洲各国在其掠夺性的国际贸易中带到世界各地。

19世纪是世界从前资本主义时代到资本主义时代的完整的过渡期,所以应被看作世界近代史的上限。因为在这一时期,欧洲各国的资产阶级革命方兴未艾,其资本主义社会在蓬勃发展,而且,占世界人口和面积绝大部分的亚、非、拉各国,都已进入了资本主义社会革命的时代,因此,整个社会就进入到了资本主义时代,即世界近代。

在具体分析整个世界在19世纪是如何进入近代史阶段时,这种观点又提出了“相对上限”的概念,即那些能在某种程度上将新旧两个时代区分开,但又不能完全区分开的上限。世界近代的相对上限在19世纪内共有三个:

第一,19世纪初——世界近代史阶段初步到来。其理由是:英国的机器工业产品开始向亚、非、拉广大地区倾销,把上述地区卷入到近代史阶段;英国解除了机器出口的禁令,表明大工业生产力已逐渐具备了直接向世界各地传播的能力。因此,近代史的世界性初步形成。

第二,19世纪中叶——世界近代史阶段基本到来。其理由是:工业革命在西方主要国家胜利发展,西方大工业生产力具备了向全球传播的能力,世界市场基本形成;西方机器工业产品的倾销,使世界上许多落后国家开始发展自己的近代资本主义经济,因此除个别地区外,世界已经进入了资本主义时代,世界近代史阶段已经基本到来。

第三，19 世纪末——世界近代史阶段完全到来。其理由是：第二次工业革命后，西方大工业生产已完全具备了向全世界传播的能力，西方资本主义开始进入更高级的发展阶段；资本输出具有了重要意义，把全球大部分落后国家都纳入了资本主义市场；世界被瓜分完毕，资本主义世界经济体系形成，世界近代史阶段完全到来。

2.“1500～1900 年说”：认为世界近代史的上限是 1500 年左右发生的地理大发现，下限是 1900 年前后资本主义向垄断阶段过渡。其理由有四：

第一，世界近代史是一部资本主义在西方上升、发展，向全世界扩张并由之在全世界产生巨大影响和反响的历史，而导致资本主义在西方上升发展的一系列变化和一系列事件，几乎都与地理大发现息息相关。特别是地理大发现直接诱发了商业革命和西欧诸国的海外殖民扩张，对于西欧资本主义工业化起了最有力的催化作用。没有地理大发现，就没有工业革命，也就没有资本主义的发展，更没有随之而来的世界历史向整体发展的根本转折。地理大发现发生在 1500 年前后，因此，以 1500 年作为世界近代史的开端，是合乎历史发展的客观实际的。

第二，资本主义在西方上升发展的历史，也就是从地区隔绝向世界形成统一整体过渡的历史。随着地理大发现和西方国家的海外殖民扩张以及世界市场的形成，过去长期存在的各国、各地区、各民族间的相互隔绝状态在越来越大的程度上被打破，整个世界在经济、政治、文化等各方面逐步形成为密切联系的、互相依存又互相矛盾的一个整体。因此，在这个意义上，以 1500 年为世界史的起点，也是再合适不过的了。

第三，经济是基础，政治是上层建筑，这是历史唯物主义的根本原则。因此，世界历史近代与古代的分期断限，应该以有世界意义的重大经济形态变化为主要依据。1500 年前后的一系列重大事件，如地理大发现、文艺复兴、宗教改革等等，导致西方资本主义的发展，从而引起了遍及世界各地区的社会经济的重大变化。因此以 1500 年为世界近代史的上限，是合乎历史唯物主义原则的。恩格斯说：“现代的自然研究，和整个近代史一样，是从这样一个伟大的时代算起，这个时代，我们德国人由于当时我们所遭遇的民族不幸而称之为宗教改革，法国人称之为文艺复兴，而意大利人则称之为五百年代。”①

第四，逐步在全世界取得支配地位的各发达国家资本主义从自由向垄断的过渡，是在 19 世纪末 20 世纪初之际。因此，1900 年可以视为已在支配世界的资本主义经济形态发生巨大变化的标志。以这一年为世界近代史的下限，显然

① 《马克思恩格斯选集》第 4 卷，第 260～261 页。其中“五百年代”，系指 16 世纪。

是适宜的。[①]

关于世界近代史内部的分期,这派观点力图按资本主义生产形态本身的发展进程来划分,划分方法各有不同,有的分为四个时期,有的分为三个时期。

三、全球史观与世界近代史的历史分期

在历史研究蓬勃发展,各种史学观点和史学流派层出不穷、相互辉映的今天,一种全新的历史观——全球史观悄然兴起了。经过较长一段时间的酝酿、探讨和争论之后,当今国内外史学界逐渐形成了一种共识:不能用狭窄的旧眼光去孤立地、割裂地观察世界各个时期、各个国家和地区的历史,而应该站在全球的大视角,从整体上把握世界历史的发展进程。持这一观点的学者们认为,世界各个地区和各个民族在各自的和相互交往的发展中,打破相互隔绝状态,形成一个既相互依存又相互矛盾的紧密联系的整体。这是世界历史发展的一条主线。

全球史观打破了过去用国别史拼凑世界史的历史编纂模式,正如美国著名史学家斯塔夫里阿诺斯所说:"它研究的是全球而不是某一国家和地区;关注的是整个人类,而不是西方人或非西方人。它探讨的不是世界历史的中心——西欧或欧美这一统一体内诸有影响的力量的运动、矛盾斗争和融合,而是探讨世界历史整体发展的全球这一统一体内诸有影响的力量的运动、冲突对抗和交汇。"[②]由此看来,全球史观研究的重点是那些具有世界性质的历史运动以及全球性的历史过程。

在历史分期方面,全球史观与"1500~1900年说"比较相近。

在1500年以前,虽然在某些地区的某个时代商业相当发达,但世界上的大多数国家仍是以农耕生产为主。由于农本经济具有自给自足的特点,决定了世界的整体格局是孤立而分散的。在那时,各地区、各民族之间也有交往,例如,地中海各国的海上交流,欧亚大陆上的丝绸之路,中国的郑和下西洋以及频繁的国际战争、征服和扩张,等等。但是,对于这些交往的估计不应过高,它无法打破当时那种孤立封闭的格局,代表不了世界历史的整体面貌。

在1500年前后,西欧地区酝酿并开始了一场历史性的空前变革,而经济、政治和意识形态领域的变革表现得尤为剧烈。资本原始积累的启动、文艺复兴运动的高涨和宗教改革的开始等等,推动西欧站在了这场运动的最前沿。这时期,社会中资本的积聚,对广阔市场的需求,基督教的扩张精神和寻找贵金属的渴

① 参见吴于廑、齐世荣主编《世界史·近代史编》上卷。

② [美]斯塔夫里阿诺斯:《全球通史:1500年以前的世界》,第47页。

望，再加上造船水平和航海技术的提高等等因素，使得西欧人骤然加速了海外扩张的步伐。在这一过程中，他们开辟了可以到达世界各地的航线，发现并控制了美洲新大陆，世界在人们面前突然展现出了一个极为广阔灿烂的新的天地。这样一来，不仅大大增加了西欧的财富和力量，使各个文明和民族之间的实力对比失去了平衡，而且迅速改变了世界各民族传统的地理分布，把欧、亚、非三块互相隔绝的大陆连接了起来，世界历史从黑暗的中世纪进入到了近代史阶段。从此，人类历史的分散和隔绝状态开始被打破了，传统的地区自治逐步让位于全球统一，世界一体化进程开始启动。

从1500年前后到19世纪末20世纪初，是世界一体化进程中一个极为关键的时期，即世界历史的近代时期。在这一过程中，先是老牌殖民帝国西班牙、葡萄牙扮演了开路先锋的角色，它们的舰队用"血与火"打破了各地区之间的相互隔绝，促使新旧两块大陆和东西两大文化体系发生了直接的碰撞和交汇。在1600年以后的一个半世纪中，荷兰、法国和英国赶上并超过了西、葡，从而使西北欧成为世界上最富有朝气和扩张性的地区。几乎与此同时，资本主义原始积累在西方主要国家完成。这一变化对世界的影响十分重大，它使得西方人在经济、政治、军事以及文化等方面对世界产生了巨大的影响和控制力。当俄国横贯欧亚大陆的扩张达到太平洋沿岸时，世界的面貌已发生了根本变化：世界各地在政治、经济、文化上的有机联系形成，并出现了世界历史全球阶段的新中心。从此，欧洲获得了世界霸权，在历史进程中占据了十分显赫的地位。之所以出现这种局面，是由于欧洲成功地进行了科技革命、工业革命和政治革命。

资本主义最早兴起于欧洲，地理大发现和商业革命有力地促进了资本原始积累和资本主义因素的增长，从而引发了一系列剧烈的政治变革，为经济和科技的发展开辟了广阔的道路，促进了第一和第二次工业革命以及与之相伴的科技进步的发生，使社会生产力获得了空前的大发展。在西方，科技革命是逐步发展起来的，它们之间相互依存作用，同时又连锁反应。牛顿定律和达尔文生物进化论对政治思想的变革有深刻的影响。工业革命起于英国，又扩散到欧美和世界其他地区，而政治革命亦先发生于英国，而后传播到世界各地。反之，政治革命对于经济以及科学都给予了强有力的推动。

科技、工业和政治领域内发生的这三大革命使欧洲获得了影响和支配世界的势不可挡的力量。科技革命创造了全新的工业，深刻地影响了西方人的生活方式和思想方式，并由此直接或间接地影响着世界，使欧洲在技术上对世界的霸权成为可能。工业革命使欧洲的人口和物质财富急剧膨胀，它产生的剩余资本和对原料的巨大需求加剧了欧洲的对外扩张，它所提供的机械和技术则使这种扩张成为可能，这就为欧洲的世界霸权提供了经济的和军事的基础。政治革命在实质上结束了人被分为统治者和被统治者的传统观念,它还显示了政治与人民的密不可分——民众已经觉醒,他们参与了政治,而且把这看作自己的权利。

由于三大革命,西方确立了它在世界政治、经济、军事和文化领域的优势,并对世界产生了深远的影响,从而强有力地推动了全球一体化进程。北美洲首先觉醒,北美人在粉碎了西方人殖民枷锁的同时,迅速走上了西方的发展道路。在这方面,他们取得的成就要比世界其他地区显赫得多;欧洲的其他地区紧随其后,由于国情迥异,它们通过不同的方式(革命、改革、王朝统一战争等)加速了各自的近代化进程;西方势力对拉丁美洲和大洋洲的影响也十分强烈,使之彻底欧化——不仅在政治、经济和文化传统方面,而且包括种族被取代,当地的土著被驱逐或消灭,400 万白种移民成了这里的主人;在传统的东方世界(亚洲或非洲),西方人遇到了最为有力的反抗,结果,一个个古老神秘的国度先后被迫敞开了门户,以不同的方式、速度和程度逐步汇入了近代历史发展的主流之中。最晚被西方侵入的是撒哈拉以南的非洲,到 19 世纪末,西方人瓜分了整个非洲大陆。至此,资本主义已由自由竞争过渡到了垄断阶段,世界领土被欧洲列强瓜分完毕,世界市场形成,全球一体化过程进入了一个更高层次的阶段,世界近代的历史随之宣告结束。

需要特别指出的是:西方人的大规模入侵和资本主义的扩张打破了原先比较平静、稳定的社会生活和国际秩序,开始了东方依附于西方的时代,西方将其文明凌驾于其他一切文明之上,工人阶级也戴上了资本奴役的枷锁,在国际关系领域则出现了殖民主义、帝国主义的奴役以及强国、富国对弱小民族的欺凌。可见,世界在其一体化过程中必然伴随出现许许多多不合理、不平等和非正义的现象,带来剧烈的动荡、混乱和各种痛苦。因此,世界近代史中便充满了各种各样反抗奴役压迫、争取自由平等的斗争,其中包括国际无产阶级运动,殖民地半殖民地民族解放的斗争,贫困国家和地区反对富国、强国的剥削并要求自由发展的斗争,世界人民对强权政治和霸权主义的抵制,以及欧洲中心模式的世界体系的崩溃,等等。

上述斗争和运动表现为一种与一体化相逆的离心倾向,从而导致了全球性的对抗与分裂。但它有助于纠正一体化过程中出现的不合理、不平等、非正义的现象,使一体化的基础不断良性化,从而使世界在进步的同时日趋公平和谐——这是世界近代历史的另一条发展主线。一体化与合理化这两条主线贯穿于整个世界近代史,它们互相制约平衡、交错互动,使近代历史表现出明显的曲折性、周期性、动态性和阶段性,世界历史便在这两大板块的互动中循序渐进地向前发展。

关于世界近代史内部的分期,这派观点基本上采纳前述“三时期”说,即 15

世纪、16世纪之交到18世纪后半期，再到19世纪70年代，终止于19世纪、20世纪之交。

四、现代化的发展主线与世界近现代史的历史分期

当代中国的主题是现代化，现代化是全中国人民的追求。在此形势下，一些学者认为以现代化来认识和观察近代以来的世界历史，具有鲜明的时代特征，同时也具备独特的学术视野。此派主要的观点是以现代化为主题构建世界近代史新的学科体系，主要是从时代与学术两方面的考虑：

第一，当代中国的主题是现代化，对此人们已无可异议。中国的现代化来自历史的不可规避性，来自中国自身的觉醒。作为一个后发展国家，中国的现代化需要借鉴其他国家的经验和教训，而世界史学科恰恰可以在这方面提供丰富的知识和积极的思考。以现代化为主题构建世界近现代史学科的新体系，正反映当代中国的需要，因此具有鲜明的时代性，也具有强烈的中国特色。一个有价值的学科体系，要么具有时代的特征，要么具有民族或地域的特色。以现代化为主题构建世界近现代史的新学科体系，就有可能创建出具有当代中国特色的世界史学科，从而使这一体系成一派之言。中国的世界史学科长久以来一直是沿用外来体系的，现在它已达到相对成熟的阶段，可以尝试创建自己的体系了。

第二，从人类历史的发展来看，世界近现代史的主题确实是现代化，这是创建新学科体系的科学依据。事实上，近代以来，世界上几乎一切事关全局的大事或体现着大方向的进展都以现代化为中心，而不论这些进展是政治的、经济的、文化的还是社会生活的。“现代化”是一个含义广泛的术语，但我们一般从这个意义上来理解“现代化”：现代化是人类社会的一次转型，是文明方式的一次转换；现代化用工业生产力取代农业生产力，在此基础上引发了社会的整体变动，从而实现从农业文明向工业文明的转变；现代化是新文明取代旧文明的历史过程，在这个过程中实现了社会的全方位变革。

以现代化为主线构建世界近代史的学科体系，大体可以把世界近代史分为五个阶段，分别为现代化的准备阶段、启动阶段、现代化在西方国家的成熟与发展阶段、现代化的全球扩张、现代社会出现新的转型迹象。[①]

① 参看钱乘旦《世界近现代史的主线是现代化》，载《历史教学》2001年第2期；《以现代化为主题构建世界近现代史新的学科体系》，载《世界历史》2003年第3期；《关于我国现代化研究的几个问题》，载《世界近现代史研究》第3辑，中国社会科学出版社2006年版；《现代化研究与中国的世界史学科》，载《世界历史》2006年第6期；《现代化与中国的世界近现代史研究》，载《历史研究》2008年第2期。

此外还有的学者反对以现代化构建世界近现代史学科体系，认为排除了不同道路发展模式的“社会经济”的不同性质而笼统地提现代化，很容易陷入西方学者设置的资本主义现代化道路的陷阱，不应抛弃社会形态从低级向高级发展的主线。①

五、世界史体系问题

研究世界历史，首先涉及的便是体系问题。世界近代史是世界历史漫长进程中的重要时期，因此，世界近代史的发展主线以及其他重大问题都离不开对世界史体系的讨论和理解。针对世界史体系问题，众多的史学工作者展开了不同的对话与讨论。

何芳川首先回顾了中国和他国研究世界史的状况。他认为，从总体上看，只能说西方的世界史学仍处在众说纷纭、莫衷一是的阶段。就西方史学界整体而言，“欧洲中心论”的世界史体系，至今还难说已退出其学术主流。

就如何构建世界史体系问题，应该努力的方向以及目前的主要任务，何川芳提出了自己的看法。他认为，我国学术界同仁的世界史体系观，应该向着一个共同的怀抱聚合，即以一种开放的、包容的、多元的态度，努力构建中国的世界史体系，并将其贡献给国际学术界，在国际学术交流中积极推动世界史体系的构建。具体而言，就是以科学的马克思主义为指导，有鉴别地汲取当代国际史学及社会科学的一切新理论与方法论，汲取当代国际史学及社会科学研究的新成果，考察人类文明形成与发展的整体轨迹，揭示其律动的阶段性，经过几代人的艰苦努力，构建起具有我国特色的世界史体系。我们的任务就是以文明发展为线索，勾勒出这一结果是怎样萌生、发展与逐渐成熟的进程，并揭示出这一进程即人类社会架构作为一个整体的运动与变迁的规律性与阶段性。以人类文明为经纬线来编织世界史体系，其图景则如何呢？欧洲中心论坚持欧洲始终为中心的观点；亚洲或中国中心论则会走向另一极端；更有甚者，有的论断索性否认有中心存在。何芳川认为上述各论均不可取。不同的文明时代，实事求是地讲，应有不同的观点。

此外，他还将世界历史体系大略概括如下：

1. 前文明时代：原始社会，如万花散落，缤纷于世界各地。

2. 古典文明时代：由前文明的万花散落进化为上古文明的百花竞开。

3. 中古文明时代：原始社会瓦解后的早期阶级社会文明中普遍出现了最容

① 参见李世安《现代化能否作为世界近现代史学科新体系的主线》，载《历史研究》2008年第2期。

易产生的奴隶制剥削形态。

4. 近代文明时代：即近代西方首创的资本主义时代。从比较正规和准确的意义上讲，开始了世界一体化进程。他认为应该承认此时有一个中心，即欧洲中心或西欧北美中心，但这不是“欧洲中心论”，而是对客观历史的尊重。应该强调的是，尽管欧洲或欧美是中心，但绝不可忽略东方（亚、非、拉）在近现代资本主义文明构建中的贡献；相反，要大力发掘、认识、大书特书这一贡献。这是我们承认欧洲中心又严格区别于“欧洲中心论”的地方。

5. 现当代文明时代：以二战结束为界，或者讲自二战结束到冷战结束为界。①

钱乘旦提倡的是建立一个新的“世界史”分支学科。他认为，这个新的分支学科关心的应该是世界整体的历史，它不是地区历史和国别历史的相加，而是对人类历史的总体观察与思考。从“世界史”的角度观察人类文明的发展，可以看出它经历着“从分散到整体”的过程。人类文明的发展经历了由点到面、由面到片、由片到圈、最终组合成世界文明的过程。从“世界史”的角度看问题，“圈”的限制被资本主义突破了，历史继续其“从分散到整体”的发展。这个过程至今仍在延续，这就是所谓的“全球化”。

1. “上古时期”——文明产生的时代：

站在“世界史”分支学科的立场上，对人类上古史的研究其主要关注点就应该是：人类早期文明是如何产生的，不同地区的各种早期文明各有什么特点，它们如何从“点”发展到“面”、再发展到“片”。

2. “古典时期”——文明的早期发展与“固化”的时代：

“世界史”分支学科对“古代史”的研究，其着眼点应放在各文化圈形成的过程上：它们如何形成，各有什么特色，社会、经济发展状态如何，价值体系如何形成并如何传播，如何占据主导地位，以及各文化圈之间有哪些接触、哪些互动，等等。

3. “中古时期”——文化圈的巩固与发展的时代：

作为一门新的分支学科的“世界史”，它对中古史的研究应该集中在两个方面：一是研究各文化圈内部的发展及变化，文化圈内部的各种关系；二是对各文化圈作横向的比较，经比较而显示各自的特色。

4. “近现代”——世界实行“现代化”的时代：

在资本主义发生之前，人类从分散到整体的历史发展到“文化圈”，已经经历了巨大的整合过程。自资本主义突破文化圈的限制起，一个“世界文明”开始构

---

① 何芳川：《世界史和世界史体系》，载《史学理论研究》2005 年第 3 期。

建，这就是“现代化”的过程。

“现代化”首先发生在少数几个西欧国家，但它一经出现，就具有强大的扩张力，结果到20世纪，它已经覆盖了整个世界。“现代化”造就了一个整体的世界，“从分散到整体”也进入它最后的阶段。

作为分支学科的“世界史”，它对世界近现代史的研究就应该展现世界现代化的完整过程——它的起源、演进、发展、推行，探讨各国现代化的不同道路，各自的特点，研究现代化的后果、成功与失误，回溯现代化在全球的扩张，扩张过程中的冲力与反冲力，等等。

把“世界”作为一个整体来观察，展现“整体的历史观”，这就是“世界史”分支学科应该力图去做的事。钱乘旦认为，我们已经迫切需要这样一个学科分支，以便把人类历史作为整体现象来对待；应着眼于相互的关系、宏观把握时间与空间，而不只是把各地、各国的历史加在一起。只有这样，才能对人类历史有更全面的了解。①

余伟民首先分析了在以往关于世界史体系的讨论中“中心”的两种含义，即作为表达研究者立场和视角的“中心观”和作为被考察对象结构特征的“中心论”，而这两者往往被混淆在一起，在这种情况下，讨论的命题往往发生偏移。他认为，关于世界历史的结构分析和过程阐释所体现的是研究者的历史观和各种世界史体系的理论逻辑。在这个意义上，“西方中心论”是否成立，并不取决于主张这种理论逻辑的研究者是否站在西方的立场上，而是取决于世界历史的客观进程中是否发生过西方作为支配性的力量中心崛起于世界的历史事实。当然，即使西方曾经是世界的中心，也不等于它始终或永远是世界的中心。所以，“西方中心论”即使成立也不能成为一个绝对的命题，必须作出明确的时间定位（其他“中心论”同样如此）。他提出区别“中心观”和“中心论”的意义，有助于我们重新审视既有的各种世界史体系，合理地批判和继承各种理论资源，并在已有的基础上进一步发展创新。

他认为，“全球史观”提出的“关于西方中心的论点”，明显不同于“西方中心观”的立场和视角，它不是非历史主义地鼓吹西方的经验和优势，而是历史主义地肯定西方的经验和优势，这是一种从事实出发的历史观点，其结论也符合马克思主义的唯物史观和世界历史观。②

马克垚撰文指出，二战后出现了众多的世界史编撰体系。由于对世界历史较成熟的认知体系还未产生，这些世界史著述在开创之初都面临如何克服欧洲

① 钱乘旦：《关于开展“世界史”研究的几点思考》，载《史学理论研究》2005年第3期。

② 余伟民：《“中心观”与“中心论”》，载《史学理论研究》2005年第3期。

中心论的问题。许多学者批评欧洲中心论，致力于建立新的世界史，可是仍未获得显著成绩。因为我们的世界史体系是由西方学者建立的，是根据欧洲经验得出的，其中有客观的一面，也有欧洲中心论的一面。非西方国家和地区的史学，是学习西方史学后建立的，缺乏从自己的历史出发建立的理论。现在的世界史只是一种准世界史。①

他提出了对待西方史学理论的态度。当今的史学理论主要来自西方，我们对其应采取扬弃的态度，取其之优长，弃其之糟粕。做到这点，首先应对西方史学理论的史料根据作出考订，辨明其根据是否有道理；其次，明辨西方史学理论中的普遍性的真理、特殊性的东西及其糟粕。另一方面，根据普遍性的真理考察中国历史乃至其他非西方国家的历史，以见其特殊性；又从特殊性中通过比较，在更深的层次上见其普遍性。在此基础上总结出适合全世界历史的普遍性的规律，形成自己的史学理论体系。

王玮认为，如果把世界历史纳入全球整体的宏观视野，则会看到，人类历史是在两种力量或运动的冲突和协调的动态平衡中向前发展的，这两种力量或运动就是全球一体化以及世界秩序和运行规则的合理化。世界结构走向一体化以及国际秩序和规则的合理化，共同组成了世界历史向前发展的两条线索，它们之间互相制约平衡，交错互动，使整个世界历史的发展呈现出动态性、曲折性、周期性和阶段性。

世界一体化进程经过古代中世纪的整合酝酿期之后，于15世纪、16世纪之交正式启动，从而开始了长达四百年的世界近代史。主要标志是：始于15世纪末的新航路的开辟和哥伦布“发现”新大陆，实现了欧、亚、美大陆文明的全球性交汇，引发了全球一体化的历史进程。世界近代史的下限定于19世纪、20世纪之交。主要依据是：第二次技术和工业革命走向高潮，帝国主义时代正在到来，世界已被欧美资本主义列强瓜分完毕，资本主义世界市场已经形成，世界一体化进程随着“门户开放”式的新殖民体系的提出而提升到一个新的层次。王玮文中对新时代的主题作了展望，提出“和谐与开放”将是新思维的核心内容，也将是新时代的时代主题。②

有关世界史体系问题的争论仍在进行，目前我们的主要任务则是认真学习、探讨并研究西方有关世界历史编撰体系、相关新的史学理论，消化吸收之，最终形成一套自己的世界史体系理论，从而有利地推动世界史学科体系的建设与发展，进而从世界历史的宏大场景来研究世界近代史的发展进程。

---

① 参见马克垚《困境与反思：“欧洲中心论”的破除与世界史的创立》，载《历史研究》2006年第3期。

② 参见王玮《世界史体系的创新和世界史学的重建》，载《史学理论研究》2005年第3期。

【导 读】

1. [美]斯塔夫里阿诺斯著,吴象婴、梁赤民等译:《全球通史:从史前到21世纪》(上、下册),北京大学出版社2006年版。该书集中反映了全球史派的观点,著名史学家巴勒克拉夫把它与汤因比的《历史研究》等而视之。

2. [英]杰弗里·巴勒克拉夫著,杨豫译:《当代史学主要趋势》,北京大学出版社2006年版。巴勒克拉夫(1908～1984年),英国当代著名历史学家,宏观历史学的主要倡导者。该书初版于1978年,主要对世界各国史学研究的状况和主要趋势进行了深刻阐述,其中包括历史研究的主要对象和内容,研究方法和理论,如何对过去作出解释,历史研究如何组织,等等。

3. [英]杰弗里·巴勒克拉夫著,张广勇等译:《当代史导论》,上海社会科学院出版社1996年版。该书初版于1967年,是作者最成功的代表作,充分体现了宏观世界史的理论和方法,全面反映了当代世界史整体研究的新史学潮流。本书的最显著特点是:它不是从欧洲一隅来考察世界历史的发展进程,而是站在全人类的大视角,对世界历史进行宏观和整体的把握。本书的另一特点是大大扩展了世界史研究的范围。作者认为,史学家的重要任务是研究当代社会新的框架和彼此依存的各种新的联系,因此,本书不仅研究政治、经济、军事和国际关系,而且专门论述了科技、人口、社会变迁、思想观念和文化等。此外,本书还对历史研究方法等进行了大胆的革新。

4. [美]杰里·本特利、赫伯特·齐格勒著,魏凤莲译:《新全球史:文明的传承与交流》(上、下册),北京大学出版社2014年版。该书倡导的是一种新的全球史观,突出了人类历史中的两个主题:"传统"和"交流",一纵一横为纷繁复杂的历史确定了焦点。从结构上来看,作者把世界历史的整体框架解析为七个大的时段,在每个时段,都致力于刻画多种文化交流背景下所有社会的共同经历。

5. [美]威廉·麦克尼尔著,施诚等译:《世界史:从史前到21世纪全球文明的互动》,中信出版社2013年版。

6. 夏诚:《近代世界整体观》,成都出版社1990年版。这是一部考察世界历史的史学方法论著,充分体现了对世界近代史进行整体性研究的史学观点。全书的主导思想是:改变过去的世界史编纂体系,用全球史观从整体上研究世界历史进程。

7. 陈隆波、尹元超:《从分散到整体的世界史》,湖南人民出版社1990年版。

8. 周一良、吴于廑主编:《世界通史·近代部分》,人民出版社1962年版。

9. 王荣堂主编:《世界近代史》,吉林人民出版社1980年版。

10. 吴于廑、齐世荣等主编:《世界史·近代史编》,高等教育出版社2001年版。

11. 王玮:《"全球史观"和世界史研究》,载《郑州大学学报》2004 年第 1 期。

12. 刘新成:《全球史观与近代早期世界史编纂》,载《世界历史》2006 年第 1 期。

13. 何平:《全球史对世界史编纂理论和方法的发展》,载《世界历史》2006 年第 4 期。

14. 钱乘旦、王宇博主编:《换个角度看历史——现代化与世界近现代史学科体系研究》,四川人民出版社 2007 年版。

15. 余伟民:《"中心观"与"中心论"》,载《史学理论研究》2005 年第 3 期。

16. 王玮:《世界史体系的创新和世界史学的重建》、《世界史和世界史体系》,载《史学理论研究》2005 年第 3 期。

17. 徐洛:《评近年来世界通史编撰中的"欧洲中心"倾向——兼介绍西方学者对"早期近代世界"的一种诠释》,载《世界历史》2005 年第 3 期。

【思考与讨论】

1. 试论世界近代史的发展主线。
2. 世界近代史是如何分期的？当前史学界对世界近代史的分期问题有几种看法？你赞同哪种看法或你有什么新的看法？

第二章 东西方现代化发展道路和历史命运的比较

早在20世纪30年代,“现代化”一词就已经在一些时事评论及文学作品中出现。但作为一个学术通用的概念,“现代化”是20世纪60年代以后才在西方社会科学研究中得到公认的。今天,“现代化”可以说是家喻户晓,成为世界性概念,被用来概述和描绘人类近期发展进程中社会急剧转变的总的动态。

一、西方学术界现代化研究的发展历程

现代化研究是在20世纪五六十年代迅速兴起的社会科学的边缘学科。第二次世界大战后,受战争重创的国家面临重建与复兴的艰巨任务,原有帝国主义殖民主义体系被打碎,新兴独立国家面临对未来发展道路的选择。采取何种发展模式才能迅速改变自己的落后状态,赶上时代步伐,成为每个新兴国家必须找到答案的重大问题。它们的选择不仅决定着自己民族国家的前途命运,而且关系着国际社会的发展方向与前景。

与美国的国际地位相适应,美国学者对现代化问题的研究也极为重视。美国政府从其“全球战略”出发,注重研究发展中国家和地区的发展策略,公私机构都热衷于支持“现代化”这样的研究课题,于是,美国成为现代化研究的中心也就属情理中事了。

20世纪60年代现代化理论在美国学术界被提出并得到初步传播,可看作现代化理论的第一阶段——形成阶段。探讨的中心课题是非西方发展中国家实现经济发展和民主化的条件,并对近代世界发生的急剧社会变迁的性质及其过程进行思考。

70年代是对现代化理论进行批判和反思阶段。作为对美国现代化理论的回应,阿明(埃及)和安德烈·弗兰克(西德)等提出了“依附论”(又称“依附和低度开发理论”),并在拉美进步学者中颇为流行。依附论是一批学者在对西方发达国家经济增长原因及发展中国家特别是拉丁美洲经济落后的历史根源作了新的探索之后,得出的与现代化论者截然不同的结论。他们认为,发展中国家的经

济落后与低度开发源于他们在资本主义世界体系中所处的不利地位。这种经济体系形成的宗主国与卫星国秩序，是一种帝国主义剥削与被剥削的关系。这才是问题的实质。只有摆脱这种不平等关系，发展中国家才能真正发展自己。依附论的重大意义在于为发展中国家的发展问题开拓了新的思路。

80年代是现代化理论的修正与自我变革阶段。现代化论遇到种种挑战，其拓展势头猛劲，涵盖面愈加宽泛，正在形成一个新的引人注目的研究领域。

二、我国学者对现代化问题的研究

我国史学界在60年代曾对现代化论的政治背景及某些错误观点进行过批判。70年代末，伴随改革开放的历史转折，西方现代化理论被介绍进来。短短十余年间，现代化研究已成为中国学术界共同关注的重大课题，有大量的译著、论著问世。其中影响颇广的有：

(1)罗荣渠著：《现代化新论——世界与中国的现代化进程》(商务印书馆2004年版)。它从宏观史学视角，把现代化作为全球性大转变过程，从传统农业社会向现代化工业社会转变的大过程，进行整体性研究。该书首次提出以生产力为社会发展中轴的一元多线历史发展观，以此论述世界的现代化发展总趋势和近世中国的社会巨变，并对近百年中国探索现代化的启蒙思想演变过程作了专题考察。全书运用跨学科的社会科学方法，熔理论与历史研究为一炉，突破传统与西方的窠臼，阐发了许多精辟见解，极具理论、现实意义与学术价值，是现代化问题研究的一部力作。

(2)[美]塞缪尔·亨廷顿等著：《现代化：理论与历史经验的再探讨》(上海译文出版社1993年版)。本书作者既有塞缪尔·亨廷顿等颇负盛名的学术专家，也包括了发展中国家和港台地区现代化研究领域的佼佼者，具有较强的权威性和代表性。全书共分四编，就社会发展的实质和目标、工业化道路、政治现代化以及东亚模式等问题展开多层次、多角度的讨论，以探索世界现代化进程的历史经验和内在规律。

(3)[日]依田熹家著：《日中两国现代化比较研究》(北京大学出版社1997年版)。本书收集了日本学者依田熹家先生从1967～1995年发表的关于中日现代化比较研究的著作和论文。阅读此书，可以对中日两国现代化道路的共同点和不同点有较深刻的了解。

(4)[美]斯塔夫里亚诺斯著：《全球分裂：第三世界的历史进程》(商务印书馆1993年版)。全书共分四编："第三世界的出现(1400～1770年)"，"第三世界：一个全球性体系(1770～1870年)"，"第三世界：一个全球性的体系(1870～1914

年)”,“第三世界为独立而斗争:20世纪”。本书从全球视野对近期世界——第三世界的统一进程进行了整体性的考察,将第三世界看作是“那些在不平等的条件下参与最终形成全球性市场经济的国家和地区”。说得更确切些,“所谓第三世界,既不是一组国家,也不是一组统计标准,而是一组关系——一种支配的宗主国中心与依附的外缘地区之间的不平等关系,这些地区在过去是殖民地,今天是新殖民地式的‘独立’国”。在今天,第三世界囊括整个拉丁美洲、除南非以外的非洲和除日本及以色列以外的全部亚洲。作者认为:“第三世界的未来决定于全球性革命与反革命力量的性质、力量的强弱及其相互作用。其结果将决定目前的民族解放运动是代表了世界社会主义转变的一个阶段还是世界资本主义发展的一个阶段。”

(5)[以]S. N. 艾森斯塔德著:《现代化:抗拒与变迁》(中国人民大学出版社1988年版)。该书通过分析现代化和现代化社会的主要特征与问题,试图对现代化问题进行社会学探究。

(6)[美]西里尔·E·布莱克编:《比较现代化》(上海译文出版社1996年版)。编者是美国学术界从事现代化研究的带头人。他“从成千上万篇论文中”选出21篇,并为之撰写导论编纂成书。这些论文不仅出自名家之手,更重要的是它们反映了在现代化这一课题方面进行比较研究的“典型成果”。纵向有现代社会与传统社会的比较,横向有发达国家之间、发展中国家之间以及发达国家与发展中国家之间的比较,此外还有有关学派和研究方法的比较。

三、东西方现代化道路分析

“现代化”发祥于西欧那块并不大的区域,在那里已属过去时态。它是以工业化为核心和主要推动力,导致传统的农业社会逐渐向现代工业社会嬗变并引发经济、政治结构和思想文化价值观念重建的大转变历程。如今,现代化已成为一个世界性的概念,一个世界历史中的关键概念,以描述一个空前的世界性的全方位变革的历史进程,一场具有横扫世界之规模、又不断加速发展的进程。具体到非西方国家和地区,“现代化又不是一个自然的社会演变过程,它是落后国家采取高效率的途径(其中包括可利用的传统因素),通过有计划地经济技术改造和学习世界先进,带动广泛的社会改革,以迅速赶上先进工业国和适应现代世界环境的发展过程”①。

西欧是近世文明的发祥地、辐射源。世界上率先进入现代化过程的国家非

① 罗荣渠:《现代化新论——世界与中国的现代化进程》,商务印书馆2004年版,第17页。

英国莫属,这是因为英国具备现代化的形成条件。从外部环境来看,15 世纪、16 世纪之交,海道大通,海洋成为通向世界的海洋,东西两半球开始互相连接,漫长的全球一体化肇始于斯。西欧商业革命狂飙突起,以商立国成为潮流,向外扩张被奉为致富强邦的必由之路。在实践中,西欧各国用狐疑猜忌的目光打量着自己的邻居,不择手段地大力推进商业活动,加紧殖民掠夺,列强争雄成为时代特色。英国在这一方面独得头筹,通过殖民扩张实现了资源的掠夺和资本的积累,且开辟了广阔的海外市场。国内农业及手工工场经济的发展为商业的扩张提供了基础与现实的可能。海外扩张又反过来成为现代化启动的外部因素。

中世纪的英格兰处于欧洲历史发展的边缘,耕织结合,以维持生计为特征的农本经济占统治地位。15 世纪以降,农牧结合的历史源流、羊毛及其制品价格上扬的经济驱动力为农业商品化提供了可操作性。伴随圈地由"个人暴行"的涓涓细流汇成江河汹涌之势,资本主义经营取代庄园制,土地转化为资本,这不仅促使了具有商业精神的新的土地所有者的产生,并最终导致了对传统的背离。家庭手工业即羊毛副业在经济结构中的地位上升,以毛纺业为主的手工工场的发展,最终导致经济结构的嬗变,以农为本转向农为工商业的附从,农本经济重心以不可逆转之势向工商倾斜。

16 世纪亨利八世宗教改革,切断了英国与罗马教廷的从属关系。60 年代传入的清教适应新兴资产阶级的追求财富、谋利的愿望,促进了经济发展与资本的积累,为社会的定势发展提供了一个有力的砝码。

17 世纪中期,政治领域的大变动凸现,矗立数百年的封建制度轰然倒塌。新生产力的代表者资产阶级和新贵族登上政治前台,分享政治权力,参与国家管理。但就整个社会而言,并未发生大的政治断裂,而是政局稳定,行政统一,社会协调。资产阶级和新贵族得以用国家政权的力量加强本阶级的利益,促进了现代化条件的成熟。

18 世纪六七十年代,一场不见硝烟的经济革命在英国开端。纺织业首先开始了生产技术和生产工具的变革,后逐渐扩展到其他生产领域,到 19 世纪三四十年代初步建立了以纺织、冶金、煤炭、机器制造和交通运输业为支柱的全新的国民经济体系,工业压倒农业,农业国成为工业国。这一根本变化奠定了英国成为世界霸主的物质基础。现代化初步实现。

以英国为典型的西欧现代化有以下特征:从现代化的启动条件看,内因起关键作用,内部资本主义因素的增长引发了长期的渐进性的社会内部变革。就外部条件而言,通过殖民掠夺、商业扩张,积累了资本,开辟了国外市场。就其过程看,以商业革命为先导,推动了 17 世纪英国资产阶级革命,推动了现代化进程——18 世纪六七十年代工业革命加速来临,变革的大趋势是自上而下。现代化的中心角色是新生经济力量的代表——新兴的市民、商人、企业家、制造商等分散的社会群体。现代化主流模式属自主型市场经济，经历了从轻工业到重工业的发展道路。

英国的巨大变化产生了巨大的国际影响，面对挑战，北美和欧洲大陆国家奋起直追，在18世纪晚期和19世纪前半期掀起了第一次工业革命的大浪潮。后又扩及其他欧洲国家，并在19世纪和20世纪传入南美、亚洲和非洲大陆。“现代化”成为世界趋势。

西方的现代化意味着全球一体化进程的加快，到19世纪中期，逐渐形成了以英国等少数发达国家为中心，以亚、非、拉广大地区为边缘地带的新的世界资本主义经济体系和国际政治格局。一体化进程的加快又伴随着种种不尽公平合理的规则，如西方资本主义对弱小民族的殖民征服、强权政治，现代化的先行者把同时代其他民族和国家逼向了墙角，东方从属于西方的格局。

正是在西方国家现代化起步以后产生的外部刺激下，在西方殖民侵略的外部压力下，非西方国家在外来异质文明与本源传统文明的冲突中，迈向了现代化历程。非西方国家现代化起步晚，外来因素的冲击不可忽视，故被称为“后发外生型现代化”。中国即属于这种类型。鸦片战争前夕，具有数千年文明、曾在世界居领先地位的中国已显得缺乏活力，步履蹒跚，当时虽已萌生了资本主义因素，但仅靠中国自身量变因素的积累，实现资本主义现代化即便不是不可能的，也将十分艰难缓慢。

19世纪40年代，西方的坚船利炮轰开了中国的国门。清政府丧权辱国，中国走上半殖民地的扭曲发展道路。外力将古老的中国推出原来的发展轨道，西方的廉价工业品像潮水一般冲垮了我们民族国家的万里长城，西方文化东渐，中华民族陷入了苦难的深渊。但西方殖民主义者客观上给东方落后国家带来了现代生产力要素及其新的社会因素。当然，殖民主义者最关心的是如何在华攫取尽可能多的利益，他们不会真正的关心更不会真心支持中国的现代化，而是勾结中国封建势力压迫中国资本主义的发展。事实上，近代中国资本主义现代化在外国资本主义的压迫摧残下不可能也没有得到正常的发展。现代化要想取得突破性进展，必须摆脱外国资本主义的枷锁。

19世纪60年代，“自强”、“求富”的洋务运动最早启动了中国的现代化运动。洋务派“师夷之长技以制夷”，借西方技艺求抵御西方的富强之术，创办军事、民用工业，导致资本主义产生，早期资产阶级和无产阶级也随之诞生。1895年的甲午中日战争，使泱泱中华为小国日本所败，此战可谓对60年代以来中日两国现代化成效的检验，千年帝国颜面尽失的历史表象背后，是与中国几近同时起步的日本现代化实践取得了切实的成效。而中国洋务运动鉴于制度层面的限制未能毕其功于一役。洋务运动的失败使中国丧失了现代化的一次重大机遇,“是中国落后于世界现代化的发展大潮的关键一步”①。《马关条约》标志着中国更深地陷入半殖民地半封建社会深渊。为保国保种,戊戌维新派力图以俄日为榜样进行制度层面的改革,结果遭到失败。直到1911年,中国现代化的努力未能脱出挽救清王朝衰亡命运的窠臼。

1911年辛亥革命推翻了清王朝,开始了民主共和国方案的实践,力图按西方资本主义模式实现政治和经济的现代化。民国初年,资本主义经济发展进入“黄金时代”,可惜好景不长,作为领导阶层的中国资产阶级先天不足,后天失养,未能积极发动下层群众,未能形成新的强有力的政治架构,其对传统秩序的瓦解程度有限,未能给现代化发展提供必需的政治及思想前提,“并使资产阶级失去了主导国家现代化发展的机会”。国际格局的变化及日本的对华侵略,打断了中国现代化的进程。无产阶级在1921年建立了自己阶级的政党——中国共产党,经过28年的奋斗,建立了强大的中央政权,实现了后发外生型现代化所必需的政治前提,中国现代化终于进入了一个崭新的历史时期。

新中国走上社会主义道路,突破了既往资本主义的现代化模式,结合国情创造性地探索了自己的现代化发展战略——“四个现代化”,取得了令世人瞩目的成就。

【导　读】

1. 罗荣渠:《现代化新论——世界与中国的现代化进程》,商务印书馆2004年版。

2. [法]费尔南·布罗代尔著,顾良等译:《资本主义论丛》,中央编译出版社1997年版。

3. [美]塞缪尔·亨廷顿等著,罗荣渠主编:《现代化:理论与历史经验的再探讨》,上海译文出版社1993年版。

4. [以]S. N. 艾森斯塔德著,张旅平等译:《现代化:抗拒与变迁》,中国人民大学出版社1988年版。

5. [美]斯塔夫里亚诺斯著,迟越等译:《全球分裂:第三世界的历史进程》(上、下册),商务印书馆1995年版。

6. 孙立平:《传统与变迁——国外现代化及中国现代化问题研究》,黑龙江人民出版社1992年版。

7. 钱乘旦、陈意新:《走向现代国家之路》,四川人民出版社1987年版。

---

① 罗荣渠:《现代化新论——世界与中国的现代化进程》,第304页。

8. [德]马克斯·韦伯著,闫克文译:《新教伦理与资本主义精神》,上海人民出版社 2012 年版。

9. [美]西里尔·E·布莱克编,杨豫译:《比较现代化》,上海译文出版社 1996 年版。

10. [日]依田憙家著,卞立强等译:《日中两国现代化比较研究》,北京大学出版社 1997 年版。

11. [美]西里尔·E·布莱克著,景跃进等译:《现代化的动力:一个比较史的研究》,浙江人民出版社 1989 年版。

12. [美]塞缪尔·亨廷顿著,李盛平等译:《变革社会中的政治秩序》,华夏出版社 1988 年版。

13. 马生祥:《法国现代化》,河北人民出版社 2004 年版。

14. 洪国起:《浅谈现代化进程中发展中国家政府职能的定位——以拉丁美洲国家为例》,载《拉丁美洲研究》2003 年第 1 期。

【思考与讨论】

1. 什么是现代化?
2. 欧美内源型现代化的道路有何特点?
3. 后发外生型现代化的道路有何特点?
4. 英国率先进入现代化进程的历史条件是什么?发展过程如何?
5. 简述近代中国的现代化历史过程。
6. 在历史发展过程中,西方先进、东方落后的原因是什么?
7. 试比较东西方现代化的异同,并举例说明。

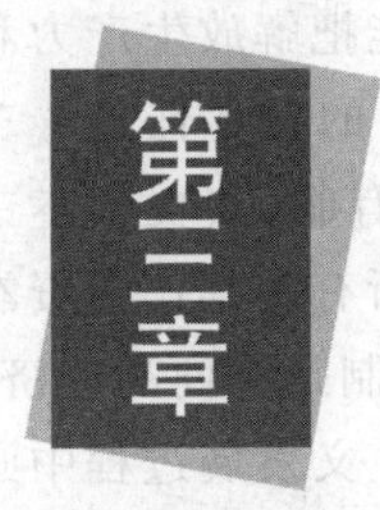

第三章 英、法、美资产阶级革命比较

17 世纪中叶的英国革命、18 世纪下半期的美国革命和 18 世纪末的法国革命,都是早期资产阶级革命。多年来,国内史学界对早期资产阶级革命的特点、规律和经验教训都进行了比较深入的探讨。对英、法、美资产阶级革命的比较研究,史学界也存在着许多不同的观点和看法,发表了许多有关专题文章。

一、保守和彻底:英、法革命性质比较

长期以来,我国史学界认为 17 世纪英国革命是保守的,而 18 世纪末法国大革命是比较彻底的。理由是:英国革命披着宗教外衣,资产阶级在革命中与新贵族结成联盟,革命后没有解决农民的土地问题,建立了君主立宪制;法国革命则是完全抛开了宗教外衣,资产阶级在革命中与广大人民结成联盟,用比较民主的方法解决了土地问题,把土地分给了农民。但有些同志提出了对英国革命的不同评价。他们认为,如果法国革命比英国革命彻底,革命后,法国本应比英国在资本主义发展道路上走得更快,但事实上法国却明显地落在英国的后面。于是,他们认为衡量资产阶级革命彻底与否,标准不在于革命是否把土地分给农民,而在于用什么方式来解决土地问题更有利于资本主义的发展。

概括起来看,各种观点分歧的焦点在于:第一,衡量资产阶级革命彻底性的标准主要是看摧毁封建制度和解放生产力的程度,还是看革命后生产力发展的速度与规模?第二,资产阶级革命的彻底性是否既表现为消灭封建土地所有制、剥夺封建地主阶级,又表现为消灭小农经济和对农民的剥夺?第三,实现人民群众的一定要求,特别是农民的土地要求,应否作为资产阶级革命彻底性的表现之一?黄振针对上述问题发表了自己的见解。认为:一是革命的根本任务是解放生产力。所谓解放生产力是变革生产关系和上层建筑,解决人与人、阶级与阶级的矛盾,为生产力的发展排除障碍。当然,解放生产力与发展生产力是互相联系的,但毕竟是完全不同的两个过程。发展生产力是解决社会与自然的矛盾,是提高人们改造自然、创造使用价值的能力,是满足社会的物质文化需要,它涉及许

多方面的因素，特别涉及革命后政府所执行的政策。因此，不能把解放生产力和发展生产力这两个概念混同起来，而把发展生产力也作为革命的根本任务。二是资产阶级革命在土地问题上的根本任务是消灭封建土地所有制，实现资本主义土地所有制。不能把农民土地所有制与封建地主阶级土地所有制都作为资本主义发展的障碍，在消灭封建主义基础上形成的农民土地所有制是小商品经济，基本上是和资本主义经济同类型的。虽然它在革命后的资本主义发展过程中必然破产，但这种资产阶级革命的经济结果不等于资产阶级革命的基本任务。三是应该把实现人民群众的一定要求，特别是农民的土地要求，作为资产阶级革命彻底性的表现之一，因为资产阶级革命不只是代表资产阶级的利益，也应该代表人民群众的利益。实际上，不实现人民群众一定的要求，就不能完成资产阶级革命的根本任务。英国革命就留下了许多没有消灭的封建的东西。①

刘宗绪认为，早期资产阶级革命的“早期”，是指资本主义手工工厂时期。评价早期资产阶级革命，就不能忽视手工工厂时期资本主义的特点。这些特点影响并制约着革命中各阶级的动向和主张，决定着革命的发展和实际取得的成果，因而是衡量和评价资产阶级革命的重要依据。早期资产阶级革命的任务就是推翻封建制度，建立资本主义制度。在评价资产阶级革命时，就只能用这个标准去衡量，而不应另立标准。在早期资产阶级革命中，最先掌权的总是资产阶级上层，即金融资产阶级派别，他们掌权后，就主张建立君主立宪制度。但多年来我们传统的观点却不是以是否把封建土地所有制改造为资本主义所有制为解决土地问题的标准，而是以农民是否分到土地为衡量尺度，这实际上是忽视了资产阶级革命的根本任务。资产阶级用来反对封建所有制、捍卫资本主义绝对私有制的进步口号“私有财产不可侵犯”，也因为有资产阶级局限性而被批判和否定。资产阶级革命后要掌握政权，这本是合乎历史发展规律的，却被说成是“篡夺”或“窃取”政权。在我们的传统观点中，对最先掌权的资产阶级上层主张建立的君主立宪制度也是持否定态度的。其实，君主立宪制和共和制都是资产阶级专政的政权。应当说，君主立宪制更符合早期资产阶级革命时期社会经济发展的实际水平。早期资产阶级革命总是沿上升路线发展，并具有反复性，这在英法资产阶级革命中表现得最为突出。②

刘祚昌认为，不能认为君主立宪制就一定比共和制保守，用历史主义分析，

① 参见黄振《关于衡量资产阶级革命彻底性的标准的几个问题》，载《华中师范学院学报》1982 年第 2 期。

② 参见刘宗绪《欧洲早期资产阶级革命的几个问题》，载《北京师范大学学报》1981 年第 5 期；张艳国：《近代资产阶级革命的特点》，载《学习月刊》1997 年第 2 期。

君主立宪最符合当时英国历史的发展。正是随着君立主宪制的确立，在英国才开始了资产阶级社会的巨大发展和改造。就解决土地问题而言，也不能认为英国革命保守。英国资产阶级革命最直接的经济后果就是造成了土地集中，通过圈地、没收和出卖王室、封建贵族及教会土地，把大地产所有权集中到了资产阶级和新贵族手中，这些新贵族的阶级属性已发生了根本变化，他们的地产“事实上不是封建性的地产，而是资产阶级性的地产”，所以，英国革命完成了改造土地所有制的任务，保证了资本主义生产方式在农业中的确立。“它彻底解决了土地问题”，甚至可以说英国革命所走的是一条最迅速、最彻底的道路。①

管佩韦指出，比较英、法两国革命的保守性与彻底性，主要应该着眼于两国革命摧毁封建主义的程度，特别要研究这两国革命是怎样解决土地问题的。英国经过圈地运动，土地的经营方式由封建主义经营方式改变为资本主义的经营方式，从这方面说，英国革命确比法国革命彻底。不过，从土地所有权的转移来说，在英国，大部分土地为新贵族和资产阶级所夺取，英国广大农民没有得到土地。在法国，由于在雅各宾派革命民主专政时期前后颁布了三项土地法令，使不少贫苦农民获得了一部分土地，使革命以前法国的封建主义的土地制度改变为自由农民的土地制度。所以，从土地所有权的转变来说，法国革命要比英国革命彻底。郝承敦认为，英国的大地主所有制实质上是一种资本主义土地所有制，它的经营方式和剥削方式都是资本主义的。法国的农民所有制虽较封建地主所有制是一大进步，但却是一种过时的落后的生产方式的残余，不能充分体现资本主义的剥削关系，不利于资本主义的发展，因而为资本主义私有制所否定。联系到革命后农业资本主义的发展，英国的大地主所有制比法国的农民所有制更为进步，因而英国革命比法国革命更为彻底。金重远认为，英、法两国资产阶级都解决了土地问题，解决的方式不同，但实质相同。而且，英国经过圈地运动，到对拿破仑战争以后，资本主义大农场已在农村占优势；法国由于在大革命中土地分散给了小农，所以直到19世纪80年代以前，农村仍是小农经济的汪洋大海，严重阻碍了法国经济的发展。赵小建则提出，解决小农问题采取“剥夺小农”、“解放小农”和“改造小农”三种不同方式，其目的都有利于资本主义的发展，都应该认为是彻底的。胡伏荅认为：评论一次革命是否彻底，首先要看领导革命的阶级是否通过这次革命彻底掌握了政权；其次，不仅看是否破坏了一个旧世界，还要看革命是否按本阶级的要求为建设新世界奠定了基础；最后，是否对人类历史的进程和世界范围的影响超过其他国家同类革命。从宗教形式、新贵族、背叛劳动人民问题、革命的恐怖问题、支援别国的资产阶级革命、保留君主立宪问题、农民问

① 参见刘祚昌《世界近代史若干问题》，载《山东师院学报》1981年第2期。

题和土地问题等方面进行比较研究,英国革命比法国革命要彻底得多。[①]

赵瑞芳认为,一个国家的资本主义发展速度,不能完全由一次资产阶级革命来负责。其资产阶级革命不够彻底,并不能决定这个国家革命以后的资本主义发展就一定缓慢;反之,其资产阶级革命比较彻底,也不能决定这个国家以后的资本主义发展就一定迅速。既要看到革命所提供的资本主义发展的必要条件,也要看到革命以后影响资本主义发展的其他条件。也就是说不能用革命以后资本主义发展速度的快慢反转来论证革命的"保守"与"彻底"。在不同的历史阶段,有着影响资本主义发展的多种因素,除上层建筑与经济基础、生产力与生产关系相适应外,还有劳动力、资金、资源、国际环境等等因素。总之,不能把从旧的生产关系束缚下解放生产力与在新的生产关系相适应的条件下发展生产力等同起来。英、法两国早期的资产阶级革命,只能看成是对封建制度的最初冲击,这种冲击表面看来虽已冲垮了旧制度,但并没有根除产生资产阶级革命的基础,这样的革命不管怎样激进,也算不上是真正彻底的革命。资产阶级革命的全过程应该包含三个方面的内容:(1)消灭了中世纪封建主义的基础,为新社会的诞生扫清道路。(2)通过产业革命,大力发展资本主义生产,为新社会奠定牢固的物质基础。(3)推翻土地贵族的独占统治,过渡到以工业资产阶级为主的民主政治。她还就英、法资产阶级革命的异同以及产生各自不同特点的原因进行了阐述。两次革命的相同点:同属于早期成功了的资产阶级革命;都是资产阶级首先以议会为阵地向封建专制统治发起进攻,然后发展为暴力革命;两国资产阶级都分化为不同的派别;革命都沿上升路线发展,从"温和"走向"激进",最后又回到了它的出发点;两国都曾走过一段个人独裁道路;广大人民群众对两次革命的发生发展都起了重大作用。各自的特点表现在:革命打出的旗帜不同;同盟军不同;解决土地的方式不同;法国同时面临国内外封建势力的进攻与反扑,斗争显得特别尖锐、激烈。产生以上不同特点的原因:在英国还没形成一套非宗教的思想体系,而法国启蒙运动的发展,使法国资产阶级举起了理性大旗;英国的封建势力比法国软弱得多,新贵族阶层与资产阶级的思想感情及政治、经济利益日趋一致,使他们有可能在反封建的斗争中结成"联盟",而法国的封建势力特别强大,再加上外国的武装干涉,这使得法国资产阶级必须与人民群众结成联盟,才能取得反封建斗争的胜利;至于土地问题,由于法国资产阶级把土地分给了农

① 参见管佩韦《也论英法资产阶级革命的"保守"和"彻底"——与金重远同志商榷》,载《杭州大学学报》1984年第1期;郝承敦《从两种私有制比较英法资产阶级革命的彻底性》,载《齐鲁学刊》1984年第1期;胡伏苔《关于英国革命》,载《益阳师专学报》1984年第3期;金重远《论英法资产阶级革命的"保守"和"彻底"》,载《复旦学报》1981年第4期;赵小建《西欧国家解决小农问题途径的比较——兼论西欧资产阶级革命的彻底性》,载《社会科学》1984年第12期。

民，从而大大地激发了农民的革命性和生产的积极性，使法国在共和国时期渡过了难关。另外，分析英、法资产阶级革命的不同特点，还应该进一步从革命前后两国的经济结构来考察。英国革命前，农业中养羊业占重要地位，工农业联系紧密，农民的经济活动卷入工商贸易，农民内部分化剧烈。封建贵族阶级中分裂出中小新贵族，并逐渐资产阶级化，他们在革命中同资产阶级结成联盟，共同领导了反封建专制制度的斗争。法国革命前，粮食种植业占统治地位，农民被固定在农业生产上，工农业联系不紧密，小农经济一直占统治地位。这种经济结构，很难造成商品经济的社会化，有些大商人购买官爵，成为贵族化的资产阶级。所以，法国革命所面临的敌人，比当年英国强大得多，资产阶级在反封建斗争中，不能不同广大人民结成联盟。革命后，英、法两国是在完全不同的经济结构上发展着。英国农业加快了"圈地运动"的步伐，土地迅速集中，发展成为资本主义大农场，大大加快了资本主义发展的步伐。法国较为彻底地摧毁了封建制度，但由于小土地所有制的广泛流行，粮食种植业仍占统治地位，农业技术发展缓慢，工业发展也不显著，资本主义发展速度也就相对缓慢。[①]

对英、法资产阶级革命何者保守、何者彻底的问题，多数学者们认为不好拿两国革命互相对比。二者发生的时间相差一百多年，资产阶级成熟程度不同，所处的历史条件、国内外环境也各不相同，它们各自对自己的时代、对自己肩负的任务负责。如果用一百多年后的法国革命的水平去要求英国革命，势必把后者说得处处相形见绌，显然是不合理的。这两次革命所存在的具体差别，都是历史的、不以人的主观意志形成的，我们所要做的是具体研究这些差异产生的原因和影响，而没有必要去划分孰优孰劣。

二、关于英、法、美革命的历史意义的讨论

关于英、法资产阶级革命的意义和影响，齐世荣认为，英、法资产阶级革命都具有重大历史意义，影响远远超出本国范围，并及于后世。马克思说："1648 年革命和 1789 年革命，并不是英国的革命和法国的革命；这是欧洲范围的革命。……它们宣告了欧洲新社会的政治制度。资产阶级在这两次革命中获得了胜利；然而，当时资产阶级的胜利意味着新社会制度的胜利……这两次革命不仅反映了它们发生的地区即英法两国的要求，而且在更大的程度上反映了当时整个世界的要求。"其中，法国大革命的影响尤为巨大，列宁说："它被称为大革命不是没有道理的。这次革命给本阶级，给它所服务的那个阶级，给资产阶级做了很多

① 参见赵瑞芳《英、法资产阶级革命的比较研究》，载《思想战线》1985 年第 6 期。

事情,以至整个 19 世纪,即给予全人类以文明和文化的世纪,都是在法国革命的标志下度过的。"①

作为早期资产阶级革命之一的美国第一次革命,起初一直被人们忽略。刘祚昌认为,美国革命无论就其所取得的成就及其在美国历史发展中的作用来说,抑或就其对于世界的影响来说,其重要性并不亚于英、法革命,并具有其独特之处。其中,有许多带有首创性的革命成果,为世界上其他国家树立了榜样,如共和制度、联邦制度、三权分立制度、成文宪法等,就是如此。美国革命的某些改革的激烈程度如没收托利党人土地,甚至超过了法国大革命时没收逃亡贵族土地的革命行动。与法国大革命相比,美国革命的民主成果涉及的范围更为广泛、更有特色。从政治到经济,从社会到宗教,从文化教育到刑法,莫不发生深刻的变革,而这是法国革命所不及的,因为法国革命根本就没有触及教育及刑法。但是,美国革命也有很大的局限性——它有许多民主任务没有完成,如没有摧毁南方奴隶制,没有以民主的方式解决西部土地问题,保留了选举权的财产资格,等等。然而,其已经取得的成就一直牢固地保存下来,并且得到发展。其主要原因是:美国第一次革命没有经历英、法革命那样的反复。英、法革命之所以出现反复,究其原因,就是如恩格斯所指出的,在于"极端的革命活动"②,即英、法革命都超越了时代,这样势必要发生反动。美国革命之所以没有出现反复,是因为:第一,没有"过分的革命活动",没有超越时代的限度;第二,是一次流血较少的革命,没有建立法国式的革命法庭和断头台;第三,在法国,封建势力根深蒂固,复辟丑剧一再上演,但是美国则完全不同;第四,战后恢复托利党人的政治权力,放松了对于被放逐者的限制,允许他们回国,并且恢复其公民权;第五,联邦宪法对一系列问题安排处理得当。③

近年出现的"全球史观"从全新的角度为英、法、美革命的世界意义作出新的定位。世界近代史是全球整体化过程的重要时期,而英、法、美革命各自以不同的角度对全球整体化进程起到推动作用。其中,英国革命打乱了以哈布斯堡王朝为主体的欧洲封建秩序,导致了欧洲新的政治格局——威斯特发里亚体系的出现,从而开始了近代国际关系的历史。法国革命摧毁了威斯特发里亚格局,使欧洲进行了新的政治组合,为拿破仑帝国之后以五大国均势为基础的、以君主制为核心的维也纳体系的建立创造了条件。美国革命则冲击了 15 世纪以来的殖

---

① 参见齐世荣《略论英美法三次资产阶级革命》,载《中外历史问题八人谈》,中共中央党校出版社 1998 年版。其中所引马克思的言论见《马克思恩格斯选集》第 1 卷,第 318 页;所引列宁的言论见《列宁全集》第 29 卷,人民出版社 1972 年版,第 354 页。

② 《马克思恩格斯选集》第 3 卷,第 707 页。

③ 参见刘祚昌《论美国第一次革命的成就》,载《美国史论文集(1981~1983)》,三联书店 1983 年版。

民主义制度以及这种殖民制度造成的以欧洲为核心、殖民地为边缘的国际关系结构。美国独立以及由它所引发的拉丁美洲独立，使西半球出现了一个同君主制的欧洲相抗衡的、以共和制为基础的美洲体系，世界从此一分为二，从而改变了整个世界的政治面貌，使世界一体化进程进入一个新的历史发展阶段。从这一点来看，美国革命具有英、法革命所不具备的世界意义。

【导　读】

1. [英]阿萨·勃里格斯著，陈叔平等译：《英国社会史》，中国人民大学出版社 1991 年版。该书是一部非常引人入胜的著作，其中所采用的许多生动活泼、翔实可靠的史料，被串在一条主线上，紧随着社会发展的轨迹，而且也没有忽略政治这个重要的领域，从而使这部社会史能够相当完整地反映英国社会发展的全貌。作者在叙述英国社会发展和进步的同时，对它的阴暗面也作了不少的揭露和分析，具有较高的参考价值。

2. [法]皮埃尔·米盖尔著，蔡鸿滨等译：《法国史》，商务印书馆 1985 年版。该书记述了上起高卢人、下迄戴高乐将军去世的历史。该书采用叙事体，简要介绍了法国历史发展的基本事实，突出重大历史事件。作者强调地理、气候、人种、经济生活的多样性，特别注意巴黎以外的地方历史、文化的特征，纠正了只从首都看全国的传统偏向。本书条理清晰，文字生动，叙事中适当引用了一些原始材料，包括马克思对当时事件的评论，具有一定的参考价值。

3. 黄安年：《美国的崛起》，中国社会科学出版社 1992 年版。该书以 1492 年哥伦布发现美洲大陆直到 1898 年美西战争前的美国早期及近代的历史发展为基本线索，全面叙述了这一时期美国社会经济状况、政治制度演变、内政改革以及科学技术、宗教文化等方面的历史事实和发展趋势，对工农运动、社会思潮、外交原则及重大战争等一些重要课题进行了深入的分析与研究，实事求是地评价了美国人民群众和资产阶级代表人物在各个历史时期的作用，是一部系统阐述和研究 17～19 世纪美国历史的专著。

4. [法]F. 米涅著，北京编译社译：《法国革命史》，商务印书馆 1977 年版。

5. [法]F. 基佐著，伍光建译：《一六四〇年英国革命史》，商务印书馆 2001 年版。

6. [德]弗雷德里希·根茨著，刘仲敬译：《美法革命比较》，上海社会科学院出版社 2014 年版。

7. 中国英国史研究会编：《英国史论文集》，三联书店 1982 年版。

8. 中国美国史研究会编：《美国史论文集(1981～1983)》，三联书店 1983 年版。

9. 中国法国史研究会编:《法国史论文集》,三联书店1984年版。

10. 金重远:《论英法资产阶级革命的"保守"和"彻底"》,载《复旦学报》1981年第4期。

11. 管佩韦:《也论英法资产阶级革命的"保守"和"彻底"——与金重远同志商榷》,载《杭州大学学报》1984年第1期。

12. 朱孝远:《马克思认为英国资产阶级革命是保守的吗?》,载《世界历史》1981年第4期。

13. 李其荣:《从英国君主立宪制的确立看英国资产阶级革命的保守性》,载《世界历史》1982年第4期。

14. 王荣堂:《英法两国资产阶级革命的区别》,载《历史教学》1959年第9期。

15. 严钟奎:《论十七世纪英国革命的不彻底性》,载《社会科学战线》1985年第1期。

16. 金重远:《农民问题的解决:大国现代化的必由之路——英、法、美、俄的历史分析》,载《江苏行政学院学报》2006年第1期。

【思考与讨论】

1. 试述早期资产阶级革命的特点及一般规律。
2. 如何理解英、法资产阶级革命的"保守性"与"彻底性"?
3. 比较英、法资产阶级革命的异同,并说明导致两个革命不同特点的原因。
4. 如何理解美国第一次革命与英法资产阶级革命的不同特点?

第四章 资本主义扩张问题

世界近代史是世界开始由分散走向整体的历史，而这种整合运动是资本主义生产方式产生的必然结果。因为，只有资本主义的出现才摧毁了一切封建羁绊和壁垒，形成统一的世界经济市场。因此，从某种意义上可以说，世界近代史也是一部资本主义扩张史。

一、资本主义扩张的历史根源

为什么世界从分散走向整体是由资本主义的扩张而揭幕的？资本主义生产方式的这种与生俱来的扩张性何以产生？资本主义产生于西欧，因此答案必须到资本主义生产方式临产前的西欧社会去寻找，正是资本主义萌芽期的西欧独特的社会、文化背景赋予这种生产方式以巨大的扩张力。这主要表现在如下几方面：

第一，西欧对亚洲经济的依赖是其对外扩张的根本原因。16世纪以前，西欧在经济、政治、文化诸方面均落后于亚洲，西欧市场上许多商品一直依赖于从东方进口，这些商品主要有香料、丝绸、棉布、瓷器、宝石等。13世纪曾到过中国的意大利人马可·波罗甚至把中国描写成一个黄金遍地的人间天堂，这更激发了西欧那些拜金狂们强烈的扩张欲望。哥伦布曾公然宣称："黄金是一切商品中最宝贵的，黄金是财富，谁占有黄金谁就能获得他在世上所需要的一切，同时也就取得把灵魂从炼狱中拯救出来，并使灵魂重享天堂之乐的手段。"墨西哥的征服者埃尔南多·科泰斯则更厚颜无耻地坦言："我们西班牙被苦恼折磨着的心灵只有黄金才能治愈。"

第二，极富扩张主义的、好战的基督教，为资本主义的扩张提供了精神动力。基督教是一种严格的一神论宗教，在基督教徒看来，世界只有一个至高无上的神——基督，世界上只应有一群人——基督徒。由此便决定了西欧的这种基督教文化具有两个鲜明的特征：

(1)强烈的普世主义使命感。《马可福音》曾告诫基督徒们："到世界各地去，将福音传播给每一个人。"因此,基督徒便把走遍全球每一个角落传播基督教义,拯救那些不信基督的异教徒们的灵魂作为自己神圣的使命。19世纪末,英国诗人拉迪亚德·吉卜林在他的诗作中公然写道:

承担起白人的责任——
将你们培育的最好的东西传播开来——
让你们的子孙离家远去,
去满足你们的俘虏的需要。

实质上,基督教这种普世主义的使命感就是扩张主义的代名词。在这种使命感的激励下,那些野心勃勃的拜金狂们不遗余力地疯狂扩张。正如他们自己所表白的那样:"从好望角前行,我们不愿放过任何东西,而听其逃脱我们的控制,从苏法拉到日本的5000里格[①]辽阔领域内的一切,我们都急于染指……没有任何一个角落我们没有占领,没有任何一个角落我们不希望归属于我们。"

(2)极度的狭隘性和好战性。因为基督教的普世主义使命感不容许别的宗教的存在,在他们看来,不信基督的异教徒皆可杀。基督教的这种狭隘性和好战性,在他们对待伊斯兰教的态度上表现得淋漓尽致。早在中世纪,为了消灭这些异教徒,欧洲的基督徒接二连三地发动了多次十字军东征。尤其是1453年穆斯林攻陷君士坦丁堡,占领巴尔干半岛、小亚细亚及克里米亚岛等地,控制了东、西方商道,切断了基督徒通往东方的发财之路时,基督徒对穆斯林的仇恨达到了极点。根据所谓"东方基督教王国"的传说,欧洲派出传教士赴东方寻找这个基督教王国,以结成共同打击伊斯兰教徒的联盟,东西夹击,消灭穆斯林世界。

第三,科学技术的进步,为远洋航行奠定了坚实的基础。资本主义的扩张必须以发达的航海技术为前提。12世纪末至13世纪初,中国人发明的罗盘针传入欧洲,极大地推动了西欧航海技术的发展,实现了他们久已向往的远洋航行中准确测向定位的梦想。14世纪时,西欧已有了标明海岸线和港口位置的航海图,进入15世纪后,这些航海图的绘制更加详细而精确。正是由于罗盘针和准确的航海图,那些海上冒险家们才有可能远航东方。

第四,造船技术和海上作战武器的改进,为西欧各国武力征服东方各国提供了保证。从13世纪开始,西欧的造船技术进入了一个突飞猛进的发展阶段。到15世纪时,西欧各国用于远洋航行的船舶的最大载重量已由原来的150～200吨一下子提高到600～800吨,这些船不仅速度快,而且还便于操纵。与此同时,随着铸炮技术的改进,从16世纪开始,西欧各国用于海上作战的武器装备也有了明显进步。他们已经可以在一艘军舰上安装40门火炮,这种火炮长1.7～4

① 里格(League),长度单位,约为3海里。

米，能发射2～27公斤重的铁丸，有效射程为270多米。

当15世纪末西欧开始向东方扩张时，他们尚无力从经济、文化上征服东方各国。正是由于他们拥有了“坚船利炮”，才为他们弥补了经济、文化方面的不足，靠野蛮的武力征服横行海上，强行敲开了东方各国紧闭的国门。

总之，正如美国学者狄百瑞所指出的：“经济上，西方的根基在于地中海与西欧的海上经营，军事上在于诺曼人的征服，而精神上则在于闪族宗教预言的千年福王国的观点，——不管是《旧约》中依据的立约与出埃及及原始神话的观点，他们离开埃及的束缚去寻找仍在这个世界上的一片被允诺的土地，还是《新约》中依据耶稣‘去向万邦传教’的命令。如果18世纪和19世纪西方帝国主义的宗教从来就与贸易相互混杂，也从来都由军事力量加以协助，那么这三者便会深深地浸透一种使命感并被一种动力所驱使，那迟早会把它们带入东亚。外向型的西方受驱遣要冲破一切限制并超过它们以达到人类历史的天意顶点，他们注定了要前进并决意要突入以异常之不同的假定在运作着的东亚来。”①

二、资本主义扩张的三阶段

自15世纪末到1900年这四百余年间，资本主义扩张活动基本上可以划分为三个阶段。

从1492年哥伦布发现新大陆至18世纪后半期，为资本主义扩张的第一阶段，即商业资本主义扩张时期。这一时期，资本主义尚处于资本原始积累时期，其对外扩张的目的是掠夺金银财富，为资本主义的发展积累资本。所以，“葡萄牙人在非洲海岸、印度和整个远东寻找的是黄金；黄金一词是驱使西班牙人横渡大西洋到美洲去的咒语；黄金是白人刚踏上一个新发现的海岸时所要的第一件东西”②。由于西欧各国尚处于工场手工业时期，在世界经济中并无优势可言，所以，西欧商人主要以武力征服为手段，凭借其所掌握的贸易垄断权和殖民特权推进其商业扩张。

尽管西欧商人的足迹已遍及全球各地，但是由于实力所限，其扩张活动主要集中于南北美洲。早在1493年，哥伦布便在西印度群岛建立了第一块殖民地——伊斯帕尼奥拉。1519年，埃尔南多·科泰斯又率兵征服了阿兹特克帝国。1531年，弗朗西斯科·皮萨罗又率兵征服了印加帝国。然而，湿热的气候、复杂的地理环境、热带疾病的流行，却令西欧商人和海盗不得不止步于非洲沿海

① ［美］狄百瑞著，何兆武等译：《东亚文明——五个阶段的对话》，江苏人民出版社1996年版，第72页。

② 《马克思恩格斯全集》第21卷，人民出版社1965年版，第450页。

有限的几个商业据点,眼巴巴地望着非洲大陆而兴叹。在南亚,他们暂时无力征服具有高度文明和众多人口的南亚国家,也只能在沿海据守几块飞地。正如亚当·斯密 1776 年所记载的:

> 尽管欧洲人在非洲沿海和东印度群岛拥有许多重要的居留地,他们在这些地区还是未能像在美洲大陆及其岛屿上那样,建立如此众多的殖民地。非洲及东印度群岛这一总的名称下所包含的几个地区,由诸野蛮民族居住着。但是,这些民族并未如同可怜、孤弱的美洲人那样软弱、无备;而且……他们的人数也多得多。……因此,在非洲和东印度群岛,要取代当地人,要将欧洲种植园扩展到原先居民所占据的更大部分的土地上去,是较为困难的。

在东北亚,西方商人的活动被严格限定在中国广州和日本长崎,并且必须服从当地苛刻的限制政策。甚至直到 1792 年,中国清朝乾隆皇帝还对来访的英国特使马戛尔尼傲慢地宣称:"天朝抚有四海,惟励精图治,办理政务,奇珍异宝,并不贵重。……种种贵重之物,梯航毕集,无所不有……勿需尔国制办物件。"

显然,商业资本主义的潮流,尚无力摧毁东方国家锁国主义的藩篱。

自 18 世纪后半期至 1870 年,为资本主义扩张的第二阶段,即工业资本主义扩张阶段。在第一次工业革命浪潮中产生的机器大工业,在极大地提高社会生产力,促进了资本主义各国经济政治发展的同时,也为加速资本主义的进一步扩张制造了新的催化剂。这主要表现在如下几方面:

第一,机器大工业是一种高投入、高产出的生产方式。高额的资本投入必然要求加快资金周转率,高产出又要求必须有广阔的产品销售市场,否则将难以保证生产的正常进行。这就要求资本主义各国在充分占有国内市场的同时,尽可能地开拓广泛的海外市场,这就为资本主义新的更大规模的扩张提供了经济动因。

第二,机器大工业产品优良的品质和低廉的价格无疑大大增强了其对海外市场的冲击力。对此,马克思曾指出:"资产阶级,由于一切生产工具的迅速改进,由于交通的极其便利,把一切民族甚至最野蛮的民族都卷到文明中来了。它的商品的低廉价格,是它用来摧毁一切万里长城、征服野蛮人最顽强的仇外心理的重炮。"①

第三,交通运输和通讯手段的进步。例如,蒸汽船的发明和投入远洋运输,铁路的铺设,电报电话的出现,海底电缆的铺设,苏伊士运河的开通,都为资本主义的扩张提供了便捷的条件。

---

① 《马克思恩格斯选集》第 1 卷,第 276 页。

工业资本主义的扩张目的已从掠夺金银财富，转变为开拓商品销售市场和占有原料产地。其所使用的手段则从赤裸裸的武力征服，转变为“香蕉加大棒”的政策，即打着“贸易自由”的旗号，奉行商业扩张与武力扩张相结合的政策。有时他们以价廉物美的商品开路，有时则用坚船利炮敲门。在中国，他们甚至执行“鸦片加大炮”的政策，强迫中国向其开放市场。

这一阶段，资本主义列强不仅在南北美洲建立了各种类型的殖民地，与此同时，法国人进入了阿尔及利亚，英国人加强了对他们占领下的印度的控制，荷兰人加紧了对爪哇岛及邻近岛屿的全面开发，美国人的“黑船”闯进了日本，英国人和法国人用大炮敲开了中国国门。

1871～1900 年，为资本主义扩张的第三阶段，是垄断资本主义扩张阶段。随着资本主义从自由竞争过渡到垄断阶段，资本主义的扩张也从争夺商品销售市场和原料产地，转变为以资本输出为主。欧洲人已不再满足于向落后国家和地区的人兜售商品并购买他们手中的原材料，他们已开始在这些国家和地区投资兴办工商产业，参与具体的生产管理活动。

为了保护和扩大他们在落后国家和地区所攫取的权益，资本主义列强极欲取得对这些国家和地区的政治、经济和领土的控制权。因此，他们掀起了有史以来规模最大、范围最广的海外扩张风潮，对世界进行最后瓜分和重新瓜分。据统计，“1800 年至 1875 年期间，殖民帝国每年平均获得殖民地 83000 平方英里，而到 1875 年至 1914 年期间就猛升到每年平均 24 万平方英里。1871 年至 1900 年这三十年间，英国给它的帝国增加了 425 万平方英里的土地和 6600 万人民，法国增加了 350 万平方英里的土地和 2600 万人民；俄国在亚洲增添了 50 万平方英里的土地和 650 万人民；德国增添了 100 万平方英里的土地和 1300 万人民。甚至小小的比利时也设法获得了 90 万平方英里的土地和 850 万居民”①。

三、资本主义扩张与世界一体化进程

资本主义的扩张对世界历史的发展产生了一系列重大影响，这主要表现在如下几方面：

第一，揭开了世界经济一体化的序幕。随着科学技术的不断进步，第一、二次产业革命的相继发生，交通运输和电信通讯手段的进步，资本主义的扩张活动使全球各地人们之间的交往日益频繁和密切，以欧美资本主义列强为中心的统一的世界经济市场已基本形成。

---

① [美]斯塔夫里亚诺斯：《全球分裂：第三世界的历史进程》上册，第 270 页。

第二，促进了全球范围内的民族融合和文化交流。资本主义的扩张使欧洲人的足迹遍及全球各地，非洲黑人也被迫离开自己的家园而被卖到了南北美洲。于是，南北美洲便出现了许多新的混血种族。基督教也随欧洲人一起被传播到了世界各地，并且在这一过程中，它也受到了其他宗教和文化的影响，形成了诸多有地方特色的基督教。例如，美洲印第安人就将其原始宗教的许多因素糅进了他们的基督信仰中，他们的基督也就成了能治病、能左右天气变化、能降福除灾的万能之神。同样，黑人的到来，也为美洲文化增添了些许非洲特色。与此相伴而生的还有世界各地动植物品种的大交流，白人把欧洲的马、牛、羊、大麦、小麦以及橄榄、葡萄等水果带到了新大陆，同时他们也将新大陆的玉米、马铃薯、西红柿、花生、南瓜、可可、豆类、烟草、棉花以及中国各种名贵的花卉带回了欧洲。

第三，导致了国际格局的演变和世界秩序的一体化。地理大发现以前，亚洲在经济、政治、文化上处于世界的领先地位，穆斯林扮演了东西方经济文化交流桥梁的角色，局促于欧洲一隅的西方文化无疑落后于东方。然而，经过资本主义的四百余年的扩张，世界各地区之间的实力对比发生了显著的变化。首先是欧洲在19世纪后跃居世界首位；继之，从19世纪下半期开始，一个世纪前才从英国的殖民统治下挣脱出来的美国迅速崛起为世界首富。

国际格局的演变，推动了世界秩序的一体化。1648年，《威斯特发里亚条约》的签订宣告了近代欧洲秩序的诞生；而1895年中日《马关条约》的签订，则宣告了世界上唯一一个独立于世界体系之外的世界秩序——古代东亚华夷秩序的解体，这同时也标志着世界秩序一体化的形成。

第四，世界历史观的形成，意识形态呈现出多元化的发展趋向。资本主义的扩张，使原本孤立、分散的各国、各地区历史发展趋向一体化，从而形成了真正意义上的世界历史，正如马克思所指出的："各个相互影响的活动范围在这个发展进程中愈来愈扩大，各民族的原始闭关自守状态则由于日益完善的生产方式、交往以及因此自发地发展起来的各民族之间的分工而消灭得愈来愈彻底，历史就在愈来愈大的程度上成为全世界的历史。"①随着真正意义上的世界历史的形成，出现了新的历史视野——世界历史观。所谓世界历史观，要求人们从世界一体化的视角认识和研究人类社会的发展问题。而当我们以这种观点来认识和研究世界一体化时代的社会发展时，便会打破旧的历史发展单线论的束缚。因为虽说"一切历史冲突都根源于生产力和交往形式之间的矛盾"，但是，"对于某一国家内冲突的发生来说，完全没有必要等这种矛盾在这个国家本身中发展到极端的地步。由于同工业比较发达的国家进行广泛的国际交往所引起的竞争，就

① 《马克思恩格斯全集》第3卷，人民出版社1960年版，第51页。

足以使工业比较不发达的国家内产生类似的矛盾(例如,英国工业的竞争使德国潜在的无产阶级显露出来了)”。[①] 正是在这种世界历史观的指导下,马克思提出了落后国家跳越“卡夫丁峡谷”——资本主义发展阶段——直接过渡到社会主义社会的设想;列宁正确地预言了社会主义革命将在帝国主义链条最薄弱的一环发生的必然性。正是由于交往的发展,世界历史观的形成,才打破了建立在启蒙哲学基础之上的历史发展单线论的束缚,提出了社会发展道路多样化理论设想,从而使世界一体化时代的意识形态呈现出日益强烈的多元化发展趋向。

第五,导致全球发展的不平衡。对此,马克思曾指出:“正像它使农村从属于城市一样,它使未开化和半开化的国家从属于文明的国家,使农民的民族从属于资产阶级的民族,使东方从属于西方。”[②]资本主义的扩张是靠武力推进的,在这个过程中他们将不合理的世界经济分工体系、不公平的商业贸易规则、不合理的外交秩序强加于落后国家和地区的人们。因此,以资本主义为核心的世界一体化同时也是一个不公平、不合理的世界秩序。这主要体现在如下两方面:

(1)资本主义的扩张是建立在殖民地、半殖民地人民累累白骨基础之上的。例如,西班牙殖民统治者在美洲曾实行过残酷的种族灭绝政策,大肆屠杀印第安人,仅在不到一百年的时间内使印第安人人口减少90%~95%。与此同时,他们又将大批非洲黑人卖到美洲为奴隶,在1870年以前他们至少从非洲将1000万黑人运往美洲为奴。在亚洲,他们为了打开中国市场,甚至向中国大肆走私鸦片。正如马克思所说:“当我们把目光从资产阶级文明的故乡转向殖民地的时候,资产阶级文明的极端伪善和它的野蛮本性就赤裸裸地呈现在我们面前,它在故乡还装出一副体面的样子,而在殖民地它就丝毫不加掩饰了。”[③]

(2)资本主义经济的发达是以落后国家和地区经济的欠发展为代价的。资本主义各国为了便于他们从落后国家和地区榨取财富及原料以利于自己的发展,总是凭借武力和欺骗的手段,将不公平的贸易规则和不合理的分工体系强加给落后国家和地区,以阻碍其经济发展。例如,英国商务部曾下令其卡斯尔角总督,要他设法制止那里的人们栽种棉花,其理由是向黑人引进农业栽培技术和工业的做法违反了英国的既定政策。

资本主义列强这种赤裸裸的利己主义的殖民政策,造成了广大殖民地半殖民地国家畸形发展的国民经济体系,这正是导致这些国家和地区经济长期缓慢发展的原因之一。

---

① 《马克思恩格斯全集》第3卷,第83页。
② 《马克思恩格斯选集》第1卷,第277页。
③ 《马克思恩格斯选集》第1卷,第772页。

总之，资本主义的扩张活动，一方面使原本孤立分散的世界逐渐走向一体化，另一方面，它又给世界秩序造成了诸多不公平性和不合理性。正是这两种完全相悖的发展趋向构成了世界近代史的发展主体，而双方的矛盾斗争必将推动人类历史向新的更高阶段不断发展、不断进步。

【导 读】

1. 恩格斯:《反杜林论》，见《马克思恩格斯选集》第 3 卷，人民出版社 1995 年版。

2. 马克思、恩格斯:《德意志意识形态》，见《马克思恩格斯选集》第 1 卷，人民出版社 1995 年版。

3. [美]狄百瑞著，何兆武等译:《东亚文明——五个阶段的对话》，江苏人民出版社 1996 年版。

4. 李植枏:《世界近现代史上的霸权问题》，载《江汉论坛》1979 年第 4 期。

5. 张之毅:《沙俄向西欧的扩张与西欧各国的对策》，载《世界历史》1978 年第 1 期。

6. 陈文艺:《评十九世纪上半叶英国对外政策的演变》，载《史学月刊》1985 年第 6 期。

7. 杨生茂主编:《美国外交政策史:1775～1989》，人民出版社 1991 年版。

8. 王玮:《跨世纪的扩张:评美国海外扩张史学研究》，载《美国现代化历史经验》，东方出版社 1994 年版。

9. 王玮:《全球史观和美国外交史研究》，载《南开大学历史研究所建所二十周年纪念文集》，南开大学出版社 1999 年版。

10. 姜守明:《民族国家形成时期英国殖民扩张特点探析》，载《世界历史》2004 年第 2 期。

11. 钱乘旦:《资本主义体系下的“世界强国”问题》，载《世界历史》2004 年第 6 期。

【思考与讨论】

1. 资本主义扩张大体可以分为几个阶段？各有什么特点？
2. 如何辩证地评价资本主义扩张对世界历史的影响？

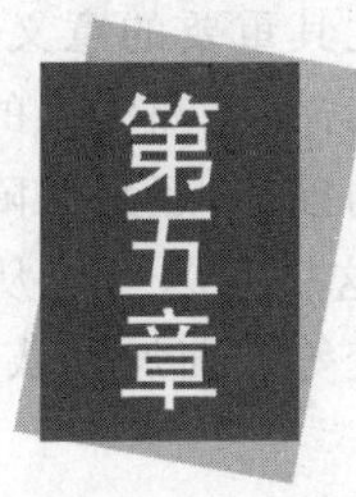

第五章 美洲体系的历史定位

一、有关美洲体系的争论

美洲体系是在1823年门罗宣言的基础上形成的，以美国为主导的美洲政治体系。它对19世纪以来的国际关系产生了深远的影响。长期以来，美国史学界围绕美洲体系产生的背景、美洲体系的性质和作用等问题展开了激烈的讨论，提出了各种不同的甚至相互抵牾的观点。如哈特认为，构成美洲体系基础的门罗宣言是在“神圣同盟”侵略拉丁美洲的危险不断增长的形势下产生的。[①] 而珀金斯则认为，神圣同盟并无干涉美洲的计划，但是，他又断言美国决策人在当时感觉到神圣同盟的威胁，于是发表宣言以示抵抗。[②] 有些新左派史学家认为，门罗宣言所阐述的美洲体系原则，是出于美国的扩张主义动机，其目的是把美洲隔离起来以供美国扩张。[③] 在国内史学界，对门罗宣言和美洲体系的认识也存在较大的分歧。如有人认为，“门罗主义是美国政府的一个投机性的外交声明”，其本质是扩张主义的。“美洲体系原则的表面公式虽然是‘美洲是美洲人的美洲’，但它是在美洲殖民体系瓦解的历史条件下提出来的一个重要的国际政治原则，其目的是阻止和进一步排斥列强势力在西半球的政治影响，使美洲和欧洲‘脱离接触’，从而为美国在西半球的扩张扫清道路。”[④]也有人认为，门罗宣言虽然是美国对外交扩张政策的重要标志，但从某种意义上讲，它在客观上起到了防止已独立的拉美国家再度沦为欧洲列强的殖民地的作用。[⑤] 还有人强调指出，导致门

---

① 参见[美]哈特《美国对外政策的基础》(Albert. B. Hart. *The Foundations of American Foreign Policy*)，纽约1901年版，第216页。

② 参见[美]珀金斯《门罗宣言史》(Dexter Perkins. *A History of the Monroe Doctrine*)，波士顿1955年版，第50～51页。

③ 参见李庆余《重评门罗宣言》，载《南京大学学报》1990年第5、6期。

④ 罗荣渠:《门罗主义的起源和实质——美国早期扩张主义思想的发展》，载《历史研究》1963年第6期。

⑤ 参见洪育沂《拉美国际关系史纲》，外语教学与研究出版社1996年版，第5页。

罗宣言和美洲体系产生的诸多因素中，美英争夺具有尤其重要的意义。①

从这几种观点来看，人们争论的焦点在于，门罗宣言和美洲体系的形成究竟是具有反封建反干涉的性质和作用，维护了美洲国家的独立，还是保障了美国在西半球的扩张，成为美国谋求整个美洲霸权的工具。这一问题可以从美洲体系的思想渊源、美洲体系产生的背景以及美洲体系的演变等方面加以认识。

二、美洲体系原则的产生

对美洲体系原则的系统表述见于美国总统门罗 1823 年 12 月 2 日致国会的国情咨文。门罗在咨文中阐述了美国对拉丁美洲的政策和美国与欧洲的关系，重申国务卿亚当斯在反对沙皇 1821 年敕令时提出的非殖民原则并将它适用于整个欧洲。“今后欧洲任何列强不得把美洲大陆业已独立自由的国家当作将来殖民的对象。”咨文提出：“（神圣）同盟各国的政治制度与美洲有着本质的不同，这种不同产生于它们各不相同的政体。”因此，神圣同盟将其制度扩大到美洲，“对于我们（美国）的和平和安全都是有危害的。”门罗继续对美洲体系原则加以解释：“对于现存的任何欧洲国家的殖民地或属地我们未曾干涉过，而且将来也不会干涉。但是那些已经宣布独立并且维持着独立的政府（我们经过慎重考虑和根据正义的原则已经承认它们独立）如果遭到任何欧洲国家为了压迫它们或以其他任何方式控制它们的命运而进行的干涉，我们只能以为那是对美国的不友好意向的表现。”

实际上，美洲体系的思想并不是门罗等人的首创。正如历史学家比米斯所说，它根源于美国人民和政府的思想和行动以及美国的外交经验。② 早在英属北美殖民地时期，远离欧洲的清教徒移民便把美洲看作是人类的“希望之乡”，是上帝的“庇护所”，认为美洲的优越性是充满战争、贫困和各种罪恶的欧洲远远不可比拟的。随着宗主国政治压迫和经济掠夺的加强，殖民地要求避开欧洲纷争的孤立主义愿望日益强烈。这种背景下发生的美国独立革命，所反抗的不仅是与母国之间法律上的连属，也是欧洲的体制和价值观。在托马斯·潘恩看来，欧洲之所以兵连祸接，应归咎于它否定自由和人性尊严的政治体制。他在《常识》一书中呼吁道：美洲没有欧洲国家的关照也同样会繁荣起来，“对大英帝国的任何屈服或从属将直接导致本大陆卷入欧洲战争或争吵之中，避开欧洲的争端乃是美洲真正利益之所在，但当它从属于英国，作为英国政策天平上的小小砝码

---

① 参见王玮《美英在拉美的争夺与门罗宣言的产生》，载《历史研究》1983 年第 3 期。

② 参见[美]S. F. 比米斯著，叶笃义译《美国外交史》第 1 分册，商务印书馆 1985 年版，第228 页。

时,这是绝对做不到的”。[①]

在通过独立战争赢得了民族独立后,新生的资产阶级共和国仍然面临着来自欧洲列强侵略和干涉的威胁。与英、法、西等国折冲樽俎的外交斗争更使早期美国革命的领导人认识到实行孤立主义政策的必要性。1796年,乔治·华盛顿在他著名的总统告别词中提出:“以人为的关系使我们涉入欧洲政治常见的变动中,或盟国与敌对国之间的分分合合‘非明智之举’。美国距欧洲遥远,采取不介入的态度,使我们得以走不同的方向。”[②]基于地缘政治的考虑,华盛顿相信美国与欧洲在利益上有所不同。这一思想在托马斯·杰斐逊那里得到进一步的发挥。杰斐逊认为,美国与欧洲不仅有两种不同的利益,而且存在着两种不同制度的对立,即共和制与君主制的对立。西属拉丁美洲民族独立运动爆发后,杰斐逊希望新兴的拉美共和国与美国组成西半球的共和体系。杰斐逊认为:“我们首要的基本的箴言应当是:决不把我们自己卷入欧洲的纠纷中;其次是决不许欧洲来干涉大西洋这边的事情。美洲,北美和南美,有一套不同于欧洲的利益,而是美洲自己所特有的。所以它应当有它自己的体系,与欧洲的体系完全不同。欧洲正在努力使其成为专制主义的场所,而我们的企图无疑的是使我们这半球成为自由的所在地。”[③]

显而易见,早期美国革命的领袖对美国外交政策的阐述为美洲体系的产生奠定了思想基础。当面临“神圣同盟”和英国干涉的威胁时,门罗政府自然从两个体系对立的角度,从维护共和体制的角度来看待这场斗争。门罗宣言的提出并不是轻率的和随意的,而是一次严肃的和谨慎的举动。美国学者卡尔·戴格勒分析指出,门罗在1823年底的咨文中反复使用“制度”这个词而不用“势力”和“影响”,“是一目了然的,而且具有深刻的意义”。门罗咨文包含的道德思想内容,在国务卿亚当斯的谈话中也有体现。亚当斯说:“所有的欧洲国家对待南美洲的政策都是建立在自私的、与其政治原则相矛盾的利益原则之上的……而我们的原则是建立在不可让渡的权利的基础上的。因此,欧洲各盟国把南美人民的事业是看成是对其合法的君王的反叛,我们则认为这是对天赋权利的维护。”[④]亚当斯据此论证门罗宣言依据的原则与欧洲迥然不同,这就进一步赋予美洲体系浓厚的理想主义色彩,欧洲公认的均势外交理念遭到了排斥。

从全球化历史发展的进程来看,当时美国政府倡导的美洲体系的共和制原

---

① [美]S. F. 比米斯著,叶笃义译:《美国外交史》第1分册,第16页。

② [美]亨利·基辛格著,顾淑馨译:《大外交》,海南出版社1998年版,第16页。

③ 谢德风等选译:《一七六五～一九一七年的美国》,三联书店1957年版,第44页。

④ [美]卡尔·戴格勒著,王尚胜等译:《一个民族的足迹》,辽宁大学出版社1991年版,第511页。

则和欧洲维也纳体系维护的君主制原则针锋相对，是符合历史潮流、具有进步意义的。有些前苏联学者认为，门罗咨文阐述的这一原则，“就其本身来说，在当时无疑是进步的。咨文中的许多提法，反映了民权思想以及资产阶级民族主义思想的影响。与‘正统主义’的原则和为恢复‘合法王朝’的政权‘有权’进行武装干涉的原则相反，咨文中发挥了不干涉的思想和禁止欧洲国家使美洲两大陆进一步殖民地化（对于既有的殖民地，美国不表示反对）的思想”。[①] 福斯特在《美洲政治史纲》中也指出，门罗宣言的发表，“对梅特涅和神圣同盟的伙伴来说，这是一个沉重的打击。而对年轻的美国则是一个胜利。这对拉丁美洲各国也是有利的，因为它们处在虎视眈眈的列强中间，门罗主义多少给它们一种保护”。因此，美洲体系原则在当时得到了美国人民和各国人民的普遍欢迎。

然而，门罗咨文在欧洲却引起了相反的反应。神圣同盟各国与英国均把它视为共和制的宣言并加以抨击。俄国认为门罗咨文的观点和主张“与欧洲列强的权利和原则相抵触”，是“傲慢的”与“荒唐的”。奥地利首相梅特涅则担心：“如果这股罪恶的主义与有害的先例扩大到整个美洲，我们的宗教与政治制度，我们政体的道义力量与那个曾使欧洲免于彻底崩溃的保守体系（维也纳体系）结果将会怎样?”1824 年 1 月，英国外交大臣坎宁向美驻英公使拉什提出质问：美国有何权力“把美洲封闭起来，从今以后不准英国殖民?”坎宁激烈攻击“美洲体系原则”，说当代最大的危险是“世界分裂为欧洲和美洲两部分”。他声言，英国决心面向美国挑战，把欧美两洲联在一起。[②] 法国外交大臣沙托布兰德则呼吁“所有在西半球占有领土或拥有商业利益的欧洲列强都应起来反对门罗主义”。因此，历史地看，美国政府倡导的美洲体系的核心是同欧洲的维也纳体系相抗衡的，在当时具有反封建、反干涉的性质，也产生了积极的影响，这应该予以足够的肯定。

三、美洲体系的形成和发展

门罗咨文发表后，美洲体系原则开始成为美国外交政策结构的一块基石。它的提出，一方面表明美国已有能力向全世界宣布美洲体系的诞生，并拒绝欧洲任何国家对美洲事务的干预；另一方面表明美国实力薄弱，羽毛尚未丰满，它不仅没有力量去干预欧洲事务，而且还需要尽量地摆脱欧洲的纷扰对美洲的影响，以有利于实现美国在美洲范围的扩张利益，最终建立起美国在美洲的霸权。因此，孤立和扩

---

① 苏联科学院世界经济和国际关系研究所编，北京编译社译：《美国对外政策的动力》，世界知识出版社 1966 年版，第 389 页。

② 转引自杨生茂主编《美国外交政策史：1775～1989》，人民出版社 1991 年版，第 99 页。

张对美国来说，是两个相辅相成、并行不悖的概念。在19世纪20年代之前，各个时期的美国政界要人均表达了强烈的扩张主义欲望，并为美国的扩张活动进行了种种"合理性"的辩护。1787年，汉密尔顿野心勃勃地设想，由美国联合中南美洲建立一个"强大的美洲体系"，这个体系"超过了一切横贯大西洋势力的影响，并能操纵新旧大陆的关系"。杰斐逊把不断地向西部扩张领土视为美国民主制度经久不衰的动力，1803年他从法国手上购买路易斯安那，在很大程度上是出于这一考虑。亚当斯在1819年提出："世界应习惯于这种想法，即认为北美大陆是我们合法的领土。从我们成为一个独立民族之日起，这就是我们要求的权利，这已成为一种自然法则，就如密西西比河必将流入大海一样。"[①]1823年4月，亚当斯又以物理学的引力定律，论证西班牙殖民地古巴迟早要像一个成熟的苹果那样，落向美国的怀抱。和亚当斯同时代的美国政治家亨利·克莱积极倡议建立一个以美国为中心的美洲体系，"在这个体系中整个南美洲都要和我国一起行动"。他还"把美洲体系解释为在拉丁美洲推销美国商品的保护体系"。[②]

由此可见，在这种扩张主义思想的背景下形成的美洲体系更注重追求美国一国的扩张利益，旨在使美洲成为美国控制和卵翼的对象。美洲体系实际上是美国殖民体系的别名。对此，福斯特在《美洲政治史纲》中明确指出："毫无疑义，门罗主义在制定的过程中就已暗含着要在整个西半球建立美国的领导权的思想。"美国政府在发表门罗宣言时，根本没有征求拉美国家的意愿，完全置拉美人民的自由权利于不顾，一厢情愿地把拉美各国看成是不准他国染指、只许美国独享的一盘珍馐，以保证美国日后在西半球随意扩张的权利。

尽管美国对美洲的霸权地位梦寐以求，但在19世纪40年代前，它的实力与欧洲国家相比仍然弱小。经济上，美国对拉丁美洲的贸易额远低于英国；军事上，美国的海军力量仅有法国的1/4，俄国的1/8，同英国更无法匹敌。仅凭一纸宣言来约束欧洲国家的行动是不可能的。门罗咨文发表后，美国外交总体上仍处于被动防守的境地。

1824年初，传闻法国要干涉哥伦比亚，哥伦比亚政府援引门罗咨文的原则照会美国政府，希望美国提供支持，但被美国以种种借口予以回绝。以后，美国又拒绝了巴西、阿根廷、墨西哥等国的类似请求。拉美各国对门罗咨文的态度逐渐转向失望和冷漠。与此同时，英国调整了对拉丁美洲的政策，承认阿根廷、墨西哥等国的独立政权，这使它在拉美的影响大大超过了美国。这一时期，英国还加紧了对中美洲的控制。1833年1月，英国占领福克兰群岛（即马尔维纳斯群

① 转引自杨生茂主编《美国外交政策史：1775～1989》，第96页。

② 转引自罗荣渠《美洲史论》，中国社会科学出版社1997年版，第94页。

岛)，同时扩大英属洪都拉斯领土，构成了对中美联邦主权的侵犯。面对英国逼人的扩张势头，美国一筹莫展。

如前所述，造成这一状况的原因，从根本上讲，与当时美国力量的不足有关。同时还要注意，在门罗咨文发表后的相当一段时期，美国政府的主要精力用于开拓西部疆域、开发本国资源、发展国内经济和扩大国内市场，对外部事务的重视程度因而相对减弱。

但是，进入 40 年代中叶以后，美国实力大增。农业人口比 1800 年增加了 2 倍，北部地区的工业革命已接近尾声。在大陆扩张的过程中，兴起了“天定命运”的扩张主义思潮。受它的影响，门罗咨文重新受到重视，并被添入一些新的内容。民主党人波尔克当选为美国总统后，针对俄勒冈问题上美国和英国的冲突，在 1845 年的国情咨文中重申“美洲体系原则”。波尔克宣称：美国“对于欧洲加于北美洲的任何干涉不能默许，一有此种干涉，决不畏艰危，立即抵制”。波尔克又说，美洲人“有权决定自己的命运。如果其中任何一部分人民成立一个独立国家，并建议合并于我们的联邦，那么，该问题只有他们和我们才能决定，而不容任何外国介入”。[①] 波尔克在咨文中特别强调美洲体系原则主要适用于反对“任何欧洲国家在北美洲建立任何新殖民地的企图”。这反映出美国同以英国为主的欧洲国家在美洲进行争夺的基本态势。美国当时的目标是先在北美洲立稳脚跟，然后再谋求在美洲其他地区的扩张。从这点上看，波尔克的思想比门罗咨文的可行性更强一些。

经过波尔克的引申，美洲体系原则在美国外交政策体系中的地位大大提高。虽然从 50 年代起，美国才正式以“门罗主义”来称呼这一原则，但从门罗咨文到“门罗主义”的演进在 40 年代中叶即已大体上完成。此后，美国加紧了将扩张政策转化为具体的扩张行动的过程。到 40 年代末，通过得克萨斯兼并、俄勒冈瓜分和对墨西哥的战争，美国领土一跃扩张到太平洋沿岸。

由于美国当时无力问津南美，它在拉美的攻势到达中美地峡一带即暂告一段落。1850 年，美、英在相互妥协的条件下，签订了双方在中美洲建立“共管”状态的条约。直到美国内战时期，美洲体系从整体上一直服务于美国在北美大陆扩张的目标。

内战结束后，美国的势力开始南伸，遇到了英国的抵制，同时拉美各国对美国也缺乏信任。因此，美国对拉美的政策只能是接过拉美各国提出的“泛美主义”的口号，为“门罗主义”披上泛美的外衣，以争取拉美各国的响应。1889 年 10 月 2 日，美国倡导的泛美会议在华盛顿召开，从此开始了美国征服拉美的历程。

---

① 转引自杨生茂主编《美国外交政策史：1775～1989》，第 127 页。

1895年,美国借委内瑞拉同英属圭亚那发生边界纠纷之机,强行参与仲裁,使美国干预拉美事务合法化。1898年,美国把西班牙彻底赶出北美,巩固了它的后方阵地。1900年,美国迫使英国废除1850年中美运河条约,取得了单独开凿和管理运河的权利,从而搬开了英国在中美地峡设置的防线,美国独霸拉美的大势已成。至此,美洲体系的性质发生了根本性的变化,它不再是同欧洲的君主制体系互相对立的独立的政治体系了,而变成美国争夺世界的后方阵地,变成全球性帝国主义运动的一个组成部分。

【导　读】

1. [美]S. F. 比米斯著,叶笃义译:《美国外交史》(第1、2、3分册),商务印书馆1985、1987、1997年版。该书问世于1936年,是当时美国学者撰写的具有权威性的一部美国外交通史著作。该著作取材丰富,系统论述了美国外交原则形成和外交政策制定的发展过程,探寻了美国外交政策演变的轨迹。作者受孤立主义思想的影响,从传统的道德和法律标准出发去解释美国外交政策,认为美国外交政策是出于“自由的赐福”。这种观点不免失之偏颇。虽然如此,该书在今天仍有较高的学术价值。

2. [美]卡尔·戴格勒著,王尚胜等译:《一个民族的足迹》,辽宁大学出版社1991年版。该书以专题方式探讨了现代美国的形成过程,所阐述的观点多有新颖独到之处。

3. 杨生茂主编:《美国外交政策史:1775～1989》,人民出版社1991年版。

4. 李庆余:《美国外交史:从独立战争至2004年》,山东画报出版社2008年版。

5. 王玮、戴超武:《美国外交思想史(1775～2005年)》,人民出版社2007年版。

6. [美]威廉·福斯特著,冯明方译:《美洲政治史纲》,三联书店1956年版。

7. 张友伦主编:《美国的独立和初步繁荣:1775～1860》,人民出版社1993年版。

8. 洪育沂主编:《拉美国际关系史纲》,外语教学与研究出版社1996年版。

9. [美]J. 布卢姆等著,杨国标等译:《美国的历程》上册,商务印书馆1995年版。

10. [美]塞缪尔·埃利奥特·莫里森等著,南开大学历史系美国史研究室译,纪琨校:《美利坚共和国的成长》上卷,天津人民出版社1980年版。

11. 罗荣渠:《门罗主义的起源和实质——英国早期扩张主义思想的发展》,载《历史研究》1963年第6期。

12. 王玮:《美英在拉美的争夺与门罗宣言的产生》,载《历史研究》1983年第3期。

13. 王玮:《民族主义到世界主义——全球视野下的美国史研究》,载《吉林大学社会科学学报》2013 年第 2 期。

14. 杨卫东:《拉美独立运动与美国孤立主义外交的重新界定》,载《拉丁美洲研究》2003 年第 6 期。

【思考与讨论】

1. 美洲体系的思想是怎样产生的？美洲体系的建立有哪些积极意义？
2. 为什么说美洲体系实质上是美国的殖民体系？
3. 试析美洲体系的形成和发展。

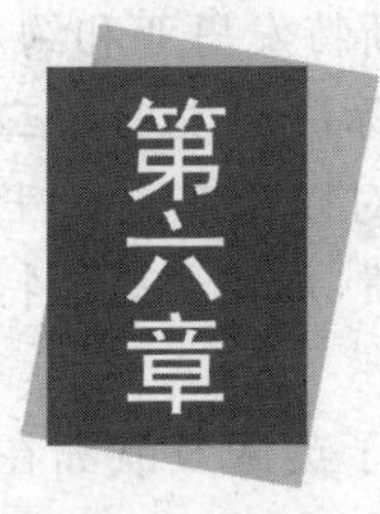

第六章 近代世界格局的演变

15 世纪晚期开始的新航路的开辟及地理大发现,结束了中世纪时代世界各大洲之间近乎隔绝的状态,同时开始了世界性的资本主义原始积累。以海外殖民掠夺和重商主义为特征的早期资本主义的发生、发展、扩张又进一步加强了人类之间的联系,开始了人类文明由分散走向整体的全球一体化进程。随着全球一体化的历程的启动,世界文明秩序和运行规则的合理化进程同时运行。一体化与合理化两种力量的冲突及协调的动态平衡推动了世界近代历史的前进。在世界历史前进的历程中,由于资本主义发展不平衡规律的作用,欧洲各资本主义强国及后来居上的美国、德国、日本围绕世界市场的争夺展开了纵横捭阖的斗争。近代世界主要国家间的争斗及边缘地区反殖民主义的斗争使世界近代历史集中表现为近代世界格局的演变——以欧洲为核心的威斯特发里亚体系的出现和逐步解体,维也纳体系的形成,以美国为核心的美洲体系的出现及壮大,欧美两大体系的对抗,德国的崛起与欧洲松散的两极格局轮廓的初显。本章试图通过对世界近代国际格局演变的讨论,展现近代人类文明的发展脉络及规律。

一、威斯特发里亚体系的兴亡

三十年战争与《威斯特发里亚和约》结束了欧洲以哈布斯堡王朝为核心的封建秩序,揭开了世界近代国际关系的新篇章。由德国内部新、旧教之争引发的德国内战在特殊历史条件的推动下迅速演变为欧洲大国之间争权夺利、扩疆拓土的国际战争。以法国为核心的国家集团与以哈布斯堡王朝为核心的国家集团之间进行的三十年战争于 1648 年 10 月宣告结束,战争的结果是签订《威斯特发里亚和约》。对于《威斯特发里亚和约》历史地位的断定,史学界说法不一。有的强调该和约对法国、瑞典、奥地利等国实力消长的影响,认为该和约加快了法国在欧洲大陆的崛起步伐和北欧瑞典的兴起。我们认为,这种观点只强调和约调整后的欧洲政治版图的变化,未揭示和约在国际关系变化中的真正地位。有人强调和约对近代国际法发展的促进作用。我们认为,这固然是历史事实,但对国际法的促进仍归结于对近代世界格局演变的影响。《威斯特发里亚和约》一方面调整了欧洲的传统政治版图，另一方面又促进了近代国际法的发展。二者皆可归结于一点：揭开世界近代格局演变的新篇章。和约是对以哈布斯堡王朝为核心的欧洲旧秩序的沉重打击，加速了这一传统秩序的崩溃，加快了威斯特发里亚国际政治体系的形成。

17世纪英国革命引发的欧美资产阶级浪潮，确立了英国及欧洲在世界体系中的核心地位。这是以前对英国资产阶级革命评价中受到忽视的一面。1640年英国革命成功后，代表大资产阶级和新贵族上层利益的政府，推行以建立世界贸易霸权为目标的海洋政策。英国大力推行对外殖民扩张，保护海洋贸易，积极运用外交手段干预欧洲大陆政治，彻底打乱了以哈布斯堡王朝为主的欧洲传统秩序，导致了以西欧为中心、以殖民地为边缘的新国际体系即威斯特发里亚体系的形成。

17世纪欧洲主要国家尤其是英、法、西三国为争夺殖民权益、争夺对欧洲的控制权展开了激烈的角逐，大国斗争的结果是以均势来维护欧洲的稳定，维持威斯特发里亚体系的运转。英国以战争的方式击败荷兰、西班牙，以外交手段迫使葡萄牙就范，一举成为欧洲核心并扩张海外贸易及殖民地，开始了欧洲统治世界的时代，并充分显示了“国际关系的不平等性质”。三十年战争后的法国以追求“天然疆界”为目标，以连续战争的方式向西南、东北、东方三个方向猛烈扩张，逐步成为17世纪欧洲大陆唯一强国。法国的扩张遭到以英国为首的欧洲国家的强烈反对，从而使英法争霸贯穿了整个18世纪。在英法竞争中法国虽处下风，但法国由于它在欧洲大陆上的实力而成为近代欧洲多极结构中的重要一极。

18世纪初期爆发的西班牙王位继承战争为英国进一步扩大海上优势扫除了障碍，削弱了法国。西班牙王国虽遭到瓜分，但保持了在美洲及亚洲的殖民地，勃兰登堡选帝侯获得国王称号并开拓边疆。我们认为，西班牙王位继承战争最重要的影响是为未来普鲁士王国的崛起奠定了政治基础，而普鲁士王国的崛起对近代欧洲格局的变化影响极为深刻。18世纪是东欧俄国迅速崛起的时代。俄国通过北方战争、俄土战争、七年战争以及三次瓜分波兰，迅速发展为雄踞一方的欧洲强国，开始成为欧洲多极格局中的重要一极。

总之，到18世纪后半期，欧洲先后崛起了英国、法国、俄国、普鲁士王国，同时奥地利运用灵活多变的外交手段维持了其在欧洲多极结构中的地位，多极结构的欧洲格局最终形成。

18世纪末爆发的法国资产阶级革命及拿破仑战争是对传统的威斯特发里亚体系强有力的冲击，这次冲击迫使欧洲主要国家进行政策调整，从而促进了近代世界格局的演变。拿破仑战争对于近代世界格局的演变影响深远，对拿破仑战争的性质有过很多讨论:第一种观点认为拿破仑战争基本上是进步战争;第二种观点认为拿破仑战争进步与反动性兼而有之;第三种观点认为拿破仑战争以1807年《提尔西特和约》作为进步与反动的分界线。我们认为,对拿破仑战争的评价应主要看它对近代法国历史、对近代欧洲历史、对近代世界历史的影响。拿破仑战争扫荡了欧洲封建势力,为欧洲资本主义发展扫除障碍;促进了美洲资产阶级革命的爆发,有利于资本主义在全球范围内的扩张。同时,这次战争还摧毁了现存的欧洲政治格局,一种新的均势结构在欧洲形成。

二、欧美两大体系的对峙

1815年拿破仑帝国崩溃后,世界分裂为两大政治体系,即欧洲体系和美洲体系。

通过维也纳会议建立起来的欧洲国际秩序史称"维也纳体系"。维也纳体系仍是以大国实力均衡为基础的多极结构,其基本特征是欧洲均势,基本支柱是"神圣同盟"。对于维也纳体系下欧洲大国推行的争夺霸权地位的"均势外交"的特征学术界说法不一。

第一种观点认为,近代均势外交是资本主义制度的产物,是西方列强为谋求霸权而广泛采用的外交手段,是在欧洲民族国家争夺欧陆和海上霸权的基础上形成的。主要特征为:推行者只能是拥有强大实力的大国,而不可能是小国;均势外交的每次行动都是"权宜之计",而不是长期的外交政策;均势外交不是和平外交的同义语,大国为谋求霸权有时不惜诉诸武力;均势外交总是把小国和弱国作为大国搞平衡的筹码,任意宰割,瓜分小国和弱国的领土;均势外交总是为大国强权政治服务的,是企图削弱对方,增强自己,以实现其霸权地位的。

第二种观点认为,均势外交的原则是不使对方的力量超过自己,保持或造成彼此间的力量平衡,防止某大国或大国集团把自己的意志强加在其他国家的头上,使形势有利于自己。在近代史上最早推行均势外交政策的是英国,均势外交的重点在欧洲。复杂多变是均势原则的一个明显的特点。均势局面不可能是持久的、绝对的,而只能是暂时的、相对的,这是均势原则的一个显著特点。近代均势原则总是为资产阶级侵略政策服务的。均势原则是以争夺霸权为核心,以实力作基础的。均势原则产生的国际稳定形势是暂时的、相对的,而且具有两面性:一方面它能暂时停歇战争,带来一定程度上的社会安宁;另一方面由于资产阶级私利和霸权野心的追逐,又会给人类带来新的灾难。

第三种观点认为,在近代国际关系中,欧洲均势一般是指1815～1914年欧洲大国的政治关系,即各大国或大国集团力量对比的相对均衡状态以及一种相互牵制和维持现存局面的政治结构。在这百年的欧洲国际关系中,出现过三次均势时期,即 1815 年拿破仑帝国灭亡至 1854 年克里米亚战争;1870 年普法战争至 1890 年俾斯麦下台;1890 年德皇威廉二世奉行所谓"世界主义"政策至 1914 年第一次世界大战爆发。

美洲原来是欧洲的殖民地,美利坚合众国的建立,为美洲的独立揭开了序幕。19 世纪初的拉美解放运动的胜利,又使拉丁美洲国家获得了政治独立并建立了共和制政体,从而诞生了一个新的世界政治体系即美洲体系。美洲革命及美洲体系是对维也纳体系的冲击,美洲体系因其弱小无法与欧洲真正对抗,但是与以君主制为基础的欧洲体系截然不同,而且正脱离欧洲体系的轨道独立运行,从而使世界格局发生了历史性巨变——以欧洲为核心的一元世界格局被欧洲、美洲两大体系并行的两元格局所取代。美洲体系以"门罗主义"与"泛美主义"作为集体防卫的有力武器维护其独立地位。对于美洲体系的重要支柱即"门罗主义"的性质和历史作用,学术界说法不一。

第一种观点认为,"门罗主义"在客观上维护了拉美解放运动。理由有三:第一,"门罗主义"是在"神圣同盟"及欧洲列强对拉美进行扩张的情况下,美国为了防止欧洲国家对拉丁美洲的干涉,维护拉美新兴国家的安全,防御列强对美国自身的侵略而提出的。第二,"门罗主义"在当时历史条件下是防卫性的,在客观上起到了维护拉美独立国家免受"神圣同盟"的武装干涉的一定进步作用。门罗宣言的发布是对刚独立的拉美国家的很大支持,是对"神圣同盟"的沉重打击。第三,美国立国初期,虽有一些政界要人包括门罗宣言的主要起草人亚当斯在内,曾相继发表过扩张言论,但由于当时美国自身条件所限,并未成为当时政策的指导思想。因为经济比较落后,实力也相对较弱,所以,19 世纪 20 年代以前美国的发展方向,主要放在"西进政策"上。

第二种观点认为,"门罗主义"起了双重作用。"门罗主义"是美国资产阶级在沙皇俄国侵略扩张势力疯狂地伸向美洲和欧洲"神圣同盟"对美洲武装干涉威胁的形势下,为维护美国的利益而产生的。诚然,它的本质是为了美国资产阶级殖民扩张的利益,但在当时的历史条件下,它不仅代表和保护了美国的利益,而且在客观上对拉美独立战争和拉美新共和国的诞生,起了一定程度的积极作用。

第三种观点认为,"门罗主义"是世界近代史上一个进步事件。门罗宣言对欧洲列强和西班牙都是一个沉重打击,同时也阻止了沙俄在北美地区南下,它维护了当时美洲国家的主权与独立,深受当时拉美国家的欢迎。它是世界近代史上的一个进步事件。门罗宣言之所以发布是由当时特定的国际条件所决定的。第一,当时沙俄从阿拉斯加向南施加压力,对美国的安全构成了威胁。第二,"神圣同盟"于 1823 年初武装镇压西班牙革命后,又欲染指拉美地区,美国政府发表宣言以防止欧洲列强对拉美地区的侵犯，是完全必要的。第三，门罗宣言从它公布之日起，就受到了拉美新独立国家的欢迎，把拉美国家普遍欢迎的宣言，说成是对拉美国家的侵略是不妥的。当然，后来美国统治者打着它的旗号向外侵略、扩张是事实，但并不能说明门罗宣言一发表就是侵略性和扩张性的宣言。

19世纪中期是资本主义快速发展和横向扩张时期，欧洲国家内部阶级力量对比发生变化导致了1848年欧洲革命浪潮。这既是为资本主义进一步发展扫清障碍，同时也是对1815年建立的维也纳体系的一次大冲击。1848年欧洲革命是在欧洲宪兵即沙俄的积极干涉下走向失败的。但俄国势力深入欧洲引起了俄奥矛盾的激化；革命冲击了奥地利王朝的统治秩序，普鲁士进一步强大，普奥矛盾激化；同时，俄普关系也趋于恶化。东方俄、普、奥三个君主国团结局面的结束与英、法、俄在东方问题上的争斗(最后通过克里米亚战争解决)使维也纳体系走向破产。

1871年德意志统一结束了多年来中欧分裂的局面，促进了资本主义的发展。强大的德国出现在欧洲，使大陆国家法国和俄国同时面临一个强大的近邻，改变了欧洲均势。富有军国主义传统的新德国对外推行扩张政策，加快了维也纳体系下均势局面的崩溃，成为法、俄的共同敌人。崛起的德国强烈对外扩张，严重违犯传统殖民大国英国的利益，引起了英、德矛盾的激化；英、德之间的海军军备竞赛加速了英、德对峙局面的形成，加快了围绕德国而划界运转的集团组合。三国同盟、三国协约的出现标志着欧洲松散两极格局的诞生和维也纳体系的彻底崩溃。

三、世界新格局的形成

1. 欧洲政治结构的改变

以王朝战争方式领导德意志统一的俾斯麦所执行的外交政策对近代欧洲格局的演变产生了深刻影响。学术界对俾斯麦推行的外交政策说法不一。

第一种观点认为，俾斯麦充当了俄国的外交奴仆。1871年后俾斯麦的外交政策，可概括为亲奥、联俄、抑英、反法，并以联俄反法为核心，从而将德国引上了受制于俄国的道路，充当了俄国外交的奴仆。我们认为，任何一个国家的外交政策都是为本国利益服务的，俾斯麦联合俄国在于反法，并未充当其外交奴仆；同时，随着德国的强大，俄国的对外政策演变为联法抑德。德、俄外交政策目标迥异，难以结成同盟。

第二种观点认为，对俄外交是一种羁縻政策。在德奥关系问题上，自普法战争以来，联奥在俾斯麦对外政策中占首要地位。德奥同盟的建立，正式确定德奥关系处于比德俄关系优先地位。俾斯麦对俄国实行羁縻政策，对其支持多是口惠而实不至，对其打击却又假手他人，其目的是从德国本身利益需要出发去决定德俄关系的深浅。在欧洲两大军事阵营对垒的情况下，俾斯麦均势体系的成败关键在于英国，德国的兴盛难免同英国发生冲突，英国与法、俄关系的改善及德俄关系的变化，促成了俾斯麦外交体系的崩溃。资本主义发展不平衡的规律，导致欧洲列强重新分化组合，起伏消长；两大阵营的对峙，造成德国两面受敌，最终以德国失败而告终。

第三种观点认为，利用外交手段统一德国。俾斯麦推行统一的强权政策——“铁血政策”，除国内困难外，国际上也存在着重大阻碍：奥地利一直维护它在德意志邦联的地位；法、俄两国为维持其霸权，不愿在欧洲中部出现一个强大的德国；英国虽想利用普鲁士抑制法、俄，但又怕一旦德国强大，就会冲击英国的大陆均势。因此，俾斯麦要想实现统一，必须通过外交活动，利用各种矛盾，避免欧洲出现任何反普鲁士同盟。俾斯麦首先解决了英、法、俄的疑虑，使其中立；接着又拉拢奥地利，打败丹麦；然后争取普法联盟和普意联盟，极力使俄国对普保持善意，迅速彻底击溃奥地利；最后利用英、法冲突，拉俄抑奥，孤立法国，打垮法国，从而使俾斯麦利用民族主义和王朝战争自上而下完成了统一德国的使命。

俾斯麦适应德国统一的历史潮流，利用外交手段，充分利用国际局势，完成统一，使欧洲大国间力量对比发生了新变化。普鲁士军国主义和法国的复仇主义的矛盾，孕育着不安定的因素，恶化着欧洲的国际关系。

第四种观点认为，对俾斯麦的外交政策应分前后两个时期来评价：前期是联俄联奥，建立三皇同盟；后期是联奥抑俄。

2.“门户开放”政策的提出

进入19世纪70年代，欧洲强国忙于对殖民利益的争夺，而同一时期的美国利用第二次工业技术革命浪潮带来的发展机遇，迅速发展经济以增强综合国力。欧洲强国之间的斗争为美国以强大的资本主义经济力量向全球扩张提供了机遇，为在世界市场被欧洲瓜分殆尽之际获得一定的市场份额，美国不失时机地推出“门户开放”政策。“门户开放”政策的出笼预示着新殖民主义开始取代旧殖民主义时代的到来，是美国逐渐成为新的世界中心的开端。对于“门户开放”的看法，学术界说法不一。

第一种观点认为，“门户开放”具有侵略性和欺骗性。“门户开放”政策是美国妄图独占和支配中国的侵略政策，无论从其内容还是从实际作用来看，都应加以否定。这是资本主义国家间争夺殖民地的一种方式。美国利用这一政策博得中国政府好感并欺骗其他落后国家，以便更有利于其对落后国家的侵略和掠夺。我们认为，这种观点只看到了“门户开放”政策的消极作用，没有看到其积极作用,更没有看到这一政策对近代世界格局演变所产生的重大影响。

第二种观点认为,“门户开放”具有双重性。“门户开放”政策包括两个主要内容:一是承认帝国主义列强在华势力范围,并在此前提下,要求美国贸易的机会均等;二是尊重中国的领土与主权的完整。美国在执行“门户开放”政策中表现出大幅度的摇摆性,摇摆于同其他列强的对抗和妥协之间,而更多的是后者。其原因在于:“门户开放”政策从本质上是美国谋求保障和扩大其在华经济和政治利益的政策。但是由于这个政策宣布于1899年中国瓜分之祸迫在眉睫之际,包含着美国与其他列强在远东的利益相对抗一面,因此客观上起到了一定的积极作用。

第三种观点认为,“门户开放”政策标志着美国对华外交进入了一个新阶段,即由追随英国政府变为奉行独立的帝国主义大国政策。约翰·海两次在“门户开放”照会中,都没有保持中国领土及主权的完整的字眼,只是在第二次照会中,才写进保持中国领土完整。美国在开始提出“门户开放”政策时,并没有反对列强宰割中国,甚至也不反对他们瓜分中国的局部领土,而是反对帝国主义列强把中国全部肢解,反对他们完全排挤美国在华利益。

我们认为,“门户开放”政策是资本主义发展的必然产物,是美国推出的力图替代传统殖民政策的新殖民主义政策。“门户开放”政策是美国成为世界中心的开端。该政策符合美国的利益,但对国际格局的变化产生了深刻的影响。

资本主义国家对世界市场的瓜分及掠夺,资产阶级先进思想的传播,加快了亚洲人民觉醒的步伐。亚洲的日本通过明治维新,迅速走向发展资本主义道路;而大多数亚洲国家,虽从沉睡中觉醒,却未摆脱殖民地、半殖民地的从属地位。亚洲的觉醒迫使欧美殖民的国家调整传统的殖民政策,这有利于国际秩序的合理化进程。日本的崛起改变了国际秩序中的力量对比。日本迫切要求获得相应的世界市场,从而揭开了美、日争霸的序幕。

欧洲大国随着矛盾的日趋尖锐化最终引发了第一次世界大战。由于美、日加入,最终以协约国的胜利宣告结束。战后为调整国际秩序,先后召开了凡尔赛会议、华盛顿会议,最终确立了国际新秩序即凡尔赛—华盛顿体系,世界历史进入了美、日、欧争夺霸权的新时期。

【导　读】

1. 王绳祖主编:《国际关系史》,法律出版社1986年版。

2. [美]斯塔夫里阿诺斯著,吴象婴、梁赤民译:《全球通史:从史前到21世纪》(上、下册),北京大学出版社2006年版。

3. [美]A. W. 德波特,唐雪堡等译:《欧洲与超级大国》,中国社会科学出版社

1986 年版。

4. 杨生茂主编:《美国外交政策史:1775～1989》,人民出版社 1991 年版。

5. 吴机鹏:《英国的"光辉孤立"政策》,载《史学月刊》1986 年第 2 期。

6. 邱凯淇:《俾斯麦外交再讨论——兼与王鹏飞同志商榷》,载《世界历史》1983 年第 6 期。

7. 王玮:《美英在拉美的争夺与门罗宣言的产生》,载《历史研究》1983 年第 3 期。

8. 王绳祖:《略论均势原则在近代欧洲史上的作用》,载《南京大学学报》1979 年第 3 期。

9. 张之毅、鲁毅:《均势外交在近代国际关系史上的地位和作用》,载《世界历史》1982 年第 3 期。

10. 时殷弘:《法国大革命、拿破仑和国际政治的变更》,载《欧洲研究》2005 年第 6 期。

11. 邓红英:《试论俾斯麦的王朝中心观及其对德意志民族国家的影响》,载《江汉大学学报(人文科学版)》2005 年第 1 期。

【思考与讨论】

1. 试论近代世界格局的演变。
2. 维也纳体系的特征是什么?
3. 德意志统一对近代世界格局的历史影响是什么?
4. 试论美洲体系的形成及历史意义。
5. 你对"门罗主义"作何评价?

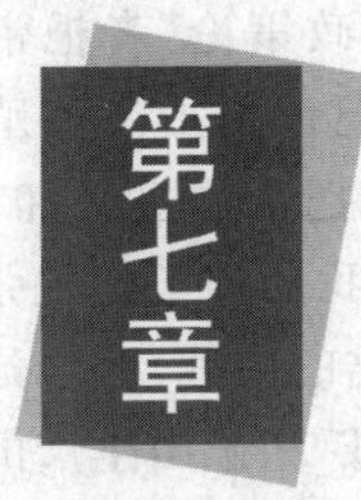

第七章 帝国主义问题研究

帝国主义是资本主义发展到一定阶段的产物。自19世纪六七十年代开始，随着第二次工业革命的展开，资本主义生产力得到迅速的提高，资本主义经济的规模越来越大，资本和生产集中的程度越来越高，帝国主义的各种因素纷纷出现。到19世纪末20世纪初，垄断组织在资本主义经济生活中占据了统治地位，世界各主要资本主义强国均由"自由"资本主义阶段发展到垄断资本主义即帝国主义阶段，这一过程被称为"帝国主义运动"。

在帝国主义运动过程中，人们就在不断探索促成这种变化的根源、变化的实质以及这种变化的后果。到第一次世界大战前夕，由于世界局势因列强间冲突的加剧而更加动荡不安，关于帝国主义问题的争论也达到了高潮。第二次世界大战后，世界资本主义又经历了一段较长的和平发展时期，并出现了许多新特点。在这种情况下，如何认识当代资本主义又成了世人关注的焦点。而要正确认识当代资本主义，就必须正确地认识和评价作为当代资本主义源头的帝国主义运动。围绕这些问题，我国社会科学工作者在上世纪80年代掀起重新认识帝国主义的研究热潮。但由于各种主客观原因，我们仍没有形成完整而成熟的帝国主义理论，尤其对帝国主义前景的认识更加模糊。以历史唯物主义为指导，科学、公正地分析、评价帝国主义是我们当前的急迫任务。

一、关于帝国主义的含义

"帝国主义"一词是在19世纪末出现的。由于当时资本主义国家经济、政治政策的变化和国际局势的动荡不安，人们十分关注帝国主义问题，并形成了研究热潮。由于阶级地位、研究问题的方法和角度不同，人们对帝国主义给予了不同的解释。

西方学者一般是站在资产阶级的立场上看待帝国主义的。他们有的人看到了帝国主义经济的迅速扩张，尽量美化它，并公开为它的侵略辩护；有的人批评指责它，希望取消垄断，恢复以往自由竞争的"美好时代"。在对帝国主义进行研究时,主要出现了“政策论”和“阶段论”两种观点。“政策论”者把帝国主义运动视为资本主义各国统治政策的改变,他们大多数人把帝国主义和殖民政策联系在一起,认为帝国主义是现代列强执行的征服政策,把帝国主义和古代帝国、近代殖民帝国相提并论。英国扩张分子罗得斯曾说:“我的神圣的主张是解决社会问题,就是说,为了使联合王国4000万居民避免残酷的内战,我们这些殖民主义政治家应当占领新的领土,来安置过剩的人口,为工厂和矿山生产的商品找到新的销售地区。我常常说,帝国就是吃饱肚子的问题,要是你不希望发生内战,你就应当成为帝国主义者。”曾任英国首相的张伯伦针对英国在世界市场上遇到的竞争,鼓吹帝国主义是“代表真理的、英明的和经济的政策”。第二国际中派代表考茨基也说:“帝国主义是高度发展的工业资本主义的产物。帝国主义就是每个工业资本主义民族力图吞并或征服愈来愈多的农业区域,而不管那里居住的是什么民族。”因此,帝国主义就是金融资本“情愿采取”的一种政策。

“阶段论”者主要是一些马克思主义者,如拉法格、卢森堡、希法亭、布哈林和列宁等。他们的研究角度虽然不同,但都认为帝国主义是资本主义发展的必然结果和继续,是它发展过程中的一个特殊的阶段。其中列宁关于帝国主义的理论是最深刻、完整、系统的,并给帝国主义下了一个科学的定义:“帝国主义是资本主义的垄断阶段……是发展到垄断组织和金融资本的统治已经确立、资本输出具有突出意义、国际托拉斯开始瓜分世界、一些最大的资本主义国家已把世界全部领土瓜分完毕这一阶段的资本主义。”[①]我国的学者一般接受了列宁的阶段论观点,但认为应该以发展的眼光对待列宁的定义,全面辩证地理解列宁的定义。有人主张将帝国主义的定义表述为:帝国主义是资本主义的特殊历史阶段。这种特殊性分三个方面:(1)帝国主义是垄断的资本主义;(2)帝国主义是腐朽的但还没有完全腐烂的资本主义;(3)帝国主义是垂死的但还没有死亡的资本主义。也有人主张现在不要再用“帝国主义”这个概念了,因为帝国主义是一个军事扩张的概念,而第二次世界大战后政治扩张和战争已不再是资本主义的主要特征,用消灭帝国主义来号召无产阶级革命已无意义。随着国家垄断资本主义的出现、冷战的结束及东西方交往的扩大,帝国主义这一概念应被淘汰掉,而代之以国家垄断资本主义或现代资本主义。

二、关于资本主义向帝国主义过渡和帝国主义的特征

19世纪末20世纪初,资本主义实现了由自由资本主义向帝国主义的过渡。

---

① 《列宁选集》第2卷,第650～651页。

那么,促成这种转变的根本原因是什么呢?资本主义是如何实现这种转变的呢?对这个问题人们的意见是不一致的,有的甚至是完全对立的。大体说来可分为三派:

1. 消费派。代表人物是霍布森和卢森堡。他们认为,由于资本主义分配不合理,造成“消费不足”和生产过剩,使得资本积累无法正常进行,促使资本主义对外侵略扩张,这是帝国主义产生的最深刻的根源。该派的理论家看到了资本主义的生产与消费存在着尖锐矛盾,看到了有效需求不足造成的生产过剩危机在推动资本主义国家向外扩张中的作用。因此,在他们的理论中包含有部分真理。但是,生产无限扩张与有效需求不足之间的矛盾毕竟只是资本主义基本矛盾的一个侧面,如果把这一侧面夸大为整体,把众多原因中的一个(而且还不是最主要的原因)夸大为唯一原因或最根本的原因,那就会走向谬误。例如:霍布森认为用改革资本主义分配制度、提高群众消费水平的办法就可以消除帝国主义;卢森堡认为,资本积累的最大界限是最后一块非资本主义土地的资本化,这一界限达到之日也就是资本主义崩溃之时。

2. 流通派。代表人物为希法亭。他们试图从资本主义流通领域中的变化来寻求帝国主义产生的根源并揭示其本质,认为银行作用的变化和加强以及银行垄断资本的形成是促成金融资本形成的重要原因,金融资本的形成是帝国主义最重要的特点。但是,流通领域的变化是以生产领域中的变化为基础和前提的。生产和资本的集中及垄断工业资本的形成是银行作用变化和加强的基础,如果只考虑流通领域,而忽视了对生产领域的研究,就不能全面、科学地认识帝国主义。

3. 生产派。这一派的代表是拉法格和列宁。他们全面考察了由于生产领域的变化所引起的其他各个领域的变化,并由此科学地说明了帝国主义产生的根源和实质。列宁在马克思主义经济理论指导下,深入细致地研究了欧美发达资本主义国家的经济资料,批判地吸取了资产阶级经济学家、第二国际中的机会主义理论家以及马克思主义者的研究成果,创建了马克思主义的帝国主义理论。1916 年,《帝国主义是资本主义的最高阶段》一书的问世,标志着这一科学理论的诞生。在这部著作中,列宁深刻地指出,自 19 世纪 70 年代以来,世界资本主义发生了重大变化。这主要表现在生产的集中和垄断资本的形成,以及在此基础上形成了金融资本和金融寡头对社会经济政治的全面统治。列宁认为:这标志着世界资本主义已进入了它发展的最高阶段——帝国主义阶段。在探讨帝国主义的形成时,列宁总结了帝国主义的五个基本特征:(1)生产和资本的集中发展到这样高的程度,以致造成了在经济生活中起决定作用的垄断组织;(2)银行资本和工业资本已经融合起来,在这个“金融资本”的基础上形成了金融寡头;

(3)与商品输出不同的资本输出有了特别重要的意义;(4)瓜分世界的资本家国际垄断同盟已经形成;(5)最大资本主义列强已把世界上的领土分割完毕。

由于列宁抓住了19世纪70年代以来资本主义经济发展变化的关键,抓住了生产领域中资本关系的变化,所以就使得他对帝国主义的理论分析比同时代的任何人都更加深刻、全面,因此列宁的理论成为我们认识帝国主义的理论依据。但是,由于受时代的限制,列宁关于帝国主义起源的理论也有它的缺陷和不足:(1)列宁充分重视了资本主义生产关系的变化,但对促成这一变化的生产力的发展认识不足,没有给予当时蓬勃兴起的第二次工业革命以足够的重视。而正是由于第二次工业革命的发展,引起了资本主义社会生产力的迅速提高,推动了资本和生产的积聚和集中,引起了资本主义生产关系的变革,导致了垄断组织的出现。垄断组织的出现和生产力的发展是一致的,是资本主义生产关系能动地适应生产力发展的结果。(2)列宁对资本和生产的集中为什么必然会导致垄断以及如何导致垄断的问题,论述得并不充分。我们知道,科技的发展导致了生产的集中,可是这种集中绝不是原有资本和生产规模的简单扩大,它经常是在新的技术基础上的扩大。在生产扩大、资本投入剧增的情况下,企业尤其是重工业部门为了克服利润率下降、获取更大限度的利润,采取了企业联合的办法。这种联合既有同行业的横向联合,也有相关行业的纵向联合。在这些联合企业内部,资本家达成垄断协定,规定企业的生产和销售。这样,联合企业转化为垄断企业,垄断组织由此产生。可见,“联合制”本身既是资本集中的一种形式,也是垄断建立的必经途径。(3)列宁在深入探讨资本主义社会的基础上,总结了帝国主义的五个基本特征,但这些特征还不足以涵盖当时资本主义社会的全部社会政治经济状况。例如:列宁在重视生产集中、垄断产生这一资本主义经济发展主流时,没有给予当时甚至以后仍然大量存在的、并且仍具有活力的中小企业以应有的重视;同时,列宁对资本主义生产关系能够容纳的生产力发展的程度估计不足,对资本主义国家为适应生产力的发展,而在经济、政治、社会等方面进行的一系列调整没有给予应有的重视。以上的缺点和不足,使列宁的帝国主义理论具有时代的局限性。

三、关于帝国主义时代出现的一些新现象

随着垄断组织统治地位的确立,金融资本和金融寡头实现了对资本主义社会经济、政治的全面控制,在19世纪末20世纪初,资本主义发展到垄断资本主义即帝国主义阶段。在这一过渡中,资本主义社会出现了一系列新现象、新问题,列宁针对这些新情况,曾概括出帝国主义的五大基本特征。但是由于时代的

局限性，列宁的概括并不全面，对这些特征的评价在不同程度上也有失偏颇。同时，帝国主义也是处于不断变化中的，有些当时比较重要的问题现在已经无足轻重，如帝国主义瓜分和重新瓜分殖民地的问题。在这一问题上，虽然曾引起了两次世界大战，但随着"非殖民化"运动和资本主义各国新殖民主义政策的出笼，殖民地问题已经缓解。也有一些新现象在20世纪初并不明显，但现在却主导着资本主义社会，如国家垄断资本主义、资本主义经济的计划性、资本主义国家的福利政策和中产阶级力量壮大等等。因此，根据形势的变化对帝国主义各种新现象作出正确的评价，是完善和发展科学的帝国主义理论的迫切需要。

1. 正确评价垄断和垄断组织。垄断组织是一种适应生产力发展而出现的生产高度社会化的超大型企业或企业集团。从垄断组织产生的客观条件和影响看，垄断组织是生产力发展的结果，它产生后又在一定程度上促进了资本主义生产力的更大发展。资金雄厚的垄断组织所能提供的条件使科学技术研究能够更大规模、更有组织、更有计划地进行，有利于科学技术的突飞猛进，为生产力的进一步发展创造了条件。从主观动机看，建立垄断组织，自然是为了攫取高额利润，但也是为了"调节生产"，以适应市场的变化，这实质上是"资本家本身不得不部分地承认生产力的社会性"[①]，是资本主义生产关系为了适应生产力的社会性质，而在资本主义生产方式本身界限内所作的调整和变化。同时，垄断组织也有助于改善企业经营管理，提高其内部的组织性，在一定范围内克服生产的无政府状态，提高竞争能力，获得更大的经济效益。因此，进入帝国主义阶段后，资本主义的发展比以前要快得多。当然，垄断组织的出现也有消极的一面，如垄断形成过程中充斥暴力、欺诈等不公正行为，加重了对劳动人民的剥削和掠夺；资本主义国家出现食利者阶层，某些国家在某一阶段经济发展出现停滞的趋势；垄断组织推动了殖民扩张，导致世界大战的爆发；等等。然而，在资本主义的发展过程中，这些消极面有的已经消失，有的已经减轻。因此，就主导方面看，垄断组织在一定程度上适应了社会生产力的发展，促成了资本主义经济全球霸权地位的确立，也推动了世界一体化的进程。

2. 正确看待资本主义经济组织性和计划性的加强。资本主义经济是资本家私人占有制经济，个别资本主义企业内部生产的有组织性和整个社会的无组织性是自由资本主义阶段典型的特征。但是随着垄断组织的出现，资本主义生产的组织性和计划性也得到发展和加强。资本家建立垄断组织，在某种程度上就是了为把原有企业之间缺乏组织的外部关系，转化为有组织性的企业内部关系，以便在更大范围内组织好生产。因此，垄断组织的规模越大，资本家能够有组织有计划地安

---

① 《马克思恩格斯选集》第3卷，第759页。

排生产的范围也就越大,资本主义生产的社会化程度也就越高。恩格斯晚年针对股份公司这种新的企业形式,就曾经说过:股份公司是"为许多结合在一起的人谋利的生产。如果我们从股份公司进而来看那支配着和垄断着整个工业部门的托拉斯,那末,那里不仅私人生产停止了,而且无计划性也没有了"①。随着社会化程度的提高,政府对经济的宏观控制和干预也不断加强。经过两次世界大战和1929年经济大危机,资本主义发展到国家垄断资本主义时期,资本主义各国出现全面计划的趋势,它们都在不同程度上制定了本国的发展计划及战略目标,并用国家的力量保护、扶植本国经济,大力发展科学技术,因此资本主义国家的组织性和计划性大大加强。就国际范围看,世界银行等组织也在世界范围内调节着世界经济的发展,一些地区性组织如欧共体、东盟等则在组织本地区经济发展方面起着重大的作用。所有这一切,都是资本主义生产关系在生产力发展的要求下所进行的自我调整。正是这种不断的调整,纠正和克服着资本主义制度的某些弊端,为资本主义的继续发展注入了新的活力,同时也加速了全球的一体化进程。

3. 正确认识帝国主义时期阶级结构的变化。马克思、恩格斯早在《共产党宣言》中就曾断言,随着资本主义大工业的发展,人类社会日益分裂为两大直接对立的阶级,即资产阶级和无产阶级。但历史发展并没有完全验证他们的预言,因为在资本主义社会中一直存在着一个庞大的"中产阶级"阶层。究其原因,大致有三点:(1)在资本主义经济中,中小企业广泛存在,并不断发展。确实,在垄断产生过程中,大企业对中小企业的吞并和兼并变得更加频繁。但是这并不意味着资本主义国家中非垄断的中小企业越来越少,甚至消失。恰恰相反,在垄断所加剧的资本主义竞争过程中,中小企业虽然一批批地被兼并,但同时又在一批批地迅速产生。因此,在资本主义国家中,中小企业在数量上一直占有很大比重。如,1896年法国雇工在10人以下的小企业占企业总数的93%,到1906年称得上资本主义类型企业的仅占全部工业企业的3.3%。而这3.3%的企业中,雇工在6~50人之间的占88.3%,它们都是中小企业。即使在资本高度集中的美国,1914年,产值在10万美元以下的中小企业数也占到了全国企业总数的80.8%。大量中小企业的存在,是中产阶级存在的物质基础。(2)在资本主义经济发展过程中,随着经济管理的科学化、专业化以及股份制经济的发展,资本的所有权和经营权日益分离。于是,资本主义国家出现了一个越来越庞大的管理者阶层。(3)从19世纪80年代开始,西方主要国家相继实行社会福利政策,工人的工资和收入不断提高,生活逐步改善,在这种情况下,在工人中出现了"工人贵族",他们也成为中产阶级的一员。正是由于中产阶级数量的增加,当今在西

① 《马克思恩格斯全集》第22卷,人民出版社1965年版,第270页。

方国家的阶级结构中出现了两头小——资产阶级和无产阶级在减少，中间大——中产阶级在增长的趋向。这种阶级结构的变化，一方面给西方国家的无产阶级革命带来极为不利的影响，但从另一方面看，它也使资本主义社会得以稳定。

四、关于帝国主义时代的社会矛盾和帝国主义的特殊性

资本主义社会的基本矛盾是生产的社会化和资本主义私人占有制之间的矛盾，这一矛盾在经济上表现为：个别企业生产的有组织性和整个社会生产的无政府状态之间的矛盾，资本主义生产的扩大化和人民群众的购买力相对缩小之间的矛盾。在政治上尤其在进入帝国主义阶段后表现为：帝国主义国家内部无产阶级和资产阶级的矛盾，帝国主义国家和殖民地半殖民地之间的矛盾以及帝国主义国家之间的矛盾。这些矛盾在一定时期内是非常尖锐的，它们引起了资本主义社会周期性的经济危机、无产阶级革命运动的不断高涨、殖民地半殖民地人民争取民族独立自强的革命运动以及帝国主义国家之间争夺世界霸权的两次世界大战。然而这些矛盾具有资本主义社会不够成熟、社会转型时期必然伴有社会动荡的阶段性的特征。随着资本主义社会的发展变化和不断调整，这些矛盾也在不断地变化。第一，就资本主义社会的基本矛盾及其在经济上的表现看，诚然，在资本主义由手工工场到机器大工厂、再向垄断过渡的过程中，资本主义生产的社会化在不断地加强，这和资本主义私人占有制产生了尖锐的矛盾，引发了经济危机的周期性爆发，并且日益频繁。但是面对危机，资本主义生产关系也表现出一定的自我调整和适应能力。由于垄断组织的产生和不断发展，特别是国家垄断资本主义的出现，资本主义国家资本的社会化不断发展、生产的组织性和计划性不断加强。同时，由于实行越来越广泛的社会福利和工人工资水平的提高，人们的购买力水平上升，这一切相对缓和了资本主义生产的扩大化和劳动人民购买力相对缩小之间的矛盾。资本主义生产的盲目性和“无政府状态”得到较大的改变，使得资本主义社会的基本矛盾在一定范围内得以缓和，从而有利于资本主义生产的发展。第二，自19世纪后半期以来，资本主义国家在统治政策方面作了一系列的调整：一方面，资本主义国家普遍加强了国家机器，强化了镇压力量；另一方面，它们采取了一系列缓和矛盾的措施，如在政治上扩大了资产阶级民主，在经济上实行了社会福利政策等。这些措施成为缓和资本主义社会矛盾的“调节器”和稳定社会秩序的“安全阀”。第三，殖民地半殖民地作为资本主义国家的原料产地、商品销售市场、劳动力供应市场及资本输出场所，曾是资本主义国家疯狂争夺的目标。殖民地半殖民地人民为争取民族的独立，进行了顽强的斗争，资本主义国家和殖民地半殖民地之间的矛盾成为资本主义社会的主

要矛盾之一。但在第二次世界大战后，由于殖民地半殖民地人民的斗争和帝国主义国家推行的“非殖民化”运动，使世界上绝大多数殖民地半殖民地国家先后摆脱了帝国主义的殖民统治，获得民族独立，走上新的发展道路。殖民体系全面崩溃，旧的殖民帝国已不复存在，帝国主义国家和殖民地半殖民地之间的矛盾基本消失。第四，帝国主义国家之间的竞争和矛盾，曾引起了两次世界大战。但是在第二次世界大战后，帝国主义各国一般不再采用战争手段解决它们之间的矛盾，而是通过双边或多边谈判、相互适应与协调来解决。因此，帝国主义国家之间的矛盾更多地表现为经济矛盾，而不再是对殖民地的争夺。

列宁在《帝国主义是资本主义的最高阶段》一书中系统地阐述了他的帝国主义理论。其后，列宁又写了《帝国主义和社会主义运动中的分裂》一文，指出：“帝国主义是资本主义的特殊历史阶段。这个特点分三个方面：(1)帝国主义是垄断的资本主义；(2)帝国主义是寄生的或腐朽的资本主义；(3)帝国主义是垂死的资本主义。”[①]对于帝国主义的垄断性，我国理论界有人加以否定，认为资本与生产的集中不一定导致垄断，帝国主义没有形成市场垄断。这种观点一般不被人接受，因为垄断是帝国主义的最基本特征已是公认的。但理论界对于帝国主义的寄生性、腐朽性和垂死性却有较大的分歧。帝国主义的寄生性和腐朽性，在19世纪末20世纪初的某些帝国主义国家，如英国和法国，确实表现得比较突出，如这些国家对殖民地具有强烈的依赖性，由于资本输出国内出现了庞大的食利者阶层等。但是随着殖民帝国的崩溃和世界资本主义经济体系联系的加强，帝国主义对殖民地的依赖已经基本消失，目前发达国家的商品和资本输出主要是在发达国家内部而不是第三世界。大多数不发达国家现在欢迎跨国公司在它们的市场上活动。一些不发达国家面临的经济困难，往往是由于发达国家完全忽视了它们。同时，由于国际市场的激烈竞争及资本主义国家大力发展本国的工业，单纯的生息资本已不多见，它们更多地表现为产业资本，食利者阶层不再像以前那样庞大和明显。对于帝国主义的垂死性，我们不可作简单的理解。由于资本主义生产力的持续发展，资本主义至今仍表现出较强的生命力，因而我们不能指望资本主义面临指日可待的崩溃。但是，我们必须看到，共产主义取代资本主义仍然是历史的必然。在资本主义发展过程中，生产关系的不断调整，生产社会化程度的不断提高，使资本主义不断地进行“自我扬弃”，这又为资本主义向更高一级的社会形态迈进准备了物质条件。因此，帝国主义的垂死性实际上表现为资本主义让位于共产主义的历史趋势。就目前资本主义所表现的生命力和发展的势头来看，资本主义的发展还将经历一个相当长的历史时期。

---

① 《列宁选集》第2卷，第704页。

【导 读】

1. 列宁:《帝国主义是资本主义的最高阶段》,见《列宁选集》第 2 卷,人民出版社 1995 年版。

2. 马健行:《帝国主义理论形成史》,中国社会科学出版社 1993 年版。

3. 童大林、吴明瑜等:《当代资本主义问题引论》,科学出版社 1988 年版。

4. 宋则行、樊亢主编:《世界经济史》,经济科学出版社 1993 年版。

5.《经济研究》编辑部编:《论当代帝国主义》,上海人民出版社 1984 年版。

6. 吴于廑、齐世荣主编:《世界史·近代史编》,高等教育出版社 2001 年版。

7. 张镇强:《帝国主义问题学术讨论会综述》,载《历史研究》1988 年第 1 期。

8. 赵士国:《垄断资本主义再认识》,载《世界史研究动态》1989 年第 2 期。

9. 黄安年:《坚持马克思主义为指导正确认识当代资本主义社会》,载《世界历史》1989 年第 6 期。

10. 宦乡主编:《当代世界政治经济基本问题》,世界知识出版社 1989 年版。

【思考与讨论】

1. 什么是帝国主义?帝国主义有哪些基本特征?

2. 如何认识帝国主义国家出现的一些新现象?

3. 资本主义是如何向帝国主义过渡的?

4. 如何评价垄断组织?

5. 如何看待帝国主义时期社会矛盾的变化?

6. 如何评价帝国主义的寄生性、腐朽性和垂死性?

第八章 第一、二次工业革命比较

一、第一、二次工业革命研究概况

关于第一次科技和工业革命，史学界多有论及。早在20世纪五六十年代，已有论著问世。影响较大者应属林举岱的《英国工业革命史》(上海人民出版社1959年版)，该书论述了英国工业革命的前提、过程及社会后果。自80年代起，对工业革命的研究进入新的阶段，出版了一些专著和论文，对英国工业革命的前提、特点及社会后果等方面进行了更为深入的研究。其中：专著有王民同编著的《英国工业革命》(商务印书馆1980年版)、张友伦等编写的《英国产业革命》(天津人民出版社1980年版)、刘淑兰编写的《英国产业革命》(吉林人民出版社1982年版)等；论文有刘淑敏的《工业革命为什么首先发生在英国》(载《齐鲁学刊》1984年第5期)、陈紫华的《英国工业革命的特点和历史意义》(载《西南师范学院学报》1980年第3期)等。

论及英国工业革命后果的文章较多。孙炳辉的《工业革命与资产阶级革命》(载《历史教学》1981年第12期)一文认为，资产阶级统治的巩固加强，资本主义制度的最终确立，资本主义生产方式的完全胜利，不单是靠政治领域的变革，而且是通过生产领域的变革——工业革命才最终完成的。英国工业革命的意义，在于为巩固资产阶级革命的成果奠定了深厚的物质基础，进一步完善了资本主义生产方式，保证了资本主义完全战胜了封建主义。潘润涵、张执中的《工业革命与英国社会的近代化》(载《历史研究》1983年第6期)一文，分析了工业革命对整个英国近代化的意义，指出工业革命的首要意义是为近代资本主义社会奠定了物质基础。正是在大工业的基础上，资产阶级才最后得以实现它的革命作用：把分散的小生产资料集中起来，变成强有力的杠杆，从而使中世纪遗留下来的痕迹逐渐消失，使资本主义制度真正得以占据统治地位。钱乘旦《论工业革命造成的英国社会结构变化》(载《英国史论文集》)一文指出，英国工业革命的结果，可以归纳为三个比例的变化，即工农业比例、手工业和大工业比例以及城乡比例，其中工业压倒农业、农业国成为工业国是最深最根本的变化。这三个比例的变化，后来都反映在政治领域中，特别是在议会改革中。

此外，张友伦等的《浅淡英国工业革命的意义》（载《南开史学》1980 年第 1 期）、管佩韦的《英国工业革命的后果》（载《杭州大学学报》1980 年第 3 期）、庄解忧的《英国工业革命时期城市的发展》（载《厦门大学学报》1984 年第 3 期）等，也分别对工业革命的意义进行了探讨。

涉及第二次工业革命的论著相对较少。徐玮的《略论美国第二次工业革命》（载《世界历史》1989 年第 6 期）一文对美国第二次工业革命中领先的原因及产生的社会后果进行了初步的探讨。他认为美国领先的原因有：(1)内战后美国政治的统一和稳定，联邦政府的政治、经济改革为美国第二次工业革命和经济的腾飞创造了良好的条件。(2)美国工业跳跃式发展和企业的大型化、集中化，为第二次工业革命奠定了雄厚的物质基础。(3)19 世纪下半期，美国对西部边疆的开发和农业资本主义的发展为第二次工业革命提供了原料、资金和无比广阔的国内市场。(4)美国在学习和引进欧洲最新科技成果的同时，大力开展应用研究，并在尖端领域有所突破，从而使美国的应用科学和工艺技术达到世界先进水平。(5)19 世纪末，美国教育事业的发展，提高了美国人民的文化素质，壮大了科技队伍，推动了美国工业化的发展。第二次美国工业革命的后果在于：改变了美国社会的技术体系，促进了经济的腾飞和工业化的基本完成；加速了美国由“自由”资本主义向垄断资本主义的过渡，使它成为典型的“托拉斯帝国主义”；推动了农业的技术改造，使美国成为世界上最早实现农业机械化的国家；改变了美国的农业布局和人口分布，加速了城市化的进程；第二次工业革命和“自由”资本主义向垄断的过渡，对人们传统的思想观念产生了极大的冲击，人们的认识论、价值观和伦理道德思想出现了巨大的变化；第二次工业革命使后起的资本主义国家美国赶上并超过了老牌资本主义国家，资本主义国家间发展不平衡规律加剧了，美国的对外侵略性加强了。

二、第一、二次工业革命特点比较

如果说 16 世纪海道大通，各地区、民族开始了普遍交往，真正的世界历史初现端倪的话，那么，工业革命不仅为发生国奠定了资本主义战胜封建主义的物质基础，而且导致世界一体化进程的加快，产生了在新的国际分工基础上各民族地区的重新定位，国家民族间的竞争成为世界历史发展的重要推动力。工业革命作为社会变迁的主导层面使世界成为进入一体化发展的更加丰富多彩的矛盾统一体。

工业革命是以科技革命为基础的，科技革命引导着工业革命的进程。

人类在近代曾经历了两次科技革命：18 世纪后半期开始的第一次科技革命以蒸汽机的发明和应用为主要标志；19 世纪后半期开始的第二次科技革命以电的发明和应用为主要标志。18 世纪晚期的科技革命引发了第一次工业革命，第二次科技革命有第二次工业革命相伴随。两者相比较具有不同的特点：

第一，两次科技革命中，科学与技术相互使用的特点不同。在 18 世纪晚期的第一次科技革命中，科学的影响不像第二次科技革命中那么显著，新技术发明的主体与其说是科学家，不如说是有才能的技工更为贴切。这一时期，科学与技术相互作用的特点是生产影响技术，技术再影响科学。就整体而言，科学与技术的联姻并未实现。

与第一次科技革命不同，第二次科技革命的发生直接导源于法拉第对电磁学的研究。电磁理论不断转化为技术，技术又作用于社会，并在生活中得到广泛的应用，为人类提供了新的电力能源。正是从 19 世纪下半期开始，科学与技术之间的作用日益加强，科学发现往往直接导致技术的发明，“到 1875 年左右，科学开始发挥更重要的作用。配备着昂贵的仪器、训练有素并按既定选题进行系统研究的科学家的工业研究实验室取代了孤零零的发明家的阁楼或工场”①。技术越来越科学化，或者说，技术改革把科学知识直接系统地应用于工业生产过程，构成第一生产力。

第二，两次科技革命的重心不同。第一次科技和工业革命的重心在轻工业部门特别是纺织业和采掘业等。在工业革命发祥地的英国，工业革命正是首先自纺织业始。“珍妮机”(1765 年)、“骡机”(1779 年)、“水力织布机”(1785 年)相继被发明出来，棉纺织业的其他工序，如清除棉籽、梳棉、漂白、印染等，也陆续发明和采用了机器。在一系列技术革命的相互促进下，纺织业内部的供求关系在生产力飞速发展中逐渐趋于平衡。棉纺织业率先实现了从手工工具向机器生产的转变，棉纺业成为英国第一个实现机械化的行业。同时，英国的冶炼技术也出现了重大发明，如 1760 年鼓风机的出现，提高了冶炼的速度和质量，开始了近代大规模的冶金工业。1784 年搅拌炼铁技术和锻压成铁片的方法，可将生铁炼成熟铁，再经锤锻和轧辗，便可用于机器和船舶的制造。1770 年，用焦炭生产出具有实际使用价值的钢。1784 年，瓦特发明蒸汽机，解决了大工业发展所必需的动力问题，推动了工业革命向纵深发展，人类进入了蒸汽时代。1790 年，蒸汽机应用于冶炼工业。从此，采煤和冶铁的产量迅速提高，为机器大工业的发展奠定了基础。如此，第一次工业革命为英国建立了以纺织、冶金、煤炭等为支柱产业

① [美]斯塔夫里亚诺斯：《全球分裂：第三世界的历史进程》上册，第 262 页。

的全新国民经济体系。人类跨入了“纺织和蒸汽时代”。

第二次科技革命则将重心转移到重工业，建立起一系列新的重工业部门，如石油工业、化学工业、汽车工业等。工业结构发生了变化，钢铁工业取代了棉纺工业的中心地位。这意味着以重工业为主的时代开始到来。

第三，第二次科技革命的范围更加扩展。第一次科技革命主要涉及能源和动力及工具机本身。而第二次科技革命不仅有能源动力革新，且扩展到材料、信息及动力技术的全面革新，形成了以电能为核心的技术体系。由于动力系统的革新和信息技术的出现，改变了企业内生产的空间组织构成，生产过程自动化成为可能。

第四，技术领先地位从英国转移到德国和美国。英国是第一次科技和工业革命的摇篮，它启动了英国工业资本主义的巨轮，工业资本主义代替商业资本主义成为英国乃至欧洲历史的主旋律。在1770年后的一个世纪内，世界上大部分国家和地区成为英国的原料产地和商品销售市场。继英国之后，法、美、德等国在18世纪末19世纪初先后开展工业革命，工业革命成为世界性的运动。19世纪70年代以后，技术的发明创造大为增多，第二次科技革命不期而至。其间，美国和德国成为经济发展的“优等生”，代替英国成为第二次科技革命的中心。内战后的美国，统一后的德国，进入经济发展的快车道，鉴于经济发展需要对技术发展的刺激作用，新技术在美国、德国得到了迅速而广泛的应用。如：内燃机虽是在欧洲问世的，却在美国得到最快最普遍的运用；电力方面的各种技术多在欧洲发明，但第一座电厂却建在美国；钢铁新技术也在美国首先被大规模使用。把科学技术与生产过程紧密相连，构成“直接生产力”，也加速了先进技术在国际上的传播，使世界技术中心由英国向美国和德国转移。

三、第一、二次工业革命的影响

两次科技和工业革命都包含着技术变革和社会变革的双重性质，所以它们的影响也相应具有生产技术和社会结构两个方面的内容。

关于第一次工业革命的后果和影响，传统观点认为，技术变革主要体现在促进了生产力的飞速发展，以及以机器生产为基础的工厂制度代替了以手工劳动为基础的手工工场。尤其是在工业革命的故乡英国，工业革命的经济后果更为突出，使英国在19世纪中叶成为世界性的工业强国。工业革命的社会后果主要体现在生产关系，即社会阶级结构的变化上，表现为资本主义社会两大基本对立阶级——工业资产阶级和工业无产阶级的诞生，它们之间的矛盾成为社会的主要矛盾。[①]

有的学者认为,第一次工业革命除了上述两点影响之外,还有如下几点:第一,工业革命使资本主义生产关系确立了绝对统治地位,资本主义最终战胜了封建主义。并且,随着工业革命的开展,资本主义不仅在某些先进国家完全确立,而且还在全世界范围扩展,亚、非、拉的殖民地和半殖民地也被纳入资本主义世界经济体系之中。第二,工业革命促进了城市的勃兴和发展,导致人口分布的变化和生活方式的改变。第三,工业革命使资产阶级的政治、思想领导地位得以确立。[②]

有的学者着重分析了第一次工业革命的世界影响,认为工业革命引起了世界经济政治格局和国际关系的变化。第一,最早进行和完成工业革命的英国成为世界强国。第二,工业革命促进了世界市场的形成,产生了世界性的经济体系,世界性的经济、文化科学中心由亚洲转移到了西欧。第三,工业革命后,资本主义国家对亚、非、拉地区的侵略手段和性质发生了变化,资本主义殖民制度与前资本主义制度的矛盾成为世界范围内的主要矛盾。[③]

近年来,又有学者从更新的角度考察第一次工业革命的影响。他们认为:第一,工业革命引起了经济结构的变化。主要表现在:工业生产的相对集中和工厂制度的逐步建立;国民经济各个部门之间的关系发生了变化,工业逐渐取代农业成为国民经济中占主导地位的产业部门,工业生产的内部结构也发生了变化,重工业逐步确立了在工业中的主导地位;工业革命使昔日的不毛之地成为工业中心,大大改变了各国的经济地理结构;工业生产的发展、科学技术的进步,使资本主义的触角延伸到世界各地,将世界上大多数民族卷入世界市场的旋涡,真正的近代世界市场开始形成。第二,工业革命带来了政治、社会结构的变化。主要表现在:在政治上,工业资产阶级最终确立了在国家政权中的统治地位;在社会上,工业革命引起了人口的迅速增加和人口结构的都市化,由于财富分配不均引起阶级关系的简单化,此外,对人们的日常生活的影响则更为严重和深远。第三,工业革命还引起了资产阶级经济思想、观念形态、文学作品的变化。表现在:重商主义让位于自由放任政策;利己主义、自由主义、个人主义这些资产阶级的特有意识广为传播,渗透进社会生活的各个领域;批判现实主义成为这一时期文学的主要流派。[④]

关于第二次科技和工业革命,学术界一致认为,其后果和影响远比第一次工

---

① 参见王荣堂、姜德昌主编《世界近代史》上册,吉林人民出版社 1980 年版,第 141～143 页。

② 参见庄解忧《世界上第一次工业革命的经济社会影响》,载《厦门大学学报(哲学社会科学版)》1985 年第 4 期。

③ 参见周呈芳《论工业革命的社会后果》,载《内蒙古大学学报》1989 年第 1 期。

④ 参见杨云、刘书林等主编《近代世界重大问题理论探讨》,山东大学出版社 1993 年版。

业革命要广泛和深远。

在生产力的增长方面，有以下几点：

第一，如果说，第一次工业革命对经济结构的改变表现在工业生产的相对集中和工厂制度的逐步建立，那么，第二次工业革命则使主要资本主义国家完成了工业化的历史任务，并且除了原有的纺织工业、机器制造业、铁路运输业和煤炭工业之外，又涌现出一个新的工业群，如电力工业、电器工业、化学工业、石油工业、汽车制造业等；由于生产技术的更新，一些旧的工业部门也发生了量和质的飞跃。总之，整个资本主义生产呈现出加速度的增长趋势。

第二，第一次工业革命虽然建立了工厂制度，但企业的规模仍以中小型为主。第二次工业革命新兴的工业部门，或由于生产技术和产品结构复杂，如汽车工业，或由于需要大型的生产设备，只有大批量生产才能赢利，如电力工业和化学工业，因此企业的规模日益扩大，以适应生产力发展的要求。

第三，第二次工业革命使得工业生产过程的安排以及生产分工发生了体系性的改变。比如，过去以蒸汽机作为工作机的主要推动力，蒸汽机和传动装置构成相当固定的体系，把工作机排列的变动限制在狭小的范围内，从而使生产组织难以确定生产产品的有效进程。而电力的利用和电动机的采用使这一切发生了根本性的变化。电动机是同单个的工作机连接在一起的，它没有对推动体系的一定结构的依赖性，因此可以按照产品制造进程的各个阶段去组织生产过程，从而也就为机器生产中的进一步分工，为把复杂的控制和监督职能分为一个一个的简单操作创造了前提，这自然会极大地促进生产力的发展。

第四，第二次工业革命再生产的管理方面也引起了深刻的变革，如“泰罗制”科学化管理方法的采用，大大提高了劳动生产率。①

在生产关系的改变方面，主要体现在确立了垄断资本的统治地位，促使主要资本主义国家由自由竞争的资本主义向垄断阶段过渡。第二次科技革命时期的技术进步为自由资本主义向垄断阶段的过渡提供了社会物质条件。这是因为，采用先进技术需要巨额的资金为后盾，用先进技术力量装备起来的大企业，竞争能力大为增强，更多的中小型企业被排挤，从而加速了资本和生产的集中和垄断。以美国为例：随着工业蓬勃发展，生产和资本的集中与积聚不断加强，在六七十年代便出现了以卡特尔为特征的初期垄断组织。1873 年危机使大量中小企业倒闭，此后，垄断组织进一步发展。1882 年，美国出现第一个托拉斯——美孚石油托拉斯，其他部门纷起效尤。而 1893 年的经济危机与持续萧条，又使企业合并加剧，合并浪潮势不可挡，构成美国第一次企业合并浪潮。通过这次合

① 参见吴于廑、齐世荣主编《世界史·近代史编》下卷，高等教育出版社 2001 年版，第 235～237 页。

并，生产和资本越来越集中到少数人手里，资本高度集中形成了以生产资料大资本家所有制为主的资本主义经济基础，破坏了原来以中小资本家所有制为主的经济基础。随着经济基础的变化，资本主义生产关系就自然而然地由资本集中转向垄断。到1900年前后，主要资本主义国家都完成了从自由竞争到垄断的过渡。

此外，第二次工业革命还使资本主义经济发展不平衡规律陡然加剧。在激烈的国际竞争中，英、法等老牌资本主义国家受旧设备、旧投资的拖累，其经济发展速度相对迟缓；刚刚砸碎奴隶制桎梏的美国、改数世纪积贫积弱之势而新生统一的德国，具后发优势，在较易采用新技术新设备的基础上，经济出现跳跃式发展，在短短的几十年间，依靠电力技术革命的力量，用英、法等国的先进科技成就，积极扶植和发展新兴工业，在世界工业中迅速处于领先地位。1894年，美国工业总产值首次超过英国居世界首位，生铁产量在19世纪80年代超过英国而居世界首位，到1899年约占全世界总产量的1/3。1899年，美国钢产量约占全世界总产量的43%。一个强大的工业国诞生了。德国的经济成就给人印象深刻。它的煤产量从1890年的8900万吨增加到1914年的2.77亿吨，略低于英国的2.92亿吨。钢产量的增加更为惊人，1914年的产量为1760万吨，高于英、法、俄三国产量的总和。尤其引人注目的乃是德国在电力、光学和化学等新兴工业方面的成就。类似西门子和电气总公司这样的大公司就雇佣了14.2万人，它们控制着欧洲的电力工业。以拜尔和霍奇斯特公司为首的德国化学公司，生产的工业染料占世界产量的90%。到第一次世界大战前夕德国在世界工业生产中所占比例(14.8%)已高于英国(13.6%)，是法国(6.1%)的两倍半。[①] 这样，德国已无可争议地坐上了欧洲第一工业强国的交椅，把英国甩到了后面。其间，俄、日也以跃进的步伐挺进。各国发展不平衡的加剧，使资本主义国家间的矛盾愈加白热化。此外，西方已成为世界上的工业中心地区，其实力进一步加强，扩张欲望膨胀，对全球的控制态势已经形成。同时，以西欧为中心的世界体系受到冲击，美洲体系形成并趋于完善，亚洲的解放运动大规模兴起，封闭式殖民制度面临危机，“门户开放”式的新殖民体系呼之欲出。

【导　读】

1. 王民同:《英国工业革命》，商务印书馆1980年版。
2. 刘淑兰:《英国产业革命史》，吉林人民出版社1982年版。

---

① 参见[美]保罗·肯尼迪著，陈景彪译《大国的兴衰——1500～2000年的经济变迁与军事冲突》，求实出版社1988年版，第264、265页。

3. 张友伦、李节传:《英国工业革命》,天津人民出版社 1980 年版。

4. 潘润涵、张执中:《工业革命与英国社会的近代化》,载《历史研究》1983 年第 6 期。

5. 潘润涵:《近代农业资本主义发展的"美国式道路"》,载《世界历史》1981 年第 1 期。

6. 杨豫:《英国资本主义近代化道路的特点:兼论英国为什么首先实现经济起飞》,载《南京大学学报》1986 年第 2 期。

7. 陈崇武、金晓常:《关于法国资本主义近代化的特征问题》,载《华东师范大学学报》1985 年第 1 期。

8. 郭华榕:《法兰西第二帝国的重要历史地位》,载《世界历史》1984 年第 4 期。

9. 林进成:《德国工业化道路的一些特点》,载《世界历史》1982 年第 5 期。

10. 王志乐:《用系统论方法对十九世纪后半期德国经济迅速发展原因的再探讨》,载《世界历史》1984 年第 3 期。

11. 邸文:《德国工业革命发展迅速的原因及其特征》,载《历史教学》1984 年第 10 期。

12. 徐玮:《略论美国第二次工业革命》,载《世界历史》1989 年第 6 期。

13. 孙炳辉:《工业革命与资产阶级革命》,载《历史教学》1981 年第 12 期。

14. 钱乘旦:《论工业革命造成的英国社会结构变化》,载《英国史论文集》,三联书店 1982 年版。

15. 陈紫华:《英国工业革命的特点和历史意义》,载《西南师范学院学报》1980 年第 3 期。

【思考与讨论】

1. 工业革命为什么首先在英国发生?
2. 第一次工业革命的社会经济后果如何?
3. 试述法国、德国、俄国、美国工业革命的特点。
4. 试述第二次工业革命的特点和影响。
5. 试述美国在第二次工业革命中领先的原因及产生的社会后果。
6. 谈谈德国在第二次科技革命中在科学领域居领先地位的情况。
7. 比较第一、二次工业革命的世界意义。

第九章 近代殖民主义问题研究

殖民主义是一个世界性的现象，它不仅开创了资本主义向全球扩张和东方屈从于西方的历史时代，而且促使世界各国各地区社会的深层结构发生剧烈的变化，推动了全球朝着一体化的方向迅跑。国内外学术界对殖民主义这一复杂的历史现象见仁见智，看法不一，现将这一研究的部分内容作一介绍。

一、"殖民主义"的定义问题

在改革开放之前，殖民主义一直是我国史学界研究的热点之一，虽然很少有人对其下过明确的定义，但人们一般把它看作西方列强宗主国对其附属国在经济、政治、文化等方面实行压迫、奴役和剥削的一种侵略政策，其主要目的是最大限度地掠夺世界财富。例如，周一良、吴于廑主编的《世界通史·近代部分》(人民出版社 1962 年版)和刘诗白撰写的《帝国主义殖民体系及其危机》(上海人民出版社 1957 年版)等就持此观点。刘诗白的专著在谈及"殖民制度"和"殖民体系"这两个概念时，明确地表达了对殖民主义的看法："殖民制度和殖民体系是有区别的，两者不能混为一谈，就像殖民制度被看成是宗主国对殖民地进行剥削的经济、政治、文化等机构的总和一样，殖民体系则是指受帝国主义国家压迫和奴役的殖民地附属国的总和。"①

改革开放以后，史学界对殖民主义的研究继续进行，但直到 90 年代，在其定义问题上仍未有大的突破。例如，国内最具权威的工具书《辞海》、《中国大百科全书》以及各种版本的高校教材等，提出的看法与传统观点并无本质上的区别。其中王助民撰写的专著《近现代西方殖民主义史》对殖民主义问题的研究较为系统透彻。

王助民认为，殖民主义是西方列强对非西方世界的一种侵略政策，其目的是最大限度地掠夺财富，它的这一本性是不会改变的。近代以来的殖民主义经历

① 转摘自高岱《"殖民主义"与"新殖民主义"考释》，载《历史研究》1998 年第 2 期。

了四个时期：第一个时期是殖民主义产生时期(15 世纪初至 18 世纪末 19 世纪初)，资本原始积累使这一时期的殖民政策具有了野蛮和残酷的特点，武力征服、不等价交换、贩奴等超经济强制是殖民奴役的主要方式。第二个时期是殖民主义的发展时期(19 世纪初至 70 年代)，殖民帝国侵略的目的在于确保其商品市场和原料产地，殖民掠夺的主要形式也相应转变为商品输出。第三个时期是帝国主义时期(19 世纪 70 年代～20 世纪 40 年代)，殖民侵略的目的除了确保商品市场和原料产地外，还要为本国的剩余资本寻找投资场所，因此资本输出成了殖民剥削的主要特征。第四个时期是新殖民主义时期(第二次世界大战以后)，西方国家利用经济优势对第三世界进行广泛的渗透扩张，以实现不带政治兼并的经济兼并。①

大约在同一时期，西方学术界对这个问题的讨论开展得红红火火，有声有色，不同的学术流派、理论和观点层出不穷，其中有三种观点最有影响。②

(1)“全球史观”的代表人物斯塔夫里阿诺斯把帝国主义与殖民主义联系起来进行研究，认为“帝国主义”指的是资本主义活动从宗主国扩展到国际规模的产物，并含有改造殖民地使之适应全球市场经济的成分。但帝国主义并不一定导致殖民主义，殖民主义是帝国主义的一种特殊形式。当宗主国的决策者认为直接的、有形的控制比间接的、无形的控制更符合自身利益时，殖民主义才可能产生。

(2)“长波理论”认为，殖民主义的发展存在一种“扩张—收缩—再扩张”的长周期波动的趋势。该理论通过认真分析殖民主义从中心对外缘地区的冲击及殖民主义发展的历程，进而观察现代世界体系的形成发展，认为殖民主义是现代世界体系的一种结构性特征，同时也是维系这个体系内不同部分的纽带。他们指出：作为维系世界体系中等级劳动分工的超经济机制，殖民主义既是中心—外围关系的一种形式，同时又是这一体系所具有的结构性的特征。

(3)以 D. K. 费尔德豪斯为首的学者们认为，殖民主义是非洲绝大部分地区、南亚与东南亚大部分地区和太平洋地区在 1870～1945 年间所经历的短暂和过渡性的发展状况。欧洲在历史上的海外扩张和帝国主义的蔓延产生了三种结果：白人移民所推行的殖民化，某些不同类型的无形控制以及殖民主义。在一种状况下，附属国完全为宗主国所控制，这不仅指附属国的政府，而且还包括其社会、法律、教育、文化、宗教等等，就连经济结构也是为适合宗主国资本主义的需要而存在的。非殖民化运动为新兴国家摧毁这种模式提供了理论依据，但除非

---

① 参见王助民等《近现代西方殖民主义史(1415～1990)》，中国档案出版社 1995 年版。

② 参见参见高岱《“殖民主义”与“新殖民主义”考释》，载《历史研究》1998 年第 2 期。

采取断然措施，否则，它们的经济将继续依附于殖民宗主国。费尔德豪斯还指出："殖民主义"一词具有现代意义是20世纪50年代以后的事情。在19世纪，它常用来表示海外殖民地及其体系的整体状况，并无褒贬之意。直到20世纪50年代，殖民主义才被看作是对一个非欧洲社会在政治、经济和文化上居于依附地位的状况所作的整体概括，一般把它看成帝国主义的产物。

近年来，随着对马克思关于殖民主义理论的深入研究和全球史观影响的扩大，国内学者对"殖民主义"这一概念的理解有了新的发展，其中高岱在《"殖民主义"与"新殖民主义"考释》一文中所提出的观点很具有典型意义。他指出："从广义上讲，殖民主义作为一种历史现象，应被看成是一个独具特色的发展阶段，作为近现代历史发展整体进程的一个组成部分，它体现的是1500年以后全球市场经济形成的过程中，世界范围内发达与欠发达国家之间不断发展变化的关系，表现为一个相应的社会发展阶段。一般说来，它是适应西方资本主义的发展要求产生的，但要比资本主义更早地退出历史舞台。从狭义上讲，殖民主义代表着一系列的政策、观念与行为方式等，它指的是在现代世界体系中，西方宗主国为维护中心与外缘地区之间的不平等关系而制定的，反映了一定历史发展阶段特色的方针、政策。它在政治、经济和思想文化上对外缘地区和半外缘地区产生了深远的影响，既打断了这些国家和地区的社会发展进程，对它们的财富进行了肆意的剥削和掠夺，又在客观上具有社会改造作用。"①

又如，国家社科基金"八五"重点项目《殖民主义史》对这一问题的研究也有质的突破。其中"非洲卷"基于"资本主义是第一个自己不能单独存在的经济形态"的原理，把殖民主义放入"生产的国际关系"中加以系统考察，认为"殖民主义本身就是生产的国际关系的一种体现，然而受世界资本主义诸阶段生产力发展的影响，它具有很强的超经济强制的机制，因而对资本主义的国际性生产关系的形成和发展，对资本主义生产关系从'原生的'到'派生的'转移，对中心—外围结构的构成和维持都起过极重要的作用"②。

二、如何评价殖民主义的历史作用

在国外，学者们在这一问题上观点迥异，见仁见智。如果简单地加以归纳的话，这些观点大致可以划分为三类：

第一类是否定(或基本否定)论。持这一观点的大多是亚、非、拉各国的学

① 高岱：《"殖民主义"与"新殖民主义"考释》，载《历史研究》1998年第2期。

② 郑家馨主编：《殖民主义史·非洲卷》，北京大学出版社2000年版，第2页。

者。他们认为，对于东方各国来说，殖民主义给他们带来了巨大的灾难。有的学者甚至认为，除了不发达和落后外，没有带来其他东西，殖民主义侵略中不含有任何“合理因素”。

第二类是肯定（或基本肯定）论。一些学者认为，殖民主义统治虽然有其黑暗残酷的一面，但总的看来功大于过，它是推动非西方世界发生社会变革的动力。一些学者（主要是西方学者）甚至认为，东方社会以亚细亚生产方式为基础，是一种停滞不前的社会，其内部不存在促成中世纪欧洲发生剧变的那些因素，因此其本身不可能发展到资本主义阶段，只有殖民主义才能结束这种局面，促使非西方世界走向现代化。可以说，殖民主义在推动非西方社会前进方面起到了决定性的作用。

第三类是双重作用论。许多学者认为，殖民主义既给非西方世界带来了灾难和痛苦，但同时也打破了传统社会停滞不前的沉闷局面，刺激了资本主义因素的增长，使其走上了现代化的道路。也有的学者认为，殖民主义有功有过，但祸福相倚，功过难分，不能简单地对它加以褒贬，而应进行深层次的分析研究。殖民主义的影响广泛而深远，其中既有好的，也有坏的，非西方国家往哪个方向发展，发展得快与慢，还要看他们自身的条件和主观能动性的发挥。

在我国学术界，对殖民主义的作用的评价问题是与对殖民主义的“双重使命”的研究紧密联系在一起的。

在分析英国统治印度的后果时，马克思曾经指出：“英国在印度要完成双重的使命：一个是破坏性的使命，即消灭旧的亚洲式的社会；另一个是建设性的使命，即在亚洲为西方式的社会奠定物质基础。”[①]这是一个深刻辩证而又耐人寻味的结论。我国史学界大体上是从这个论述出发，来分析评价殖民主义的历史作用的。但以前，学术研究的成果主要集中在揭露殖民主义的罪恶和破坏性上，对于其“建设性的使命”谈得较少，而且往往把“破坏性的使命”简单地看作消极阻碍作用。例如，“文革”以前，我国学术界着重研究英国入侵给印度带来的灾难。学者们指出：殖民主义使印度的农业衰败，手工业破产，农村公社瓦解，国家主权沦丧；英国虽然破坏了印度的社会结构，但并无意重建印度社会；即使后来随着英国的资本输出，印度的资本主义关系有了较大发展，但仍不能改变印度的殖民地半殖民地社会的状况。虽然也有人认为，在这一过程中，英国殖民主义为自己的灭亡和印度民族的复兴创造了物质前提，但直至上世纪 80 年代初，仍有人撰文指出，在研究殖民主义的历史作用时，需要强调的不是它的建设性使命，而是揭露它对殖民地的奴役和掠夺。

① 《马克思恩格斯全集》第 9 卷，第 247 页。

近年来,形势有了很大的改观,在研究殖民主义的“双重使命”问题时,人们的眼界变得更为开阔了,无论在理论分析还是研究方法方面都有了重大突破。涌现出的有代表性的学术观点主要有三种:

第一种观点认为,应客观辩证地理解“双重使命”的学说,把它看作是一个过程中相互矛盾又相互依存的两个方面。有学者指出,不能把破坏性使命和建设性使命看成相互脱节的两个阶段,前一阶段全是破坏,后一阶段全是建设。殖民主义在实施破坏使命时,也在不自觉地实施着建设使命;而在实施建设性使命时,又在自觉地进行着阻挠破坏。还有学者则认为,殖民主义的两个使命中都包含着阻碍和促进两种作用的因素,即破坏性中寓有建设性,而建设性中也包含破坏性,因此不能简单地进行褒贬,应该作客观的、实事求是的评述。

第二种是所谓“一元多线史观”。一些学者认为,虽说人类社会具有大致相似的发展规律(或发展趋势),但并不是每个社会都能找到内在力量来实现大的社会变革。某些非西方国家很早就出现了资本主义的萌芽,但传统社会超稳定的结构形成了强大的发展定势,使它们不可能形成突破传统的决定性的推动力,因此,实现向现代化的重大变革,其启动力量来自于外部。他们认为,尽管从感情上很难接受,但历史事实已经为这一问题下了结论。

第三种观点对“一元多线论”持质疑或否定的态度。一些学者认为,“一元多线论”实际上认为人类历史只有两条发展路线:一条是西方式的,即奴隶社会——封建社会——资本主义社会;另一条是东方式的,这是一种停滞不前的循环,仅靠自身力量无法实现向现代化的飞跃。由此只能得出这样的结论:殖民主义是非西方世界走向现代化的推动力量,所以殖民侵略是值得欢迎的。这些学者们认为,上述看法不是马克思主义的观点。他们提出:殖民主义为非西方世界带来了现代文明,加剧了传统社会的瓦解,在这些国家和地区为西方式的社会奠定了物质基础。然而,只能把这些看成是殖民主义的客观结果。这才是马克思“双重使命”学说的本意。

值得注意的是林承节先生的有关研究。他对殖民主义的作用和影响问题作了系统全面的论述,提出了一些带有独创性的观点:

(1)关于殖民主义制度在世界资本主义发展进程中的作用。作者认为,资本主义上升时期的历史进步作用包括了殖民主义海外扩张所带来的积极结果。殖民主义促进了世界资本主义的发展,这是资本主义上升时期的历史进步作用的表现之一。

(2)关于殖民主义对被统治国家社会发展的影响。作者认为,殖民主义对被统治国家在客观上具有社会改造作用:一方面,殖民统治者把被统治国家变成它的商品市场和原料产地,在摧毁了这些国家现有的文明、财富的同时,会瓦解这些国家自然经济的根基,使旧社会结构解体,这是破坏性使命的含义;另一方面,在宗主国的工业有了相当发展之后,殖民剥削也必然要不自觉地起一种建设性作用,为在亚洲建立起西方式的社会奠定物质基础,这是建设性使命的含义。

(3)关于双重使命在上层建筑领域的表现。作者认为,在殖民统治下,非西方国家的上层建筑受到改造,政治、思想和社会领域发生了广泛变革。从社会变化的角度看,这也是殖民主义在上层建筑领域实施其"双重使命"。对上层建筑进行改造,目的是为了适应殖民剥削、统治的需要。但上层建筑是最敏感的地区,在这一方面引进任何西方资产阶级民主体制的因素,都会不可避免地为民族主义力量所利用。

(4)关于"双重使命"的相互关系。文章指出,"双重使命"就其社会改造作用而言,是同一方向上的两个步骤,是破和立的关系。破坏性作用是领先的,破而后有立,才有实现建设性作用的可能。破准备了立,立进一步加深了破。破立并不是两个截然划分的阶段,而是有了破以后继之而立,通过立继续破。破是贯穿殖民统治始终的,立一旦开始也是如此,而且两者都具有任意加强的趋势。

(5)在回答"双重使命"如何实现这个问题时,作者认为,殖民征服,打开关闭国家的大门,是靠暴力实现的。但消灭旧的亚洲式社会、建立新社会的物质基础需要的是经济力。经济力在实现"双重使命"中占首要地位。当靠经济力不能很快达到预期掠夺效果时,殖民主义国家便用政权的力量来帮助。这样,"双重使命"事实上是在国家政权支持下通过经济力和超经济力双管齐下的形式来实现的。①

三、关于新殖民主义的讨论

在学术界,围绕新殖民主义问题展开的讨论几乎同样热烈。学者们的关注主要集中在以下几个问题上:怎样理解新殖民主义这个概念,新殖民主义产生于何时,其实质是什么,历史背景如何,等等。这是几个密切关联的问题。

我国学术界传统的观点认为,新殖民主义是西方强国对非西方国家实施的一种侵略政策和手段,即以美国为首的西方国家,充分利用其经济优势,从政治、经济、意识形态等各个领域,对非西方国家进行渗透扩张,以实现其不带政治兼并的经济兼并。在新殖民主义的侵略渗透中,国家政权和跨国公司成了它的两大支柱。新殖民主义产生于第二次世界大战之后。战争给了旧秩序沉重的打击,加速了旧殖民体系的瓦解,社会主义阵营空前强大起来,民族解放运动风起

① 参见林承节主编《殖民主义史·南亚卷》,北京大学出版社1999年版,第410～429页。

云涌,赤裸裸的暴力和强权日益被世界人民和国际舆论所谴责与唾弃。所以,西方列强不得不放弃旧的殖民政策,而采取更隐蔽、更狡猾的经济、文化等殖民侵略手段。在新殖民主义控制下的国家,从表面上看政治上是独立的,但实际上,它们的经济生活和政治政策仍然受到西方强国的控制和支配。

在国外,许多非西方国家的政治家和民族主义者对新殖民主义的理解与中国比较接近,其中最著名的是加纳原总统恩克鲁玛。

恩克鲁玛认为,新殖民主义不仅是一种制度和统治形式,而且是一个历史发展阶段,它产生于第二次世界大战之后。此时,旧殖民体系遭到沉重打击无法继续维持,社会主义体系在世界上影响日增,为了使殖民主义适应西方失去政治霸主地位的新局面,西方列强便采取另一种手段来保持殖民主义,加强对欠发达地区的控制,即把从前的大块殖民地划分为许多小国,使它们难以独立生存发展,所以,它们的经济和政治仍然要与从前的宗主国联系在一起。在新殖民主义控制下,非西方国家从理论上讲是独立的主权国家,但它们的经济和政治都要受外力的支配,外来资本主义是对其进行剥削,而不是促进其发展,致使世界上穷国与富国的差距进一步扩大。对此,恩克鲁玛指出:“新殖民主义是帝国主义最后的,也许是最危险的阶段。”①

西方学者对新殖民主义的研究也取得了很多成果。

许多西方学者认为,殖民主义的统治把绝大多数非西方国家卷入世界资本主义体系之中,成为西方的原料产地、商品市场和投资场所,从而形成了世界上的欠发达地区。非殖民化运动的兴起未能真正改变这种状况,西方国家即使不再对殖民地进行政治控制,也能保证其经济利益。全球史观的代表人物斯塔夫里阿诺斯认为,新殖民主义的特征是容忍殖民地在政治上独立,对其保持直接或间接的经济控制,利用新技术将其更彻底地结合在世界市场之中。有的学者则进一步认为,新独立的国家自身也很难对其政治和经济结构进行彻底改造,因为这些国家的支柱性产业都为外国所控制,新独立国家统治阶层为了个人私利而愿意继续保持甚至扩大与外国资本的合作等等。这样就阻止了这些国家获得真正的独立,从而导致新殖民主义的产生。

关于新殖民主义产生的时间,西方学者的意见分歧较大。一部分学者认为新殖民主义产生于第二次世界大战之后;也有学者认为它是随着垄断资本的出现而产生的,一开始就是为外国垄断资本服务的;但还有人主张,新殖民主义产生于19世纪初期,斯塔夫里阿诺斯就持此看法,他认为,拉丁美洲革命带来了政治上的独立,却不是社会变革。占人口半数的印第安人和非洲奴隶的状况一如

① 转引自高岱《“殖民主义”与“新殖民主义”考释》,载《历史研究》1998年第2期。

往常。跟随着政治而来的，并不是经济独立，而是新殖民主义。因此，他主张新殖民主义产生于19世纪初的拉丁美洲，而且至今仍使第三世界大多数国家维持现状并处于困境中。

我国学术界在这一领域也取得了一些进展，有些学者在认真分析了东西方学者的有关学术成果之后，对斯塔夫里阿诺斯关于新殖民主义产生于19世纪初的看法提出商榷，认为新殖民主义的产生须有一个前提，就是西方垄断集团（而不是一国）的强大经济存在。只有产生了这样的"经济存在"，才能使殖民主义在经济上、政治上和社会结构上适应市场的需要，使宗主国不再把进行政治上的统治作为进行世界性扩张的必要条件。西属拉美独立后，的确出现了名义上虽获得独立，但实际上仍依附于欧洲列强特别是英国的状况。尽管此时英国已具有了相当大的势力，但整个资本主义发展并未进入垄断时期，欧洲此时也还没有出现一个垄断集团的"强大经济存在"。因此，19世纪的拉美虽出现了新殖民主义的一些基本特征，却不能就此认为新殖民主义产生于19世纪初的拉美。这些学者也不同意恩克鲁玛的"阶段"说，认为新殖民主义应主要被看作一种统治手段或统治制度，它并不代表某个具体的历史阶段。他们还认为，新殖民主义本身具有明显的区域性，它影响的主要地区是在非洲和拉丁美洲。在受社会主义思潮冲击较大的亚洲，新殖民主义的影响相对要小得多。甚至在印度，尼赫鲁也曾宣布过要以社会主义作为治国的一个指导方针。除此之外，非殖民化作为战后殖民主义进程的一个重要内容，也没有包括在新殖民主义之中。因此，我们不能够简单地把新殖民主义当作一个历史发展阶段，也不能把1945年以后的殖民主义进程看成是"新殖民主义时期"。①

近年来，有的学者从全球史观的高度对殖民主义问题作出新的解释，认为新殖民主义的主要特征有三个：第一是反对空间割占，主张从经济上"无形"控制；第二是实行"间接"统治；第三是反对歧视性垄断，建立"开放"性的殖民机制。其中最重要的是第三点特征，它是新旧殖民主义的最为本质性的相异之处。这些学者认为，新殖民主义的"开放"性从理论上源于古典经济学的自由贸易学说体系，它伴随着19世纪、20世纪之交的第二次科技和工业革命浪潮而到来，首先体现在当时美国对中国的"门户开放"政策上。②

关于中国近代的殖民地化，主要反映在对西方列强在中国强占租界的问题的研究。其中，争议较大的集中在美国的对华租界政策的性质和作用上。有关的讨论和争论见于田肖红的论文《蒲安臣对华租界政策考析》。田文认为，学界

① 参见高岱《"殖民主义"与"新殖民主义"考释》，载《历史研究》1998年第2期。

② 参见王玮主编《美国对亚太政策的演变：1776～1995》，山东人民出版社1995年版，第116～140页。

对美国的租界政策的评价所产生的分歧，更多的是源于英汉文本对译的过程中造成的对“居留地”、“租界”、“让与地”、“租借地”、“割让地”等有关概念术语的理解和使用混乱。该文通过文本考证和辨析，批驳了认为美国政策具有“反租界”性质的说法，而认定美国反对的仅仅是中国主权的“让与”，而非反对“租界主义”，这正体现了美国推行的新殖民主义的双重内涵和作用。[①]

【导　读】

1. 王助民等：《近现代西方殖民主义史（1415～1990）》，中国档案出版社1995年版。本书在史料整理、研究方法和学术观点等方面都具有浓厚的中国特色，在国内殖民主义史研究领域具有较大影响。关于本书对殖民主义概念的解释和四个阶段的划分以及各阶段的特征的描述，参见本章正文中的有关介绍。

2. 王宁等主编：《全球化与后殖民批评》，中央编译出版社1998年版。

3. 何芳川：《崛起的太平洋》，北京大学出版社1991年版。重点阅读第5～9章。

4. 林承节：《印度民族独立运动的兴起》，北京大学出版社1984年版。

5. 张顺洪、孟庆龙、毕健康：《英美新殖民主义》，社会科学文献出版社1999年版。

6. 王玮主编：《美国对亚太政策的演变：1776～1995》，山东人民出版社1995年版。

7.《殖民主义史》（多卷本），北京大学出版社1999～2003年版。

8. 马家骏：《18～19世纪英国殖民统治下印度社会经济的灾难》，载《北京师范大学学报》1963年第1期。

9. 刘继兴：《试论英国东印度公司在印度的历史作用》，载《华中师院学报》1983年第6期。

10. 张锡镇：《十九世纪中期英国的殖民地自治政策》，载《世界历史》1985年第4期。

11. 张顺洪：《论英国的非殖民化》，载《世界历史》1996年第6期。

12. 郑家馨：《关于殖民主义“双重使命”的研究》，载《世界历史》1997年第2期。

13. 高岱：《“殖民主义”与“新殖民主义”考释》，载《历史研究》1998年第2期。

14. 刘文涛：《国内外学术界关于殖民主义史的研究》，载《历史教学》2002年

① 参见田肖红《蒲安臣对华租界政策考析》，载《世界历史》2013年第5期。

第 12 期。

15. 孙建党:《浅论美国外交传统中的非殖民化思想》,载《历史教学》2003 年第 11 期。

16. 田肖红:《蒲安臣对华租界政策考析》,载《世界历史》2013 年第 5 期。

【思考与讨论】

1. 如何理解“殖民主义”这一概念？学术界对该问题有几种看法？
2. 如何评价殖民主义的历史作用？如何理解“双重使命”的问题？
3. 新殖民主义产生的历史背景是什么？它的实质和历史作用应如何分析？
4. 比较新老殖民主义的异同。

第十章 马克思主义和近代国际共运研究

党的十一届三中全会以来,我国史学界对马克思主义和近代国际共运史的研究取得很大成绩,先后有数部专著和数百篇论文问世。有关方面的专著主要有:《国际共产主义运动史》(吉林人民出版社1978年版)、《马克思传》(北京出版社1983年版)、《马克思恩格斯思想史》(上海人民出版社1983年版)、《马克思主义诞生史》(吉林人民出版社1982年版)、《马克思、恩格斯与第一国际》(东北师范大学出版社1996年版)、《巴黎公社史》和《第二国际史》(中国社会科学出版社1982、1989年版)等等。我国学者对这一时期的许多问题提出了新见解,并对从前未曾涉足的领域,大胆地进行了探索。从全球化的观点看,先进的资本主义制度是建立在阶级对立和不平等的阶级关系基础之上的,由此引发工人为自身地位的改善而进行的斗争,斗争中产生了马克思主义学说,表达了工人阶级争取实现公平的世界秩序的愿望和信念,从而使全球一体化健康发展的基础不断得到优化,体现出历史的进步性。第一国际、第二国际的建立,说明工人运动已在国际范围内展开,它与资本主义性质的一体化进程呈对立统一、制衡互动的态势,从而促进了全球一体化进程在更高层次上发展。在国际工人运动中,马克思主义得到进一步的丰富和发展,成为指导世界劳动人民争取自身解放的锐利的思想武器。

一、围绕马克思主义形成问题的讨论

关于共产主义者同盟。徐耀新认为,同盟的创始人除马克思、恩格斯外,还应包括沙佩尔、莫尔、包威尔、沃尔佛。[①] 关于共产主义者同盟的性质,多数学者认为同盟是马克思、恩格斯领导创建的世界上第一个无产阶级政党。有些同志

① 参见徐耀新《共产主义者同盟创始人新探》,载《马克思主义研究》1987年第1期。

承认同盟是无产阶级政党，但不是世界上第一个无产阶级政党。①

关于马克思的世界观转变。19世纪40年代，马克思从一个唯心主义者转变为唯物主义者，从一个民主主义者转变为共产主义者。马克思、恩格斯世界观的转变同他们创立科学社会主义学说是一个有机联系的过程。关于这一问题，学术界尚有不同看法。对马克思的思想转变的开端，有人认为，马克思在中学毕业论文中指出的“为人类谋福利”的思想在马克思的思想转变中有着极其重要的意义，而在《莱茵报》工作期间，则是马克思世界观转变的关键性阶段。有人则认为，马克思1843年夏天写的《黑格尔法哲学批判》，才是马克思世界观转变的开端。对于马克思完成两大转变的标志，有人认为，《德法年鉴》上两篇论文中提出的观点表明，马克思的世界观已经转变成辩证唯物主义和历史唯物主义。②

关于马克思主义的形成条件及形成标志。郑凯堂认为，马克思主义的产生只有在世界性的生产、交换和流通冲破了狭隘的国界和民族范围，无产阶级形成、壮大和追求改善自身生存条件的斗争发展到相当高度，并且继承了当时历史上最高水平的思想成果和阶级斗争的丰富经验，以及对这一切思想成果进行深刻的批判和对现实的社会问题进行高度而科学的理论相结合的基础之上，才能成为可能。马克思不仅吸取了德、英、法三国的优秀理论成果，而且在新的历史条件下加以创造性发展，才创立了全新马克思主义学说，马克思主义是国际的产物。有人认为，《德意志意识形态》是马克思主义正式形成的标志。至于列宁把《共产党宣言》(以下简称《宣言》)发表看作马克思主义产生的标志，可能是因为《德意志意识形态》直到1924年才发表第一卷，列宁生前没能见到这部著作的缘故。周国强认为，以《宣言》作为科学社会主义产生的标志同恩格斯、列宁的有关论述并不矛盾，《宣言》中始终贯彻的基本思想就是后来被《资本论》完全证明了的唯物史观。③

关于《共产党宣言》。1998年是《宣言》发表150周年纪念日，北京、上海等

① 参见许俊基《如何理解恩格斯称之为“德国共产党”的共产主义者同盟的性质和特点？》，载《教学与研究》1982年第6期；徐善广《略论共产主义者同盟是世界上第一个以科学社会主义为指导的无产阶级政党》，载《湖北大学学报》1987年第6期；熊家学《也谈共产主义者同盟的性质问题》，载《国际共产主义运动》1987年第3期；赵树海《共产主义者同盟是世界上第一个无产阶级政党吗》，载《社会科学研究》1987年第4期；史生建《世界上第一个无产阶级政党是伦敦工人协会》，载《国际共产主义运动》1988年第6期。

② 参见王仲义《试析马克思世界观的转变》，载《山西师院学报》1983年纪念马克思逝世100周年专号；蔡英田《马克思世界观转变的开端》，载《吉林大学学报》1983年第1期；冷允清《〈莱茵报〉与青年马克思世界观的转变——为纪念马克思逝世一百周年而作》，载《山西大学学报》1983年第2期。

③ 参见郑凯堂《马克思主义是国际的产物——谈谈马克思主义的故乡问题》，载《哲学研究》1984年第6期；杨恒源《马克思早期革命实践和科学共产主义理论的创立》，载《苏州大学学报》1983年第1期；周国强《关于科学社会主义产生的标志问题》，载1984年9月24日《光明日报》。

地纷纷召开理论研讨会以示纪念，国内许多学术报刊也纷纷刊载纪念性文章。高放认为，《宣言》把马克思主义的哲学、政治经济学和科学社会主义融为一体，言简意赅地阐明了马克思和恩格斯创立的世界观，以唯物史观说明了社会发展的规律，揭示了物质生产在历史过程中的决定作用，阐述了经济基础和上层建筑的相互关系及阶级斗争在社会发展中的作用。它对世界无产阶级解放运动和世界历史进程产生了巨大影响。陈媚林认为，《宣言》是马、恩科学社会主义学说的光辉文献，是国际共产主义运动的第一个战斗纲领。《宣言》阐述的基本原理是科学的正确的。[①] 正如列宁所说："这部著作以天才的透彻而鲜明的语言描述了新的世界观，即把社会生活领域也包括在内的彻底的唯物主义、作为最全面最深刻的发展学说的辩证法、以及关于阶级斗争和共产主义新社会创造者无产阶级肩负的世界历史性的革命使命的理论。"[②]因此，它的公开发表，标志着马克思主义的诞生，也标志着国际共产主义运动的兴起。

二、关于近代国际共产主义运动一些问题的讨论

关于第一国际，多年以来，我国学者针对这一问题研究中的薄弱环节与空白写出了一批论文。1984 年，为纪念第一国际创立 120 周年，史学界掀起了研究第一国际的热潮，发表了一系列文章，涉及第一国际的地位和作用、马克思在第一国际中的作用以及第一国际与德国社会民主党的关系等问题。

李景行认为，第一国际奠定了工人运动的社会主义基础：首先，加强总委员会的自身建设，使之成为国际无产阶级的领导核心；其次，马克思主义先后战胜各种非无产阶级社会主义，在工人运动中开始占据领导地位；最后，在马克思主义的影响下，各国工人运动中涌现出了一批无产阶级革命活动家。李明新认为，第一国际始终坚持无产阶级国际团结，促使各国工人组织团结起来，组成了一支向各国资产阶级统治者进行战斗的伟大力量，有力地支持了巴黎公社革命；在指导各国无产阶级正确对待民族解放运动以及战争问题方面，也做出了伟大贡献。因此，第一国际史是对资本主义制度的斗争史，为国际无产阶级留下了宝贵的历史经验。齐同春认为，第一国际有许多优良传统：高举国际主义团结大旗，组织革命大军；从实际出发，把原则的坚定性和策略的灵活性结合起来，对社会主义流派及其代表人物采取又团结又斗争的策略方针；反对个人迷信，坚持民主集中制原则，实行集体领导制

---

① 参见高放《〈共产党宣言〉：传遍世界的福音》，载《国际共产主义运动》1998 年第 2 期；陈媚林《光辉的文献 战斗的纲领——纪念〈共产党宣言〉发表 150 周年》，载《玉林师专学报》1998 年第 2 期。

② 《列宁选集》第 2 卷，第 416 页。

度，等等。这些优良传统为以后的国际工人运动树立了榜样。[①]

曹特金认为，马克思对第一国际所做的贡献是任何人无法比拟的，马克思是总委员会的灵魂。李洙燮和鲁兰沁认为，第一国际的所有成就都和马克思的统一战线策略思想分不开，最终实现了各国工人组织的团结统一，也确立了马克思主义在国际工人运动中的统治地位。张汉清把马克思在第一国际中的地位和作用概括为四个方面：国际的思想灵魂、国际的组织首脑、国际革命活动的领袖、国际内部斗争的楷模。[②]

曹长盛、张世鹏认为，德国社会民主工党的诞生过程中，马克思、恩格斯和第一国际起了重大指导和推动作用。李忠杰认为，作为整个组织来说，德国社会民主工党并没有参加过第一国际，德国社会民主工党党员始终是以个人的身份加入国际的。孙耀文、李兰琴提出，德国社会民主工党是世界历史上第一个单独在一个国家建立的群众性的无产阶级政党，马克思是党的奠基人之一。[③]

1985 年 10～11 月，中国国际共运史协会、中国社会科学院马列主义研究所和陕西省国际共运史学会在西安召开了纪念第一国际成立 120 周年学术讨论会。大会围绕第一国际组织结构和组织原则的特点，马克思、恩格斯在第一国际时期的建党思想以及第一国际的基本经验教训等问题，进行了广泛的探讨。

关于第一国际的性质和组织原则。汤润千、雒树刚、高放等认为，国际工人协会是第一个作为历史形态存在的无产阶级政党。张文焕对此持不同看法。他认为，第一国际不是无产阶级政党，而是群众性的无产阶级国际革命组织，是各国工人团体的大联合，其组织原则是民主制。朱坚劲认为，1871 年 9 月伦敦大会前，第一国际是工人阶级的群众组织，以后则发展为政党。魏承均、汪青松认为，第一国际初期是潜在的共产主义政党，在 1871～1872 年发展成为实在的共产主义政党。陆世澄认为，第一国际的组织原则是民主集中制。高放、曹特金认

---

① 参见李景行《国际工人协会奠定了工人运动的社会主义基础——纪念国际工人协会成立 120 周年》，载《郑州大学学报》1984 年第 3 期；李明新《坚持无产阶级国际主义团结的典范——纪念第一国际成立 120 周年》，载《安徽大学学报》1984 年第 4 期；齐同春《继承和发扬第一国际的优良传统与作风》，载《河南大学学报》1984 年第 6 期。

② 参见曹特金《马克思与第一国际总委员会——纪念第一国际成立一百二十周年》，载《世界历史》1984 年第 4 期；李洙燮《马克思关于第一国际的统一战线策略思想——纪念第一国际成立 120 周年》，载《延边大学学报》1984 年第 3 期；鲁兰沁《第一国际时期马克思团结统一各国工人组织的策略初探》，载《齐齐哈尔师范学院学报》1984 年第 4 期；张汉清《马克思在第一国际中的地位和作用》，载《北京大学学报》1983 年第 1 期。

③ 参见曹长盛、张世鹏《第一国际与德国社会民主工党的建立》，载《信阳师范学院学报》1984 年第 4 期；李忠杰《德国社会民主工党参加第一国际了吗？》，载《天津师大学报》1984 年第 1 期；孙耀文、李兰琴《马克思与德国社会民主工党的创建》，载《世界历史》1985 年第 2 期。

为，第一国际前期是广泛民主，后期加强了总委员会的中央集权。[①]

关于第一国际的创始人和先驱组织问题。绝大多数人认为马克思（和恩格斯一起）是第一国际的唯一创始人。也有人认为法国的蒲鲁东主义者是国际的创始人。还有人认为英国的工联是国际的创建者。传统的观点认为，共产主义者同盟是国际的唯一的先驱组织。另一种意见则认为，第一国际的先驱组织是在共产主义者同盟之前的许多工人组织、民主革命组织。[②]

张文焕认为，第一国际关于所有制的辩论，是探讨有关社会主义革命目的的重大理论问题。从原则上看，蒲鲁东派维护个人私有制是错误的，而集体主义者的大方向是正确的。但是，蒲鲁东强调发挥个人积极性在一定意义上也不无道理。[③] 关于这一点具有一定的现实意义，应给予肯定。

关于巴黎公社。十一届三中全会以来，我国学者对巴黎公社的研究在广度和深度上进展很快，取得了很大成果，写出了具有较高学术水平的专著《巴黎公社史》。我国学者还就巴黎公社产生的原因、公社政权的性质、公社的原则等问题展开了争论。

关于巴黎公社产生的原因。巴黎公社是否是第一国际的精神产儿？多年来我国史学界对此一直是众说纷纭。大多认为公社是国际的精神产儿。刘昀献认为，公社无疑同国际有着密切的关系，国际的精神孕育产生了巴黎公社，决定了革命的内容和政权的实质。赵佐良则认为，引用恩格斯"公社无疑是国际的精神产儿"的话来说明公社的诞生不是自发的而是自觉的，这是一种误解。洪韵珊指出，那种认为巴黎公社是马克思主义同法国工人运动相结合的产物的观点是不恰当的。公社是法国"民族传统的产物"。穆成山指出，作为无产阶级革命和无产阶级专政意义上的巴黎公社是偶然的自发斗争的产物。王京生认为："巴黎公社作为第二帝国的'直接对立物'是法国社会矛盾长期发展的必然结果；而作为

---

① 参见汤润千《马克思为第一国际制定科学共产主义原则纲领的斗争》，载《国际共运史论文集——纪念马克思逝世一百周年》，人民出版社 1983 年版；雒树刚《马克思、恩格斯在共产主义者同盟到第一国际时期对党的组织原则的发展》，载《科学社会主义》1985 年第 2 期；高放《三个国际的比较》，载《马克思主义在当代》1989 年第 2 期；张文焕《关于第一国际的性质和组织原则》，载《国际共运史论文集》，人民出版社 1983 年版；朱坚劲《从工人阶级群众组织到无产阶级政党》，载《社联通讯》1984 年第 6 期；魏承均、汪青松《第一国际从潜在向实在的共产主义政党发展》，载《安徽师范大学学报》1985 年第 2 期；陆世澄《第一国际民主集中制的演变及其经验》，载《国际共运史论文集》，人民出版社 1983 年版；曹特金《马克思与第一国际总委员会》，载《世界历史》1984 年第 4 期。

② 参见常润华《关于第一国际若干问题的讨论——国际共运史学术讨论会侧记》，载《世界历史研究动态》1984 年第 2 期。

③ 参见张文焕《第一国际关于所有制问题的辩论》，载《国际共运史研究资料》第 13 辑，人民出版社 1985 年版。

无产阶级国家的雏形，是不自觉形成的。”多数同志认为，巴黎公社的产生从当时法国社会历史实际来看是必然的，它是第一国际活动的国际精神对法国工人阶级影响取得的伟大成果。[①]

关于巴黎公社政权的性质。洪韵珊认为，巴黎公社是地方性政府。多数人不同意这种观点，认为巴黎公社是无产阶级的国家政权。荣长海指出，巴黎公社是无产阶级政权，但不是社会主义国家。它是从资本主义到社会主义过渡时期的国家政权。[②]

关于巴黎公社的原则。李元明认为，巴黎公社的原则是一系列重要原则的综合。“除了摧毁旧国家机器的原则外，还有巴黎公社的国际主义原则”，民主选举各级负责人员并受公共监督原则，“国家工作人员薪金相当于一个熟练工人工资的原则等等”。郭华甫认为，原则与经验既有联系又有区别，原则是指“根本性的经验”，不能把所有的经验都当作原则。他认为公社的原则集中地表现为胜利后的无产阶级对待国家问题的态度。徐鸿武等认为，巴黎公社的基本原则是：打碎资产阶级国家机器，实行无产阶级专政。马国泉、杨玲认为，巴黎公社原则的根本点和精神实质就是无产阶级和劳动人民当家做主。[③]

不少文章从各方面较深入地论述了巴黎公社是一种真正民主的制度。有的文章从分析公社改革教育方面所采取的具有鲜明社会主义倾向的措施，论述了“公社作为新型国家的无产阶级性质”[④]。作为无产阶级政权的雏形，巴黎公社无产阶级革命为国际共产主义运动提供了宝贵的经验和教训，这是不容置疑的。在第二次科技和工业革命引发的新一轮全球一体化高潮中，以巴黎公社革命为起点的国际工人运动与人民群众争取改革和民主的斗争汇合成冲击资本主义的

---

① 参见刘昀献《试论巴黎公社是第一国际的精神产儿》，载《史学月刊》1985 年第 3 期；赵佐良《关于巴黎公社几个问题再研究》，载《沈阳师范学院学报》1985 年第 1 期；洪韵珊《关于巴黎公社产生渊源问题的探讨》，载《社会科学研究》1981 年第 2 期；穆成山《试论巴黎公社斗争的偶然性》，载《国际共运》1984 年第 2 期；王京生《试论巴黎公社产生的必然性和偶然性》，载《国际共产主义运动》1987 年第 3 期；朱建安《从历史比较中看巴黎公社产生的必然性》，载《国际共运》1986 年第 4 期；王焕民、李雅春《第一国际的革命精神与巴黎公社的实践》，载《北方论丛》1985 年第 2 期。

② 参见洪韵珊《巴黎公社是地方性的工人政府》，载《社会科学研究》1980 年第 6 期；吴惕安《论巴黎公社的政权性质》，载《世界历史》1981 年第 3 期；荣长海《重新认识巴黎公社的一个原则》，载 1988 年 8 月 22 日《理论信息报》。

③ 参见李元明《正确认识巴黎公社的历史经验——纪念巴黎公社一百一十周年》，载《红旗》1981 年第 6 期；郭华甫《试论巴黎公社原则》，载《华中师范学院研究生学报》1982 年第 2 期；徐鸿武《巴黎公社民主制度的基本特点》，载《北京师范大学学报》1981 年第 2 期；马国泉《巴黎公社原则的再认识》，载《马克思主义研究》1987 年第 3 期；杨玲《巴黎公社民主制评析》，载《辽宁大学学报》1989 年第 3 期。

④ 聂运林：《浅析巴黎公社的〈废除国家机关高薪法令〉》，载《武汉师院学报》1981 年第 1 期；张宏儒、端木美：《巴黎公社改革学校教育的措施》，载《世界历史》1981 年第 2 期。

潮流，加快了全球一体化以及世界秩序和运行规则合理化的步伐。

关于巴黎公社失败的原因。我国学者从宏观和微观两个方面进行了探讨。孟全生、赵佐良认为，巴黎公社失败的根本原因是无产阶级革命的主客观原因都不具备。祁绍征、刘昀献等同志指出，国民自卫军中央委员会对公社军事、行政事务干涉过多，起了消极作用。而公社委员会在处理同国民自卫军中央委员会的关系时措施不力，这是造成公社失败的原因之一。王宏吉、高秉坤认为，蒲鲁东关于私有财产不可侵犯的观点是巴黎公社不敢触犯法兰西银行的症结所在。胡传明指出，巴黎公社时期法国农民还不具备与无产阶级建立工农联盟的政治素质和思想觉悟，这是公社未建立起工农联盟的根本原因。[①]

对第二国际，多年来我国学者也作了大量深入的研究，提出了不少新见解。

关于第二国际的历史地位。杜康传提出必须一分为二地评价第二国际的功过。蔡金培指出，斯大林关于第二国际是“机会主义独占统治的时代”的论断偏离了列宁对第二国际的评价，不符合第二国际的实际。许寒、李忠杰认为，不能低估第二国际后期的历史功绩，它团结了更多的工人群众，壮大了工人阶级力量，促进了社会主义思想的传播和各国工人运动经验的交流，制定了工人运动的方针、策略，推动了反对资本主义、军国主义和保卫世界和平的斗争。李兴耕认为，第二国际的历史功绩有五个方面：促进了马克思主义的广泛传播；推动了各国社会主义政党和工人群众组织的发展，广泛团结了工人群众；领导工人阶级开展了反对资本主义的斗争；开展了反对殖民主义和军国主义的斗争；在各党之间建立起了独立自主、平等协商的相互关系。第二国际的缺点与错误也表现为五个方面：宣传和解说马克思主义的机械化、教条化倾向；修正主义未被克服；未找到制止帝国主义战争的办法；未正确解决国际主义与民族利益之间的关系；组织过于分散，显得软弱无力。[②] 第二国际作为第一国际继承者和第三国际先驱者的历史地位是无可争辩的。

---

① 参见孟全生《巴黎公社失败原因的再分析》，载《研究·资料·文献》1983年第1期；赵佐良《关于巴黎公社几个问题的再研究》，载《沈阳师范学院学报》1985年第1期；祁绍征、马晓波《试论巴黎公社委员会与国民自卫军中央委员会的关系》，载《齐齐哈尔师范学院学报》1984年第3期；刘昀献《试论国民自卫军中央委员会在巴黎公社成立后的消极作用》，载《世界历史》1987年第3期；王宏吉、高秉坤《关于巴黎公社为什么不敢触犯法兰西银行的原因探讨》，载《华中师范学院学报》1981年第3期；胡传明《对巴黎公社未能建立工农联盟原因的两个补充》，载《江西大学学报》1987年第2期。

② 参见杜康传《要科学地恰当地评价第二国际》，载《国际共运教研参考》1981年第2期；蔡金培《试论第二国际的历史地位》，载《世界历史研究动态》1987年第11期；李兴耕《国际共运史上的重要里程碑》，载《国际共运史研究》1989年第2期；许寒《第二国际史的几个问题》，载《河南大学学报》1987年第4期；李忠杰《试论第二国际的历史功绩》，载《学术界》1987年第4期；师迪《第二国际的建立及其历史地位》，载《历史教学》1997年第3期。

关于第二国际的分期。我国学者一般都把第二国际划分为两个时期，有的主张以1896年第二国际召开的伦敦代表大会为界，有的主张以1910年考茨基转到中派立场为界。李宗禹认为，以俄国1905年革命为界把第二国际划分为两大时期比较符合第二国际的实际。周海乐提出，第二国际应划分为三个时期：凯旋行进时期（1889～1896年）、激烈冲突时期（1896～1912年）、公开破产时期（1912～1914年）。[①]

关于第二国际的破产。高放认为，第二国际是因受修正主义、民族主义严重侵蚀，在第一次世界大战爆发后政治思想上破产而失去革命影响的。王立新指出，第二国际内部大部分工人及其政党领袖背叛无产阶级国际主义原则导致了第二国际的破产，破产的经济根源在于帝国主义时代资产阶级共同利益（尤其是共同的民族利益）显著加强。周懋庸认为，第二国际的结局不用“破产”而用“瓦解”一词较妥。[②]

【导　读】

1. 中国人民大学马列主义发展史研究所：《马克思恩格斯思想史》，上海人民出版社1982年版。该书系统地论述了马克思、恩格斯世界观的转变及其唯物主义和共产主义世界观的最终形成的过程，阐述了马克思、恩格斯关于政治经济学、哲学和科学社会主义理论体系形成的过程及其重要理论观点。资料丰富，内容翔实，对于学习和理解马克思主义理论产生的历史背景、马克思主义理论体系的组成和内容以及马克思主义理论与国际工人运动之间的关系具有重大的指导意义。

2. 张汉清：《马克思、恩格斯与第一国际》，东北师范大学出版社1996年版。该书广泛运用了第一国际的可靠原始资料，集中论述了第一国际的组织问题与革命活动，充分揭示了马克思、恩格斯对第一国际的领导作用和巨大贡献，是一部特色显著、推陈出新之作。

3. 朱庭光主编：《巴黎公社史》，中国社会科学出版社1982年版。作者以马克思主义关于历史唯物主义的基本原理为指南，在参阅大量原始资料和国内外研究成果的基础上，较系统地叙述了巴黎公社革命酝酿、爆发、胜利以及失败的历史过程，阐明了巴黎公社具有普遍意义的历史经验和主要历史教训。本书是我国史学工作者编写的第一部具有中国特色的巴黎公社史，受到了学术界的好评。

---

① 参见李宗禹《关于评价第二国际的几个问题》，载《世界历史》1985年第7期；周海乐《第二国际历史分期刍议》，载《世界历史》1987年第6期。

② 参见高放《三个国际的比较》，载《马克思主义在当代》1989年第2期；王立新《浅谈第二国际破产的社会经济根源》，载《世界历史》1989年第4期；周懋庸《第二国际的瓦解》，载《国际共运史研究》1989年第4期。

4. 周海乐:《第二国际史》,上海社会科学院出版社 1989 年版。这是我国学者写的第一部评述第二国际史的长篇专著。

5. 本书编写组:《国际共产主义运动史》,吉林人民出版社 1978 年版。

6. 顾锦屏等:《马克思的伟大一生》,北京出版社 1983 年版。

7. 陈先达、靳辉明:《马克思早期思想研究》,北京出版社 1983 年版。

8. 李承:《〈共产党宣言〉的中心思想之我见》,载《社会主义研究》1986 年第 2 期。

9. 洪肇龙、徐耀新:《试论〈共产党宣言〉某些原理的历史发展》,载《国际共运》1986 年第 5 期。

10. 周海乐:《关于无产阶级革命的道路问题——〈法兰西阶级斗争导言〉再研究》,载《马克思主义研究》1986 年第 1 期。

11. 王崇杰:《也谈恩格斯〈导言〉关于无产阶级革命道路的基本思想》,载《社会主义研究》1986 年第 5 期。

12. 周尚文:《马克思主义产生渊源的研讨》,载《科学社会主义》1986 年第 8 期。

13. 宗玛丽:《〈德意志意识形态〉应为马克思主义形成的标志》,载《社会科学辑刊》1981 年第 6 期。

14. 巩云思:《怎样认识和评价第一国际的主要任务和历史作用?》,载《教学与研究》1983 年第 1 期。

【思考与讨论】

1. 如何理解共产主义者同盟的性质?
2. 试述马克思和恩格斯世界观的转变。
3. 试述马克思主义诞生的历史条件。
4. 马克思、恩格斯是如何创立科学社会主义理论体系的?
5. 为什么说《共产党宣言》的发表标志着马克思主义的诞生?
6. 试述第一国际的创立及其历史功绩。
7. 如何理解马克思在第一国际中的地位和作用?
8. 如何理解第一国际的性质和组织原则?
9. 如何理解巴黎公社政权的性质及其原则?
10. 巴黎公社是否是第一国际的精神产儿?
11. 试述巴黎公社失败的原因及经验教训。
12. 如何评价第二国际的历史地位?

第十一章 欧洲近代思想研究

目前，在世界近代史研究中，思想史研究日益受到重视。与过去相比，无论对思想史的方法论和思想的历史演进的探讨都取得了一定的成绩。在此，我们着重以欧洲近代思想史研究为重点综述国内学术界有关思想史研究的新进展。

一、思想史研究方法的探讨

什么是思想史，思想史的研究对象和方法如何，这些都是思想史研究的基本问题。近年来，有几篇文章对此展开了探讨。

学术界常常把思想史称为"思想史"(Intellectual History)和"观念史"(History of Ideas)两种，为什么会出现这样的不同概念，李宏图在文章中作了探讨[①]。而田晓文则将"思想史"(Intellectual History)称为"心智史"[②]。

不论是"观念史"研究，还是原来传统的"思想史"研究，就其研究对象而言，居于主导地位的仍是注重对经典文本的理解，特别是对一些"伟大思想家"的经典文本的理解，关注那些在西方思想传统中基本的和经久不变的"观念的单元"，这以美国思想史学家洛维乔伊(A. O. Lovejoy)为代表。这种传统研究方法的特点是：一些主要的经典文本被广泛地视为政治思想史唯一的研究对象，其基本的特征就是高度的抽象和强烈的主观性。按照这样的研究方法，历史学家的任务是把每个人的思想系统化，并从中推演出一些结论或他们对某些基本观念的态度。然后，历史学家便将几个思想家进行比较，而不管他们是否关心同一理论抽象层次的问题。它们的相似之处或"共同观念"被当作历史延续性的表现，其不同之处则被看成历史的变化或断裂。政治思想史因而变成了一些基本观念的历史，并被归结为一种单一的发生在高度抽象层次的历史。[③]

---

① 参见李宏图《西方思想史研究方法的演进》，载《浙江学刊》2004 年第 1 期。

② 参见田晓文《谈谈心智史学的定义问题》，载《史学理论》1989 年第 3 期。

③ 参见张执中《从哲学方法到历史方法——约翰·波科克谈如何研究政治思想史》，载《世界历史》1990 年第 6 期。

自20世纪60年代始，这一研究方法受到了“剑桥学派”、“历史语境主义”的挑战。这以剑桥大学思想史家波科克为先导，斯金纳和达恩继之。经过他们的努力，创立了影响巨大的历史语境主义研究方法，从而将思想史研究从抽象的哲学研究转变成为真正的思想史研究。他们认为，脱离语境的无时间限制的绝对真理是不存在的，包括那些“伟大的”文本，也不存在无时间限制的绝对真理。因此，必须从产生经典文本的社会和知识背景下研究这些思想。剑桥学派认为，研究思想史不仅仅是研究公认的经典文本，还应在更宽广的范围探究每个社会都在谈论的不断变化的政治语言。只有置于这种大背景下，或不同的语境中，才能更好地理解这些思想。由此反思传统的政治思想史研究，其明显的缺陷就是这种研究是非历史性的。波科克对此作了很好的概括：“首先，思想家变成了一个孤立个体，被从他们所属的具体社会中分离出来，好像他们身处一切时代，在对一切时代的人发议论；他们的作品也被认为是其特殊性的体现。再者，传统历史学家往往以哲学的方法去分析政治作品，把它们放在一种作者与过去的读者都可能未曾达到的抽象层次上去研究，强加给它们实际上并未获得过的逻辑连贯性。”这样做，从哲学的角度看是无可非议的，但从思想史的角度看很成问题。因为，当研究者以这种方式去研究政治作品时，它所关心的与其说是作品在过去曾经经历过的，不如说是它自己在现在所能找到的东西。它因为热衷于找出作品中最大的理论连贯性，往往添加给作者一些明确的意图，或把作者说成在做一些在其历史条件下不可能做的事。斯金纳指出，如果我们作为政治思想的研究者，继续把我们的主要注意力放在那些以他们的任何同时代人都难以匹敌的抽象知识水平来讨论政治生活问题的人身上，我们怎么可能希望实现对历史的理解。

在语境的思想史研究中，剑桥学派更注重历史的研究方法，考察语境即是要在历史的状态下研究，思想史家要像考古学家那样去工作，挖掘出已经埋葬的思想瑰宝，辨别一些概念在历史的演进中被不断地重新定义的事实。文章指出，把文本看作是在更宽广的政治话语中的基本内容，其内容随着变化的场景而变化，我们的研究也就越能把握其主旨。运用这种语境的方法，最大的好处是可以更为准确地复原在历史上的思想历程，而不为后人的某些主导性观念和解释所迷惑，剥掉覆盖在思想本原上的层层叠加，直指思想的本原所在；同时在更宽广的语境下也更清晰地看到为什么会提出这一思想，而不能提出另一种思想，它们改变了原先的什么，从而发展了什么。①

自80年代开始，在西方历史学界，年鉴学派的研究方法已经全面消退，历史学在社会学、人类学、后现代主义理论的结合中改变了自己的面貌，走向了“语言

① 参见［英］昆廷·斯金纳著，李宏图译《自由主义之前的自由》，三联书店2004年版。

转向”或“文化转向”，兴起了“新社会文化史”的新史学。“新文化史”的兴起给思想史研究带来了极大的影响，它拓宽了思想史研究的范围，将思想史研究从原来的精英思想和经典文本扩大为普通的民众观念。陈勇在《民众观念与思想史的拓宽》一文中指出，随着近年来新社会文化史、新政治史的兴起，西方史学家开始关注民间层面的思想观念，其中阅读史尤其成为人们考察精英思想与民众观念相互关系的重要领域。研究者不仅考察谁（who）读和读什么（what），并且进一步追问读者何时（when）、何地（where）阅读和为什么读（why），特别是如何读（how）。该文指出，文本的受众并不是消极地全部接受精英的思想，他们可能出于理解力的局限，或从自身的社会经历、人生体验、历史环境和主观动机出发，来认识、摄取、部分改造或重新解释精英的思想。比如在研究新教教义对资本主义的影响这个课题时，要做观念的生产者、观念的供应者和观念的消费者的区分。在观念的传播过程中，观念很容易出现改动、变形、重新解释、重新概念化、重新组合。这样，在实际历史的演变进程中，存在两种思想史：精英和文本的思想史与民间社会民众观念的思想史。相对于长期以来关注精英思想的研究而言，我们现在更应该深入发掘民间社会观念的史料，如日记、自传、信件、遗嘱、法庭档案、活动仪式等，来研究民间思想的形态，从而揭示精英思想是如何影响民间社会，而民众又是如何接受和改造精英思想的。目前，我们需要对新文化史与思想史的关联给予高度的重视。①

二、自由主义思想研究

自由主义是近代欧洲重要的思想，目前，近代自由主义思想业已成为研究热点，这里我们从“思想史”研究的角度出发对此作一概述。

这里首先需要指出的是，我们所讨论的自由不是指哲学或伦理学上的自由，而主要是政治或者社会的自由。那么，“自由”的概念指的是什么内容？什么是自由主义？在欧洲近代思想史中，“自由”这个概念常常包含着自主以及不受妨碍、阻碍、奴役、依从和强制等。1958 年，艾赛亚·伯林发表了《论自由的两种概念》一文，把自由划分为“消极自由”和“积极自由”两种类型。“消极自由”是指在没有人或群体干涉我的行动时，我是自由的。因此，自由是“免于……的自由”，

① 参见杨豫、李霞、舒小昀《新文化史学的兴起——与剑桥大学彼得伯克教授座谈侧记》，载《史学理论研究》2000 年第 1 期；沈坚《法国史学的新发展》，载《史学理论研究》2000 年第 3 期；王希《近 30 年美国史学的新变化——埃里克·方纳教授访谈录》，载《史学理论研究》2000 年第 3 期；李宏图《当代西方新社会文化史述论》，载《世界历史》2004 年第 1 期；李宏图选编《表象的叙述——新社会文化史》，三联书店 2003 年版。

就此意义上讲,自由与民主或自治没有什么关联。伯林的"积极自由"是:当控制或强制我的源泉是外在于我的力量,而我仍是我自己的主人,没有受到任何外在力量的支配,那么我就是自由的。这种自由体现在政治上,即为有发言的权利,即民主政治。这种自由指的是"去做……的自由"。伯林认为一个社会要确保人们的自由,其内容是消极自由,而非积极自由。

那么,自由主义指的是什么?李强在《自由主义》一书中认为,自由主义是近代的学说,近代的意识形态,它在三百多年的发展中逐步获得了四方面的内涵。(1)政治自由主义,主要任务是反对绝对主义,争取个人的政治权利,争取宪政政府;(2)19世纪中期,自由主义主要为争取人民的选举与参与的权利、选择政府形式的权利,倡导代议制民主;(3)经济自由主义,它强调经济与财产权利、个人主义与自由企业制度,其基石是私有财产、市场经济;(4)19世纪中后期,社会自由主义的内涵逐步得到确立,重点是关注社会正义,关注弱者的基本生存条件。[①] 英国的霍布豪斯也没有对自由主义下过定义,仍然只是列举了诸如公民自由等自由主义的诸要素。[②]

针对伯林力主"消极自由"的观点,昆廷·斯金纳教授展开了批评。他通过研究17世纪英国革命中的一批新罗马法理论家的思想和学说,认为自由是不受强制地享有一些特定的公民权利,这些权利包括生命、自由和财产等。他反对霍布斯所说的个人的自由与国家的政治体制没有关系的观点,认为,只有在一个法治的国家而非人治的国家,公民才能保有自由。而一个法治的国家意味着其法律是由全体人民来制定。因此,体现在国家的政治体制上,共和主义必定是宪政的唯一形式,共和国是这个国家的政治安排。这也意味着你必须参与到政治中去,拥有"积极自由"。如果你不去争取积极自由,消极自由也会受到损害,你将不可避免地受到奴役。[③]

在这里,为了便于叙述,根据近代自由主义思潮的内容与兴起的社会背景,我们大致分成三个部分:革命时代的自由主义;后革命时代的自由主义;自由主义的转向。

革命时代主要指从英国资产阶级革命到美国独立战争到法国大革命。这一时期自由主义思想的理论基础是自然法理论和社会契约论,在此基础之上,英、法两国的思想家论证了近代权利观、宪政民主、法制政府、人民主权、反抗暴政等

---

① 参见李强《自由主义》,中国社会科学出版社1998年版,第16～18页。

② 参见[英]霍布豪斯著,朱曾汶译《自由主义》,商务印书馆1996年版。

③ 参见李宏图《寻找"自由"的另一种定义——昆廷·斯金纳对"自由"的理解》,载《华东师范大学学报》2003年第6期。

政治观点。

在西方近代政治思想史上，第一个比较完整的政治哲学体系是由霍布斯(Thomas Hobbes，1588～1679 年)创立的。艾克文将霍布斯的政治理论看做是上启马基雅维利、下承洛克的重要一环。他在《霍布斯与西方近代自由主义的兴起》一文中认为，霍布斯把马基雅维里的现实主义研究方法和近代的自然学说及社会契约论结合起来，从人性和自然状态出发来解释个人和国家的关系，从而完成了西方政治研究范式在近代由神学政治观到法学政治观的转型。关于霍布斯与现代自由主义的关系，作者认为霍布斯的立场乃是现代自由主义理论的开端，他在确立个人自由的同时，确立了国家确保社会和政治秩序的足够权力。这对自由主义的形成有决定性的意义——因为霍布斯关注于一个能让人性得以体现的最佳环境，关注于参照一个“自由且平等”的个人的世界来解释或引出社会和国家的最佳形式，并且以一种新的方式强调“同意”在契约或交易的达成过程中所具有的重要性。但霍布斯强调必须由一个实际上全能的主权者来创制法律是非自由主义的。①

一般说来，洛克(John Locke，1632～1704 年)是自由主义思想的奠基人。洛克继承了古老的自然法传统，把道德对权利的制约、统治者的道义责任、法制政府等都当作不言自明的公理；同时他继承了霍布斯的个人主义精神，把政府看成是个人不可剥夺的天赋权利的派生物，这种个人权利的不可取消性构成政府权力的界限。自然法与个人主义精神的结合使得洛克奠定了自由主义的基本原则——任何人都不得侵害他人的生命、健康、自由、财产。

关于洛克的财产观，梅雪芹的《论约翰·洛克的财产观》一文认为，在《政府论》中，洛克在不同场合用不同的词汇来表达“财产”这个概念。洛克所说的财产，一部分是上帝所赋予的，一部分是人们辛勤劳动的成果，其来源显然与国家政权无关。这里隐含着一个政治意图，即早在政府出现之前财产就存在着，所以，财产并不从属于政权。政权只是人们为了保护自己而签订契约建立起来的有限权力，如果国王蔑视法律，肆意干涉人民自由，人民就有权奋起反抗，推翻他的暴政。正是在这一意义上，文章认为，洛克财产观的内容是他的政治学说的核心。② 洛克的国家权力思想也是学者们关注的焦点之一。曹宪忠的《论洛克的国家权力理论》一文认为，洛克把国家的权力分为立法权、行政权和对外权，三者是有主次轻重的。在洛克看来，立法权对于人民的生命和财产不是并且也不可能是绝对专断的，立法最高权力机关不能以临时的专断命令来进行统治，而必须

① 参见艾克文《霍布斯与西方近代自由主义的兴起》，载《武汉大学学报》2002 年第 6 期。

② 参见梅雪芹《论约翰·洛克的财产观》，载《北京师范大学学报》1997 年第 1 期。

以颁布过的经常有效的法律并由资深的著名法官来执行司法和判断臣民的权利;立法权这个国家最高权力,未经本人同意,不能取去任何人的财产的任何部分;立法机关不能把制定法律的权力转让给任何他人。文章指出,洛克的国家权力理论,对后来孟德斯鸠的国家权力理论的形成,对于人类社会政治民主化的发展,产生了深远的影响。①

人们都一致同意,人权是自由主义思想的重要核心,法国是近代人权的故乡。王养冲先生的《〈人权和公民权宣言〉与 1789 年原则》一文探讨了《人权宣言》的产生,高度赞扬了《人权宣言》的意义和价值。《人权宣言》的各项原则标志着各项封建义务的废除和近代民主与自由新社会的确立,所以宣言是旧制度的死亡证,是新制度的出生证。文章强调,对于《人权宣言》,不是推究它在条文文字上的矛盾或破绽,而在于探求它的根本精神:人人自由、平等,用国民的最高主权来代替君主的最高主权,用法律来代替专断;特权、不公正、压迫让位于平等、公正等人的不可剥夺的权利。宣言鼓舞着人民一步步"争取"自己的权利。②

吉伦特派在共和制度建设上留下了重要遗产。王养冲先生的《论吉伦特派的阶级构成和思想观点》一文在分析了吉伦特派的社会成分和文化素养之后,着重评介了这个派别的思想观点:人权和财产权都是人类神圣的自然权利。这个派别重视自由贸易,反对妨碍经济活动的外来干涉和超强经济强制,极力倡导男女平等和种族平等,倡导政治上自由、平等,主张代议制。③

人的理性是近代自由主义的思想基础,理性与历史结合,才能更有力地反强权压迫和建设现代民主。刘宗绪先生的《人的理性和法的精神》一文认为,从重农学派提出经济自由的主张,到立宪派制宪会议一系列经济自由的立法,到吉伦特派国民公会面对遍及全国的限价运动于 1792 年 12 月 8 日通过坚持商品自然流通的法令,到恐怖时期依然在原则上肯定经济自由,到热月党国民公会于 1794 年 12 月废除最高限价法令,再到《拿破仑法典》规定绝对保护私有财产权等等,这一切都表明,那时所有资产阶级的派别和代表人物都懂得经济自由原则的重要性,这是资本主义商品经济的特征在政治上层领域的反映。作者指出,经济自由的前提是人的自由,由此便产生了以人为核心的理性学说。

人的理性的高扬必然要求人的权利,即自由、平等、追求幸福和反抗压迫,理性也必然要提倡科学,崇尚知识,反对蒙昧主义。在这一理性精神的召唤下,大革命带有强烈的追求政治平等的特点:起初是第三等级要求同原特权等级之间

① 参见曹宪忠《论洛克的国家权力理论》,载《文史哲》2001 年第 6 期。

② 参见王养冲《〈人权和公民权宣言〉与 1789 年原则》,载《华东师范大学学报》1989 年第 3 期。

③ 参见王养冲《论吉伦特派的阶级构成和思想观点》,载《华东师范大学学报》1998 年第 1 期。

的平等，后来演化成社会全体成员之间的平等，既反对旧贵族，也反对新权贵，容不得任何人享有特权。另一个特点是政治的公开性和强烈的参与意识，第三等级以主人公的姿态登上了历史舞台。

作者进一步论述道，既然自由已经成为不可阻挡的历史潮流，那么如何实现自由？他认为自由只能依靠法律来保障，人治社会绝不可能保障人的自由。法国大革命在政治上的最大贡献是用以法律为标志的国家权力取代了以君主个人为标志的封建特权。制宪议会废除了旧国家体制、旧等级制度、旧区域划分、旧行会制度和工业法规……创制了一系列新的法规，把资产阶级发展商品经济和争取各项权利的愿望以法律的形式固定下来。作者说，人权和法制原则，是大革命创立的最主要原则，它的价值不仅在于当世，而且具有永恒的普遍意义。①

尤天然的《法国大革命时期的议会和大众参与》一文，在考查了大革命时期议员产生的程序、议员社会职业地位的构成、议会功能的变化之后指出，议会确立了法国政治生活的中心地位，为一代新人提供了广阔的活动舞台，是法国政治民主化的象征。作者同时指出，政治民主化是与大众广泛的参与密不可分的。首先是舆论动员，它表现在旧制度末期启蒙思想的传播，三级会议选举期间抨击性小册子的流传和陈情书的草拟，以及革命时期报刊的发行，各种聚会、演说和戏剧等。其次是政治活动动员，有俱乐部活动，如雅各宾俱乐部在全国约有3000多个分支，有议会旁听和公民请愿活动等。文章指出，法国革命期间的政治动员形式多样、范围广泛、规模宏大。法国议会制度就是在人民群众积极参与国家政治生活、群众民主化情绪高涨的背景下诞生的。②

洪波的《法国大革命的民主传统与十九世纪政治现代化进程》一文对于大革命民主传统所作的辨析甄别，启发颇深。该文指出，政治现代化的核心内容就是政治民主化。1789年革命确立了两个民主传统：一个是自由民主制，即代议民主制，其基本目标是代表并保护私人财产；另一个是激进民主制，即直接民主制，其目标是建立社会平等，实现公民的全面解放。在大革命时期，这两种民主制之所以并列载入宪法之中，其原因在于：大革命在指导思想上，受两大理论的影响，一个是卢梭的人民主权学说，另一个是孟德斯鸠的三权分立理论，大革命的各派领导人同时吸纳这两大理论并付诸实践。正是大革命确立了这样的两种民主传统。③

孟德斯鸠被人们公认为是法国自由主义的代表性人物。很多文章对孟德斯

---

① 参见刘宗绪《人的理性和法的精神》，载《法国大革命二百周年纪念论文集》，三联书店1990年版。

② 参见尤天然《法国大革命时期的议会和大众参与》，载《法国大革命二百周年纪念论文集》，三联书店1990年版。

③ 参见洪波《法国大革命的民主传统与十九世纪政治现代化进程》，载《华东师范大学学报》1998年第1期。

鸠的三权分立思想作了研究，王养冲先生的《十八世纪法国的启蒙运动》一文就对此作了精到的评述。[①] 寿建纲《孟德斯鸠研究中几个问题的辩正》认为，孟德斯鸠分权学说的本质和政治目标是建立法国式的君主立宪制，他的分权理论的实质是阶级分权论、等级分权论与国家机关分权论三者的统一。而以前研究者倾向于非此即彼的阶级属性的定性，影响了我们全面准确地把握孟德斯鸠启蒙思想的复杂性。[②]

启蒙思想家孔多塞(1743～1794)被认为是“最后一位启蒙思想家”。王令愉的《孔多塞:法国最后一位启蒙思想家》认为，孔多塞完全接受了笛卡儿的理性主义，高举理性大旗，指出人的自然权利的三个基本特征:第一，它们都来自自然或人本身，而不是来自神;第二，它们不是由成文法创制的;第三，在逻辑上它们先于社会而存在，在事实上，它们与自然的和来自人的本能的社会生活同时开始。它们是神圣的、不受时效制约的，社会、政府、宪法必须尊重它们，来自自然的人作为理性的生物，在享有自然权利方面，一律平等。孔多塞更强调民主性，特别强调消除旧制度下一切人为的不平等，主张机会平等，制定有利于消除不平等的各项法律法规。[③]

关于卢梭，研究论文较多，主要集中在卢梭是个专制极权主义者还是民主主义者这样两种不同的意见。郁建兴在《自由主义:从英国到法国》一文中认为，卢梭把洛克的不受压制、干涉的消极自由观推进到了采取行动、参与社会事务的积极自由观。卢梭强烈主张人的价值不在于理性主义所推崇的知识与才能，而在于人有道德的本性，这种道德的本性就是感情。卢梭从道德人性的角度给社会自由注入了平等的要求，这是对漠视平等价值的17世纪英国自由主义的发展，是卢梭试图把自由主义推向彻底化的努力。[④] 长期以来，主流声音认为卢梭的民主专政思想是大革命的主要原则，尤其认为是《社会契约论》的传播有力地推动了大革命的发生与发展乃至完成。张庆海《卢梭政治思想是法国大革命的主旋律吗?》一文通过援引国外研究成果，说明这种认识是个误区。文章指出卢梭代表的是小资产阶级的利益，而资产阶级的目标是要取代封建贵族的地位。综合上述原因，作者认为卢梭的思想影响主要在于反封建，而没有可能成为大革命的主旋律。[⑤]

随着法国大革命的胜利和英国产业革命的开始，一批思想家开始深刻反思

---

① 参见王养冲《十八世纪法国的启蒙运动》，载《历史研究》1984年第2期。

② 参见寿建纲《孟德斯鸠研究中几个问题的辩正》，载《内蒙古大学学报》1999年第6期。

③ 参见王令愉《孔多塞:法国最后一位启蒙思想家》，载《华东师范大学学报》1995年第1期。

④ 参见郁建兴《自由主义:从英国到法国》，载《浙江大学学报》1999年第2期。

⑤ 参见张庆海《卢梭政治思想是法国大革命的主旋律吗?》，载《世界历史》1998年第1期。

大革命。于是，功利主义的自由主义兴起，逐渐取代了以前以自然法和社会契约论为基础的自由主义。

对这一问题进行系统阐述的是周敏凯的《试析法国大革命思想原则的困顿及其原因》一文。文章说，18 世纪后期出现了一批思想家，对近代自然法学说与法国大革命思想原则大胆怀疑，并进行深刻的反思。在这批思想家当中，有大卫·休谟(David Hume 1711～1776 年)、功利主义学派的创始人边沁和黑格尔(1770～1831 年)等人。为什么在这个时候会出现对自然法和社会契约以及"天赋人权"理论的批判？文章指出，此时，自然法学说已完成了它的历史使命，即为资产阶级推翻封建制度，建立资本主义生产关系制造舆论。到了 19 世纪三四十年代，各种实证主义，尤其是以个人与社会利益为核心的边沁的功利主义恰恰适应了资产阶级的要求，反映了工业资产阶级巩固资本主义秩序的愿望，带有理想色彩的抽象的自由平等原则及其自然法学说便成了明日黄花。实证主义与经验哲学的发展，也推动了人们对自然法的批判，可以说，科学的发展与社会生产力的进步是自然法衰落的根本原因之一。从哲学传统上看，功利主义的评判，实际上是对洛克的经验哲学和笛卡儿理性哲学的批判。① 王彩波等人的《西方近代自由主义传统：从霍布斯到约翰·密尔》则对从霍布斯到密尔自由主义发展演进的历程进行了宏观的概括。②

亚当·斯密(Adam Smith，1723～1790 年)一直被认为是经济自由主义的思想家。冯晓民在《重新解构亚当·斯密的经济自由思想》一文中认为，斯密的经济自由主义思想概括起来主要有：(1)以自由选择为核心的经济政策取向，其一是个人选择自由，其二是生产组织的选择自由。在他看来，个人自由是自由原则的基础。斯密反复强调，在一个既定的、合理的法律体系下，政府和社会应尽可能给予人们自由，反对对个人经济活动的任何不正当干预。作者指出，在斯密的自由主义政策中，自始至终都假定有法律和秩序的存在。(2)斯密指定了经济自由社会的政府职能，即保护国家、维护公共秩序、提供公共物品。③ 李宏图则从自由的市场经济入手考察了法国经济自由主义者巴斯夏的自由主义思想。④

在 19 世纪，英法两国都出现了自由主义的新发展。在法国，主要以贡斯当(Benjamin Constant，1763～1830 年)和托克维尔(Tocqueville，1805～1859 年)

① 参见周敏凯《试析法国大革命思想原则的困顿及其原因》，载《华东师范大学学报》1989 年第 3 期。

② 参见王彩波等《西方近代自由主义传统：从霍布斯到约翰·密尔》，载《社会科学战线》2004 年第 1 期。

③ 参见冯晓民《重新解构亚当·斯密的经济自由思想》，载《许昌师专学报》2000 年第 1 期。

④ 参见李宏图《为市场交换自由而辩护——巴斯夏的自由主义思想述论》，载《浙江师范大学学报》2001 年第 5 期。

为代表。在英国，主要以约翰·斯图亚特·密尔（J. S. Mill，1806～1873 年）和格林（T. H. Green，1836～1882 年）为代表。目睹了大革命的悲剧之后，贡斯当最强烈的主张就是要给权力制定出一条边界，建立宪政体制，以切实地保障个人自由的实现。① 李宏图在《宪政体制与权力的边界——贡斯当的自由主义思想研究》一文中指出，贡斯当一再坚持，一个自由的民族，它必须运用正常的宪法程序或手段来防范大臣的权力扩张。对于保障个人自由，贡斯当认为最关键的是要有司法程序和司法独立，这是保障人民自由的一道屏障。在贡斯当那里，公开性、透明度、以权力制约权力成为现代政治的基本要素和基本程序，成为人民捍卫自由的基本条件。② 文礼朋在《19 世纪上半叶的法国自由主义》一文中指出，在古典意义上，民主与自由并非同一事物。民主关注的是大众多数的统治权，而对保卫个人权利却很少关心；自由关心的是政府权力的管辖范围。贡斯当在 1819 年所作的《古代人的自由和现代人的自由》对此作了明确区分，认为现代人追求的自由主要是不受政府与他人强制与干涉的私人活动空间。此前，人们认为个人服从社会、服从于多数人的利益，似乎是无条件的，洛克、卢梭都主张多数原则。在贡斯当看来，个人的权利、个人的自由活动空间被以社会或以社会多数的名义，或以其他崇高的名义所剥夺，并不比专制君主所剥夺更为正当。③

对法兰西民族的民主实践作了最为深刻反思的当属思想家托克维尔（Alexis de Tocqueville，1805～1859 年）。他着重通过对美国民主和法国大革命的考察来思考民主与自由这一重要的问题。刘北成的《托克维尔关于法国大革命起因的解释》一文指出，除了阶级斗争之外，托克维尔还从社会结构、启蒙运动的影响等方面深入考查了大革命爆发的原因。④ 大革命原本是要打碎旧制度，实现自由，但事实上，革命中和革命后专制极权体制却一再重建，自由的实现遥遥无期。其原因究竟何在，法兰西民族如何避免民主所导致的“多数人的暴政”，实现自由，实现民主与自由的结合，总之，托克维尔的自由主义思想包含着哪些内容，李宏图对此作了系统的探讨。⑤ 陈家琪的《保守的自由主义与激进的民主主义》一文指出，大革命的口号“自由、平等、博爱”其实是个自相矛盾的整体。因为人

---

① 参见何兆武、陈启能主编《西方近代社会思潮史》，山东教育出版社 2001 年版，第 226 页。

② 参见李宏图《宪政体制与权力的边界——贡斯当的自由主义思想研究》，载《浙江学刊》2003 年第 2 期。

③ 参见文礼朋《19 世纪上半叶的法国自由主义》，载《湖南师范大学社会科学学报》2000 年第 3 期。

④ 参见刘北成《托克维尔关于法国大革命起因的解释》，载《北京师范大学学报》2001 年第 2 期。

⑤ 参见李宏图《自由的失却与重建——论托克维尔的自由主义思想》，载《华东师范大学学报》2000 年第 2 期；《从贵族的自由到民主的自由——论托克维尔的自由主义思想》，载《华东师范大学学报》2002 年第 2 期；《孤独的自由——论托克维尔的自由主义思想》，载《华东师范大学学报》1997 年第 6 期。

们所热望的自由，只是出于对主子的痛恨，所以自由往往成为争取民主的口号，而民主又成为争取平等的手段；平等，无论是出自心灵的博爱，还是对贫富不均的厌恶，最后都只不过促使着人们去发现新的奴役形式，它可以是王权的、皇权的、民主专政的，也会转化成普遍的恶。托克维尔想提醒人们的，正是那种民主的危险。艾克文的《民主的后果与自由的条件——托克维尔的政治社会学思想述评》也表达了类似的观点。[①]

自密尔开始，自由主义思想开始发生转向，从主要关注政治的自由转向了社会的自由。吴春华《密尔政治思想的自由主义特征及其形成》一文指出，密尔淡化了边沁功利的利己主义色彩，重在论证社会自由，突出了社会利益和公众利益。密尔提出国家为了社会的"善"，可以实行一定程度的干涉，把自由原则与社会改革结合在一起，主张私有财产自由和竞争自由，同时实行合作和互助。文章指出，密尔是一个新型的自由主义思想家。他既要把思想自由、言论自由扩大到人民大众，又要用国家去调节阶级关系；既要维护资产阶级的利益，又要遏制社会的不平等现象。[②] 雷雨在《论约翰·密尔对古典自由主义的现代改造》一文中归纳了密尔的几项重大贡献：主张个人自由应以不损害他人利益为限度，强调个性发展是社会进步的原动力；社会发展是以个性和选择的多样化为前提的，个性也不是任性，而是给予每个人的本性任何公平的发展机会，容许不同的人过不同的生活。盛文沁的《自由是什么——谈约翰·密尔〈论自由〉》一文，着重对密尔的社会自由、强势舆论、损害原则、自我防御、多样性与共存等概念进行了分析。[③]

在关于民主与自由的关系上，密尔认为判断真假民主制度的标准是看多数人能否尊重和保证少数人的自由权利，他认为大多数的不宽容使民主社会走向暴政，因此代议制必须要有科学的程序和训练有序的专家来治理国家。张建成《评约翰·密尔的代议制民主观》一文认为，为防止民主的消极面，密尔主张限制普选权，实行比例代表制，倡导复票制，其本质都是为了给予受过高等教育、较有智慧者以更多参与政治的权利。[④]

在一个以工业资产阶级为主导的工业社会中，如何保证所有人，特别是工人阶级的利益？面对这样的现实，英国思想家格林把自由主义推向了一个新的起

① 参见陈家琪《保守的自由主义与激进的民主主义》，载《读书》1994 年第 5 期；艾克文《民主的后果与自由的条件——托克维尔的政治社会学思想述评》，载《武汉教育学院学报》2001 年第 1 期。

② 参见吴春华《密尔政治思想的自由主义特征及其形成》，载《浙江学刊》2002 年第 3 期。

③ 参见雷雨《论约翰·密尔对古典自由主义的现代改造》，载《天津社会科学》1998 年第 6 期；盛文沁《自由是什么——谈约翰·密尔〈论自由〉》，载《历史教学问题》2002 年第 5 期。

④ 参见张建成《评约翰·密尔的代议制民主观》，载《陕西师范大学学报》1999 年第 3 期。

点。格林认识到,以往的自由主义之所以主要强调的是人的消极自由,就因为他们主要关注的是废除陈旧立法对人的不必要的限制。但是现在必须加以改变。为此,他特别分析了"公共福利"和"共同的善"的观念。这一观念主张每个人都有权利根据现有的条件发挥各自的能力,去分享社会所创造的有价值的一切事物,同时要为社会做出贡献,这是一种自由选择的权利。立法不仅要注意保护个人消极自由,更要注意到自由选择总是在既定的社会中所作出的,它需要一定的条件,需要法律为人们的自由选择创造机会。政府的行为不仅要根据法律,而且要负有道德上的使命。杨龙的《西方自由主义思想的转折点——托马斯·格林的政治思想》一文认为,格林主张政治理论、意识形态及道德信仰应该建立在一种永恒的伦理原则之上,这就是共同之善或公共福利。他反对功利主义,强调个体的道德责任,主张国家干预,对个人自由应有所限制。他的关于国家有积极功能的观点开启了国家干预主义的先河,自格林以后的新自由主义者都赞成国家有责任干预社会事务。①

格林的自由主义意味着自由主义思想的重大转变,即由放任自由主义转而主张国家干预。自由主义从这时开始已不是指某种单一的政治立场或者立法原则,而是有了更广泛的含义,因为它的主旨已变成支持一切能够保障普遍幸福的社会努力。社会发展的多元化、复杂化,促使自由主义从具有相对明晰的概念范畴走向了多元化,甚至经常发生歧义。这种状况,有人说是自由主义的衰落,但从另一个角度看,恰恰是自由主义的兴盛。尽管自由主义的理论内容和表现多样化了,然而自由主义的生命之树仍然是常青的。

三、保守主义思想研究

1789年法国大革命的爆发使得欧洲思想界掀起了一股反思这场革命的思潮——保守主义。其最重要的代表人物是英国的埃德蒙·柏克(Edmund Burke,1729～1797年)和法国的约瑟夫·德·梅斯特(Joseph de Maistre,1753～1821年)。目前,围绕这两位思想家的保守主义思想发表了数篇论文。

就保守主义的基本理念来说,保守主义认为社会并不是人们一次性理性选择的产物,也不是单个个人简单相加的机械体,它强调社会的有机特性,尊重习俗、传统、情感等非理性因素在人类社会结合中的作用,同时把宗教看作培养感情的有效工具。保守主义反对简单地、抽象地谈论权利,认为人的权利并不都是

① 参见杨龙《西方自由主义思想的转折点——托马斯·格林的政治思想》,载《云南行政学院学报》2000年第3期。

平等的，权利是历史传统的产物。它把社会或国家看成是成长出来的，而不是哪个人理性设计出来的。在这个成长过程中，社会或国家形成它独有的传统和精神，整体制度等都受环境和人民的习俗的制约。因此，环境和习俗的改变也决定了政府制度等的相应变化。

1912 年，英国保守党政论家塞西尔写了《保守主义》一书①，在一定意义上可以说这是一本保守主义思想史。作者认为，保守主义尊重传统、惯例和权威，主张妥协，有利于改革和社会安全，实现着在本质上也属于社会主义要求的那些目标。国内对保守主义思想的作全面简述的著作有何兆武、陈启能主编的《西方近代社会思潮史》一书中的"保守主义"一节。书中指出，柏克从来就是一个讲求实际的政治家，他更重视的是现实条件对政治过程的制约作用。柏克赋予了人性中的非理性因素极其重要的地位，因为人性远非单凭理性所能完全主宰。在柏克的论点中，社会和国家不仅涉及地域和人口，而且还包括它们在时间上的延续性。柏克的思想中有着深厚的宗教背景，带有强烈的神学色彩。柏克认为任何国家和社会不单只是世俗的事，社会秩序及其历史发展还内在地体现着神意。本书还认为，梅斯特提出宪法不是被创造出来的。任何宪法都只是把早已存在和发育于那个民族中的习俗和精神形诸文字而已，梅斯特的思想不曾吸纳古典自由主义的任何要素，从而就呈现出一付十分僵硬而顽固的面貌。②

研究柏克的保守主义的论文比较多。何元国《论法国大革命时期英国的保守主义》一文认为，"保守"一词在英语里是 conservatism，意指"尽可能长地保持某个事物"，而没有汉语中"落后、反动"的意思。文章认为柏克保守主义思想的核心是如何处理自由与传统、民主与秩序的关系。柏克并非一般地反对革命，而是反对革命与传统彻底决裂的激烈行为。刘北成的《论柏克的保守主义思想》一文通过纵向的梳理和横向的比较，清晰地勾勒了柏克的保守主义的基本思想。其主要内容为，批评抽象的自然人性化，肯定人的社会性，确立传统的权威；否定天赋人权观，维护社会不平等的秩序；反对社会契约论，主张国家约定俗成说；维护世袭财产权和宗教，认为二者是维系社会的两大支柱；反对革命，但赞成保守的改革。③ 从何种意义上说柏克是"保守主义"的？陈志瑞在《论柏克的保守主义》一文中认为，柏克对法国革命了解不够全面，又为政治立场所限，他的批评并不都是正确的。但是柏克的保守主义观点已经超出了特殊论题而转入人类社会

① 参见[英]休·塞西尔著，杜汝楫译《保守主义》，商务印书馆 1986 年版。

② 参见何兆武、陈启能主编《西方近代社会思潮史》，山东教育出版社 2001 年版。

③ 参见何元国《论法国大革命时期英国的保守主义》，载《湖北大学学报》1999 年第 3 期；刘北成《论柏克的保守主义思想》，载《北京师范大学学报》1993 年第 3 期。

应该按照什么方式、采取什么路径谋求进步与发展的这一普遍的理论思辨上来了。正是从这个意义上讲,柏克确立了保守主义的原则,简言之为"守成与改革"。柏克认为社会是一种契约关系,这种契约关系存在于一切科学、艺术、德行和完美的典型之中。它的目的不可能靠几代人达到,所以,它不仅是生者与生者之间,而且是生者、死者和后人之间的契约关系。每个特定国家就是一种久远的、普遍的社会联系。在这种联系中,国家成为一个社会有机体,历史在这里沉淀,文明在这里积累。习俗、风俗和惯例都是社会契约的外化和体现,它们规定着人权、自由和财产的社会状况,也制约着一个国家的政治体制和权力结构,社会发展也就表现为历史和传统的延续和发展;而革命从根本上动摇了一个社会的生活方式,往往给社会和人类文明造成巨大的破坏。柏克强调人类社会的有机性质、连续性和稳定性,强调对传统的尊重和继承,强调改革。①

柏克的思想与英国传统的自由有什么关联呢?陈志瑞在另一篇文章《保守与自由——埃德蒙·伯克的政治思想》中认为,柏克的政治思想继承了英国光荣革命的传统,即他的思想的两重性:既革命,又保守;既反对专制、伸张自由,又维护秩序和权威。他所关注的核心问题是:社会政治秩序的平衡和稳定,权力制衡以防止权力滥用,使权威与自由两者不可偏废。自由与改革是柏克保守主义政治基准与原则。柏克保守的是英国式的自由即传统的限制王权、反抗专制暴政的自由,是政治自由,而不是19世纪的个人主义和自由主义的那种个性自由和社会自由,前后两种自由的来源和性质有着明显的差别,所以不能说柏克是个自由主义的思想家。②

柏克保守主义思想有他自己的偏向,了解这一点对于维护启蒙运动的地位很重要。秦胜军《柏克政治思想述评》一文认为,法国革命固然有值得批评之处,但其革命的剧烈性部分地是由于逃亡贵族与欧洲反法同盟所激起的,因而不能过多地脱离历史进行批评。作者还反证道,英国也有处死查理一世的革命行动,英国广大的殖民地成了阻止革命的安全阀,遭受压迫的非国教派信徒和其他对前途绝望的人大都移居其他殖民地,缓解了国内政治压力。作者认为,历史上从未见过仅凭改革就达到民主彼岸的民族。他指出,柏克一方面指责革命,另一方面对旧制度下的罪恶闭口不言,这对革命者是不公平的。他强调,每个民族的历史、文化、传统都不同,一国的经验和原则不会对他国有多大价值。总的来说,柏克在英国及其殖民地的政治事务上是自由主义者,在法国革命问题上,柏克则是

① 参见陈志瑞《论柏克的保守主义》,载《南京大学学报》1996年第1期。

② 参见陈志瑞《保守与自由——埃德蒙·伯克的政治思想》,载《世界历史》1997年第5期。

保守的。[1]

另一位保守主义者梅斯特也是研究的重点。斯蒂芬·霍尔姆斯的《反自由主义剖析》[2]一书阐述了梅斯特的思想。梅斯特认为法国革命时断头台上的牺牲者是咎由自取，18世纪法国的上流社会尤其有罪。上帝有充分的理由将一种大面积的恐怖统治释放到人间。梅斯特对大革命提出了三种不同的解释：首先，他认为这是18世纪法国反教权主义、无政府主义及抽象的人文主义的必然结果；其次，他把这说成是上帝为在法国复兴宗教所作的设计；再次，他把这描述为仅仅是人类全部历史的相互残杀定律的又一次表现。

梅斯特对制度设计的细节漠不关心，认为社会契约是一种幻想，不能撇开社会去揭示人的自然状态，因为社会与人是同在的。梅斯特认为是上帝让人具有社会性的。宗教是社会的黏合剂，世俗哲学不仅是宇宙的最大极端，而且还是宇宙的溶解剂，它导致了任何共同体都不能存在。他认为法国大革命是对社会性的直接攻击，是一种反宗教也反社会的叛乱。

梅斯特相信无可置疑的决策权威对于维护社会秩序是必不可少的。梅斯特认为君主制的存在是合乎自然的。他深信人性是根本邪恶的，人天生就不可能通过启蒙和世俗教育加以完善，甚至连改进都不可能，必须对人加以控制。他也认为启蒙运动最严重的错误就是高估了人类使权威正当化的能力，相反只有神圣化了的制度才能存留下来。梅斯特还认为科学具有腐蚀剂的作用。他倾慕宗教，反感科学。他认为科学能使世界不再有共同的信仰，世界将变得混乱不堪，指出现代科学和自然科学应该对法国大革命的恐怖负责。他鼓吹社会除了理性和强力之外，还需要一种无可置疑的信仰。

从社会转型的角度来评价梅斯特是张智《约瑟夫·德·梅斯特的法国大革命观：读〈论法国〉》一文较新颖的视角。作者指出，法国大革命是一个典型的传统社会向现代工业社会转型的阶段，这种转型必然会遭到传统势力的抵抗。梅斯特站在传统的立场上，美化大革命前法国的等级社会和君主制，反对启蒙思想中的理性主义、普世主义、民主主义等思想，而且还披上了神意的面纱，与柏克相比，梅斯特保守得多。作者指出，尽管如此，梅斯特仍然是一个目光敏锐的思想家，他反对暴力、反对激烈否定传统、强调宪法的民族性特征等都从另一个角度能给人以启发。[3]

---

① 参见秦胜军《柏克政治思想述评》，载《史学月刊》2003年第3期。

② 参见[美]斯蒂芬·霍尔姆斯著，曦中、陈兴玛、彭俊军译《反自由主义剖析》，中国社会科学出版社2002年版。

③ 参见张智《约瑟夫·德·梅斯特的法国大革命观：读〈论法国〉》，载《历史教学问题》2002年第6期。

梅斯特的抨击对象是卢梭,但是二者有没有一致性呢?张智的另一篇文章《梅斯特与卢梭社会思想之比较》认为,梅斯特对卢梭的抨击是有选择性的。他抨击的是卢梭的社会契约论和人民主权思想,以及这些思想所隐含的世俗化和民主化的倾向。梅斯特反对的是作为民主理论的卢梭,而不是作为善感的道德家的卢梭。梅斯特与卢梭也有一致性,即从反启蒙运动这个特殊的角度看,两人都对启蒙哲学中的许多重要理论,如理性主义、个人主义、科学主义和世界主义作了批评,但梅斯特认为他理解不了卢梭的论证,就用“自欺的卢梭”敷衍过去了。他们都是“前浪漫主义者”,也是重要的反启蒙运动者。两人都对启蒙运动中的一些重要概念提出挑战:他们用情感、直觉对抗理性主义;用集体、宗教和权威对抗个人主义;用特别的教育对抗科学主义;用民族特性来对抗世界主义。虽然梅斯特贬低了卢梭,但不自觉中,梅斯特又捍卫了卢梭思想本质的一面。①

卢梭通常被认为是激进的思想家,但是德国当代著名马克思主义哲学家费切尔教授认为卢梭是个保守主义者。曹卫东《卢梭是个保守主义者》介绍了这一观点。首先,费切尔认为卢梭对现代技术的批评,隐藏着深切的悲观主义历史哲学。其次,他认为卢梭与其说是主张政治自由,不如说是在看到人的自然自由和道德自由丧失的情况下所作出的策略选择。卢梭主张的理想国家要么是回到自然状态,要么是通过教育改造成为一个“精神——道德共和国”,其基础在于习俗、传统和道德,而不是现代生产力和生产关系。②

我们如何看待保守主义对于启蒙哲学家的批判,这是必须深入思考的一个问题。除了上面所提到的诸论文中某些观点之外,何兆武先生更为深入地探讨了这一问题。他的《天赋人权与人赋人权》一文认为,启蒙哲学家以自然法为基础,探讨的是法理,其思维方式主要是依赖理性而非历史的,柏克注重的是历史事实,双方是在不同层次上和不同思维轨道上进行操作的,所以双方没有也不可能有一个可以判断是非的共同基础。历史学派并没有驳倒自然法学派所提出的理论,正如自然法学派并不能否定历史学派所提出的事实。双方的真理,在各自的出发点上,都只能是“自明的”,亦即无法进行证实和证伪。柏克过分地强调传统的力量与作用,也正有如启蒙哲学家们过分强调理性的力量与作用一样。作者认为我们不妨把启蒙思想家和柏克的思维方式称为非历史的思维方式和历史的思维方式。真理可以摆事实,也可以讲道理;而讲道理则无需追问客观世界是否存在这一事实。道理是一个更高层次的东西,对它的是非真伪的判断,并不取决于客观世界存不存在如此这般的一项事实。大体上说,真理追求并不一定需

① 参见张智《梅斯特与卢梭社会思想之比较》,载《华东师范大学学报》2003年第6期。

② 参见曹卫东《卢梭是个保守主义者》,载《读书》2002年第1期。

要置身于一个历史的框架之内进行。我们不太习惯于非历史的思维方式,这实际上限制了自己的思路和视界。[①]

四、民族主义思想研究

在近代欧洲历史的发展进程中,民族主义对构建近代民族国家起到了重要的作用。尽管近年来国内学术界开始重视民族主义的研究,但是从总体上来说,研究近代欧洲民族主义历史演进的成果较为少见。

金鹏在《西欧民族主义的起源》一文中探讨了西欧封建社会组织结构在城市兴起进程中逐渐瓦解,由异质性社会向同质性社会转化的具体过程。作者以国家税收权力的形成为切入点,研究封建贵族、君主、市民阶级三者在民族主义形成过程种所扮演的不同角色,解释国家形态演变、民族主义嬗变、税收制度修订之间的相互作用。王勤榕的《欧洲近代民族主义的几种类型》一文认为,欧洲近代民族主义至少要追溯到14世纪,当时有两种力量推动着民族主义的形成——市民阶级和王权。最初形成的民族主义可以称为"民族国家主义",但这个时候的民族主义理论尚不完备。以启蒙学说为代表的资产阶级思想革命和以法国大革命为代表的资产阶级政治革命推动了民族主义逐渐成为普遍的思想潮流,并最终形成大规模的社会运动。文章论述了两对民族主义:第一,民主民族主义和文化民族主义;第二,民族沙文主义和自由民族主义。[②] 钱乘旦主编的《欧洲文明:民族的融合与冲突》一书从文明和民族主义以及民族问题的角度追述了欧洲不同地区民族矛盾和冲突的历史演变情况,讨论其原因以及它们对周边地区所产生的影响。[③]

从欧洲,特别是西欧近代民族主义的类型上来说,李宏图将民族主义大体上分为法国的政治民族主义和德国的文化民族主义来进行归纳。法国的政治民族主义思潮在18世纪启蒙思想家对王朝国家的批判时达到了最高潮,启蒙思想家一致认为专制之下无祖国,由此他们深入探索近代国家的目的和基础。他们从自然法和社会契约论的理论入手,认为祖国是所有公民为着共同利益而组成的结合体。在这个祖国当中,所有成员都是独立的公民,都享有自由和权利,并将得到利益和幸福。具体来说,这种政治民族主义的内容为:它排斥政治上专制的

---

① 参见何兆武《天赋人权与人赋人权》,载《读书》1994年第8期。

② 参见金鹏《西欧民族主义的起源》,载《欧洲》1998年第4期;王勤榕《欧洲近代民族主义的几种类型》,载《中央民族大学学报》1997年第3期。

③ 参见钱乘旦主编《欧洲文明:民族的融合与冲突》,贵州人民出版社1999年版。

存在,用人民主权取代王权,并使之成为构建新型民族国家的中心和基石。由此,从前的臣民变成了公民,在人民主权与公民的独立和自由面前,国王和贵族阶级所享有的一切特权都被剥夺了,全体公民组成了统一的民族共同体。这样,民族利益取代了王朝利益。在一个以人民主权为中心的新的共同体中,国家的利益也与公民的利益相一致。国家保障着公民的自由,公民与祖国在一种更高的层次上紧密地联结为一个统一的整体。公民热爱祖国就是热爱自己。这样,在法国,资产阶级在推翻王朝国家、构建民族国家的过程中,把民族主义与民主主义结合起来,形成了具有政治意义的民族主义。[①]

与法国的政治民族主义相反,在德国,文化民族主义则非常强盛。宗教改革之后,德意志一直处于分裂割据的状态,一直到 18 世纪,德意志始终受到法国文化的影响。在这种情况下,一批民族意识强烈的知识分子认为,法国文化的冲击与入侵,使德意志民族抛弃了民族的传统、习俗、特性和精神,阻碍着德意志成为统一的民族国家。因此,他们强烈反对模仿外国文化,努力培植民族文化、民族特性和民族精神,希望在缺乏政治经济统一的条件下,德意志能够首先从文化上实现统一。这种民族主义在拿破仑占领德意志后则达到了高潮。[②] 此外,张国臣在《论近代德国文化民族主义的性质与特征》一文中认为,德意志民族主义的特征有四点主要内容:淡化政治,具有浓厚的文化特征;具有强烈的文化自卫特征;具有一种自我矛盾的特征;具有浪漫主义特征。[③]

这里,特别应该提到的是历史学家安德森的《想象的共同体》,这本书在西方出版后引起了学术界的高度重视,其中译本业已翻译出版。[④] 在中译本出版前,周旭芳在《安德森与格尔纳民族主义理论评析》一文中评介了安德森和格尔纳(著有《民族与民族主义》)的学术观点。文中梳理了安德森对民族主义论述的两个部分:第一部分追溯到 18 世纪晚期到 20 世纪末作为想象社群的理想模式的民族国家如何起源及得以传播的历史。安德森认为,民族国家是一种人们"想象的共同体",作为"想象的社群"这一模式的民族国家最早于 18 世纪在拉美而非在欧洲形成。其发明者是西班牙殖民地一些持不同政见的权力精英们,这些政治精英被安德森称为"印刷资本主义"的大户消费者,也就是说,商业出版物——书籍和报纸——使得他们将自己想象为一个拥有同一种语言的社群。19 世纪,

---

① 参见李宏图《论近代西欧民族主义和民族国家》,载《世界历史》1994 年第 6 期。

② 对此问题的详细研究,可见李宏图《西欧近代民族主义思潮研究——从启蒙运动到拿破仑时代》,上海社会科学院出版社 1997 年版。

③ 参见张国臣《论近代德国文化民族主义的性质与特征》,载《许昌师专学报》2002 年第 6 期。

④ 参见[美]本尼迪克特·安德森著,吴叡人译《想象的共同体——民族主义的起源与散布》,上海人民出版社 2003 年版。

当欧洲知识分子商人和官僚阶层着手推动“统一方言”时，民族蓝图便迁入了欧洲的疆土，由此推动着民族国家的建立。第二部分阐述了为何人们会为自己的想象物——民族国家而英勇捐躯。该文作者认为，安德森的理论描述了民族国家模式在知识精英当中的传播过程，但却无法解释为什么老百姓会认同这种知识精英的描绘，也无法解释为什么老百姓会采取集体行动将精英式的文化据为己有。与安德森的印刷资本主义产生了民族主义的观点不同，格尔纳认为以具体措施将民族的文化变成国家的文化即是民族主义，民族主义是当文化主宰命运时人们争取平等待遇的一种方式。赵兴涛的《民族主义：想象的共同体》一文也进行了类似的评介。[①]

【导　读】

1. 何兆武、陈启能主编：《西方近代社会思潮史》，山东教育出版社2001年版。本书是国内比较系统地阐述西方主要是欧洲近代思潮的重要著作，它对自由主义、保守主义等各种思潮的演进作了基本的和全面的勾勒，是一本很好的参考书。

2. [英]昆廷·斯金纳著，李宏图译：《自由主义之前的自由》，三联书店2003年版。这是世界一流学者所写的关于自由主义的重要著作。本书意在通过重新进入我们已经丢失的知识世界，去质疑自由主义理念胜利后自由的霸权。作者试图在自由最初形成的知识和政治语境的范围内研究英国革命时期的“共和思想”，以启发我们重新思考自由的概念。

3. [意]圭多·德·拉吉罗著，[英]R. G. 科林伍德英译，杨军译：《欧洲自由主义史》，吉林人民出版社2001年版。本书对欧洲自由主义的历史演进进行了研究，全书内容丰富，是一本较好的参考书。

4. [法]皮埃尔·莫内著，曹海军译：《自由主义思想文化史》，吉林人民出版社2004年版。本书主要以自由主义思想家为主线，阐述了马基雅维里、霍布斯、洛克、孟德斯鸠、卢梭、贡斯当和托克维尔等人的思想。

5. [美]约翰·麦克里兰著，彭淮栋译：《西方政治思想史》，海南出版社2003年版。

6. 李宏图：《西欧近代民族主义思潮研究——从启蒙运动到拿破仑时代》，上海社会科学院出版社1997年版。

7. 钱乘旦主编：《欧洲文明：民族的融合与冲突》，贵州人民出版社1999年版。

8. [英]埃里克·霍布斯鲍姆著，李金梅译：《民族与民族主义》，上海人民出

---

① 参见周旭芳《安德生与格尔纳民族主义理论评析》，载《国外社会科学》1999年第2期；赵兴涛《民族主义：想象的共同体》，载《国外理论动态》2003年第5期。

版社 2006 年版。

9. 王养冲:《西方近代社会学思想的演进》,华东师范大学出版社 1996 年版。

10. 徐大同主编:《西方政治思想史》,天津教育出版社 2002 年版。

11. [英]洛克著,叶启芳等译:《政府论》(上、下篇),商务印书馆 1982 年版。

12. [法]孟德斯鸠著,严复译:《论法的精神》,三联书店 2009 年版。

13. [法]贡斯当著,阎克文、刘满贵译:《古代人的自由与现代人的自由》,商务印书馆 1999 年版。

14. [法]亚历克西·德·托克维尔著,钟书峰译:《旧制度与大革命》,中国长安出版社 2013 年版。

15. [法]托克维尔著,董果良译:《论美国的民主》,商务印书馆 1997 年版。

16. [英]约翰·密尔著,许宝骙译:《论自由》,商务印书馆 2009 年版。

17. [英]柏克著,何兆武等译:《法国革命论》,商务印书馆 1999 年版。

18. [英]埃德蒙·伯克著,蒋庆等译:《自由与传统——伯克政治论文选》,商务印书馆 2001 年版。

19. [英]休·塞西尔著,杜汝楫译:《保守主义》,商务印书馆 1986 年版。

20. 徐迅:《民族主义》,中国社会科学院出版社 1998 年版。

21. [英]埃里·凯杜里著,张明明译:《民族主义》,中央编译出版社 2002 年版。

22. [美]本尼迪克特·安德森著,吴叡人译:《想象的共同体——民族主义的起源与散布》,上海人民出版社 2003 年版。

【思考与讨论】

1. 试述思想史研究方法的转变及其意义。
2. 试述自由和自由主义的概念及内涵。
3. 简要概括西欧近代自由主义思想的演变。
4. 为什么托克维尔要提出“多数人暴政”的概念?如何实现民主与自由的结合?
5. 为什么把密尔看作近代自由主义转向的代表性人物?
6. 结合法国大革命的历史事实评价保守主义。
7. 试述英法民族主义的特征及对其民族性格的深远影响。
8. 试述德国民族主义形成的国内、国际背景及其特征。
9. 试分析不同观念和取向的民族主义对本民族发展的影响。
10. 如何评价“想象”在民族主义形成中的作用?